Xiandai Tedaxing Qiaoliang Shigong Celiang Jishu

现代特大型桥梁施工测量技术

冯兆祥　钟建驰　岳建平　编著

人民交通出版社

内 容 提 要

本书着重讲述现代特大型桥梁施工测量的理论和方法，结合丰富的工程实例，对特大型桥梁施工控制网的建立与维护、关键部位施工测量、竣工测量、变形观测等测量工作进行了系统的说明。本书主要供从事特大型桥梁设计、施工、监理及建设管理的测绘技术人员使用，也可供相关专业大专院校师生及其他相关工程技术人员参考使用。

《特大跨径桥梁施工测量规范》是本书编写人员以本书内容为理论基础，通过专项研究制订的，经有关部门批准，该规范是目前国内在特大跨径桥梁建设中试用的唯一测量专项规范。同样纳入本书内容，供参考使用。

图书在版编目(CIP)数据

现代特大型桥梁施工测量技术/冯兆祥等编著．—北京：人民交通出版社，2010.2

ISBN 978-7-114-08208-5

Ⅰ．现…　Ⅱ．冯…　Ⅲ．桥梁测量　Ⅳ．U442

中国版本图书馆CIP数据核字(2010)第010523号

书　　名：现代特大型桥梁施工测量技术
著 作 者：冯兆祥　钟建驰　岳建平
责任编辑：刘永超　贾秀珍
出版发行：人民交通出版社
地　　址：(100011)北京市朝阳区安定门外外馆斜街3号
网　　址：http://www.ccpress.com.cn
销售电话：(010)59757969，59757973
总 经 销：人民交通出版社发行部
经　　销：各地新华书店
印　　刷：北京市密东印刷有限公司
开　　本：787×1092　1/16
印　　张：16.75
字　　数：426千
版　　次：2010年2月　第1版
印　　次：2011年4月　第2次印刷
书　　号：ISBN 978-7-114-08208-5
定　　价：42.00元
(如有印刷、装订质量问题的图书由本社负责调换)

前　言

近年来，我国在特大型桥梁建设方面取得了突出的成就。迄今为止，已建、正建及拟建的悬索桥和斜拉桥达几十座。已建的如江阴大桥、润扬大桥、南京三桥、苏通大桥、杭州湾大桥、西堠门大桥等；正在兴建的有泰州大桥、南京四桥等。这些特大型桥梁规模大、跨径长、工艺复杂、施工困难。其测量难度大、精度要求高、工作内容多，是一般工程测量书籍无法涵盖的。这就要求从事特大型桥梁建设的测量人员在运用现代测绘理论的基础上，创新出更多实用的测量方法和手段，从而解决工程方面的实际问题。

本书在收集、整理近年来特大型桥梁施工测量的经验总结、技术大纲和技术报告的基础上，充分研究、吸收了施工测量新技术、新方法在特大型桥梁施工测量中成功应用的范例和经验，综合已建特大型桥梁的施工测量指标，进一步从理论上加以完善和充实后编写而成，希望对我国今后建设的特大型桥梁的测量工作有所裨益。

在编写过程中，主要针对特大型桥梁的结构和施工特点，系统地叙述了特大型桥梁施工测量的主要内容、原理和方法。全书共分七章。第一章介绍了桥梁工程的基础知识、施工流程以及施工测量的基本内容；第二章和第三章在介绍平面和高程施工控制网的建立与维护的基础上，阐述了桥梁施工控制网的布设要求、精度分析以及主要技术手段；第四章介绍了桥梁施工放样常用方法，特别是对先进技术在特大型桥梁施工测量中的应用给予了足够的重视；第五章对特大型桥梁的特殊且关键部位的施工测量进行了详细的介绍，包括其原理以及精度控制等；第六章对桥梁竣工测量及桥梁荷载试验的测量工作进行了简要的概括；第七章从桥梁基础垂直位移观测、塔柱变形观测和挠度观测三个方面，分析了特大型桥梁变形观测的主要内容，并根据实例介绍了变形观测数据的管理与分析及桥梁结构的健康诊断。

同时，在特大型桥梁施工测量方面，到目前为止，既无国家标准，也无省(部)级标准，有关桥梁工程测量的技术要求，散见于各项施工技术规范和测绘技术标准及设计文件中。这种现状与我国桥梁建设的水平是不相称的。为了尽快改善这一现状，江苏省长江公路大桥建设指挥部联合河海大学等参加过江阴大桥、润扬大桥、苏通大桥建设的相关人员，开展了专题研究工作，编制了《特大跨径桥梁施工测量规范》，该规范通过科研鉴定，并经相关部门批准在泰州大桥建设中试用。为便于读者系统地掌握特大型桥梁施工测量技术，本书将该规范作为附件附于书后，参加规范编写的主要人员有钟建驰、吉林、冯兆祥、杨宁、周志芳、秦正学、郑德华、蒋波、杨国忠、解先荣。

由于本书涉及面宽，范围较广，编写人员多，编写人员学术水平有限，书中不完善和错误之处难免，敬请读者批评指正。

本书在编写的过程中，得到了各有关单位、有关专家和工程技术人员的支持与鼓励，也得到了人民交通出版社的大力支持，借此机会，向他们表示衷心的感谢。

编著者

2009 年 12 月

前　言

[illegible]

编者

200[illegible]年12月

目　　录

第一章 概 述

第一节 桥梁工程基础知识

一、概述

桥梁施工测量是人类从事桥梁建设过程中发展起来的一项实用性科学技术，是人类改造自然的一种技术手段。桥梁施工测量技术是桥梁建设过程中发展起来的一项重要的施工技术，它随着桥梁建设的发展不断革新和完善。我国在桥梁建设方面有着悠久的历史和光辉的成就。根据史料考证，有文字记载，在三千年前的周文王朝代，在渭河上已经架设了浮桥和粗石桥。隋、唐时期，是我国古代桥梁的兴盛年代，其间在桥梁形式、结构构造方面有着很多创新，可谓"精心构思，丰富多姿"。宋代之后，建桥数量大增，桥梁的跨越能力、造型和功能均有所提高。这充分表现了我国古代工匠的智慧和艺术水平，成为我国桥梁建造史上的宝贵财富。这些建设成就都离不开古代的测绘技术与方法。近代桥梁施工测量技术的发展依赖于桥梁建设和测绘技术的发展。解放初期，我国公路、城建部门在恢复、改造和新建公路与城市道路时，改建和新建了数量可观的桥梁，使通车里程比新中国成立前有了成倍的增长，其中最著名的有南京大桥和武汉大桥。桥梁施工中主要使用经纬仪、水准仪、测距仪和钢卷尺等传统的测量仪器，采用的测量方法主要是三角测量、交会测量等方法。这些传统的测量技术与方法在我国的桥梁建设中发挥了重要的作用。

进入 20 世纪 90 年代以后，伴随着大规模公路建设的展开，我国的交通事业和桥梁建设进入了一个全新的时期。在桥梁建设方面，广东虎门大桥辅航道桥是跨径 270m 的预应力混凝土连续刚构；在特大跨径桥梁施工方面，沿长江、珠江、闽江、黄浦江等大江大河以及海峡、深谷中大量难度相当高的大桥相继顺利建成；斜拉桥建设方面，建成了武汉二桥、南京二桥、芜湖大桥、洞庭湖大桥、南京三桥、苏通大桥等；在悬索桥建设方面，建成了江阴大桥、润扬大桥等。目前，国内有各类桥梁 32 万多座、1 337.6 万延米，其中长度超千米的特大型桥梁有 700 多座。在长江、黄河等大江大河和沿海海域，建成了一大批有代表性的世界级桥梁。在已建成跨径前 10 位的世界各类桥型中，斜拉桥我国内地占了 7 座，悬索桥我国内地占了 3 座，表明了我国现代化桥梁建设达到了世界领先水平。近年来相继建成的润扬大桥、东海大桥、苏通大桥、杭州湾跨海大桥、浙江金塘大桥、浙江西堠门大桥等一批特大型桥梁，建设条件复杂，技术含量非常高，施工难度巨大，创造了多项世界桥梁之最。目前正在建设中泰州大桥、崇明岛过江通道、珠港澳大桥等一批世界级桥梁不仅工程量巨大，而且科技含量高。随着现代特大型桥梁建设的发展，桥梁施工的测量技术也发生了重大革新。

桥梁施工测量是工程测量学科中发展较为迅速而活跃的一个分支学科。它是直接为国民经济建设服务，紧密与生产实践相结合的应用方向。近 20 年来，随着测绘科技的飞速发展，桥梁施工测量的技术面貌发生了深刻的变化，并取得很大的成就。其主要原因有：一是新技术、新方法的集成与应用的结果，计算机技术、微电子技术、激光技术、空间技术等新技术的发展与应用，以及测绘科技本身的进步，为桥梁施工测量技术进步提供了新的方法和手段；二是现代特大型桥梁建设水平的提高，各种现代桥型结构的不断增多，对施工测量不断提出新任务、新课题和新要求，有力地推动和促进了桥梁施工测量技术的进步与发展。

随着传统测绘技术向数字化测绘技术转化，面向21世纪的我国工程测量技术的发展趋势和方向是：测量数据采集和处理的自动化、实时化、数字化；测量数据管理的科学化、标准化、规格化；测量数据传播与应用的网络化、多样化、社会化。GPS技术、RS技术、GIS技术、数字化测绘技术以及先进地面测量仪器等广泛应用于桥梁施工测量中，并发挥其主导作用。

二、现代特大型桥梁的特点

现代特大型桥梁主要是斜拉桥和悬索桥两种。斜拉桥日文称“斜张桥”，德文称“斜索桥”，英文称“拉索桥(Cable Stayed Bridge)”，是用锚在塔上的多根斜向钢缆索吊住主梁的桥。斜拉桥是第二次世界大战以后新发展起来的重要桥型之一，因主梁为缆索多点悬吊，内力小，建筑高度低，施工方便，跨越能力大，可用于公路桥、铁路桥、城市桥、人行桥以及管道桥等。我国已建成的著名的特大型斜拉桥有南京三桥、苏通大桥等。

悬索桥也称吊桥。主要承重结构由缆索(包括吊杆)、塔和锚碇三者组成。其缆索几何形状由力的平衡条件决定，一般接近抛物线。从缆索垂下许多吊杆，把桥面吊住，在桥面和吊杆之间常设置加劲梁，同缆索形成组合体系，以减小荷载所引起的挠度变形。

现代悬索桥是由索桥演变而来，适用范围以大跨度及特大跨度公路桥为主。现代意义上的悬索桥始于19世纪初，1816年建成了第一座用钢丝作主缆的人行悬索桥，跨径124m，以后，钢丝和钢绞线作为主受力索缆开始在悬索桥中广泛应用。19世纪末，悬索桥的跨径已接近500m。1931年在纽约建成的华盛顿桥跨径突破1 000m，1937年建成的旧金山金门大桥跨径达1 280m，此桥曾保持世界最大跨径的纪录达27年之久。对悬索桥的认识也在随着实践经验的丰富而不断提高。我国在大跨度悬索桥的设计和施工方面起步较晚，20世纪80年代以前只修建若干200m左右的悬索桥。但近几年我国对悬索桥的研究发展迅猛，一批跨长江、海峡吊桥相继建成。1996年，主跨900m的西陵长江公路大桥建成通车；1997年，虎门大桥通车；1999年，江阴大桥建成，该桥主跨1 385m；2005年建成的润扬大桥南汊桥主跨径达1 490m，为当时世界第三大跨径悬索桥。这些大桥的建成，标志我国悬索桥的设计施工水平已跨入世界先进行列。

从现代特大型桥梁的结构来看，斜拉桥和悬索桥结构复杂，特大型桥梁结构一般分为上部结构和下部结构。下部结构主要起支承作用，一般由桥墩与桥台组成；上部结构主要起通行作用，一般由桥面与承重结构组成。特大型桥梁由于所承受的载重和跨度都比较大。其上部结构来说，如果承重结构是梁，就叫做主梁，可以用钢(钢板梁、钢箱梁)、钢筋混凝土或预应力混凝土做成。如果承重结构是悬索，就叫做主索。

荷载是通过上部结构的承重结构传递至下部结构的墩台顶面的。为了使上部结构与下部结构的受力明确(在支点处力的作用位置明确)，以便进行精确的力学计算，同时为了上部结构与下部结构之间的连接可靠，必须在上、下部结构之间有一个保证力的作用位置明确并且连接牢固的支点构造，这个支点构造就叫做支座。对于梁式桥来说，由于荷载和温度的作用，梁都会发生变形。这种变形在支座处有两种：一种是梁弯曲时的转动变形；一种是梁伸缩时的移动变形。既允许梁作伸缩变形又允许梁作转动变形的支座叫活动支座；只允许梁作转动变形而不能作伸缩变形的支座叫固定支座。每段梁只能有一个固定支座，其余的均为活动支座。

桥梁工程指桥梁勘测、设计、施工、养护和鉴定等的工作过程，以及研究这一过程的科学和工程技术。桥梁施工测量是施工阶段所进行的各种测量工作。现代特大型桥梁施工测量的基本内容应符合特大型桥梁的结构特点，其主要内容一般包括：

(1)平面施工控制网的建立与维护。

(2)高程施工控制网的建立与维护。

(3)桥梁施工放样常用方法。

(4)桥梁重要部位施工测量。

(5)桥梁工程竣工测量。

(6)特大型桥梁的变形观测。

桥梁施工测量的内容是针对特大型桥梁结构的特点所确定的基本内容，包含了施工阶段的各种测量工作。在施工阶段，测量工作的一个重要特点是施工测量内容丰富、技术复杂、质量控制难。因此，系统地阐述现代特大型桥梁施工技术是十分必要的。

三、现代特大型桥梁施工测量的主要内容

现代特大型桥梁施工测量与一般公路桥涵施工测量技术具有明显的差别。公路桥涵施工测量一般采用传统的测绘仪器和测量方法，测量工作简单、易于实施，测量规范与质量控制相对成熟。对于特大型桥梁而言，测量内容复杂、施工测量技术先进、质量控制与测量管理重要。这些特点集中表现在特大型桥梁施工测量的各项内容中。

(1)平面施工控制网的建立与维护。对于公路桥涵控制网的建立，一般使用经纬仪、测距仪以三角网或边角网的形式建立平面施工控制网，甚至直接采用导线网形式实施平面控制测量。而现代特大型桥梁，由于结构内部相对精度要求高、桥梁跨径大、施工周期长的原因，对平面施工控制网的建立有更高的要求，需要系统地提出平面施工控制网的建立方法和维护措施，一般需要研究分析平面控制网布设的基本要求、平面控制网必要精度、平面控制网的建立方法以及平面控制网的稳定性分析。对于平面控制网的必要精度，主要根据特大型桥梁施工质量指标，根据测量误差理论和工程实践内容，系统地确定平面控制网的精度指标。从早期的三角网、边角网到 GPS 测量与常规测量联合网。如芜湖大桥采用三角网的形式建立平面控制网，南京二桥采用边角网形式建立平面控制网，苏通大桥采用 GPS 静态测量方法建立平面控制网，泰州大桥采用 GPS 测量与常规测量联合网的形式建立平面控制网。从平面控制网测量使用的仪器上来看，早期的建立三角网采用光学经纬仪和铟瓦钢尺，边角网使用精密全站仪(或光学经纬仪和精密测距仪)，GPS 控制网采用高精度的 GPS 接收机静态测量方式建立，GPS 测量与常规测量联合网采用 GPS 高精度的 GPS 接收机和精密全站仪测量建立平面控制网。数据处理方法从常规网的平差计算发展到 GPS 数据处理，其中 GPS 数据处理技术也发生了重大改进，例如 GPS 处理中采用广播星历发展到使用精密星历，数据处理发展到相关平差处理。例如杭州湾大桥 GPS 网数据处理采用了精密星历和相关平差数据处理软件进行计算。此外，目前特大型桥梁施工周期长，特大型桥梁施工控制网的复测与稳定分析成为施工控制网维护的一项重要内容。

(2)高程施工控制网的建立与维护。特大型桥梁高程施工控制网由于跨越河流的长度增加，使得高程施工控制网的难度增大。一般高程施工控制网的建立由陆上水准测量和跨河水

准测量两部分构成。跨河水准测量的实施方法主要由经纬仪倾角法、测距三角高程法以及GPS水准测量方法。特大型桥梁跨河水准测量实践表明，经纬仪倾角法和测距三角高程法是主要实施的方法，并采取各种有效的措施提高测量精度，如采用各种方法削弱大气垂直折光的影响，提高垂直角照准精度。在苏通大桥和泰州大桥的跨江水准测量中，采取的主要措施是，提高长江两岸的观测台的高度以提高跨江视线的高度，采取昼夜观测，使用灯源照准标志。

(3)桥梁施工放样常用方法。桥梁施工测量主要采用交会法施工放样和极坐标法放样。目前，最先进的测量技术如高精度测量机器人（TCA2003）和高精度GPS接收机等在特大型桥梁施工中得到了广泛的应用。特大型桥梁施工测量要求采取的测量方法精度高、速度快、操作简便灵活。由于测量设备的革新，对测量的方法和数据处理的自动化程度也越来越高。近几年，现代桥梁施工放样工作中，主要采用全站仪三维极坐标法、自由设站法以及GPS RTK放样技术。高程放样主要采用水准测量、测距三角高程法以及全站仪天顶法高程传递。这些桥梁施工放样方法，随着桥梁建设的条件不同而采取不同的方法进行放样。

(4)桥梁重要部位施工测量。现代桥梁因桥梁形式不同和施工工艺不同其测量的内容也存在较大的差异，桥梁重要部位的测量内容主要包括基础、承台、塔柱、锚碇、锚体及锚固系统测量，索道管精密定位测量，主缆架设测量，索夹定位测量，钢箱梁安装定位测量等。各类测量内容在实际工作中因现场情况的复杂多变，而实际采用测量方案也各有差异。因此，桥梁重要部位的施工测量方法应根据现代桥梁施工测量技术和现场实际情况进行分析后，再具体确定，一般可采用施工放样的常用方法。在特殊情况下，需要制订专门的实施方案。

(5)桥梁工程竣工测量。一般竣工测量的内容包括：竣工总平面图、分类图、辅助图、断面图以及道路曲线元素、细部点坐标、高程明细表等。它们综合反映工程竣工后主体工程及其附属工程的现状，主要是指桥梁基础、承台、塔柱、锚碇、路面等各部位的竣工测量。此外，还包括全桥贯通测量、桥梁的荷载试验测量等。桥梁竣工测量一般采用常规的测量方法，荷载试验中常常采用GPS RTK动态测量技术测量桥梁的静动载时的形变。

(6)特大型桥梁的变形观测。特大型桥梁建设规模大，主体建筑物基础分布集中，荷载集度大，建筑物对地基要求高。桥梁地基地质条件负载，在施工和运营期间，受工程开挖和工程荷载的影响，地基基础有可能产生沉陷、不均匀沉陷和水平位移。变形监测是通过桥梁的墩台、塔柱和桥面等进行测量，以确定其空间位置或形态随时间的变化特征，能及时地发现桥梁在运营过程中存在的隐患，有必要对桥梁的工作性态进行及时的分析与监控，通过变形观测为桥梁主管部门的决策提供依据。对于特大型桥梁的变形观测，需要采用先进观测技术和完善的观测系统，实现科学有效观测分析。

四、桥梁施工测量关键技术的研究进展

20世纪80年代以来，出现了许多先进的测量仪器，为桥梁施工测量提供了先进的技术工具和手段，如光电测距仪、精密测距仪、电子经纬仪、全站仪、电子水准仪、数字水准仪、免棱镜全站仪、测量机器人、GPS接收机等，为桥梁施工测量向现代化、自动化、数字化方向发展创造了有利的条件，改变了传统的工程控制网布网、地形测量、施工放样的作业方法。施工控制网建立的形式从经典的三角网发展成测边网、边角网和GPS网；精密光电测距三角高程测量方法已能够代替二、三等跨河水准测量；具有自动数字显示功能的测距仪应用于桥梁施工放样工作；免棱镜全站仪解决了困难部位测量点的测距工作。电子经纬仪和全站仪的应用，标志着工

程测量技术进入现代化阶段。电子经纬仪具有自动记录、自动改正仪器轴系统差、自动归化计算、角度测量自动扫描、消除度盘分划误差和偏心差等优点。全站仪测量实现野外测量数据自动记录，通过接口设备传输到计算机，以“人机交互”方式实现测量数据的自动处理，将微机控制的跟踪设备等设备加到全站仪上，能对一系列设定目标进行自动搜索测量，成为先进的“测量机器人”。GPS 测量为桥梁施工提供了全天候的精密定位方法。由此可见，现代工程测量技术为桥梁施工测量向数字化发展开辟了道路。

建设一座现代特大型桥梁，需要进行各种测量工作及测控关键技术研究，其中包括勘测、施工测量、竣工测量等；在施工期及通车后的外部变形观测工作，根据不同的桥梁类型和不同的施工方法，测量的工作内容和测量方法也有所不同。对于现代特大型桥梁施工，超大基础、高塔柱、梁体施工的测控十分复杂，需要依靠现代精密工程测量理论与技术进行专项技术研究。例如，南京三桥结构施工难点是钢索塔施工技术，开展了特大桥钢索塔建造中精密测控技术研究，研制精密控制网、精密控制方法以及专用测量设备解决了钢索塔的精密施工测控难题。苏通大桥针对 300m 超高索塔施工和长悬臂箱梁拼装的技术难点，开展了苏通大桥塔梁结构形态测控技术研究。研究内容主要包括基于测量机器人（TCA2003 全站仪）的索塔变形自动观测技术，解决了索塔复杂形变对高索塔施工精度的影响；研制的“GPS 实时动态几何观测系统”和“基于测量机器人的箱梁观测系统”，实现了苏通大桥长悬臂钢箱梁安装时的塔梁动态实时观测；开发全站仪竖直高程传递技术，解决了 300m 索塔的精密高程控制困难。泰州大桥针对超大水中钢沉井下沉控制难题，开展了水中超大沉井动态测控技术研究，主要通过集成 GPS、RTK 动态测量技术和无线通信技术，实现远程自动化实时测量系统，从而保证了超大钢沉井在深水区域的动态控制质量。润扬大桥建设中，针对施工测量技术管理，开展了润扬大桥测量管理信息系统研究。研制的测量技术管理系统具有测量资料管理、施工测量管理、施工测量数据处理、图形可视化等实用性功能，满足了特大型桥梁施工测量管理的要求。

通过已建部分特大型桥梁施工测量技术研究的实践，可以发现桥梁工程施工测控方面，常规测量方法与现代测量新技术的集成，正不断地解决大型工程各部位的几何形态控制、实时动态测量等关键技术问题，使施工测控技术进一步向自动化、一体化、信息化方向发展；卫星定位技术和三维可视化技术也为桥梁施工测控提供高效实用的技术手段。现代桥梁复杂结构的施工方法，发展到工厂化和拼装化的阶段，如钢索塔与钢箱梁等构件一般都在工厂制造，到现场进行拼接和安装，这就对测量工作提出了十分严格的要求。如南京三桥的钢索塔和苏通大桥的钢锚箱拼装、润扬大桥等特大型桥梁的钢箱梁拼装、泰州大桥钢沉井的节段拼装对施工测量提出了各种复杂的技术要求。因此，特大型桥梁施工需要建立专用的施工测量技术体系，以满足复杂结构施工的要求。

为了科学有效地解决现代特大型桥梁突出的测量技术问题，需要在桥梁工程建设中开展施工测量技术创新和测绘理论发展的问题，开展基于工程测控的精密工程测量理论、方法与技术的前沿研究。通过对现代测绘技术、自动控制技术、计算机技术、通信技术、空间技术及信息技术等高新技术进行组合研究，建立一套现代精密工程测量技术与理论体系。该体系要适应现代大型桥梁工程建设的需要，必须确保工程建设的顺利实施和优质高效。其内容包括工程建设自动化实时观测技术研发、动态观测数据处理方法的研究等。现代精密工程测量技术与理论体系，能够解决大型桥梁施工中高塔柱垂直度、空间几何位置的控制以及健康观测等问题。

第二节 桥梁工程施工流程

桥梁工程的施工包括下部结构、上部结构及附属工程的施工，下面对各部分进行详细论述。

一、施工准备

施工准备工作的基本任务是为桥梁工程的施工建立必要的技术和物质条件，统筹安排施工力量和施工现场；是施工企业做好目标管理，推行技术经济承包的重要依据；也是施工得以顺利进行的基本保证。

1.施工准备工作的任务

施工准备工作的任务主要有以下几点：

(1)掌握工程项目的特点、进度要求、摸清施工的客观条件。

(2)合理部署施工力量。

(3)选择最佳的施工方案。

(4)从技术、物质、人力和组织等方面为工程项目的施工创造一切必要的条件。

2.施工准备工作的基本内容

施工准备工作的内容繁多，工作量大，但按准备工作的性质可归纳为以下几个方面：

(1)技术准备。技术准备是施工准备的核心，具体内容包括：熟悉设计文件，研究核对设计图纸，进一步调查分析原始资料，施工前的设计技术交底，确定施工方案，进行施工设计，编制施工组织设计和施工预算等。

(2)劳动组织准备和物质准备。

(3)施工现场准备。施工现场的准备工作，主要是为工程的施工创造有利的施工条件和物质保证，其具体内容如下。

①施工控制测量。按照勘察设计单位提供的桥位总平面图和测图控制网中所设置的基线桩、水准点以及重要标志的保护桩的资料，进行三角控制网的复测，并根据桥梁结构的精度要求和施工方案，补充加密施工所需要的各种标桩，建立满足施工要求的平面和立面施工测量控制网。

②补充钻探，做好“四通一平”，建造临时设施等。

二、下部结构施工

1.基础工程

在桥梁工程中，通常采用的基础有扩大基础、桩基础、沉井基础、管柱基础和地下连续墙等。各种基础都有其自身的优缺点和施工工艺，下面以桩基础中的钻孔灌注桩为例简单介绍其施工流程。

1)钻孔灌注桩的特点

钻孔灌注桩，是在现场采用钻孔机械将地层钻挖成预定孔径和深度的孔后，将预制成一定形状的钢筋骨架放入孔内，然后在孔内灌注流动的混凝土而形成的桩基。

钻孔灌注桩的桩长可以根据持力土层的起伏变化，并按使用期间可能出现的最不利内力组合配筋，钢筋用量较少，便利施工。

2)钻孔灌注桩的施工工艺流程

钻孔灌注桩施工，必须由有经验的施工人员主持，并掌握场地的地质与水文情况，保证钻孔设备完好，施工记录完善。钻孔灌注桩施工的主要工序是：埋设护筒、制备泥浆、钻孔、清孔、钢筋笼制作与吊装及灌注水下混凝土等。钻孔灌注桩施工因成孔方法的不同和现场情况各异，施工工艺流程不会完全相同。在施工前，要安排好施工计划，编制具体的工艺流程图，作为安排各工序施工操作和进度的依据。

3)质量检验与质量标准

钻孔在终孔和清孔后，应用仪器对成孔的孔位、孔深、孔径、竖直度(斜度)、泥浆相对密度、孔底沉淀厚度进行检验，成孔质量允许偏差应符合规范要求。

每根灌注桩应留取混凝土抗压强度试件不少于2组，同时应以钻取心样法等无破损检测法对桩的匀质性进行检测，检测结果均应符合规范要求。

2.墩台工程

桥梁墩台施工方法通常分为两大类：一类是现场就地浇筑与砌筑；另一类是拼装预制的混凝土砌块、钢筋混凝土或预应力混凝土构件。这里主要讨论混凝土墩台的施工。

就地浇筑的混凝土施工有两个主要工序：一是制作与安装墩台模板，二是混凝土浇筑。根据规范规定，模板的设计与施工应符合如下要求：

(1)具有必需的强度、刚度和稳定性，能可靠地承受施工产生的各项荷载，保证结构物各部形状、尺寸准确。

(2)尽可能采用组合钢模板或大模板，以节约木材、提高模板的适应性和周转率。

(3)模板板面平整，接缝严密不漏浆。

(4)拆模容易，施工时操作简便，保证安全。

常用的模板类型有拼装式模板、整体吊装模板、组合型钢模板和滑动钢模板。各种模板在工程上的应用，可根据具体条件合理选用。

墩台、墩身混凝土施工前，应将基础顶面冲洗干净，凿除表面浮浆，整修连接钢筋。灌筑混凝土时，应经常检查模板、钢筋及预埋件的位置和保护层的尺寸，确保位置正确，不发生变形。混凝土施工中，应切实保证混凝土的配合比、水灰比和坍落度等技术性能指标满足规范要求。

三、上部结构施工

桥梁根据上部结构的不同可分为拱桥、钢桥、斜拉桥、悬索桥、钢筋混凝土及预应力混凝土梁(板)桥和刚构桥等。下面主要以斜拉桥为例，介绍其上部结构的施工。

1.斜拉桥

斜拉桥的施工，一般可分为基础、桥墩、梁、索四部分。其中基础部分施工如前所述，下面对塔、梁、索的施工工艺简述如下。

1)索塔施工

索塔的材料可用金属、钢筋混凝土或预应力混凝土。索塔的构造远比一般桥墩复杂，塔柱可以是倾斜的，塔柱之间可能有横梁，塔内需设置前后交叉的管道以备斜拉索穿过锚固。

钢索塔施工一般为预制吊装，混凝土索塔施工大体上可分为搭架现浇、预制吊装、滑升模板浇筑等几种方法。

索塔施工过程中包括起重设备选用、模板制作选用、拉索锚固区塔柱的施工、混凝土浇筑与养护和施工测量控制等。拉索钢梁锚固形式的施工程序如图 1-1 所示。

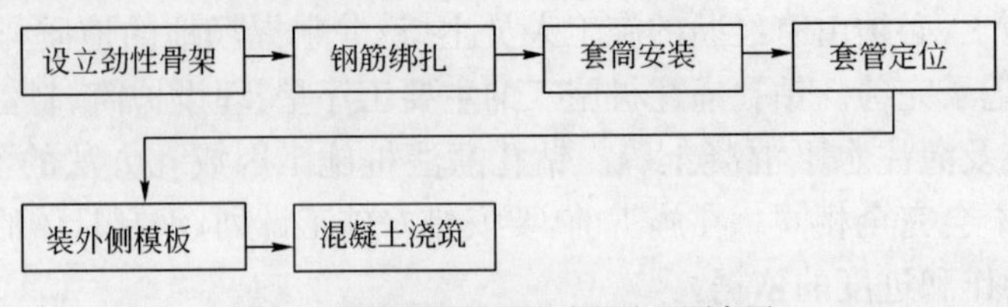

图 1-1　拉索钢梁锚固形式的施工顺序图

(1)设立劲性骨架。设立劲性骨架分为现场加工和预制拼装两种施工方式。底节预埋段和变幅段施工与现场高程有关,常常现场加工,而其余标准段用预制拼装可以加快精度。

劲性骨架的施工测量放样包括平面位置、塔身斜度和高程等几个方面,施工中的允许偏差要满足有关规定。

(2)钢筋绑扎。施工时,首先对钢筋端部的弯折、扭曲作矫正或切割处理,清理其表面杂物,每根钢筋在车间与套筒压接一端,另一端运到塔上现场压接。挤压时,压模应对准套筒及压痕标记,从套筒中央逐道向端头压接。

(3)拉索套筒的制作及定位。拉索套筒精度要求较高,将钢管焊接在锚板上时,要确保钢管与锚板圆孔同心,锚固面与钢管垂直。

拉索套筒定位包括套筒上、下口的空间位置,套筒倾斜度和高程等,测量可采用天顶法或空间坐标法,一般测定套筒上、下口的设点位置,使其符合设计要求。具体实施中,先测出套筒的下口位置,将套筒下口在此处铰接,然后调节套筒上口,将其按设计位置固定在劲性骨架上,套筒固定以后,将其两端入口堵住,以防浇混凝土时堵塞孔道。

(4)立模。立模关系到锚固段混凝土浇筑成形的质量,装模时应注意模板接头间的不平整现象。在调模板过程中,应注意保护套筒,不宜采用装有套筒的劲性骨架调模,以免造成套筒移位,然后,紧固连接螺杆,固定模板。

(5)浇筑及养护。

2)主梁施工

斜拉桥主梁施工方法与梁式桥基本相同,大体上可分为顶推法、平推法、支架法和悬臂法四种。以悬臂浇筑法为例简单介绍其施工工序。

(1)悬臂浇筑分段。悬臂浇筑的节段长度根据斜拉索的节间长度、梁段质量进行划分,一个节段长度一般采用一个索距或半个索距,但也有一个节段长度采用两个索距的情况。

(2)无索距施工。无索区主梁需在支架或托架上进行施工。先对支架或托架进行预压,以消除由各种因素引起的变形,浇筑混凝土待其强度达到要求后,施加预应力,然后拼装挂篮,进行主梁的悬臂浇筑。

3)斜拉索施工

斜拉索的施工主要由以下几步组成:放索,安装锚固端,牵引安装张拉端,张拉及调索。

(1)放索。由于斜拉索为盘装成品索,施工安装时需将索从盘中放出。根据现场实际情况可采用立式转盘放索和水平转盘放索。

(2)装锚固端及张拉端。塔部安装锚固端的方法有吊点法、吊机安装法、脚手架法及钢管法。安装张拉端的方法有分步牵引法、桁架床法。安装斜索前应计算出克服索自重所需的拖曳力,以便选择卷扬机、吊机及滑轮组配置方式。计算出各施工阶段的索力后,选择适当的牵引工具和安装方法。

(3)调索。根据工程控制的计算结果,需要通过斜拉索力的施工调整达到控制高程和梁内应力的目的。索力的调整根据不同的设计要求,可在梁上或塔上进行,有的塔上不便安装千斤顶,则可在施工脚手架上进行。首先,需对张拉千斤顶、配套油泵及索力检测仪器进行标定;其次,计算各级调整值并列出相应的延伸量,并做好索力检测和其他各种观测设备的准备工作;将张拉工具、设备一一到位;最后,按预定级次的相应张拉力,通过电动油泵进油或回油调整索力。

2. 悬索桥

悬索桥也称吊桥,它主要由主缆、锚碇、索塔、加劲梁、吊索等组成。悬索桥的上部施工一般分为主塔施工、主缆施工和加劲梁工程施工。

四、桥面系施工

1. 概述

桥面上设置的护栏安全带、路缘石、防撞护栏、装饰块、人行道、栏杆及照明灯柱等都属于桥面系施工的范畴。

桥面系的施工,不仅要满足桥梁使用功能上的要求,对外观质量也应有较高的要求。在施工中要重点控制好线形和高程两个方面的质量。

2. 护栏安全带和路缘石

护栏安全带可以做成预制块件安装或与桥面铺装层一起现浇。预制块件若采用人工安装,安装前要精确放样,弯桥、坡桥要注意线形的平顺;块件必须坐浆安装,要落位准确,全桥对直,安装后线条直顺、整齐、美观。

路缘石施工的方法和工艺要求同护轮带。

3. 人行道

人行道一般是预制拼装,也可现浇。在预制或现浇人行道板时,要注意预留出安装灯柱、栏杆的位置,埋设好预埋件。

4. 栏杆和护栏

安装或现浇栏杆(护栏)应在人行道板施工完成后进行,对钢筋混凝土护栏还必须在跨间的支架及脚手架拆除以后,桥跨处于自承的状态下才可进行。

第三节 桥梁工程施工测量基本内容

一、概述

桥梁工程在勘察设计、施工和运营管理各阶段所进行的测量工作称为桥梁测量。在各阶段测量的复杂程度随桥梁的类型、大小、长短与河道地形情况而异。在通常情况下,桥梁的跨度越大,河流的宽度越宽,则施工测量的难度就越大。目前的许多长江大桥、跨海大桥由于其施工工艺等发生了很大的变化,对施工测量也提出了新的要求。

在勘测设计阶段,为了选择桥址,需要收集或测绘比例尺为 1∶25 000 或 1∶50 000 的地形图,为桥梁设计需测绘较大比例尺(1∶10 000)的桥渡位置图及 1∶1 000 或 1∶500 的桥址地形图，并选择水文断面测定水深、流向、流速及计算流量。由于桥梁工程需要和陆地的公路进行连接，因此，在勘测设计阶段所测绘的地形图其坐标系应相互一致，以避免路、桥不能连接等问题。

在施工阶段，测量的主要工作是建筑物的放样，为此，首先应建立施工平面和高程控制网点，用以放样桥梁中线、基础桩、墩台、塔柱等。对于深水河道一般采用测角网、测边网、边角网建立平面控制，也可利用 GPS 建立平面控制网。高程控制网一般采用水准测量方法建立，在施工区域合宜的地方布设基准点(还兼作运营阶段沉降观测的高程依据)与施工水准点。为使河流两岸的高程基准一致，需进行跨河水准测量，跨河水准测量可采用水准仪倾斜螺旋法或经纬仪倾角法和光学测微法等进行对向观测。

桥墩在施工时的定位测量可采用前方交会角差图解法、前方交会法、距离交会法等。目前，由于全站仪的普遍使用，放样工作一般都采用全站仪坐标法进行，利用钢尺直接丈量或间接测距方法检核放样点之间的相对关系。对于基础桩的放样也可利用 GPS(RTK)进行。施工中除了检测围囹、沉箱、沉井的稳定性之外，需要随着它的下沉，测定其在平面上的偏移值、下沉深度以及倾斜度。桥梁墩台竣工后，应测定其中心的实际坐标及其间的实际距离，运用水准测量，建立墩台顶上的水准点，检查墩台顶各处和垫石的高程，丈量墩台各部分的尺寸，绘制竣工平面图，编制墩台中心间距和墩台顶水准点高程一览表，为架设上部结构提供资料。上部结构架设的测量工作有支座底板的放样，纵轴线的检查，主柱竖直性的检查以及拱度测定等。架设完毕后，应对它进行竣工测量，编绘平面图、拱度曲线图、纵断面图等。

在运营管理阶段，为了保证行车安全和及时维修加固，应观测墩台的沉陷和水平位移。沉陷观测采用精密水准测量。墩台沿上下游方向的水平位移，可利用视准线法测定，墩台顺桥中线方向的位移观测，应用特制的钢线尺或精密光电测距仪测定。上部结构各节点在竖直方向的变形值用水准测量方法测定。沉陷和位移观测需要定期进行，初始周期应短些，其后可适当增长。

二、施工测量基本内容

1.施工控制网的建立与维护

施工控制网包括平面控制网和高程控制网。

1)平面控制网的建立

平面控制网一般采用三角网或 GPS 网方式建立，其网形和精度根据工程的具体布局和特点制定，对于特大型桥梁，目前平面控制网的最弱点点位精度通常控制在±5mm 以内。为保证工程的施工精度和放样工作的方便，平面控制网需根据桥梁的工程特点投影到特定的高程面上。平面控制网点一般都需建立混凝土标墩，并埋设强制归心底盘。由于大型桥梁的施工期较长，各标点应建立在稳固的基础上，以确保控制点的稳定性，在基础松软地区，控制点基础一般应埋设钢管，以提高控制点的稳定性。

2)高程控制网的建立

高程控制网一般采用精密水准测量方法建立，为使两岸的高程系统严格一致，需进行跨河水准测量。在高程控制网平差时，一般只选用某一岸的一个点作为基准点。当两岸都有高级水准点时，由于通常不清楚它们之间是否存在系统差，因此，首次观测时一般仍用一个点作为已知点，只有当通过联测确认其不存在系统差时，才能将其都作为已知点使用。为使高程控制点能得到有效的检核，在施工区域附近应设置高程工作基点。

3)控制网的复测

由于大型桥梁的施工期较长,且施工过程中难免对控制点稳定性带来一定的影响,因此,施工控制网应根据实际情况进行全面复测。在施工过程中,对常用的控制点也应进行必要的检测。控制网复测时,一般要求采用相同的网形和观测纲要,并严格要求坐标系统的统一。但由于施工进度的差异和控制点的实际使用情况,网形一般会发生一些变化。

4)控制点交桩

控制网观测成果通过检查验收后,由业主向各标段施工单位及测量监理进行测量标点的交接工作。施工单位必须对下发成果进行检测,并提交检测报告。施工单位对所用的控制桩点应采取有效的保护措施。

5)控制点加密

由于首级施工控制网点间距大、密度相对较小,一般不能完全满足施工测量的需要,因此,施工单位应根据实际需要加密控制点。加密控制点的精度应满足工程放样的实际需要,并应有必要的检核。

2. 桥墩基础施工测量

桥墩基础的放样可根据工程的实际需要采用常规测量技术或 GPS(RTK)技术。在基础桩定位精度要求较高时,宜采用全站仪放样。桥墩基础施工测量的主要内容包括:

(1)钢管桩定位、垂直度和倾斜度控制测量、高程控制测量、打入桩顶中心与高程测量。

(2)平台施工放样及稳定性的定期检测。

(3)导向架定位测量。

(4)钢护筒定位、垂直度控制测量、高程控制测量、钢护筒下沉就位后的中心测量与顶面高程测量。

(5)承台施工放样与中心位置测量。

3. 引桥及主桥塔柱施工测量

塔柱放样主要控制塔柱的平面位置、垂直度和方向,另外,对塔柱顶部或其他变化部位的高程加以控制。塔柱平面位置的放样一般采用全站仪坐标法进行,当控制点不满足放样要求时,也可采用 GPS(静态)加全站仪的放样模式。塔柱高程的控制可采用精密三角高程方法,也可采用钢尺传递的方法。

塔柱顶部的支座应采用精密方法测定其位置和高程,并用其他方法进行校核。

斜拉桥索导管的定位主要控制其平面位置、高程和倾斜角。主塔中的索导管定位直接关系到主桥的质量,其放样精度高,难度大,定位测量应认真仔细,并用恰当的方法检核。索导管平面位置一般用全站仪坐标法测定,用交会法或其他控制点进行检核。其高程一般采用精密三角高程方法测定,并用钢尺传递高程进行检核。倾斜角用高差测量方法进行控制。

4. 塔柱变形观测

为保证主桥的线形,在架设钢箱梁过程中应测量塔柱的变形情况。塔柱变形一般采用全站仪坐标法进行,该法需在塔顶合适部位预设监测标点,并架设全反射棱镜。塔柱变形监测一般在钢箱梁吊装过程中进行,在某些特殊工况下应进行 24h 连续跟踪测量。

5. 引桥桥面测量

在引桥桥面架设的各阶段应对桥面的中心位置和高程进行测定。在预制梁(或现浇梁)架设后应首先测定其中心位置和高程，在施加预应力后应测定每跨两端及中间的高程。在调平层施工前、后都应对全线引桥的高程进行测定，测定方法一般采用水准测量方法。

6. 主桥钢箱梁架设施工测量

钢箱梁架设中的测量主要是控制桥轴线的位置和主桥的线形，另外对主塔的变形应进行观测。主桥的轴线控制一般采用全站仪坐标法进行，利用合宜的控制点进行测量，并用恰当的控制点进行检核。主桥线形的测定一般采用水准测量方法进行，在每节钢箱梁吊装的每个工序都应对主桥的已成线形进行测定。在主桥合龙时，应对合龙段进行 24h 跟踪测量及主桥全线的贯通测量，并根据实际情况对大桥受日照等的影响进行观测。

7. 交工验收测量

当某一工程部位完工后，应对该工程部位进行交工验收测量。交工验收测量的内容和要求主要按《大桥工程专项质量检验评定标准》执行。

大桥主塔的测量验收内容主要包括：承台及塔柱外形尺寸、平面位置、各部位高程、横梁高程及平整度、轴线偏位、塔柱倾斜度等，采用全站仪坐标法和精密水准测量方法进行检测。

主桥的交工验收测量主要包括主桥的线形和轴线偏位，采用水准测量方法检测主桥的线形，采用全站仪坐标法检测轴线的偏位。

引桥的交工验收测量主要包括引桥的线形、各部位的高程和桥面平整度，一般用水准测量方法检测引桥的高程和平整度。

第二章　平面施工控制网的建立与维护

第一节　平面控制网布设的基本要求

桥梁平面施工控制网建立的主要目的是进行施工放样和变形观测。桥梁施工放样即依据控制网精确地放样桥梁桩柱、墩台的位置及其跨越结构的各个部分，以保证实现桥梁的设计跨度和线形及其与两侧道路的正确连接，变形观测即依据控制网随时观测桥梁在施工过程中的构造变形和检查已竣工构筑物的施工质量。因此，控制网是桥梁施工放样、结构变形观测和质量检查的基准。

目前，桥梁平面施工控制网的建立方法主要有两种，一种是传统的三角网方法，另一种是利用 GPS 技术建立。这两种方法各有特色，且都在许多大型工程中得到成功的应用。由于现代大型桥梁的建设规模大、桥型新、结构新颖、施工工艺复杂、跨度大、桥面高和工期长，这些特点对施工测量提出了新的要求，传统的施工测量技术已难以适应现代桥梁施工的要求。另外，随着测绘科学技术的发展，高精度施工测量方法和技术也得到了较大的发展，为这些桥梁施工控制服务的桥梁平面施工控制网，其建网方法也在不断更新。

一、选点与埋石

控制网点位的确定主要取决于其控制的范围和施工放样的方便，此外还应注意所选点位的通视、安全和施工干扰小等要求。为此，在控制网选点时，应参阅“施工组织设计”中有关施工场地布置的内容，以保证控制点在施工过程中尽量少受破坏，在发生冲突时，应与施工组织部门协调。另外，在控制网选点前，应了解工程区域的地质情况，尽量将点位布设在稳固的区域，以保证点位的稳定性。如果考虑到可能采用 GPS 方法建网，则选点时还应注意避开高压电线、铁塔和发射接收天线集中的地方。

现代大型桥梁施工控制网一般分两级布设，以首级控制网点控制全桥及与之相关的重要附属工程，以二级网对工程局部位置进行施工放样。在通常情况下，首级施工控制网在工程施工前就应布设完毕，而二级加密网一般在施工过程中，根据施工的进度和工程施工的具体要求布设。由于大型桥梁施工控制网的精度一般较高，为保证测量成果的准确可靠，在控制点埋设后，应有一个点位稳定期，因此，在布设二级网时，应提前做好准备工作。

在采用三角网形式建立施工控制网时，应使所选的控制网点有较好的通视条件，能构成较好的图形，避免大于 120°的钝角和小于 30°的锐角，以保证控制网有较好的图形强度。对于利用交会法放样的工程，还应考虑到主要工程部位施工放样有较好的交会角度，以保证施工放样的精度。

在采用 GPS 方法建立平面施工控制网时，应保证点位附近开阔，且没有电波辐射源和反射源。另外，由于施工测量大都采用全站仪进行，应至少保证两点之间通视，对于放样重要位置的控制点，应保证两个以上的通视控制点。

由于大型悬索桥和斜拉桥的索塔高度均在百米以上，且为桥梁工程中的关键部位，因此，为保证施工放样的顺利进行和施工放样的精度，控制网点的位置应根据塔柱的高度合理选择。若控制点太近，则放样时仰角很大，放样工作不方便，且精度也受影响；若控制点太远，虽放样操作方便性提高，但由于距离增大，放样精度会受到明显影响，因此，应根据工程的具体情况，论证放样方法的合理性和方便程度，最主要的是保证塔柱放样能达到要求的精度。

为保证整体控制网有良好的网形，同岸控制网的边长一般控制在跨河段长度的0.5～0.7倍，此类边长过短，会使控制网的纵横向长度相差过大，导致控制网横向误差难以控制；此类边长过长，则会使控制网点远离桥轴线，导致放样误差过大或难以放样。

桥轴线能否作为控制网的一条边（直线桥）或两条边（曲线桥），应根据实际情况决定。若能做到，则对控制网传算里程、控制桥轴线长度、方向和偏角（曲线桥）有利，因此传统的桥梁控制网建网均要求做到这一点。而现代桥梁网设计，各墩台中心的设计坐标和半径、偏角（曲线桥）均已给定，因此为桥梁施工而建立的平面控制网，并不需要其具有桥位“定测”或“复测”的功能，此外由于现代测绘仪器精度的提高，桥轴线长度和方向易于采用控制网间接控制，所以若场地或地形条件受限，也可不必强求这一点。实际上，桥轴线上的控制网点并不稳定，还极易遭到施工的破坏，即使稳定或不遭破坏，桥轴线上的控制网点，其施工放样的功能也十分有限，放样视线易遭施工和机具或已竣工墩台的阻挡。

由于现代工程控制网的施测常采用测边、边角或GPS方法建网，对这些施测方法而言，大地四边形有较好的多余观测条件，有利于粗差检测和提高外业观测精度。另外，对于跨江部分，由于地形条件的限制，一般不能布设成中点多边形形式。因此，桥梁控制网在跨江段的最佳网型为大地四边形，在两岸可布设成大地四边形、中点多边形等形式。

特大型桥梁的建设工期一般均在2年以上，施工周期长，控制网点频繁使用，为便于施工放样和提高精度，常用的控制网点宜建造混凝土观测墩，并埋设强制归心设备。由于桥梁工程施工区域通常覆盖层较厚，地质条件较差，对点位的稳定性不利，因此，为保证点位的稳定性，观测墩的基础应埋设到冻土层以下的原状土中，在条件允许时，可在基础下埋设钢管，以增加观测墩的稳定性。混凝土观测墩的基本构造见图2-1。

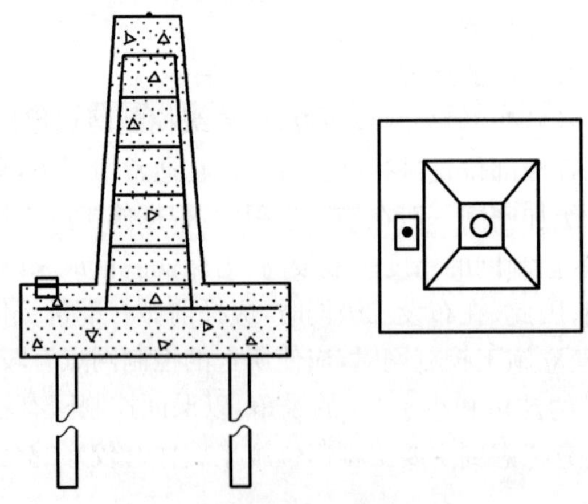

图2-1　平面控制点观测墩结构图

二、坐标系的选择

为进行线路的总体设计，在勘测设计阶段，一般都建立了整体线路工程控制网，该控制网在线路的起点、终点、桥涵等位置都设置了控制点，但这些控制点无论密度还是精度都无法满足桥梁施工测量的要求。

为便于线路全线坐标系统的统一和确定工程的绝对位置，勘测阶段所建立的控制点常采用国家坐标系统（如：1954 年北京坐标系或 1980 年西安坐标系），这些坐标系统是以参考椭球面为基准面的高斯平面直角坐标系统。这种坐标系统存在两种长度变形，第一种为高斯投影长度变形，第二种为基准面高程不同所引起的长度变形。

为保证桥梁施工的顺利进行，所建立的桥梁施工控制网必须和桥梁设计所采用的坐标系统相一致（一般为国家坐标系），但纯粹的国家坐标系统存在较大的长度变形，对特大型桥梁施工放样十分不利。因此，在建立桥梁施工控制网时，首先要保证施工控制网的坐标系和工程设计坐标系相一致，另外，还要使局部的施工控制网变形最小。为达到上述目的，应建立独立坐标系统的施工控制网。

为保持桥梁与两侧线路的联系，以独立坐标系统建立的控制网应以一个点位较为稳定的桥轴线点或勘测控制点作为坐标原点，以该点的原坐标值和里程作为独立坐标系统的起算坐标和起算里程，以桥轴线设计的坐标方位角或原 2 个勘测控制点的连线方位角作为起算方位角，以控制点顶面平均高程作为边长基准面，将所有观测边长都投影到该基准面上。这样建立的桥梁独立坐标系统，其 X、Y 轴方向与勘测时一致，且长度变形较小的施工测量坐标系，它既考虑了桥梁勘测和设计的实际情况（设计图纸上桥梁墩台的设计坐标直接可用于施工放样，不需要换算），又满足桥梁这一重要构筑物施工测量的特殊要求。

由于桥梁工程的施工周期长，在施工期需要对控制网进行复测，在控制网复测时，应严格保证控制网的坐标系不变。为保证这一目标的实现，在控制网复测时，首先应分析和检查控制点的稳定性，利用稳定的控制点作为已知点进行计算。另外，还可以通过与国家控制点联测的方法进行比较，但由于国家点一般距离较远，其联测误差较大，因此，一般只能起检查作用，而不应将国家点联测后重新进行控制网的计算。

对直线桥，为便于施工放样数据的计算和放样点位的复核，还常常建立以某一个桥桩为坐标原点，以桥轴线为 X 轴，以横桥向为 Y 轴的桥梁施工局部坐标系 XOY，此时某一放样点的 x 坐标即为该点的里程，y 坐标即为该点偏离桥轴线的距离，此时桥梁施工局部坐标系 XOY 和桥梁勘测设计坐标系 xoy 存在如下的坐标转换关系：

$$\begin{pmatrix} X \\ Y \end{pmatrix} = \begin{pmatrix} X_{原} \\ Y_{原} \end{pmatrix} + \begin{pmatrix} \cos\alpha & -\sin\alpha \\ -\sin\alpha & \cos\alpha \end{pmatrix} \begin{pmatrix} x \\ y \end{pmatrix} \tag{2-1}$$

$$\begin{pmatrix} x \\ y \end{pmatrix} = \begin{pmatrix} \cos\alpha & \sin\alpha \\ -\sin\alpha & \cos\alpha \end{pmatrix} \begin{pmatrix} X - X_{原} \\ Y - Y_{原} \end{pmatrix} \tag{2-2}$$

式中：$X_{原}$、$Y_{原}$——xoy 的坐标原点在 XOY 坐标系中的坐标；

α——桥轴线在 XOY 坐标系中的设计坐标方位角。

三、精度的确定

桥梁平面施工控制网精度的设计有两种方法，第一种是按混凝土梁、简支钢桁梁、连续梁及长跨简支钢桁梁等的制造、拼装误差，墩心的放样误差，固定支座的安装误差等，以它们的误差平方来累计，估算桥轴线总长的误差，以此决定桥轴线所需要的相对精度，然后以此边的相对精度为基准，来确定控制网的必要精度。此方法只保证了桥轴线总长度的精度，并不能保证相邻墩中心之间每一跨的设计跨度。第二种是机助模拟法，即在网形确定之后，按测量经验，给以先验的初始观测精度作模拟平差，再以先验的测设精度作模拟方向交会或极坐标放样，在考虑有关控制点点位误差的情况下，估算交会点（墩心）与相邻交会点（相邻墩心）之间的“相对误差椭圆”，进而求出各跨的跨长精度，看这些跨长精度是否满足桥梁施工的要求，如果某些跨长尚未满足精度要求或所有跨长的放样精度过高，则调整网的精度再进行以上分析，直到满足要求为止，此时网的精度即为需要的设计精度。该方法既保证了相邻墩心之间的跨长精度，又保证了桥轴线总长度的精度，因而弥补了第一种方法的不足，但操作时较为复杂。

上述两种桥梁控制网精度设计方法，对常规桥梁（简支梁桥或连续梁桥）比较适用，而对特大型新型桥梁，如悬索桥或斜拉桥，则不适用。对悬索桥施工而言，位置要求最高的是散索鞍和主鞍座中心的几何位置，对斜拉桥施工而言，位置精度要求最高的是塔上和梁上斜拉索套管后锚点的几何位置，因此应从放样这些几何位置中心的容许误差来分析桥梁控制网的必要精度，具体实施时，以这些放样精度要求最高的几何位置中心的容许误差，根据桥梁控制网点位误差对放样点位精度不发生显著影响的原则和控制网边长误差对放样点位的最大影响等于边长误差，计算控制网最弱边的边长中误差和最弱边的相对中误差。最后根据最弱边的相对中误差，确定桥梁控制网的必要精度。

四、投影面的选择

在桥梁施工控制网建立过程中，通常会遇到控制网的投影面问题。投影面问题的产生主要是由于地球为近似的圆球，在不同的高程面，其计算边长不同。高程差异越大，其投影后的边长差异亦越大。为保证施工后的桥梁跨度与设计值相同，选择合理的投影面和放样方法是保证施工质量的关键。

为确定施工控制网的投影面，首先应确定桥梁设计的投影面。在通常情况下，桥梁工程的设计是在地形图上进行的，且一般不考虑地球曲率的影响，这对一般桥梁并无太大的影响，而对于具有高塔柱的悬索桥和斜拉桥，影响就十分明显。因此，在控制网平差前，应由设计部门确认桥梁的设计跨度是对哪个高程面而言的。在通常情况下，桥梁设计所用的地形图是在国家坐标系统下测绘的，在测绘该地形图时采用了线路工程的统一坐标基准，但在测绘大比例尺桥区地形图时，一般只采用线路整体坐标系作为起算数据，并未将测绘数据投影到高斯投影面上，因此，该地形图可理解为以国家坐标系为基本框架的局部大比例尺地形图，不存在投影变形，与实际形状一致，该地形图的投影面可理解为工程的平均高程面。因此，桥梁的设计跨度可理解为地面平均高程面上的距离。

影响投影面选择的另一个重要因素是放样方法。在以前的桥梁施工过程中，由于受到测量仪器的限制，一般采用经纬仪前方交会的方法测设点位。在这种情况下，由于放样过程不涉及距离，控制网的距离尺度就是放样后建筑物的距离尺度，因此，为保证放样后的桥梁跨度与设计值相同，控制网应投影到设计跨度的高程面上（如墩面高程、桥面高程等）。

由于全站仪的普及和应用，目前大部分桥梁工程都采用高精度全站仪坐标法放样。这种仪器的使用不但提高了测量精度，而且大大提高了施工测量的作业效率。在利用全站仪坐标法放样时，由于该法是利用角度和边长来确定点位的，因此，应将边长作适当的投影改正。如果桥梁跨度的设计值确定在平均高程面上，控制点的实际位置也基本在平均高程面上，这时控制网的投影面应确定在平均高程面上，这样利用坐标反算的边长与实际测量的边长基本相等，投影变形很小，有利于点位的检核。由于全站仪具有自动距离改正的功能，因此，在用该法放样高塔柱时，其距离的改正可在仪器上自动进行。

在桥梁施工过程中，由于部分建筑物的施工，原来的控制点可能无法使用，这时通常在墩顶或桥面上增设控制点。在通常情况下，所增设的控制点应归算到同一个坐标系中，并采用相同的投影面。若采用全站仪放样，也可将控制网投影到桥面高程，这样施工放样较为方便。

综上所述，控制网投影面的选择与工程设计和放样方法有关，一般选择平均高程面或桥面高程作为投影面即可满足施工放样的要求。另外，在施工过程中，选用过多的投影面，容易引起资料使用的混乱，对施工测量管理不利。

五、控制网施测方法的选择

传统的桥梁网，一般采用三角测量的方法施测。近几年，由于高精度测距仪和 GPS 的出现与普及，桥梁网的建网方式亦有采用导线网、测边网、边角网和 GPS 网施测。有实际桥梁网施测经验的人员都知道：现在欲使某个控制网网中的观测元素达到设计精度等级，测距比测角更易达到，而且测距的效率比测角高得多。因此目前的特大型新型桥梁控制网建网，基本上不用纯三角网，而大多采用测边网；又由于桥梁为线状建筑物，因此桥梁网的纵横向比例常常失调，导致测边网也有其弱点，即测边网的纵向精度较高，而横向精度则较差。因此高精度的桥梁网，更多地采用边长全测和部分测角的边角网。

GPS 以其技术优势冲击着传统的桥梁网的建网方式，通过试验证明标称精度为 $\pm(5\text{mm}+1\times10^{-6}D)$ 的 GPS 接收机，以静态测量方式按大地四边形地毯式滚动测量方法观测 40～60min，组织网形平差后也可达到现代桥梁施工控制网建网的精度要求。

六、桥梁控制网的数据处理

桥梁网外业观测结束后，首先应对网中观测元素的外业观测精度进行评定。对水平角观测值，在计算各三角形角度闭合差后，按菲列罗公式评定角度外业测量的精度；对边长往返测观测值，在经过气象改正以及测距仪加乘常数改正后（如果有的话），化为平距，再投影到桥梁网坐标基准面上，计算各边往返测距离的较差，再按公式评定水平距离每公里测距的单位权先验中误差，只有在网中观测元素的外业观测精度评定达到其设计精度后，才可进行控制网的严密平差计算。

桥梁网的严密平差计算常采用间接平差进行，平差后给出各网点的坐标平差值及其点位中误差和点位误差椭圆元素，观测角度和观测边长的平差值及其中误差，各边的方位角平差值及其中误差、相对中误差、相对误差椭圆元素和控制网平差后的单位权中误差等，最后根据网中观测元素的验前精度评定结果和验后单位权中误差以及网中最弱边的相对中误差和最弱点的点位中误差，评价施测后的桥梁施工控制网是否达到设计的精度要求。一个好的桥梁网，应该是精度稳定并有一定富余量，便于经常性的施工放样，经过定期复测证明其点位可靠和建网费用低的控制网。

七、施工控制网的维护

由于大型桥梁施工期长，作业队伍多，精度要求高，因此，为保证施工测量的顺利进行，必须对施工控制网进行必要的维护。

1. 控制点的保护

大型桥梁在施工过程中，各种大型机械非常之多，且有大量的重型运输车辆，这些机械或车辆在运行过程中有可能会对控制点造成破坏。因此，在控制网建立时，首先对控制点施加保护措施，即在所有控制点的周围建立钢管围栏，并在控制点附近建立警示标志，提醒施工人员注意或禁止重型车辆的通过。在各标段开工时，业主将控制点交给各施工单位，要求各施工单位提出控制点的保护措施，并在施工过程中认真落实。

2. 控制网的复测

控制网复测的精度要求一般与建立时的精度要求相同，观测方法和手段可作适当改变（如首期和第二期为边角网，第三期为 GPS 网），在控制网复测时，应根据实际情况对原控制网的网形作适当修改，并对控制点作必要的增减。在某些特殊情况下，由于少数控制点的位移明显，对施工测量有一定的影响，则测量中心或施工单位应对这些控制点进行必要的检测，并根据实际情况使用新的坐标数据。

以润扬大桥为例，由于润扬大桥的施工期长达 5 年，且控制点大多建立在松软的地基上，加之锚体施工过程中需大量抽取地下水，因此，控制点的位移将不可避免。为保证施工测量的精度，必须对施工控制网进行定期的复测。控制网的复测一般每年一次，由测量中心根据控制点的稳定情况以及工程的进度情况提请工程指挥部批准。

3. 控制点的加密

控制点的加密一般由施工单位完成。当已有的控制网点不能满足施工测量的需要时，施工单位可提出加密施工控制点的要求，这时，施工单位需说明增设控制点的理由、增设控制点的类型、位置及用途，并详细说明加密控制点的施测方法。加密控制点的测量成果需报请监理和测量中心审核后才能使用。

第二节　平面控制网必要精度分析

随着我国经济建设的快速发展，公路桥梁建设也得到了迅速发展。在桥梁建设方面，特大型桥梁建设项目也越来越多。特别是大型斜拉桥和悬索桥施工技术和管理水平的提高，建设特大跨径的桥梁成为我国桥梁施工的主要目标。同时，跨越水面宽度也越来越大，设计的一些特大型桥梁跨江宽度在 10km 以上，在这种情况下，对桥梁施工测量控制网的必要精度和控制网网形进行研究，已成为桥梁建设中的一个重要课题。

一、桥梁总体实测要求

特大型桥梁主要包括主桥的上部结构、下部结构和引桥，以及交通工程几部分。正确合理地确定首级施工控制网的精度和各部分的建筑物施工测量的精度，才能保证各项工程检测项目满足《公路工程质量检验评定标准　第一册　土建工程》（JTG F80/1—2004）中的有关规定。在桥梁实测项目中，施工测量的主要检测要求见表 2-1。

桥梁测量主要检测项目表　　表 2-1

检测项目	设计要求或允许限差(mm)
桥面中心偏位	10
车行道宽度	±10
人行道宽度	±10
桥长	+300，−100
引道中心线与桥梁中心线衔接	±20
钻孔灌注桩群桩	100
钻孔灌注桩排架桩	50
挖孔桩群桩	100
挖孔桩排架桩	50
地下连续墙群桩	250
地下连续墙排架桩	40(顺桥向)，50(垂桥向)
墩台身砌体轴线偏位	10
基础沉井中心平面误差	±10

由表 2-1 可见，对特大型桥梁施工来说，放样精度要求较高的建筑物主要是塔柱中心、基础沉井中心放样轴线偏差以及桥长偏差。由此可以确定，建筑物平面位置偏离轴线的最小限差为±10mm。

二、施工测量的精度分析

特大型桥梁竣工时的实际误差由施工误差、测量误差以及外界条件的影响所引起，测量误差是其中的一项。针对特大型桥梁施工测量方案，综合考虑测量误差以及外界条件的影响，将其分成首级施工控制点误差和建筑物放样误差两部分。特大型桥梁施工控制网可分级布设为首级施工控制网和施工控制网，施工控制网可以在首级施工控制网基础上采用高精度插点加密，加密点的精度应尽可能地接近首级控制点的精度。在很多情况下，放样工作是利用首级控制网点直接进行的。

设特大型桥梁的施工总误差为 M，m_1 为控制点误差对放样点的影响，m_2 为施工测量放样中所产生的误差影响，m_3 为施工误差的影响，m_4 为加密点误差的影响。则施工总误差 M 的关系如下：

$$M=\sqrt{m_1^2+m_2^2+m_3^2+m_4^2} \tag{2-3}$$

1. 施工测量的精度分析

目前，特大型桥梁的主要施工测量方案是采用三维坐标法放样。施工单位在特大桥梁的重要建筑物放样时，一般使用最高精度的测量仪器(如 TC2003、TCA2003 等)。其测角精度为±0.5″，测距精度为 1mm+1ppm。三维坐标法的基本计算公式为：

$$\left.\begin{aligned} X&=D\cdot\sin Z\cdot\cos\alpha \\ Y&=D\cdot\sin Z\cdot\sin\alpha \\ H&=H_{站}+D\cdot\cos Z+i-l \end{aligned}\right\} \tag{2-4}$$

式中：X、Y、H——放样点的三维坐标；

D、Z、α、$H_{站}$、i、l——分别表示斜距、天顶距、方位角、测站高程、仪器高、目标高。

根据误差传播定律，可得三维坐标法放样的平面坐标精度为：

$$M_X^2 = M_D^2 \cdot \sin^2 Z \cdot \cos^2\alpha + \frac{D^2 \cdot \cos^2 Z \cdot \cos^2\alpha \cdot M_Z^2}{\rho^2} + \frac{D^2 \cdot \sin^2 Z \cdot \sin^2\alpha \cdot M_\alpha^2}{\rho^2}$$

$$M_Y^2 = M_D^2 \cdot \sin^2 Z \cdot \sin^2\alpha + \frac{D^2 \cdot \cos^2 Z \cdot \sin^2\alpha \cdot M_Z^2}{\rho^2} + \frac{D^2 \cdot \sin^2 Z \cdot \cos^2\alpha \cdot M_\alpha^2}{\rho^2}$$

则施工测量放样误差：

$$m_2^2 = M_X^2 + M_Y^2 \tag{2-5}$$

2. 施工总误差的分配

特大型桥梁的不同建筑物对放样的精度要求不同。对相对桥中心线的偏位和基础中心平面误差的要求较高，大型桥梁建筑物平面位置偏离轴线的最小限差为±10mm。因此，在桥轴坐标系中可取顺轴线方向与垂轴线方向的放样误差是相等的。则施工总误差 M 应为：

$$M = \pm \frac{\sqrt{2}}{2}\Delta_{限} = \pm 7.07\text{mm} \tag{2-6}$$

根据工程实际情况，可取 $M_Z = M_\alpha = 1''$，$M_D = 1 + 1^{PPM}$，$D \leqslant 500$m，得：

$$m_2 \leqslant 3\text{mm} \tag{2-7}$$

根据在特大型桥梁（江阴大桥、南京二桥和润扬大桥）中的实践经验，重要建筑物的施工误差 m_3 可取为：

$$m_3 \leqslant 4\text{mm} \tag{2-8}$$

如果需要加密控制点，采用三角形内插点法，通常使用测角精度为 0.5″，测距精度为 1mm+1ppm 的全站仪，则加密误差的影响 m_4 为：

$$m_4 \leqslant 1\text{mm} \tag{2-9}$$

将式(2-5)～式(2-9)代入式(2-3)可得到控制点误差：

$$m_1 \leqslant 5\text{mm} \tag{2-10}$$

由此可见，特大型桥梁首级平面施工控制网的必要精度应达到±5mm。

3. 特大桥梁首级平面施工控制网精度设计

在一些特大型桥梁的建设中，首级平面施工控制网的精度指标规定不一致。例如南京二桥和润扬大桥，规定首级平面施工控制网精度指标设计为最弱点点位误差小于±2mm。苏通大桥中首级平面施工控制网中精度指标设计为各相邻点点位中误差不大于±8mm、桥轴线相对中误差不低于1/700 000。随着特大型桥梁跨江的宽度增加，首级平面施工控制网的布设应根据施工测量需要，分析首级平面施工控制网应达到的必要精度。建立特大型桥梁首级平面施工控制网的基本网形如图 2-2 所示。基本网形的主要特点是，控制网由狭长的大地四边形和短边三角形构成，网形中长短边结合。实地布设时，应根据实际地形情况、桥型结构和大小、施工场地布置及施工作业方案等具体情况，在基本网形的基础之上，进行优化设计。对跨江宽度在

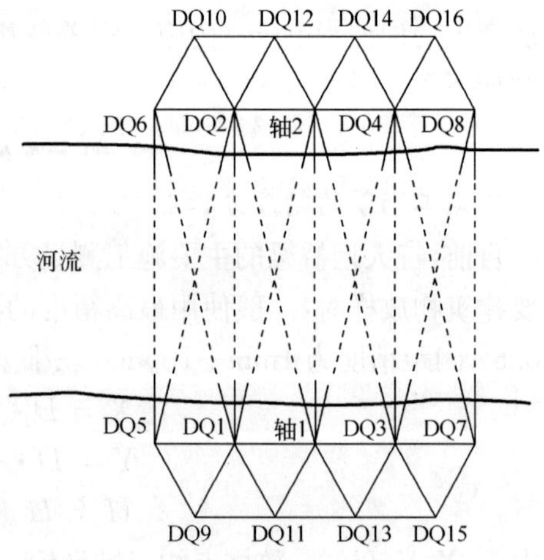

图 2-2　特大型桥梁首级平面施工控制网

3km 以内时，也可以减少外围控制点的数量（即 DQ5、DQ7、DQ9、DQ15、DQ6、DQ8、DQ10 和 DQ16）。

为了分析特大型桥梁的首级平面施工控制网基本网形的理论精度，基本网形精度计算方案是在桥轴坐标系下，采用固定点（轴 1）、固定方位（轴 1 至轴 2 的方位角）以及相同方向观测精度和测距精度条件下，对不同的跨江宽度、不同短边情况，分别得到首级平面施工控制网的设计精度（表 2-2）。

特大型桥梁首级平面施工控制网设计精度 表 2-2

跨江宽度(km)	2	3	4	5	6	10
短边边长(km)	0.5	1	1	1	1	1
方向观测精度(″)	0.71	0.71	0.71	0.71	0.71	0.71
测距精度	1mm+1ppm	1mm+1ppm	1mm+1ppm	1mm+1ppm	1mm+1ppm	1mm+1ppm
选择固定点	轴 1	轴 1	轴 1	轴 1	轴 1	轴 1
固定方位	轴 1—轴 2	轴 1—轴 2	轴 1—轴 2	轴 1—轴 2	轴 1—轴 2	轴 1—轴 2
最大点位精度(mm)	2.0	3.1	3.7	3.9	4.0	4.8
最大点间精度(mm)	2.2	3.4	4.1	4.4	4.6	5.6
最大边长比例误差	1/432 400	1/591 700	1/592 900	1/591 200	1/590 100	1/588 000
DQ1、DQ3 点精度(mm)	1.6	2.6	2.4	2.5	2.5	2.6
DQ5、DQ7 点精度(mm)	—	—	3.6	3.7	3.8	3.9
DQ9、DQ15 点精度(mm)	—	—	3.4	3.4	3.4	3.5
DQ11、DQ13 点精度(mm)	1.6	2.7	2.4	2.4	2.4	2.4
DQ2、DQ4 点精度(mm)	1.9	2.9	2.8	3.0	3.2	4.0
DQ6、DQ8 点精度(mm)	—	—	3.7	3.9	4.0	4.7
DQ10、DQ16 点精度(mm)	—	—	3.6	3.7	3.9	4.6
DQ12、DQ14 点精度(mm)	2.0	3.1	2.9	3.1	3.3	4.1
轴 1、轴 2 间相对误差(mm)	1.3	1.9	2.1	2.3	2.5	3.5

从表 2-2 中可见，特大型桥梁的首级平面施工控制网基本网形可以达到较高的精度，在跨江宽度为 10km 时，也能够满足施工平面控制网的必要精度要求。

4. 特大桥梁首级平面施工控制网观测方案分析

特大桥梁首级平面施工控制网观测可以采用以下三种不同的方案。

（1）采用常规边角网观测方案，对首级平面施工控制网进行测量。按《国家一、二等三角测量及精密导线测量规范》和《工程测量规范》要求，进行二等精度边角网观测。通常使用测角精度为1″级仪器观测角度12个测回，测距精度为1mm＋1ppm仪器进行边长往返观测6个测回。从南京二桥和润扬大桥的首级施工控制网成果来看，控制网的实际测量精度完全满足±2mm的精度要求。由此可见，跨江宽度在3km以内时，施工控制网的精度高于施工控制点的必要精度。因此，这种观测方案用于跨江宽度在3km以内的控制网是合适可行的。

(2)采用GPS观测方案，对首级平面施工控制网进行测量。由于特大型桥梁的首级平面施工控制网必须跨过江面，测量距离和角度的视线通过长距离的水域，其设计的精度必然受到影响。随着跨江宽度提高，测量角度和水平距离难度大幅度增加，且较难保证测量成果达到标称精度。而采用GPS测量技术建立特大桥梁首级平面施工测量控制网，考虑跨越水面对测量的影响较小。使用高精度GPS观测仪器和精良的平差软件，可得到高精度的施工控制网。南京三桥首级平面施工控制网采用GPS测量，控制网最弱点点位精度达到±2.7mm。苏通大桥的首级平面施工控制网的跨江宽度6km以上，采用GPS测量，由二维约束平差得到的控制网最弱点点位中误差为±4.1mm。实践证明，GPS观测方案对于跨江宽度在3km左右的控制网，采用GPS观测方案可达到边角网的测量精度，对于6km以上跨江宽度的施工控制网，GPS测量方案可以满足施工控制网必要精度要求，在建立长距离跨江的施工控制网中应进一步推广使用。

(3)采用常规边角网与GPS混合观测方案，对首级平面施工控制网进行测量。由于特大型桥梁首级平面施工控制网的边长相差较大。控制网中跨江部分的大地四边形采用GPS测边方案，控制网中短边构成的三角锁采用常规的边角网观测方案。并且用常规地面测量数据与GPS测边数据进行联合平差，施工控制网可以达到较高的测量精度，该方案值得研究应用。

三、几点结论

(1)特大型桥梁的首级平面施工控制网最弱点的必要精度为±5mm。

(2)在特大型桥梁建设中应以基本网形作为基础，并可进一步的优化设计。

(3)特大型桥梁的首级平面施工控制网的跨江宽度在3km左右时，采用GPS观测方案可以满足精度需要。采用常规的边角网测量时，也可以达到基本网形的设计精度。

(4)特大型桥梁的首级平面施工控制网的跨江宽度在6km以上时，采用GPS观测能达到较高的点位精度。采用常规的边角网测量方案，设计精度可以满足必要精度要求。

(5)常规边角网与GPS混合观测方案建立特大桥梁首级平面施工控制网，可以得到更佳点位精度。该方案值得研究应用。

第三节　三角网技术建立平面控制网

三角网技术建立平面控制网的原理和方法，已在许多工程测量教材中有详细的介绍，这里不再赘述。下面以润扬大桥为例，具体说明三角网技术在建立特大桥梁平面控制网中的应用。

润扬大桥位于长江中下游平原，地势平坦，海拔高度为3～4m。测区属温带气候，夏季炎热，冬季寒冷，春夏降雨频繁。测区树林密集，芦苇杂草丛生，镇江岸及世业洲上房屋众多，通视条件较差。测区较高的部位是沿长江两岸构筑的江堤，堤顶高程7m左右，为控制点的通视提供了有利条件，因此，大部分控制点建立在江堤上。

在工程勘测及设计阶段，桥址区布设有精密的GPS控制网。为使设计与施工的坐标系统一致和降低施工控制网的建立成本，施工控制网充分利用原有的测量标点，并对原网进行了加密改造，使其在精度和密度上都能满足施工测量的要求。

一、控制网设计

润扬大桥施工控制网共有24个控制点（图2-3），其中4个为桥轴线点（轴1、轴2、20、21），每个控制点都建有混凝土观测墩，墩高1.2m，基础厚度0.6m，每个观测墩基础下埋入8m深的钢管4根，以加强观测墩的稳定性。观测墩顶部均设置强制对中底盘及保护罩，观测墩基础上埋设有水准标志。

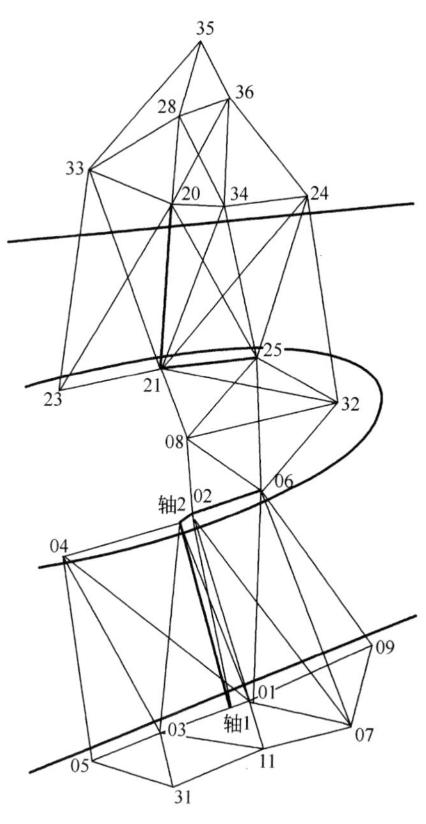

图2-3　润扬大桥施工控制网图

润扬大桥施工控制网采用边、角全测的三角网形式，按国家二等三角测量的精度要求实施。采用精密全站仪徕卡TC2003测角和测距，角度观测采用方向观测法测量9测回，边长测量2测回（基线边至少4测回），并进行往返测量。观测中的限差为：一测回中$2c$值的较差≤9.0″；同一方向各测回较差≤6.0″；三角形允许的最大闭合差≤3.5″；测角中误差m_β≤1.0″；往返边长观测不符值$\leqslant 2\sqrt{1^2+(1\cdot S)^2}$mm，其中边长$S$以公里为单位。观测中，对所使用的仪器设备按规定进行检验，并选用有利观测时间实施观测。

为提高控制网的整体精度，在控制网中加测了4条基线边，基线边分别为：轴1—轴2、02—06、21—25、20—21，四条基线边分别进行4测回的往返测，其相对精度在1/65万以上。

利用观测仪器的先验精度（测角精度为0.5″，测距精度为1mm+1ppm）和设计图形数据，对该控制网进行精度估算，全部控制点的点位误差都在±2mm以内，其中，最弱点为35号点，其点位中误差为±1.9mm。因此，该网的设计达到了建设单位的精度要求（±2mm）。

二、控制网的施测

施工控制网的施测按照国家二等三角测量规范的精度要求实施。在施测前，首先对所采用的仪器进行检验与校正，在施测过程中，严格按操作规程进行测量工作。由于控制网的许多视线需跨越长江，容易受到大气折光的影响，因此，在观测过程中，严格控制有利观测时间。另外，由于三角网的边长相差很大，所以，在施测时，要特别注意望远镜调焦螺旋的使用，选择合适的零方向，尽量减少视准轴变化所产生的误差。

控制网观测期间，天气以多云和阴天为主，且有微风，气温在25℃左右，对观测作业比较有利，对确保成果的高质量、有效克服大气折光的影响等有积极作用。

对外业观测的角度首先进行测站平差，然后进行三角形闭合差的检验，该控制网共统计出三角形 41 个，三角形闭合差均在规定的限差之内，其中最大为 2.43″。表 2-3 为三角形闭合差的分布统计表。

三角形闭合差分布统计表 表 2-3

三角形闭合差	Δ≤1″	1″≤Δ≤2″	2″≤Δ≤3″	3″≤Δ≤3.5″
个数	20	18	3	0
百分比(%)	49	44	7	0

按非列罗公式计算的测角中误差 $m=\pm\sqrt{\frac{[\Delta\Delta]}{3n}}=\pm0.70''$，满足二等三角测量测角中误差的要求。另外，根据规范要求，对网中所形成的大地四边形、中心多边形、扇形进行极条件自由项的检核，共统计出 18 个独立极条件，均小于允许限值，小于 1/2 限差的占 78%。对边角网余弦条件闭合差进行检验，也均满足规定的要求。该网共测边 57 条，边长往返测量之差均满足规定的限差要求。

三、控制网数据处理

施工控制网采用经典最小二乘间接平差模式，选用河海大学研制的二维网测量平差软件进行数据处理。为使大桥的施工测量与设计成果坐标系统严格一致，选用轴 1 点为起算点，该点坐标由设计部门提供，另外，选用轴 1—轴 2 的方位角为理论方位角(桥轴线方位)。平差计算分两步进行，首先根据轴 1 点坐标和理论方位角推算 20、21 两点的坐标，然后，以轴 1、轴 2、20、21 四个控制点为已知点进行全网的整体平差，推算各点的坐标和点位中误差。

由于润扬大桥的设计全部在 1954 年北京坐标系下进行，因此，在施工控制网的平差计算时，仍采用 1954 年北京坐标系。其中央子午线取东经 119°22′，以高斯任意带投影，长度元素归化到测区平均高程面。为使施工测量更方便，在控制网平差时，又以南汊桥桥轴线、北汊桥桥轴线分别建立了桥轴线施工坐标系。

由于桥梁施工的精度要求主要在桥面高程上，因此，在控制网平差时，将控制网分别投影到测区平均高程面、北汊桥桥面高程和南汊桥桥面高程，这样，可保证精度要求最高的部位其变形值最小。

该控制网经最小二乘平差后的单位权中误差(测角中误差)为±0.52″，最弱点的点位中误差为±1.39mm，满足点位中误差小于±2mm 的精度要求。桥轴线相对中误差为 1/162 万，最弱边相对中误差为(34—20)1/54 万。各控制点的点位中误差如表 2-4 所示。

平差后各点点位中误差 表 2-4

点　号	中误差 (mm)	点　号	中误差 (mm)
03	0.75	11	0.64
04	1.04	32	0.92
05	1.14	25	0.45
06	0.49	23	1.04
07	0.74	24	0.88
08	0.62	34	0.56
09	1.08	33	0.68
31	1.01	36	1.03
28	0.72	35	1.39

四、几点结论

(1)大型斜拉桥、悬索桥施工建立高精度的施工测量控制网对保证工程质量十分必要。采用先进的控制网设计理论和高精度测量仪器，有效地保证了施工控制网的精度和可靠性，满足了工程施工的实际需要。

(2)由于桥梁施工控制网一般呈狭长形状，其最弱点一般在控制网的另一端，因此，在控制网设计时，应十分注意控制网的网形，尽量提高控制网的图形强度。在通视条件不好时，应采取适当措施，以保证控制网的网形结构。

(3)为保证工程质量和方便工程施工，施工控制网应选用合理的坐标系统和投影高程面。所采用的坐标系统和投影面应便于施工放样，同时应有利于提高关键部位的施工精度。

第四节　GPS 技术建立平面控制网

GPS 定位系统由 GPS 卫星组成的空间部分、若干个地面监控站组成的地面监控系统和以接收机为主体的用户定位设备三部分组成。空间卫星部分由 21 颗工作卫星和 3 颗在轨备用卫星组成，24 颗卫星基本上均匀分布在 6 个轨道平面内，各个轨道平面之间交角为 60°，运行周期约为 11h58min。地面监控系统由一个主控站、三个注入站和五个观测站组成，其主要功能是对卫星进行连续观测，同时收集和计算各种参数，编制导航电文等。GPS 接收机是一种能接收、跟踪和测量 GPS 信号的卫星信号接收设备，主要分为静态定位和动态定位两大类型。

GPS 全球定位系统是一种利用接收 GPS 卫星信号实现授时、导航和测地的高新技术，它具有全天候作业、观测操作简便、布点自由、观测与数据处理自动化程度高，同时提供三维坐标、定位精度高等特点，对经典测量工作而言，是一场重大的变革。

一、差分 GPS 定位

差分 GPS 定位也叫 GPS 相对定位，是目前 GPS 定位精度最高的一种定位方法。相对定位是用两台接收机分别安置在基线的两端，并同步观测相同的 GPS 卫星，以确定基线向量。这种方法可以推广到多台接收机安置在若干条基线的端点，通过同步观测 GPS 卫星，从而可以确定多条基线向量。按照接收机在定位过程中所处的状态不同，可分为静态和动态相对定位。在静态相对定位中，一般均采用载波相位观测值为基本观测量，载波相位可以是原始的非差相位观测值，也可以是在测站、卫星或历元之间组合的差分观测值。用原始非差相位进行相对定位称为非差模式，用差分相位进行相对定位称为差分模式。在 GPS 相对定位中，依所用差分观测量的不同又可以分为三种形式，即单差、双差和三差。

1. 相位观测量及其线性组合

假设基线两端的接收机为 T_1 和 T_2，对 GPS 卫星 s^j 和 s^k，在历元 t_1 和 t_2 进行了同步观测可以得到载波相位观测量：$\varphi_1^j(t_1)$、$\varphi_1^j(t_2)$、$\varphi_1^k(t_1)$、$\varphi_1^k(t_2)$、$\varphi_2^j(t_1)$、$\varphi_2^j(t_2)$、$\varphi_2^k(t_1)$、$\varphi_2^k(t_2)$。如果取符号 $\Delta\varphi^j(t)$、$\nabla\varphi_i(t)$和 $\delta\varphi_i^j(t)$分别表示不同接收机之间、卫星之间和不同历元之间的观测量之差，则有：

$$\left.\begin{aligned}\Delta\varphi^j(t) &= \varphi_2^j(t)-\varphi_1^j(t)\\ \nabla\varphi_i(t) &= \varphi_i^k(t)-\varphi_i^j(t)\\ \delta\varphi_i^j &= \varphi_i^j(t_2)-\varphi_i^j(t_1)\end{aligned}\right\} \tag{2-11}$$

在上式线性组合的基础上，还可以进一步导出其他线性组合形式。在 GPS 相对定位中，目前普遍采用的形式有三种，即单差、双差和三差，它们的定义为：

(1)单差。不同观测站同步观测相同卫星所得观测量之差，它是观测量的最基本线性组合形式，其表达形式为：

$$\Delta\varphi^j(t)=\varphi_2^j(t)-\varphi_1^j(t) \tag{2-12}$$

(2)双差。不同观测站同步观测同一组卫星，所得单差之差，其表示式为：

$$\nabla\Delta\varphi^k(t)=\Delta\varphi^k(t)-\Delta\varphi^j(t)=[\varphi_2^k(t)-\varphi_1^k(t)-\varphi_2^j(t)+\varphi_1^j(t)] \tag{2-13}$$

(3)三差。不同历元同步观测同一组卫星，所得观测量之双差之差，其表达式为：

$$\begin{aligned}\delta\nabla\Delta\varphi^k(t) &= \nabla\Delta\varphi^k(t_2)-\nabla\Delta\varphi^k(t_1)\\ &= [\varphi_2^k(t_2)-\varphi_1^k(t_2)-\varphi_2^j(t_2)+\varphi_1^j(t_2)]\\ &\quad -[\varphi_2^k(t_1)-\varphi_1^k(t_1)-\varphi_2^j(t_1)+\varphi_1^j(t_1)]\end{aligned} \tag{2-14}$$

2. 静态相对定位的观测方程

(1)单差观测方程

$$\begin{aligned}\Delta\varphi^j(t) &= \frac{f}{c}[\rho_2^j(t)-\rho_1^j(t)]+f[\delta t_2(t)-\delta t_1(t)]-[N_2^j(t_0)-N_1^j(t_0)]\\ &\quad +\frac{f}{c}[\delta\rho_{2,k}^j-\delta\rho_{1,k}^j]+\frac{f}{c}[\delta\rho_{2,k_n}^j-\delta\rho_{1,k_n}^j]\end{aligned} \tag{2-15}$$

(2)双差观测方程

$$\begin{aligned}\nabla\Delta\varphi^k(t) &= \frac{f}{c}[\rho_2^k(t)-\rho_2^j(t)-\rho_1^k(t)+\rho_1^j(t)]-[N_2^k(t_0)-N_2^j(t_0)-N_1^k(t_0)+N_1^j(t_0)]\\ &\quad +\frac{f}{c}[\delta\rho_{2,k}^k-\delta\rho_{2,k}^j-\delta\rho_{1,k}^k+\delta\rho_{1,k}^j]+\frac{f}{c}[\delta\rho_{2,k_n}^k-\delta\rho_{2,k_n}^j-\delta\rho_{1,k_n}^k+\delta\rho_{1,k_n}^j]\end{aligned} \tag{2-16}$$

(3)三差观测方程

如果分别以 t_1、t_2 表示不同的两个观测历元，并忽略大气折射残差的影响，则三差观测方程可以表示为：

$$\begin{aligned}\delta\nabla\Delta\varphi^k(t) &= \frac{f}{c}[\rho_2^k(t_2)-\rho_2^j(t_2)-\rho_1^k(t_2)+\rho_1^j(t_2)]\\ &\quad -\frac{f}{c}[\rho_2^k(t_1)-\rho_2^j(t_1)-\rho_1^k(t_1)+\rho_1^j(t_1)]\end{aligned} \tag{2-17}$$

二、基线向量解算及其平差模型

若两观测站，同步观测的卫星为 s^j 和 s^k，并以 s^j 为参考卫星，则双差观测方程式(2-16)的线性化形式为：

$$\begin{aligned}\nabla\Delta\varphi^k(t) &= -\frac{1}{\lambda}[\nabla l_2^k \quad \nabla m_2^k \quad \nabla n_2^k]\begin{bmatrix}\delta X_2\\ \delta Y_2\\ \delta Z_2\end{bmatrix}-\nabla\Delta N^k\\ &\quad +\frac{1}{\lambda}[\rho_{20}^k(t)-\rho_1^k(t)-\rho_{20}^j(t)+\rho_1^j(t)]\end{aligned} \tag{2-18}$$

其中：$\nabla\Delta\varphi^k(t)=\Delta\varphi^k(t)-\Delta\varphi^j(t)$

$$\begin{bmatrix}\nabla l_2^k(t)\\ \nabla m_2^k(t)\\ \nabla n_2^k(t)\end{bmatrix}=\begin{bmatrix}l_2^k(t)-l_2^j(t)\\ m_2^k(t)-m_2^j(t)\\ n_2^k(t)-n_2^j(t)\end{bmatrix}$$

$$\nabla\Delta N^k=\Delta N^k-\Delta N^j$$

如果假设$\nabla\Delta l^k(t)=\nabla\Delta\varphi^k(t)-\frac{1}{\lambda}[\rho_{20}^k(t)-\rho_1^k(t)-\rho_{20}^j(t)+\rho_1^j(t)]$，则式(2-18)可以改写成误差方程式的形式为：

$$v^k(t)=\frac{1}{\lambda}[\nabla l_2^k(t)\quad \nabla m_2^k(t)\quad \nabla n_2^k(t)]\begin{bmatrix}\delta X_2\\ \delta Y_2\\ \delta Z_2\end{bmatrix}+\nabla\Delta N^k+\nabla\Delta l^k(t) \tag{2-19}$$

当两观测站同步观测的卫星数为 n^j 时，可以得到的误差方程组为：

$$V(t)=a(t)\delta W_2+b(t)\nabla\Delta N+\nabla\Delta L(t) \tag{2-20}$$

其中：$V(t)=[v^1(t),v^2(t),\cdots,v^{n^j-1}(t)]^{\mathrm{T}}$

$$a(t)=\frac{1}{\lambda}\begin{bmatrix}\nabla l_2^1(t) & \nabla m_2^1(t) & \nabla n_2^1(t)\\ \nabla l_2^2(t) & \nabla m_2^2(t) & \nabla n_2^2(t)\\ \vdots & \vdots & \vdots\\ \nabla l_2^{n^j-1} & \nabla m_2^{n^j-1} & \nabla n_2^{n^j-1}\end{bmatrix}$$

$$\underset{(n^j-1)\times(n^j-1)}{b(t)}=\begin{bmatrix}1 & 0 & \cdots & 0\\ 0 & 1 & \cdots & 0\\ \vdots & \vdots & \vdots & \vdots\\ 0 & 0 & 0 & 1\end{bmatrix}$$

$$\underset{(n^j-1)\times 1}{\nabla\Delta N}=[\nabla\Delta N^1,\nabla\Delta N^2,\cdots,\nabla\Delta N^3]^{\mathrm{T}}$$

$$\underset{(n^j-1)\times 1}{\nabla\Delta L(t)}=[\nabla\Delta l^1(t),\nabla\Delta l^2(t),\cdots,\nabla\Delta l^{n^j-1}]^{\mathrm{T}}$$

$$\delta W_2=[\delta X_2,\delta Y_2,\delta Z_2]^{\mathrm{T}}$$

如果在基线的两端对同一组卫星观测的历元数为 n_t，那么相应的误差方程组可由上式表示为：

$$V=(A\quad B)\begin{bmatrix}\delta W_2\\ \nabla\Delta N\end{bmatrix}+L \tag{2-21}$$

其中：

$$\underset{(n^j-1)n_t\times 3}{A}=[a(t_1),a(t_2),\cdots,a(t_{n_t})]^{\mathrm{T}}$$

$$\underset{(n^j-1)n_t\times(n^j-1)}{B}=[b(t_1),b(t_2),\cdots,b(t_{n_t})]^{\mathrm{T}}$$

$$\underset{(n^j-1)n_t\times 1}{L}=[\nabla\Delta l(t_1),\nabla\Delta l(t_2),\cdots,\nabla\Delta l(t_{n_t})]^{\mathrm{T}}$$

$$V=[v(t_1),v(t_2),\cdots,v(t_{n_t})]^{\mathrm{T}}$$

因此，相应的法方程式及其解可表示为：

$$N\Delta Y+U=0 \tag{2-22}$$

$$\Delta Y=-N^{-1}U \tag{2-23}$$

其中：

$$\Delta Y=[\delta W_2, \nabla\Delta N]^{\mathrm{T}}$$

$$N=(A \quad B)^{\mathrm{T}}P(A \quad B)$$

$$U=(A \quad B)^{\mathrm{T}}PL$$

P 为双差观测量的权阵。

单基线平差解算后得出待定参数估值（如测站坐标、双差整周待定值等）及其方差协方差阵，可以用来进行初步评定双差观测值的质量优劣。当然，更进一步的质量评定还需要利用由不同测段基线所组成的异步环闭合差或两测段以上重复测量基线的不符值来进行评判。

三、基线的质量评价

基线解算完成后，必须对基线的质量进行检查。其检查的内容有：对于短基线（一般认为小于 20km 的基线）的模糊度是否解出、单位权中误差（RMS）、整周模糊度检验值（RATIO）、相对定位精度因子（RDOP）等，如果是对于 GPS 网的平差来说，还需要检查同步环闭合差、异步环闭合差和重复基线较差。只有合格的基线才能使用，不合格的基线应对其结果进行残差分析，然后重新解算；对于重新解算仍然不合格的基线需重新进行测量。

1. 单位权中误差

RMS 为基线解算时的单位权中误差，它表明了观测值的质量，与观测条件好坏无关，它可以看做是表示内符合精度的一项指标。

$$\mathrm{RMS}=\sqrt{\frac{V^{\mathrm{T}}PV}{f}} \tag{2-24}$$

式中：V——观测值的残差；

P——观测值的权矩阵；

f——多余观测数。

2. 相位差分的残差曲线图

在观测时段内，好质量的各条相位差分的残差曲线应为一平稳的近似直线，其曲线波动幅度不会太大。如果残差曲线波动幅度较大，说明某颗或几颗卫星的观测数据质量欠佳，或者是所选的参考星有问题。

3. 模糊度的检验值 RATIO

模糊度的检验值 RATIO 值反映了所确定出的整周模糊度固定为整数的可信度即可靠性，它可以表示为：

$$\mathrm{RATIO}=\frac{\mathrm{RMS}_{\text{次最小值}}}{\mathrm{RMS}_{\text{最小值}}} \tag{2-25}$$

可以明显看出 RATIO 值应大于或等于 1。这项指标与观测值的质量有关，也与观测条件的好坏有关。RATIO 的值越大，说明整周模糊度固定为整数的可信度越高。双差解将整周模糊度固定，只把测站的坐标作为未知数来平差，得到的解叫做双差固定解，只要能够成功固定整周模糊度，双差固定解的精度将会最高。

4. 相对定位精度因子 RDOP

相对定位精度因子 RDOP 值是指在基线解算时待定参数的协因数阵的迹 Tr(Q)，其表达式为：

$$\mathrm{RDOP}=|\mathrm{Tr}|A^{\mathrm{T}}PA|^{-1}|^{\frac{1}{2}} \tag{2-26}$$

式中：A——误差方程式中待定坐标未知数前面的系数阵；

P——相应观测值的权矩阵。

RDOP值的大小与基线位置和卫星在空间的几何分布及观测条件有关，当位置确定以后，RDOP值就只与观测条件有关了。而观测条件又是时间的函数。因此，对于某一条基线向量来说，RDOP值的大小与观测时间段有关。RDOP值更客观地反映了整个测段中卫星的几何强度（观测条件）对相对定位精度的影响，它不受观测值的影响。为了保证相对定位的精度，RDOP值一般不超过某一定值。对于约1h的静态定位，RDOP值一般为0.1，对于经过初始化确定了整周模糊度的动态相对定位，由于观测值很少，RDOP值为0.4。

5.基线长度的中误差

基线解算后，要求基线长度中误差在标称精度计算的精度值内，通常大多数厂家的软件规定的基线长度标称精度为（0.5～1.0cm）+（1ppm～2ppm）×D。其中，D为基线长度（单位：km）。小于10km的基线中误差应为0.01～0.02m，如果超过此限度，基线解算结果的可信度将会较差。

6.双差固定解和双差浮动解

对于短基线，由于双差模糊度具有良好的整数特性，就将整周模糊度确定为整数，在进一步平差时不作为未知数求解，这种解算方法解算出的基线结果称为双差固定解。对于长基线来说，由于电离层折射误差、卫星轨道误差等难以有效地消除，整周模糊度求解精度往往很低，这时将整周模糊度近似取整，会降低相对定位的精度；若采用整周模糊度的实数解，则解算出的基线结果称为双差浮动解。当双差固定解与双差浮动解的向量坐标差达到分米级时，则处理结果可能有问题。

7.同步环和异步环闭合差

同步环闭合差就是由同步观测基线所构成的闭合环的闭合差。同步环闭合差在理论上应该为零，由于各种误差的存在，实际上同步环闭合差不等于零。国家测绘行业的GPS测量规范规定了同步环各坐标分量闭合差和同步环闭合差应满足下式：

$$W_x \leqslant \frac{\sqrt{n}}{5} \cdot \delta \tag{2-27}$$

$$W_y \leqslant \frac{\sqrt{n}}{5} \cdot \delta \tag{2-28}$$

$$W_z \leqslant \frac{\sqrt{n}}{5} \cdot \delta \tag{2-29}$$

$$W = \sqrt{W_x^2 + W_y^2 + W_z^2} \leqslant \frac{\sqrt{3n}}{5} \cdot \delta \tag{2-30}$$

式中：　n——同步闭合环的边数；

δ——相应级别规定的精度；

W_x、W_y、W_z——分别为x、y、z轴的坐标分量闭合差；

W——同步环闭合差。

同步环闭合差应小于或等于GPS测量规范规定的容许值。如果同步环闭合差超限，说明组成同步环的基线中至少一条有问题，对于有问题的基线要删去；若要保留，就重新进行观测。

对于非同步观测基线所组成的闭合环称为异步环，其闭合差称为异步环闭合差。国家测绘行业 GPS 测量规范规定了异步环各坐标分量闭合差和异步环闭合差应符合下式：

$$W_x \leqslant 3\sqrt{n}\cdot\delta \tag{2-31}$$

$$W_y \leqslant 3\sqrt{n}\cdot\delta \tag{2-32}$$

$$W_z \leqslant 3\sqrt{n}\cdot\delta \tag{2-33}$$

$$W=\sqrt{W_x^2+W_y^2+W_z^2}\leqslant 3\sqrt{3n}\cdot\delta \tag{2-34}$$

当异步环闭合差满足限差要求时，同步环闭合差一定符合限差要求；如果异步闭合差超限，说明组成异步环的基线中至少有一条基线质量不合格，可通过相邻异步环或重复基线查出质量不合格的基线。

8.复测基线的较差

重复基线的较差为同一条基线任意两个时段进行重复测量的互差。对于重复基线的较差，根据国家测绘行业 GPS 测量规范规定应小于接收机标称精度的 $2\sqrt{2}$倍。

9. GPS 基线边和红外测距边比对

对于一些精度要求高、网点数较多的 GPS 测量控制网，常常需要加测一些红外测距边，其较差应符合相应的测距标称精度，即：

$$m\leqslant 2\sqrt{m_{\text{GPS}}^2+m_{\text{测距}}^2} \tag{2-35}$$

式中：　m——较差；

m_{GPS}、$m_{\text{测距}}$——GPS 接收机和测距仪的标称精度。

四、润扬大桥平面控制网测量

1. 技术要求

润扬大桥平面控制网的测量采用 GPS 布网方式(图 2-4)，采用双频大地型 GPS 接收机进行 GPS 测量。GPS 观测采用静态测量方式，其基本技术要求规定见表 2-5。

GPS 观测技术要求　　表 2-5

卫星截止高度角(°)	15	观测时段数	≥2.5
同时观测有效卫星数	≥4	时段长度(min)	120
有效观测卫星总数	≥9	采样间隔(s)	15

2. 观测方案

测量的范围包括世业洲和镇江岸的主要施工控制点(共计 37 点)，分别为：D 标的 7 个控制点 D1、D2、D6、D7、D9、D12、Q16；E 标的 6 个控制点 E1、E2、E3、ZYQ66～68；H 标新建的 20 个控制点 H1～H20；Q51、ZYQN1～N3；原 16 个首级控制网点轴 1、ZYQ03、ZYQ04、ZYQ06、ZYQ11、ZYQ31、ZYQ51～60。

由于 GPS 控制网是在原常规边角控制网的基础上改造来的，原网网形较复杂，点位条件参差不齐，部分网点的 GPS 观测条件较差。经现场查勘，在与测量中心研究之后，确定复测 GPS 平面控制网分二级布网。在测量全部待测网点中挑选出对施工较为重要的、点位条件相对较适合 GPS 观测的点作为首级 GPS 控制网点，共计 25 个点；其余 28 个点作为二级网点分两个测区观测，分别为世业洲的 12 个点和镇江岸的 16 个点。

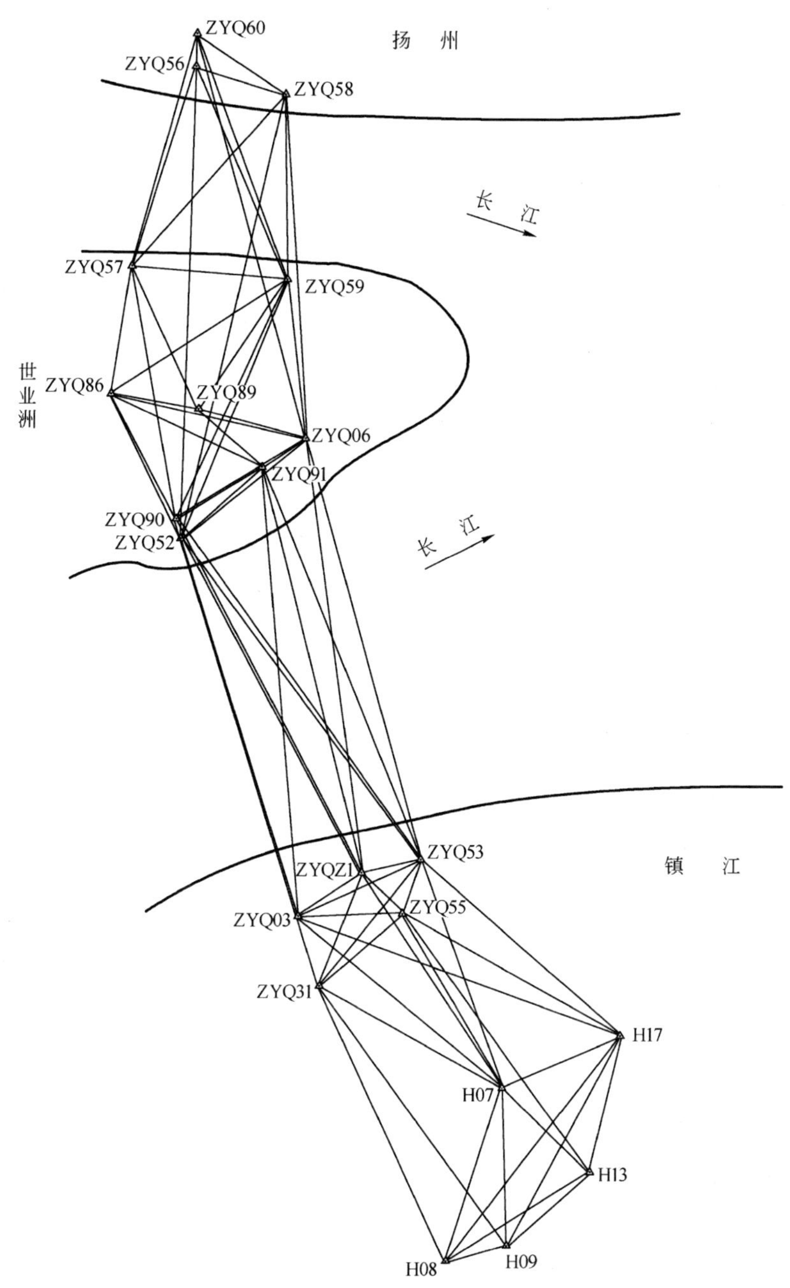

图 2-4　润扬大桥首级 GPS 平面控制网

3. GPS 观测

静态 GPS 测量采用 4 台 Trimble 5700 双频接收机施测。GPS 的观测按下列要求进行：

(1)观测指挥人员在作业前应做卫星可见性预报，并根据预报结合作业方案和测区情况编制作业调度计划表，同时依照作业的实际进展情况作出实时调整。观测人员应严格按照作业调度计划表进行观测作业。

(2)观测前，观测人员必须严格对中整平天线，其定向标志应指向正北，定向误差应不大于±5°。

(3)用脚架安置天线时,光学对中器须在测前严格检查,其对中误差不得大于2mm。

(4)观测人员应在测前测后分2次在3个互为120°的方向量取天线高,3次读数互差不得超过3mm,取其平均值。

(5)GPS仪器工作期间,观测人员应随时注意接收机的工作状况,出现异常情况应及时向作业指挥人员报告。

(6)GPS仪器工作期间不得有无关人员在仪器附近走动,以防碰动仪器或遮挡卫星信号,不得在仪器附近20m内使用手机等干扰GPS信号的通信设备。

(7)观测人员应保证每天作业电源电力充足,在作业期间绝对保证仪器设备的安全。

(8)观测人员应严格按照有关规范要求认真填写GPS观测记录手簿。

(9)各项作业要求应严格按《全球定位系统(GPS)测量规范》中C级网的有关规定执行。

4. GPS数据处理

每天观测结束后,GPS技术负责人员应对当天的观测数据进行下载保存,并做好数据备份工作。GPS技术负责人员应对当天的观测数据进行初步的处理,以对当天的观测数据质量作出评估。数据处理所采用的软件必须经过权威部门的认证并经过实践检验。外业观测结束后,应对全网数据进行全面处理,以保证外业数据的完整性和可靠性。

GPS网基线处理软件采用GPSurvey 2.35。在对全网基线进行系统处理的基础上,通过对每条基线的Ratio值和参考因子的检查,结合网预处理重复基线和异步闭和差的统计,对部分时段的部分基线,采用残差分析、周跳修复和挑选卫星等方法进行精化处理。

GPS网平差软件采用Power ADJ 3.0。GPS网平差是在独立坐标系中进行的,并做了高斯投影,其大地高为67.157m,中央子午线为东经119°22′,测区高程异常为57.9m。

点位中误差统计见表2-6。

点位中误差统计表 表2-6

点　名	点位中误差(mm)	点　名	点位中误差(mm)	点　名	点位中误差(mm)
06	1.5	55	2.6	86	2.3
31	2.6	57	1.9	89	3.0
52	1.3	58	1.7	90	1.5
53	1.6	59	2.3	91	1.6

5. 测量过程中遇到的问题及处理

(1)关于高斯投影的问题

原有施工控制网成果是由常规边角网测得,在1954年北京坐标系数据处理时直接将空间斜距投影到9.257m正常高程面上,即为高斯投影。本次GPS网平差由于Power ADJ 3.0软件原因,必须进行高斯投影。考虑到施工控制网中央子午线已选定为测区平均经度,且测区范围较小,东西宽约2km,经对原网进行高斯投影改正,其差值小于0.3mm。有理由认为,两种投影方式引起的差异对工程应用可忽略不计。

(2)关于GPS基线与光电测距边联合平差的问题

Power ADJ 3.0软件是针对纯GPS网基线设计的,这一固有的缺陷,使得GPS基线与光电测距边不相容。尽管可以将光电测距边纳入进行计算,但在二维联合平差时发现,测距边并没有起到改化GPS基线的作用,反而被GPS网所改化,且点位精度有所下降。考虑到在短距离测量方面光电测距边的精度是高于 GPS 基线精度的，而 GPS 基线与光电测距边之间确实存在尺度比例因子，顾及到资料的连续性和统一性，决定将部分精度较高的光电测距边作为固定边约束条件进行二维联合约束平差。

(3)关于坐标转化问题

上述网平差成果仅仅是 1954 年北京坐标系的成果。然而，为了工程放样方便，润扬大桥曾建立了南汊桥和北汊桥桥轴坐标系。以往的做法是采用观测数据直接平差计算桥轴坐标系的坐标。但在桥轴坐标系成果平差时发现，Power ADJ 在此项功能上存在缺陷，无法得以实现。为了得到桥轴线坐标系坐标，采用了上期的观测资料计算出两种坐标系的转换关系，再将本次 1954 年北京坐标系的成果转换为桥轴坐标系。

(4)本次测量精度的外部检测

为了检测 GPS 网的外部精度，运用 DI2002 光电仪实测了 8 条边，其互差比较见表 2-7。

GPS 网平差边与实测光电测距边比较　　表 2-7

边　名	GPS 平差边长(m)	光电测距边长(m)	差值(mm)
53—55	483.404 9	483.404 2	0.7
52—91	472.517 5	472.520 3	−2.8
89—54	389.906 9	389.911 9	−5.0
81—83	452.138 9	452.143 5	−4.6
54—52	525.652 0	525.646 8	5.2
88—87	384.136 7	384.143 1	−6.4
87—65	169.481 0	169.485 4	−4.4
65—90	187.123 4	187.122 4	1.0

由此可见，尽管 GPS 网平差的精度反映的是±3mm，但实测边比较的成果表明，本次 GPS 网的外部符合精度约为±(5～6)mm。可见 GPS 网在短边测量时，其边长和方位精度都较差。为了满足南汊桥上部结构施工的需要，对于南塔、北塔周围的控制点构成局部边角网加以补强。经局部边角网测量后，点位中误差均满足±2mm 的精度要求。

第五节　平面控制网稳定性分析

为保证工程建设的顺利进行和工程各部分之间建立有机的联系，一般都需要建立施工测量控制网。利用控制网将工程建筑物按设计意图放样到实地上，并以此作为施工的依据。然而，由于一些大型建设工程施工周期较长，再加上施工区条件复杂，外界干扰比较大，所以，在工程建设初期建立的施工控制网点在施工过程中有的会产生位移。一旦控制网点发生变化而又未及时发现，若仍用原来的控制点坐标继续放样，就会产生明显的放样误差，给工程质量带来影响，甚至出现重大的质量事故。因此，对施工控制网进行定期复测，并对测量成果进行综合分析，是了解控制点稳定性的有效手段，对保证工程的施工质量十分必要。另外，在控制点稳定性分析过程中，由于测量误差的影响，使两期的测量成果之间存在一定的差异。如何方便快捷地评判控制点的稳定性，并合理地使用这些成果，也是工程建设过程中必须解决的一个实际问题。

一、控制网整体稳定性分析

控制网的稳定性分析是在控制网逐期平差的基础上进行的。在进行平差计算时，控制网点的坐标参数及其协因数矩阵的估计，其结果都是相对于选定的基准数据而言的。因此，基准数据或者说基准点对整个控制网点的稳定性分析是十分重要的，只有当选择的基准点是稳定的，才能保证所进行的评判是客观、正确的。然而，在实际施工过程中情况十分复杂，在对不同的控制网进行稳定性分析时，要根据具体情况采用不同的方法。

概括起来，主要有三种平差方法可以对控制网进行稳定性分析。

(1)当控制网内具有确保稳定的固定点时，可采用经典平差的方法(如条件平差、间接平差等)。这种方法的优点在于方法简单，计算方便。但由于必须具有固定点，因此，该方法也有很大的局限性，而且，当选择过多的已知点时，容易使外业观测的真实结果受到歪曲，损害实际精度。

(2)当网内控制点的稳定情况不明时，在平差时网内所有点均作为待定点，则采用自由网平差方法。但由于自由网平差采用的是“重心基准”，而如果两期网客观上存在变形，则其重心实际上已经不稳，由此可能导致错误的平差结果。

(3)采用拟稳平差方法。拟稳平差是在最小二乘 $V^{\mathrm{T}}PV=\min$ 和最小范数 $x^{\mathrm{T}}x=\min$ 的条件下，求定未知参数的最佳估值 $\hat{x}$。其实质是在自由网平差的基础上，选择拟稳点组成拟稳基准。其优点是既不会使观测值受到歪曲，又具有相对稳定的基准。然而，由于拟稳点的选择常常是在自由网平差的基础上进行的，有时会出现与自由网平差同样的问题，即所选择的拟稳点可能是具有相同形变量的点。

综上所述，最为理想的分析方法是采用固定基准的经典平差方法。

二、控制点单点稳定性分析

对于一个大型工程项目来说，其施工控制网布设的范围一般较大，应涵盖整个施工区域，而且，考虑到对施工的影响，大部分控制点应布设在不受施工影响或受施工影响较小的区域，这些控制点在施工过程中应基本不发生位移。然而，在施工过程中，由于受填方、挖方、抽水、振动、车辆行驶等因素的影响，部分控制点仍会产生位移。由于施工控制点的使用频率较高，而控制网的复测又不能经常进行，因此，对常用的控制点应进行经常性的检测，以了解控制点的稳定情况，一旦发现控制点有位移迹象，应及时采取措施，以保证施工测量的精度和工程的质量。

单个控制点的稳定性分析一般是在局部进行的，一般都是通过观测量的变化来判别控制点的位移情况。

1. 通过两期观测计算所得的坐标差进行分析

如图 2-5 所示，假设 A 点和 B 点为稳定点，P 点为待定点，每隔一定的时间间隔，在 A、B 两点用相同的仪器对 P 点进行观测，从而求出 P 点每一期的观测坐标，设第 k 期观测所得坐标为 $P(x_P^{(k)},y_P^{(k)})$，第 $k+1$ 期观测所得坐标为 $P(x_P^{(k+1)},y_P^{(k+1)})$。由此可以得出两期观测所得的坐标差 $\Delta x_P,\Delta y_P$。

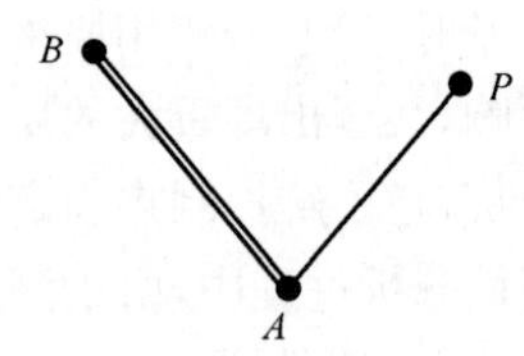

图 2-5　坐标差分析控制点的稳定性

$$\left.\begin{array}{l}\Delta x_P = x_P^{(k)} - x_P^{(k+1)} \\ \Delta y_P = y_P^{(k)} - y_P^{(k+1)}\end{array}\right\} \tag{2-36}$$

如果两期观测所使用的仪器相同，且观测方法也相同，则可认为 P 点的坐标中误差相同。以 Δx_P 为例（Δy_P 有相同的判别方法），设 P 点的 X 坐标中误差为 m_x，则 Δx_P 的中误差为 $\sqrt{2}m_x$。如果两期观测所得的坐标差 $|\Delta x_P| \leqslant 2\sqrt{2}m_x$，则认为 Δx_P 是由观测误差所造成，P 点稳定；如果 $2\sqrt{2}m_x < |\Delta x_P| \leqslant 3\sqrt{2}m_x$，则认为 Δx_P 基本由观测误差所造成，P 点基本稳定，在精度要求不是很高的部位，或者一些较小的工程项目中，可以不去修正；如果 $|\Delta x_P| > 3\sqrt{2}m_x$，则认为 P 点可能发生了位移，应加强检测和分析，并根据实际情况对坐标作适当修改。

求得 Δx_P 和 Δy_P 之后，就可以计算 P 点点位的整体位移量 ΔP：

$$\Delta P = \sqrt{\Delta x_P^2 + \Delta y_P^2} \tag{2-37}$$

设 P 点的点位中误差为 m，由误差传播定律可得，ΔP 的中误差为 $\sqrt{2}m$。

2. 通过各期的边长观测值进行分析

如图 2-6 所示，假设 A 为稳定点，P 点为待定点，每隔一定的时间间隔，利用相同的仪器，观测 AP 边长值 S_{AP}。设第 k 期观测值为 $S_{AP}^{(k)}$，第 $k+1$ 期观测值为 $S_{AP}^{(k+1)}$，由此可得两期边长观测值之差 ΔS_{AP}

$$\Delta S_{AP} = S_{AP}^{(k)} - S_{AP}^{(k+1)} \tag{2-38}$$

由于每次观测使用的仪器相同，方法也相同，所以认为每次的观测值中误差相同，设为 m_s，则由误差传播定律可得 ΔS_{AP} 的中误差为 $m_{\Delta S_{AP}} = \sqrt{2}m_s$。

如果 $|\Delta S_{AP}| \leqslant 2\sqrt{2}m_s$，则认为 P 点稳定；如果 $2\sqrt{2}m_s < |\Delta S_{AP}| \leqslant 3\sqrt{2}m_s$，则认为 P 点基本稳定；如果 $|\Delta S_{AP}| > 3\sqrt{2}m_s$，则认为 P 点不稳定，可能产生了位移。对于一个控制点的稳定性检测，一般需要在不同方向上检测 2 个以上的边长。

对于难以找到固定点作参考的情况，利用边长观测值的对比分析，也可在一定程度上检验控制点的稳定性。如图 2-7 所示，A、B、P 三点为一控制网中相邻的三个控制点，定期利用相同仪器测定 AP、BP 的边长值 S_{AP} 和 S_{BP}，设第 k 期和 $k+1$ 期的观测值分别为 $S_{AP}^{(k)}$、$S_{BP}^{(k)}$、$S_{AP}^{(k+1)}$、$S_{BP}^{(k+1)}$，则可以计算出两条边两期观测的观测值之差 ΔS_{AP} 和 ΔS_{BP}，

$$\begin{array}{l}\Delta S_{AP} = S_{AP}^{(k)} - S_{AP}^{(k+1)} \\ \Delta S_{BP} = S_{BP}^{(k)} - S_{BP}^{(k+1)}\end{array} \tag{2-39}$$

图 2-6　利用边长分析控制点的稳定性

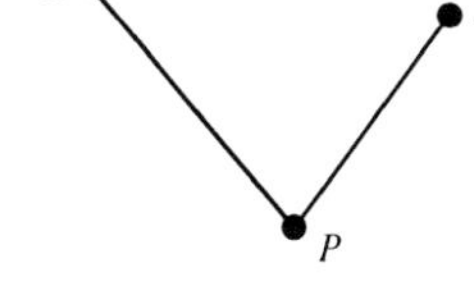

图 2-7　任意边长分析控制点的稳定性

为简单起见，设边长观测值中误差都为 m_s，则 ΔS_{AP} 和 ΔS_{BP} 的中误差皆为 $\sqrt{2}m_s$，根据具体工程的实际需要和精度要求，可以设定限差分别为 $2\sqrt{2}m_s$ 和 $3\sqrt{2}m_s$。这里以限差 $2\sqrt{2}m_s$ 为例来进行说明。

(1)若 $|\Delta S_{AP}| \leqslant 2\sqrt{2}m_s$ 且 $|\Delta S_{BP}| \leqslant 2\sqrt{2}m_s$，则认为 A、B、P 三点都稳定。

(2)若$|\Delta S_{AP}|\leqslant 2\sqrt{2}m_s$且$|\Delta S_{BP}|>2\sqrt{2}m_s$，则认为$A$点和$P$点稳定，而$B$点产生了位移。

(3)若$|\Delta S_{AP}|>2\sqrt{2}m_s$且$|\Delta S_{BP}|\leqslant 2\sqrt{2}m_s$，则认为$B$点和$P$点稳定，而$A$点产生了位移。

(4)若$|\Delta S_{AP}|>2\sqrt{2}m_s$且$|\Delta S_{BP}|>2\sqrt{2}m_s$，这种结果一般有三种可能性，一是$A$点和$B$点稳定，而$P$点产生了位移，这是可能性比较大的一种情况；二是$P$点稳定，而$A$点和$B$点产生了位移；另一种情况就是$A$点$B$点和$P$点均产生了位移。当产生这种结果后，应再选用相邻的控制点对A、B、P三点重新进行检验，得出最后结果。

3. 趋势性分析方法

趋势性分析方法是指对同一个控制点P进行多期观测，并计算出各期的坐标($x_P^{(k)}$，$y_P^{(k)}$)，然后对纵横坐标分别进行分析。以$x_P^{(k)}$为例($y_P^{(k)}$可以用同样的方法进行)，以时间t为横轴，以P点坐标x为纵轴建立平面直角坐标系，将每一期观测所得的$x_P^{(k)}$表示在该坐标系上，并将各点拟合成一直线$x=a_0+a_1t$。如果$a_1=0$或者$a_1\rightarrow 0$，即是一条水平的直线，各点拟合成直线$x=a_0$，则说明P点的x坐标比较稳定，无明显的变化趋势；相反，如果$a_1\neq 0$，则说明P点不稳定，有一定的位移趋势。在实际工作中，由于测量误差等因素的影响，即使稳定的控制点其计算结果也常常不严格为零，而是一个很小的数，因此，对于a_1需给定一个阈值。当计算结果小于该阈值时，则认为点位稳定；否则，认为点位有位移趋势。

三、润扬大桥施工控制网稳定性检测

润扬大桥首级平面施工控制网按二等边角网要求观测，其最弱点点位中误差为±2mm。施工控制网采用1954年北京坐标系，中央子午线经度为119°22′。由于桥址区的地质条件和重型施工车辆的影响，施工单位在大桥基础施工过程中，发现部分施工控制点发生了一定程度的位移。为了尽快满足施工要求，需对施工控制网的稳定性和控制点的位移量进行分析。

1. 检测方案

考虑到施工的紧迫性，检测方案不宜采用边角网形式对施工控制网进行全面复测。根据控制点的通视情况，并考虑对可能发生位移的点加强观测，拟定测边网观测方案如图2-8所示。

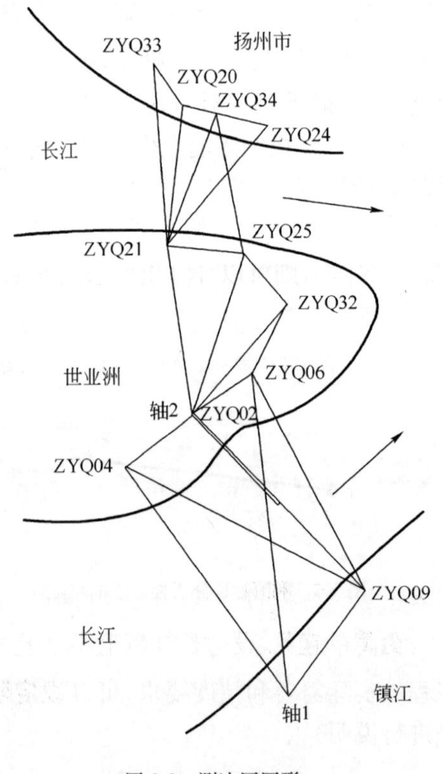

图2-8 测边网网形

边长观测主要依据《中、短程光电测距规范》(GB/T 16818—1997)和《润扬大桥首级施工控制网测量报告》的要求进行。观测仪器使用瑞士徕卡公司生产的DI2002光电测距仪($m_s=1\text{mm}+1\text{ppm}$)，仪器经鉴定符合Ⅰ类测距仪的各项指标。边长采用对向观测，使用控制网观测墩强制对中装置。因此，在每条边的斜距观测时，在测站和棱镜站上均需量取仪器高和棱镜高，同时记录测站、棱镜站的温度和气压。全网共观测了 26 条边，平均边长为 931.497m。

为了获得精确的观测边长，外业斜距观测值先进行测站和棱镜站的平均温度、气压改正，然后进行边长高差和投影改正，投影面为黄海高程系的 9.257m 高程面。边长高差和投影改正公式为：

$$\Delta D_S = -\frac{1}{2}\cdot\frac{\Delta h^2}{D} - D\frac{H_m - 9.257}{R} + \frac{D^3}{24R^2} \tag{2-40}$$

式中：H_m——黄海高程系中测站与目标的站心平均高程；

Δh——测站与目标站心高差；

R——地球曲率半径。

2. 平差计算

测边网平差采用间接平差方法，根据施工控制网实际情况，选择 ZYQ20、ZYQ09、轴 1、ZYQ33、ZYQ24 作为已知固定点，以初次施工控制网的平差成果作为平差参数的近似坐标值参与计算。由此计算出测边网各点的坐标、位移量（表 2-8）和点位误差（表 2-9）。

控制点位移量表（单位：mm）　　表 2-8

点名	ZYQ02	轴 2	ZYQ25	ZYQ21	ZYQ20	ZYQ34	轴 1	ZYQ09	ZYQ04	ZYQ06	ZYQ32	ZYQ24	ZYQ33
δ_x	−21.4	−25.0	−0.6	5.5	0.0	−4.0	0.0	0.0	24.6	−4.2	−2.6	0.0	0.0
δ_y	6.9	14.6	1.4	1.5	0.0	−2.8	0.0	0.0	−11.4	1.5	7.7	0.0	0.0

点位中误差表（单位：mm）　　表 2-9

点名	ZYQ02	轴 2	ZYQ25	ZYQ21	ZYQ20	ZYQ34	ZYQ04	ZYQ06	ZYQ32
m	1.2	0.6	1.1	0.5	1.3	1.2	1.4	1.2	1.6

对该检测网采用自由网平差的方式进行计算，所得结果见表 2-10。

自由网平差成果表（单位：mm）　　表 2-10

点名	ZYQ02	轴 2	ZYQ25	ZYQ21	ZYQ20	ZYQ34	轴 1	ZYQ09	ZYQ04	ZYQ06	ZYQ32	ZYQ24	ZYQ33
δ_x	−19.3	22.9	1.5	7.6	2.4	−1.9	2.0	2.1	26.7	−2.1	0.5	2.1	1.9
δ_y	5.4	13.1	1.1	1.2	0.5	−3.1	0.4	0.3	−11.7	1.2	8.0	0.5	0.1

3. 控制点稳定性分析

在采集数据可靠的情况下，对控制网进行总体变形分析，采用平均间隙法检验。检验统计量为：

$$F = \frac{\Delta x^T P_{\Delta x}\Delta x}{f_{\Delta x}\cdot u^2} \tag{2-41}$$

$$\Delta x = x_{II} - x_I,\ P_{\Delta x} = (Q_{xIxI} + Q_{xIIxII})^{-1}$$

当 $Q_{xIxI}=Q_{xIIxII}=Q_{xx}$ 时，则 $P_{\Delta x}=\frac{1}{2}Q_{xIxI}^{-1}$。

式中：x_{II}——检测测边秩亏网平差值；

x_I——初次施工控制网秩亏网平差值；

$f_{\Delta x}$——参数中独立元素的个数，测边网 $f_{\Delta x}=2m-3$，m 为测边网的点数；

u^2——单位权方差的先验值。

若 $F<F(\alpha,f_{\Delta x},\infty)$，说明控制网是稳定的；若 $F>F(\alpha,f_{\Delta x},\infty)$，说明控制网是不稳定的。

在测边检测网中，$f_{\Delta x}=23$，$u^2=1.5^2$，置信度水平 $\alpha=0.05$。将 Δx 和 $P_{\Delta x}$ 代入式(2-41)计算统计量，得 $F=\frac{281.60}{23\times1.5^2}=5.44$，且 $F(0.05,23,\infty)=1.52$，根据 $F>F(0.05,23,\infty)$ 可知，施工控制网总体形变检验结果表明控制网部分网点发生了位移。

采用“变形分析通用法”分析单点稳定性，两次自由秩亏网平差值所得的位移量 Δx、$P_{\Delta x}$ 为相应的权阵。用 F 检验判断控制网各点的稳定性，构造服从 F 分布的统计量：$F=\frac{\Delta x_i^{\mathrm{T}}P_{\Delta xi}\Delta x_i}{2\cdot\tilde{u}^2}$。若 $F_i<F(\alpha,2,\mathrm{d}f)$，说明该点是稳定的；若 $F_i>F(\alpha,2,\mathrm{d}f)$，说明该点不稳定。

$$\tilde{u}^2=\frac{(V^{\mathrm{T}}PV)_{\mathrm{I}}+(V^{\mathrm{T}}PV)_{\mathrm{II}}}{f_{\mathrm{I}}+f_{\mathrm{II}}}=\frac{28.346}{3+3}=4.72$$

$$F(\alpha,2,\mathrm{d}f)=F(0.05,2,6)=5.14$$

根据 $\tilde{u}^2$ 值，将控制网各点的 Δx 和 $P_{\Delta x}$ 分别代入计算，得出各点统计量，并判断其稳定性(表 2-11)。

控制点稳定性检验结果 表 2-11

点名	ZYQ02	轴 2	ZYQ25	ZYQ21	ZYQ20	ZYQ34	轴 1	ZYQ09	ZYQ04	ZYQ06	ZYQ32	ZYQ24	ZYQ33
统计量 F	21.26	73.66	0.37	6.26	0.64	1.40	0.44	0.46	89.94	0.62	6.80	0.46	0.38
稳定性	不稳定	不稳定	稳定	不稳定	稳定	稳定	稳定	稳定	不稳定	稳定	不稳定	稳定	稳定

表 2-11 表明，控制网中 ZYQ02、轴 2、ZYQ21、ZYQ04、ZYQ32 是不稳定的点，ZYQ25、ZYQ20、ZYQ34、轴 1、ZYQ09、ZYQ06、ZYQ24、ZYQ33 是稳定的点。

施工控制网经稳定性分析，控制点分为两类，一类为稳定点 x_1，另一类为不稳定点 x_2。在 $x_2^{\mathrm{T}}x_2=\min$ 的原则下，进行拟稳平差，并计算不稳定点的位移量。根据稳定性分析结果，控制网中有 5 个不稳定点，8 个稳定点，建立与其相应的数学模型并计算，得到不稳定点的位移量(表 2-12)。

不稳定点的位移量(单位：mm) 表 2-12

点　名	ZYQ02	轴 2	ZYQ21	ZYQ04	ZYQ32
δ_x	−17.6	−21.2	9.3	28.4	1.2
δ_y	3.0	10.7	−2.4	−15.3	3.8

从表 2-12 可以看出，ZYQ02、轴 2 和 ZYQ04 三个点变形量较大，主要是因为位于施工便道旁，受重型施工车辆频繁通行影响大，不便继续使用。其他两个不稳定点变形量较小，主要受施工车辆通行影响，坐标经位移改正后可继续使用。

第三章　高程施工控制网

第一节　概　　述

桥梁高程施工控制网是为了桥梁高程放样而建立的专用控制网，其主要作用是统一本工程的高程基准面，并为桥梁的细部放样和变形观测服务。目前，建立高程控制网的常用方法有：水准测量、三角高程测量和GPS水准测量。

一、布设

由于在勘测设计阶段所建立的高程控制点在点位的分布和密度方面往往不能满足施工的要求，因此，一般需要重建或进行适当的加密。高程控制网可以一次全面布网，也可以分级布设，首级水准网必须与施工区域附近的国家水准点联测，布设成闭合（或附合）形式。首级高程控制网点应布设在施工区外，作为整个施工期间高程测量的依据。由首级控制点引测的临时性作业控制点，它应尽可能靠近建筑物，以便做到安置一次或二次仪器就能进行高程放样。

由于桥梁工程各部位的高差较大，经常需要在桥面、塔柱等位置设置临时性高程控制点，这些点一般采用精密三角高程测量方法进行加密。三角高程测量是根据两点间的竖直角和水平距离计算高程，其精度一般低于水准测量。三角高程测量可采用单一路线、闭合环、结点网或高程网的形式布设。三角高程路线一般由边长较短和高差较小的边组成，起讫于用水准联测的高程点。为保证三角高程网的精度，网中应有一定数量的已知高程点，这些点由直接水准测量或水准联测求得。为了尽可能消除地球曲率和大气垂直折光的影响，每条边均应相向观测竖直角。

由于桥梁工程需与周边的道路工程进行有机的衔接，因此，高程控制网应采用该地区统一采用的高程系统，一般采用国家高程系统，或者按照桥梁设计所采用的高程系统。在选择已知点时，对资料的来源等进行认证和复核。由于长江中下游地区的地表沉降较严重，因此，已知点本身的稳定性是重点需要考查的内容。另外，由于国家基本水准点的建立时间不同，所经路线可能很长，控制点之间可能存在较大的误差，因此，在建立首级网时，一般只采用一个点作为已知点，其他纳入网内的基本水准点作检核，当通过检测，确认基本水准点之间不存在明显的系统误差时，才可将其一起作为已知点使用。

由于桥梁工程是一个有机的整体，江、河两侧的高程系统必须严格一致，为此，需通过跨河水准测量的方法建立统一的高程系统。当江、河两侧都有国家高级基本水准点时，也应采用跨河水准测量的方法对这些点的一致性进行检查。一般通过几次观测，确认两岸的水准点无明显系统差后，可将其作为已知点使用。

由于国家基本水准点一般离工程所在区域较远，为使测量方便，应在工程附近建立高程工作基点，工作基点需定期与基准点联测，以检验其稳定情况。为保证测量工作的前后一致性，当无理由认为工作基点发生位移，应采用原先的成果，而不宜将成果作经常性的改动。

在布设水准点时，同时应考虑以后可用作垂直位移观测的高程控制。直接用于高程放样的作业水准点或施工水准点随施工进度布设，并尽可能布设成闭合或符合水准路线。

二、点的埋设

首级高程控制网是整个桥梁工程的高程基准，其基准点应稳定可靠，且能长期保存，为此，水准基点一般应直接埋设在基岩上，当覆盖层较厚时，可埋设基岩钢管标志。

高程网的基准点一般利用国家基本水准点，这些点大多埋设在稳固的基岩上，有较好的稳定性，但这些点一般离施工区域较远，联测的工作量较大，为此，可根据实际情况，在施工区域附近埋设基准点或工作基点。

在地表有裸露新鲜基岩时，基准点一般采用地表岩石标形式，因为这种标型的造价低，且稳定性较好，当地表的覆盖层较厚时，可采用测温基岩钢管标或双金属管标建立基准点。测温钢管标由内外两层钢管构成，内管通过排浆孔与基岩相连，嵌入新鲜基岩 2m 以上，外管和内管之间设有橡皮隔圈，以防止内管的不规则变形，内管顶部焊接铜质水准标志头。深埋钢管标会因温度变化引起标志的垂直位移，因此，需在内管的不同高程处安设电阻温度计，用电缆连至顶部，通过测量温度确定钢管因温度变化引起的伸缩，并对其进行改正。钢管标的结构如图 3-1 所示。

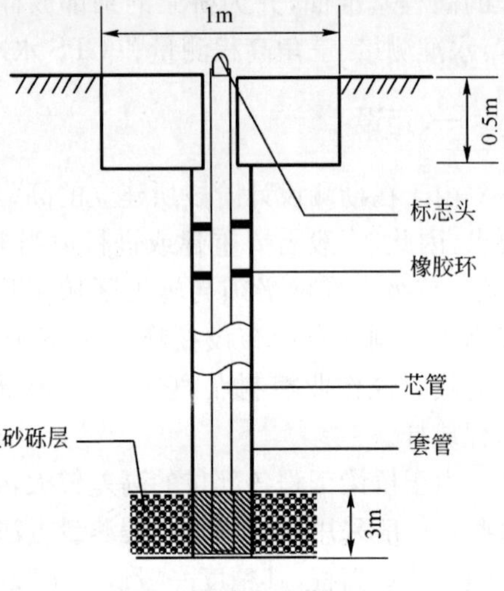

1m
0.5m
标志头
橡胶环
芯管
粗砂砾层
套管
3m

图 3-1　钢管标结构图

双金属管标是利用膨胀系数不同的两根金属管（钢管、铝管）制成的深埋双金属管标，可以不测温度，通过测量两根金属管的高差并进行改正来消除由于温度变化对标志高程产生的影响。其原理如下：设两根金属管原有长度均为 L_0，钢管的线膨胀系数为 α_S，铝管的线膨胀系数为 α_A，则有：

$$L_S = L_0 + L_0 \times \alpha_S \times t = L_0 + \Delta L_S$$

$$L_A = L_0 + L_0 \times \alpha_A \times t = L_0 + \Delta L_A$$

式中：ΔL_S、ΔL_A——分别为钢管和铝管因温度变化所引起的改正数；

t——标志各层温度变化之平均值。

若 $\alpha_A = 2\alpha_S$，则有 $\Delta L_A = 2\Delta L_S$，两根金属管长度的差值（两标志头的高差）Δ 则为：

$$\Delta = L_S - L_A = \Delta L_S - \Delta L_A = -\Delta L_S = -\frac{1}{2}\Delta L_A$$

而 Δ 可以根据设在两标志头上的读数设备或用水准仪测定，故可根据上式得到钢管和铝管的改正数 ΔL_S、ΔL_A。在实际作业中，首次观测时两管的高度不一定正好相等，用水准仪测得首次观测时两标志头的高差为 Δ_0，某次测得的两标志头的差为 Δ，则有：

$$\Delta + \Delta L_S = \Delta_0 + \Delta L_A$$

钢管标点高程的温度改正数为：

$$\Delta L_S = \Delta - \Delta_0 \tag{3-1}$$

根据本次观测和首次观测求得的两标志头的高差，可求得相应的改正数。

在工程施工区域附近建立的高程工作基点一般采用基岩钢管标形式，但在条件允许时，也可在工程施工初期利用试桩等稳固的临时建筑物作为工作基点的基础。

由于一般控制点都建立了混凝土观测墩，这些观测墩一般都有良好的基础，因此，可在观测墩的基础上建立一般的水准点。另外，由于目前大多采用全站仪放样，需观测标墩顶部的高程，为此，需在标墩顶部设置水准标头。

三、精度的确定

桥梁高程控制网的精度直接影响桥梁各部分高程放样的相对精度，为此，应根据工程的规模和桥梁的具体特点拟定首级高程控制网的测量精度。

在通常情况下，首级高程控制网分为两个层次，即：基准点与工作基点的联测和工作基点与一般水准点的联测。由于基准点与工作基点之间的距离一般相对较远，在大型桥梁工程建设中，为保证测量精度，该项工作一般采用一等水准测量的精度进行；对于工作基点与一般水准点的联测，大多采用二等水准测量的精度要求进行，在工程规模较小时，也可采用三等水准测量的精度要求进行。

为使江河两岸的高程系统一致，需采用跨河水准的方式对两岸的水准点进行联测。当桥长在 1 000m 以上时，两岸的水准联测(即跨河水准)需采用一等水准测量的精度；当桥长在 300m 以上时，应采用二等水准测量的精度；桥长在 300m 以下时，可采用三等水准测量的精度。

第二节　水准测量建立高程控制网

一、概述

几何水准测量是建立高程控制的传统方法，其原理是借助于水平视线照准竖立在两点上的标尺读数，来测定两立尺点间的高差，水平视线靠水准管来获得。

水准测量所采用的仪器为水准仪。目前常用的水准仪类型有：水准管式光学水准仪、自动安平光学水准仪和电子水准仪。光学水准仪一直是水准测量的主角，它有可靠的精度保证，但作业强度大，也不满足数字化和自动化的要求。电子水准仪(或称数字水准仪)以自动安平光学水准仪为基础，在望远镜光路中增加了分光镜和探测器(Charge Coupled Device，或简称 CCD)，并采用编码标尺和图像处理系统，另外还包括微处理器、数据记录存储器、串行接口、显示与操作面板、蓄电池等，实现了数据记录、存储、传输及各种处理的自动化。

电子水准仪的基本构造由光学机械部分、自动安平补偿装置和电子设备组成。电子设备主要包括：调焦编码器、光电传感器(即线阵 CCD 器件)、读数电子元件、单片微处理机、GSI 接口(外部电源和外部存储记录)、显示器件、键盘以及影像数据处理软件等，标尺采用条形码标尺供电子测量使用。

各厂家标尺编码的条码图案不同，不能互换使用。目前采用电子水准仪测量，照准标尺和调焦仍需人工目视进行。人工完成照准和调焦之后，标尺条码一方面被成像在望远镜的分划板上，供目视观测，另一方面通过望远镜的分光镜，标尺条码又被成像在光电传感器(又称探测器)上，即线阵 CCD 器件上，供电子读数。因此，如果使用传统水准标尺，通过目视观测，电子水准仪又可以像普通自动安平水准仪一样使用，但是由于电子水准仪没有光学测微装置，当成普通自动安平水准仪使用时，测量精度低于电子测量时的精度。

1990 年徕卡(Leica)公司推出了世界上第一台电子水准仪 NA2000。在 NA2000 上首次采用数字图像技术处理标尺影像，并以 CCD 阵列传感器取代测量员的肉眼对标尺读数获得成功。这种传感器可以识别水准标尺上的条码分划，并用相关技术处理信号模型，自动显示与记录标尺读数和视距，从而实现水准观测自动化。随后蔡司、拓普康、索佳等公司也先后推出了各自的电子水准仪，图 3-2 为部分电子水准仪。

徕卡DNA03/10

蔡司DINI10

拓普康DL101/102

索佳SDL2

图 3-2 部分电子水准仪

自从徕卡公司在 1990 年推出第一台电子水准仪 NA2000 以来，电子水准仪已经发展到了第三代，蔡司、拓普康和索佳等都先后推出了自己的产品。由于在设计之初就定位在中高精度的水准测量，因此目前市场上的电子水准仪分为不同精度的两个等级，中等精度的每公里往返测中误差为±(1.0～1.5)mm/km，高精度的为±(0.3～0.4)mm/km。表 3-1 列出了部分电子水准仪的技术指标。

部分电子水准仪技术指标 表 3-1

指标项目 \ 仪器类型		徕卡		拓普康		蔡司		索佳	
		DNA03	DNA10	DL101C	DL102C	DiNi12	DiNi22	SDL1	SDL2
高程测量精度(mm)	电子读数	±0.3	±0.9	±0.4	±1.0	±0.3	±0.7	±0.3	±0.7
	光学读数	±2.0	±2.0	±1.0	±1.5	±1.0	±1.3	±1.5	±2.0
高程最小读数(mm)		0.01	0.1	0.01	0.1	0.01	0.1	0.01	0.1
距离测量精度		1cm/20m		1～5cm		20mm	25mm	20mm	25mm
测量范围		1.8～110m		2～60m		1.5～100m		1.5～100m	
补偿工作范围		±10′	±10′	±12′	±15′	±15′	±15′	±15′	±15′
补偿精度		±0.3″	±0.8″	±0.3″	±0.5″	±0.2″	±0.5″	±0.2″	±0.5″
望远镜孔径		36mm		45mm		40mm		40mm	
测量视场角		2°		1°20″		5°		3°	
CCD 工作光谱		红外光		可见光		可见光		红外光	
像素间距/数量		25/256		11/600		14/1 800		8/1 800	
条码基本间距(mm)		2.025		10		20/10		16	
望远镜放大倍数		24×	24×	32×	30×	32×	26×	32×	26×
测量时间		3s		4s		3s	2s	4s	2.5s
圆气泡灵敏度		8′/2mm		10′/2mm		8′/2mm		8′/2mm	
显示屏		中文 8 行		2 行		4 行		4 行	
质量(kg)		2.85		2.8		3.5	3.2	3.0	

电子水准仪与传统光学水准仪相比有以下优点：

(1)读数客观。不存在误读、误记问题，消除了人为读数误差。

(2)精度高。视线高和视距读数都是采用大量条码分划图像经过处理后取平均得出来的，因此削弱了标尺分划误差的影响。多数仪器都有进行多次读数取平均的功能，可以削弱外界条件如振动、大气扰动等的影响。这同时也就要求标尺条码要有足够的可见范围，用于测量的条码不能被遮挡。

(3)速度快。由于省去了报数、听记、现场计算以及人为出错的重测数量，测量时间与传统仪器相比可以节省 1/3 左右。

(4)效率高。只需调焦和按键就可以自动读数，减轻了劳动强度。还能实现数据的自动记录、检核、处理，并能从仪器中直接把数据输入到计算机中进行存储或后处理，可实现内外业一体化。

(5)操作简单。由于仪器实现了读数和记录的自动化，并预存了大量测量和检核程序，在操作时还有实时提示，因此测量人员可以很快掌握使用方法，减少了培训时间，即使非专业的作业人员也能很快熟练使用仪器。

另外，电子水准仪在某些方面明显不如光学水准仪，主要表现为：

(1)电子水准仪对标尺进行读数不如光学水准仪灵活，电子水准仪只能对其配套标尺进行照准读数，而在有些部门的应用中，使用自制的标尺，甚至是普通的钢板尺，只要有刻划线，光学水准仪就能读数，而电子水准仪则无法工作。同时，电子水准仪要求有一定的视场范围，但有些情况下，只能通过一个较窄的狭缝进行照准读数，这时就只能使用光学水准仪。

(2)电子水准仪受外界条件影响较大。由于电子水准仪是由 CCD 探测器来分辨标尺条码的图像，进而进行电子读数，而 CCD 只能在有限的亮度范围内将图像转换为用于测量的有效电信号。因此，水准标尺的亮度是很重要的，要求标尺亮度均匀，并且亮度适中。

水准测量的作业应按照国家规范的具体要求严格执行。首先，作业用的仪器应根据规范的要求进行全面的检验，只有检验合格的仪器才能投入使用。另外，在作业过程中，应按照规范要求的观测程序进行观测，如：在二等水准测量时，视线长度应小于或等于 50m，前后视距不等差不大于 1m，前后视距累积差小于或等于 3m；当视距大于 20m 时，视线高度应大于 0.5m，视距小于 20m 时，视线高度应大于 0.3m。

在水准测量作业过程中，还应注意以下几个问题：

①三等以上水准测量应往返观测，其观测顺序为如下。

往测：奇数站，后—前—前—后；偶数站，前—后—后—前。

返测：奇数站，前—后—后—前；偶数站，后—前—前—后。

②三等水准若为附合线路，可以采用单程测量，支线必须进行往返观测。

③自动安平水准仪作业时，水准仪应严格校正，并经常检查其性能，观测时仪器要严格置平。

④由往测转向返测时，两水准尺必须位置互换并重新整平仪器。

⑤每测段的往返测的测站数均应为偶数。

⑥应在气象条件良好的状态下进行水准测量。

水准测量外业观测结束时，应根据规范要求对测量数据进行必要的检核。表 3-2 为水准测量的部分检核限差。

水准测量主要限差　　表 3-2

等级	每公里高差中数的偶然中误差 m_Δ	检测已测高差之差	往返测高差不符值	附合路线闭合差或环线闭合差
二	±1.0	$\pm 0.4\sqrt{n}$	$\pm 4\sqrt{R}$	$\pm 0.4\sqrt{n}$或$\pm 4\sqrt{R}$
三	±3.0	$\pm 0.8\sqrt{n}$	$\pm 12\sqrt{R}$	$\pm 0.8\sqrt{n}$或$\pm 12\sqrt{R}$

注:①表中单位均为 mm。
②R 为水准路线长度,以 km 计。
③每公里单程测站数小于 16 时,以测站数 n 计算不符值的限差。

二、润扬大桥高程控制网的建立

1. 基准点的选择

由于在扬州岸附近难以找到稳固的基岩,因此,在润扬大桥施工高程控制网中,选定镇江金山脚下的基岩点(国家Ⅰ等水准点)为基准。该点到润扬大桥距离不远,约 10km,联测的工作量不大,且该点十分稳定,使统一高程系统的基准有可靠保障。

2. 高程系统的联系

由于润扬大桥被长江北汊和南汊分成三个部分。镇江岸到世业洲,世业洲到扬州岸跨江的距离分别为 1 400m 和 800m 左右。因此,由镇江金山基准点高程传递到扬州岸时,必须设置两个跨江水准测量段。跨江水准必须以Ⅱ等水准精度实施,以确保与整个水准网精度的一致。考虑到水准主网通常每年复测一次,则跨江水准在大桥建设的整个工期内也需多次进行。为方便今后跨江水准多期重复测量,设计的跨江水准方案如图 3-3 所示。该过江方案兼顾了地形的对称性,可有效地减弱大气折光的误差,提高精度,也考虑了长期使用和固定性,同时还考虑了对过江水准形成闭合环,加强检核及成果的可靠性。

3. 工作基点

水准全网的复测与检核是定期实施的。而沿江地区沉积层较厚,达 70m 左右,地表的沉降情况复杂,在施工过程中一些水准点可能会产生变形,此时就有必要进行检核。此外,在重要建筑物关键部位高程放样时,首先要对所采用的水准点复核,保证放样的正确性和可靠性。

在润扬大桥勘测控制网中,曾布设有分别位于镇江岸、世业洲、扬州岸离桥址1～2km的深埋水准点 J1、J2、J3,其钢管一直钻深到距地表 70 多米的基岩上。此三个水准点可作为工作基点,纳入水准主网中,并承担日常检核各水准点高程的作用。

4. 水准主网

润扬大桥的水准主网在镇江岸、世业洲、扬州岸各形成闭合环形,并经南汊和北汊过江水准的两个环连接,把各控制点联系成统一的高程系统。水准主网以国家Ⅱ等水准精度观测,即每公里高差中数的偶然中误差为±1mm。水准观测的线路如图 3-3 所示。

5. 过江水准

过江水准选择 6 号—9 号点(距离 1 400m)和 3 号—4 号点(距离 1 700m)作为跨越南汊长江的两个过江断面;选择 24 号—25 号点及 22 号—23 号点间(分别为 800m 和 1 100m)作为跨越北汊长江的两个过江断面。所选过江断面处,地形基本对称,大气折光影响比较一致,对提高过江高程传递的精度有积极作用。

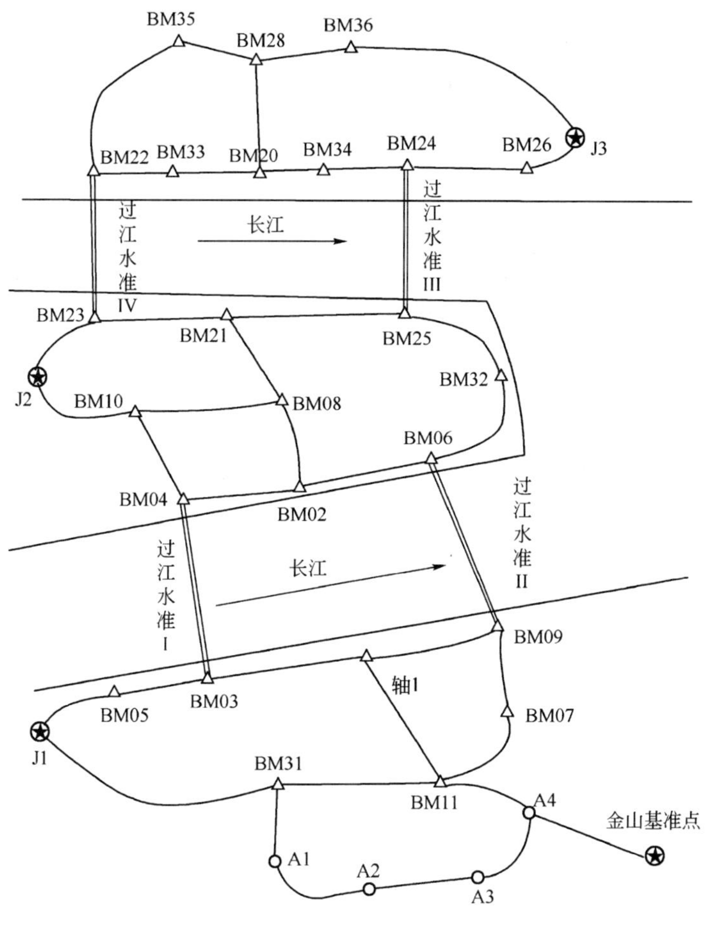

图 3-3　水准网路线图

由于每个过江处均与首级控制点连接，可自行组成两个环，以岸上 II 等水准与过江水准成果计算水准环闭合差，加强对成果的检核。

过江观测点都利用建在大堤上的有强制对中底盘的控制点，对提高视线的高度，克服江水水汽对测量的影响有很好作用，此外也不必新建观测墩，并可使今后各次过江水准均在这些位置进行，把它们固定起来，利于今后的测量工作。

6. 观测方案

水准网观测时，首先由镇江金山的基准点引测到大桥镇江岸的 J1 工作基点，检验 J1 工作基点的稳定情况。然后按镇江岸、世业洲、扬州岸形成的三个环形观测。各水准环的高程起始点分别由 J1、J2、J3 水准工作基点为准。

观测过程中，利用水准测量的往返高差不符值、环闭合差等多种限差要求，对外业成果的质量进行检查，超限的观测值要分析其原因，并立即补测，确保成果的高质量和可靠性。

由于观测时天气炎热，大气折光和旁折光作用较显著，在观测时要根据现场的气候情况，选择有利的观测时间段实施。

由于 8～9 月份长江水位很高，过江水准时视线距水面的高度难以保证，受大气折光影响显著。此外，江两岸芦苇杂树茂盛，给观测带来不少困难，因此，过江水准测量宜放在 12 月份左右进行。过江水准采用经纬仪倾角法，以两台 T3 经纬仪同时对向观测，可较有效地削弱大气折光影响。测量过程中的具体要求如下：

(1)过江处应布置在河岸较窄处，视线不得通过孤立的树丛、干丘、沙滩的上方。仪器视线高出水面 $4\sqrt{L}$(m)，(L 为跨越距离，单位为 km)。两岸由仪器到水面的河岸，距离应相等且地貌环境相似。

(2)过江水准宜在风力微弱，气温变化较小的阴天进行。如果在晴天，宜选择在上午 9:00～11:00，下午 2:00～4:00 观测。

(3)两台仪器对向观测时，可使用对讲机通信，使两岸同一测回在相同时刻开始和结束，测回间应间隔 15min。

(4)观测中，每次照准均应同时使竖直度盘气泡居中，同一标志线四次照准读数之差不得大于 3″。

(5)观测中，水平丝照准上、下标志线各四次，以盘左、盘右两位置照准，组成一组观测值。观测要求如 3-3 表所示。

过江水准观测要求 表 3-3

过 江 距 离	最 少 时 段	最少测回数	每测回的组数
小于 1 000m	8	20	6
1 000～2 000m	10	28	8

(6)限差要求：照准读数互差≤3″，组间 α、β 角之互差≤4″。

测回间的互差 $\leqslant 4m_{\Delta}\sqrt{N\cdot s}\begin{cases}4\times1\times\sqrt{35\times1}=24\text{mm}(1\,000\text{m})\\4\times1\times\sqrt{45\times2}=38\text{mm}(\leqslant2\,000\text{m})\end{cases}$

高程控制网采用严密平差软件处理，平差前进行观测值的粗差判定，以提高最终成果的可靠性。

第三节　三角高程测量

一、基本原理

1. 原理

三角高程测量是根据两点间的距离和竖直角测定两点间高差的一种高程测量方法，其基本原理如图 3-4 所示。

A、B 两点间的高差为：

$$h = S\times\sin\alpha+(1-k)\frac{D^2}{2R}+i-V \qquad (3\text{-}2)$$

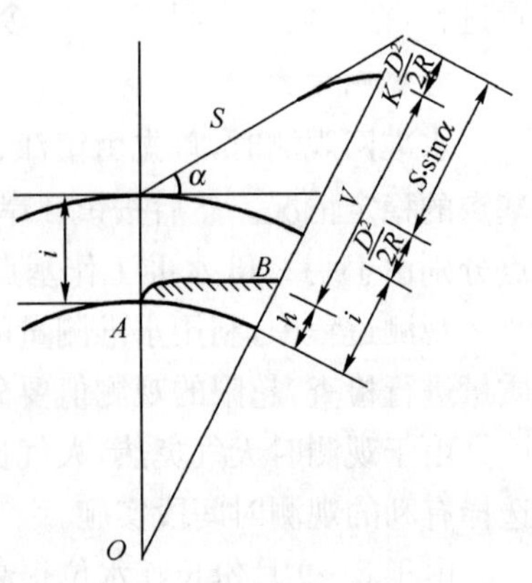

图 3-4　三角高程测量原理

式中：S——经气象改正后的斜距；

α——垂直角；

k——大气折光系数；

D——两点间的水平距离；

R——地球曲率半径；

i——仪器高；

V——目标高。

2. 精度分析

利用误差传播定律，并忽略微小量 $D^2/2R$ 的误差影响，可得到单向观测高差中误差的计算公式如下：

$$m_{\mathrm{h}}^2 = D^2 m_\alpha^2 + m_{\mathrm{s}}^2 \sin^2\alpha + m_i^2 + m_{\mathrm{V}}^2 + \frac{D^4}{4R^2} m_k^2 \tag{3-3}$$

当采用对向观测时，其中误差公式为：

$$m_{\mathrm{h}}^2 = \frac{1}{2}\left(D^2 m_\alpha^2 + m_{\mathrm{s}}^2 \sin^2\alpha + m_i^2 + m_{\mathrm{V}}^2 + \frac{D^4}{4R^2} m_{\Delta k}^2\right) \tag{3-4}$$

式中：m——中误差；

Δk——大气折光系数的变化误差。

由于目前角度测量、距离测量都能达到很高的精度，且仪器高和目标高也可用特定的方法精确量取，因此，影响三角高程测量精度的主要因素是大气折光的影响。从式(3-3)和式(3-4)中可以看出，折光系数的误差影响与距离的平方成正比，因此，在距离达到一定值时，高程测量的误差将主要由大气折光所引起。为此，为提高三角高程的测量精度，应仔细研究测区内大气折光系数的变化规律。

3. 中间法观测

有时为了观测方便，可在两个测点之间架设仪器，这时，高差的计算公式如下：

$$h = S_i \times \sin\alpha_i + (1-k_i)\frac{D_i^2}{2R} - V_i - S_j \times \sin\alpha_j - (1-k_j)\frac{D_j^2}{2R} + V_j \tag{3-5}$$

中间法观测的中误差相当于两次单向观测的中误差之和，但它不需要量取仪器高，在某些场合有一定的优势。

二、大气折光对高差的影响

当观测视线通过理想大气层时，观测视线是一条直线，由于大气密度分布不均匀，使得观测视线产生一定的弯曲，从而给观测结果带来影响。根据折射定律可知：

$$n \times \sin\alpha = c \tag{3-6}$$

将上式对高差 h 微分，得：

$$\frac{\mathrm{d}n}{\mathrm{d}h} = -\frac{\mathrm{d}\alpha}{\mathrm{d}h} \times n \times \cot\alpha \tag{3-7}$$

如图 3-5a)所示，$\alpha_1 > \alpha'_1, \alpha_2 > \alpha'_2, \alpha_3 > \alpha'_3, \cdots$，视线弯曲为凸向，即$\frac{\mathrm{d}n}{\mathrm{d}h}$为负值。在图 3-5b)中，$\alpha_1 < \alpha'_1$，$\alpha_2 < \alpha'_2, \alpha_3 < \alpha'_3, \cdots$，视线弯曲为凹向，即$\frac{\mathrm{d}n}{\mathrm{d}h}$为正值。由此可见，视线弯曲的大小和方向取决于垂直折射度的梯度。折射率的梯度与密度有如下关系：

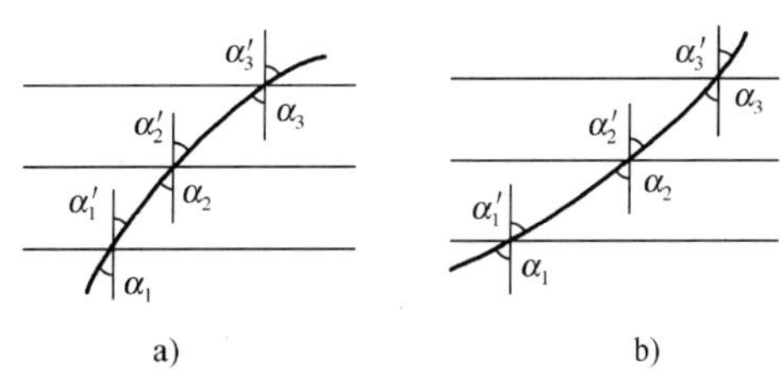

图 3-5　视线图

$$\frac{\mathrm{d}n}{\mathrm{d}h} \subset \frac{\mathrm{d}\rho}{\mathrm{d}h}$$

而密度梯度可用下式表示：

$$\frac{\partial \rho}{\partial h}=-A\times\frac{P}{T^2}\left(\frac{g}{R}+\frac{\partial T}{\partial h}\right) \tag{3-8}$$

式中：P——大气压力；

T——大气绝对温度；

A——常数（通常取 287 604×10^{-6}）。

通常情况下，$\frac{g}{R}=-0.034\text{K/m}$，所以当温度梯度大于$-0.034$K/m 时，密度梯度为负，视线呈凸向弯曲。当温度梯度小于-0.034K/m 时，密度梯度为正，视线呈凹向弯曲。

一般在近地层，对于炎热的白天，大气密度梯度为正值；对于寒冷天气的白天，大气密度为负值。实际上，由于地貌、温度和植被等的不同，造成沿线地面之间大气密度的差异较大。这样，实际观测时视线弯曲的方向比较复杂，如图 3-6 所示，因此需要对具体的观测情况进行具体分析。

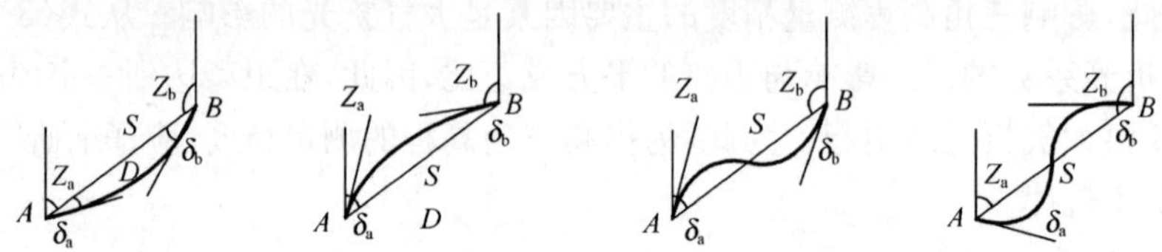

图 3-6 实际观测视线大气折光的四种情况

根据前面的分析，若要求 $m_h=\pm1$mm，取 $R=6\ 371$km，则当 $D=1$km 时，则 $m_k=\pm0.013$；当 $D=500$m 时，则 $m_k=\pm0.051$；当 $D=200$m 时，则 $m_k=\pm0.318$。上述分析说明，在同样高差误差的要求下，距离越远对折光系数的精度要求就越高；同样可知：距离越近，折光系数的求解精度受高差中误差的影响越大，因此较近距离反算的折光系数可靠性较差。由此可知：为达到相同的折光改正后的高程精度，在较近距离时，折光系数的允许误差可以大些；当折光系数变化剧烈，难以准确测定的情况下，三角高程的距离不宜过长。

三、大气折光改正方法

目前，在测量工作中，人们常用下列几种方法来改正大气折光对竖直角观测的影响。

1. 利用对向观测高差求 k

利用对向观测高差计算折光系数是在生产中应用最为广泛的一种方法。但一方面由于对向观测很难做到同时进行；另一方面，由于两点之间的下覆地形与植被等一般不均衡、不对称，这种情况下从两个方向求得的 k_{12} 和 k_{21} 是不相等的。因此该方法求得的 k 通常不是真正意义上的折光系数

2. 利用已知精密高差求 k

该方法是利用地面上两点之间的高差已由二等以上精密水准测量获得，在其间再进行 EDM 测高，将 EDM 测高结果与已知精密高差进行比较，可以求出与之相对应的大气折光系数。

3. 利用垂直温度梯度求 k

K. Brocks 等人从费马原理出发，利用大气物理理论导出了折光系数与气象元素的关系[1]为：

$$k=503.3\times\frac{P}{T^2}\left(0.0342+\frac{\mathrm{d}T}{\mathrm{d}h}\right)\cos\beta+\Delta K_e \tag{3-9}$$

式中：气压 P 和温度 T 分别以百帕和开为单位，垂直温度梯度 $\frac{\mathrm{d}T}{\mathrm{d}h}$ 以℃/m 为单位；β 为视线的倾角；ΔK_e 为水蒸气对折光系数的影响，通常可以忽略，但忽略 ΔK_e 将使 k 值产生 5%的误差。

按式(3-9)计算的关键是必须先求得垂直温度梯度 $\frac{\mathrm{d}T}{\mathrm{d}h}$，迄今为止，人们已研究出多种求算 $\frac{\mathrm{d}T}{\mathrm{d}h}$ 的方法，并且仍在继续对这些方法予以完善，同时也在探索新途径。

四、工程实例

在润扬大桥全面展开景观工程的施工时，世业洲等施工区域的大堤需进行加高和加宽。由于大部分施工控制点位于大堤上，加固工程的施工必然会造成施工控制点的明显位移，给大桥的施工带来严重的影响，因此，需要将大堤上的控制点转移到合适的地方，以保证控制基准的稳定不变，为大桥的顺利施工打下基础。根据工程施工的实际情况，经讨论将控制点转移到已经完成施工的桥面或墩柱上，对下一阶段的施工放样较为有利。由于桥面和塔柱较高，用水准测量的方法难以完成高程的精确传递，为此，决定用精密三角高程的方法进行(图 3-7)。

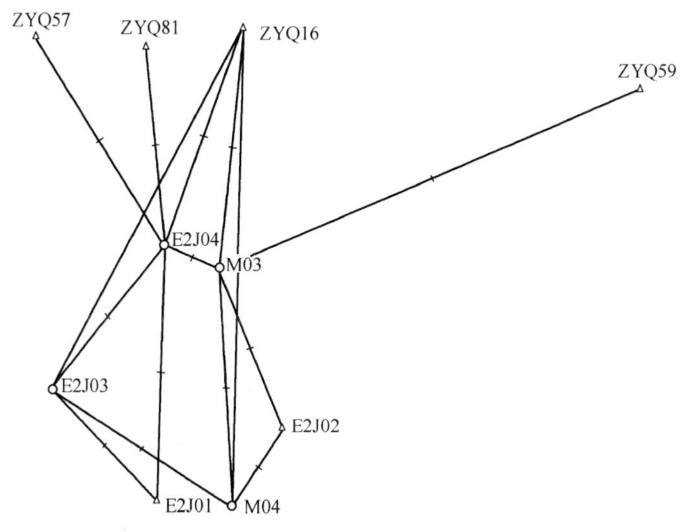

图 3-7　三角高程网

为确保 EDM 三角高程测量的精度，测量作业遵循下列细则。

(1)增设的控制点与地面二等水准点构成三角高程网，每个点与水准点不少于两个方向的连接。

(2)EDM 三角高程应采用两个时段、往返测、两高程的测量方法。即每条三角高程边必须有上、下午两个时段的观测结果；每条三角高程边必须进行往、返观测；往(返)观测时应观测两个高程。

(3)EDM 三角高程测量的限差要求：

①单向观测两标高的高差之差不大于±5mm；

②往、返测高差之差不大于±8mm；

③两时段高差之差不大于±5mm；

④各方向交会的高程之差不大于±3mm；

⑤环线闭合差不大于$\pm 4\sqrt{L}$mm（L为环线长度，以km计）。

(4)EDM三角高程所需边长均观测4测回，且同步观测气温、气压等气象元素。

(5)三角高程测量中的垂直角采用中丝法观测6测回，主要限差如下：

①一测回中指标差较差≤5.0″。

②同一方向各测回垂直角较差Δ≤6.0″。

三角高程测量数据经最小二乘严密平差得到各点高程，其最弱点的高程中误差为±2.8mm，达到了设计要求的精度。

第四节　跨河水准测量

一、基本原理

当水准路线跨越江、河，视线长度超过100m时，应根据视线的长度和仪器设备等情况，进行跨河水准测量。跨河水准的作业方法主要有：光学测微法、倾斜螺旋法、经纬仪倾角法和测距三角高程法四种，不同的方法有各自的适用范围，表3-4为主要方法的适用距离。

跨河水准方法及适用距离　　表3-4

序号	观测方法	方法概要	最长跨距(m)
1	光学测微法	使用一台水准仪。用水平视线照准觇板标志，并读记测微鼓分划值，求出两岸高差	500
2	倾斜螺旋法	使用两台水准仪对向观测。用倾斜螺旋或气泡移动来测定水平视线上、下两标志的倾角，计算水平视线位置，求出两岸高差	1 500
3	经纬仪倾角法	使用两台经纬仪对向观测。用垂直度盘测定水平视线上、下两标志的倾角，计算水平视线位置，求出两岸高差	3 500
4	测距三角高程法	使用两台经纬仪对向观测，测定偏离水平视线的标志倾角。用测距仪量测距离，计算两岸高差。	3 500

当跨河距离超过3 500m时，应根据要求和测区条件进行专项设计。

跨河水准的场地应选于测线附近，利于布设工作场地与观测的较窄河段处，视线应有一定的高度（具体见规范），两岸地形、地貌、植被等基本相同。布设跨河水准场地时，应使两岸仪器及标尺点构成如图3-8所示的图形。

当只用一台仪器观测时，跨河水准也可用图3-9所示的Z形布设。

按Z形布设时，两岸测得的标尺点跨河高差，分别为两个测站高差之和：

上半测回：$$h_{b1b2}=h_{b1I2}+h_{I2b2} \tag{3-10}$$

下半测回：$$h_{b2b1}=h_{b2I1}+h_{I1b1} \tag{3-11}$$

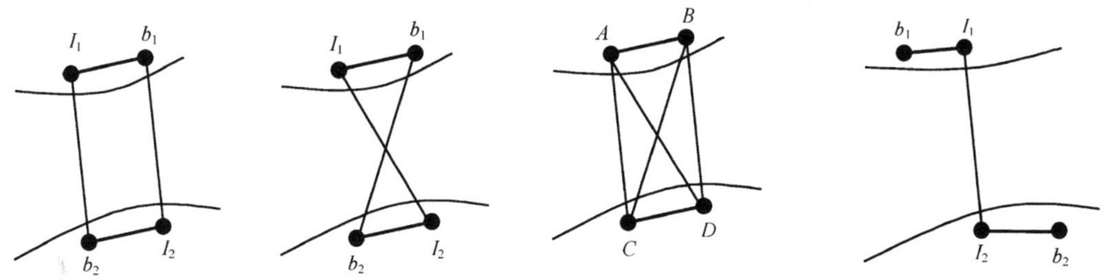

图 3-8　跨河水准基本图形　　图 3-9　Z形跨河水准

跨河水准观测宜在风力微弱，气温变化较小的阴天进行，当雨后初晴和大气折射变化较大时，均不宜观测。跨河水准测量的时段数、测回数及限差根据跨河视线的长度确定(详见有关规范)，各双测回间的互差限差为：

$$dH_{限} = 4M_{\Delta}\sqrt{N \cdot S} \quad (mm) \tag{3-12}$$

式中：M_{Δ}——每公里水准测量的偶然中误差限值，mm；

N——双测回的测回数；

S——跨河视线长度，km。

二、经纬仪倾角法

经纬仪倾角法是通过测量上、下标志线的垂直角，间接求出两岸高差的方法，其测量原理如图 3-10 所示。

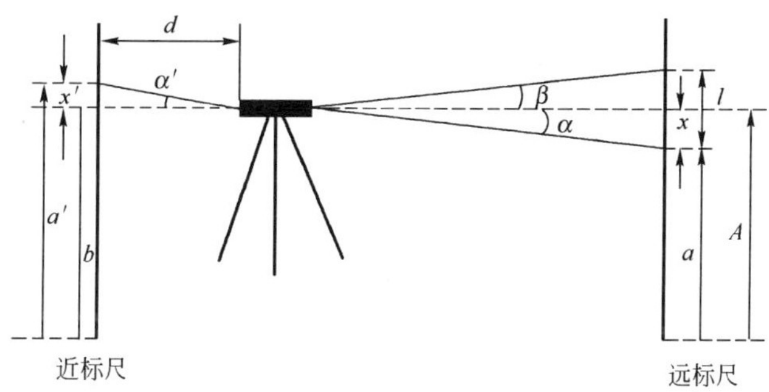

图 3-10　经纬仪倾角法测量原理

远标尺视线水平时中丝读数 A；近标尺中丝读数为 b；l 为两标志线间的距离；d 为近标尺距仪器的水平距离；α、β 为观测的垂直角。

$$A = a + x = a + \frac{\alpha}{\alpha + \beta} \cdot l \qquad b = a' - x' = a' - \frac{\alpha'}{\rho} \cdot d \tag{3-13}$$

单向一测回高差为：

$$h = b - A = a' - \frac{\alpha'}{\rho} \cdot d - a - \frac{\alpha}{\alpha + \beta} \cdot l \tag{3-14}$$

式中：a'——近标尺基本分划线在标尺上的读数；

d——近标尺距仪器的水平距离；

α、β——上、下标志线的垂直角；

l——标志线之间的距离；

a——低标志线在标尺上的读数；

ρ——常数，为 206 265″。

同步对向观测时，取对向观测高差绝对值的平均值作为一测回的高差值，当对向观测的视线穿越相似的气象环境时，即可大大削弱或基本抵消大气折光的影响。

远近标尺点间的高差精度与垂直角的观测精度、上下标志间的距离量取精度、近标尺与仪器之间的距离量取精度等有关，而后两者的量取精度一般较高，可以忽略不计，因此影响其精度的关键是垂直角观测的精度，在不计大气折光影响时，垂直角的测量精度主要受照准误差的影响，所以提高照准精度是提高过江水准精度的关键之一。此外，在较长距离的高程传递中，必须考虑大地水准面不平行的改正和垂线偏差的影响改正。

对式(3-14)进行微分可得：

$$\mathrm{d}h=\mathrm{d}a'-\frac{\mathrm{d}}{\rho}\cdot\mathrm{d}\alpha'-\frac{\alpha'}{\rho}\cdot\mathrm{d}d-\mathrm{d}a-\frac{l}{\alpha+\beta}\cdot\mathrm{d}\alpha+\frac{\alpha l}{(\alpha+\beta)^2}\mathrm{d}\alpha+\frac{\alpha l}{(\alpha+\beta)^2}\cdot\mathrm{d}\beta-\frac{\alpha}{\alpha+\beta}\mathrm{d}l \tag{3-15}$$

由误差传播定律可得：

$$m_{\mathrm{h}}^2=m_{\mathrm{a}'}^2+\left(\frac{d}{\rho}\right)^2m_{\alpha'}^2+\left(\frac{\alpha'}{\rho}\right)^2m_{\mathrm{d}}^2+m_{\mathrm{a}}^2+\left(\frac{\alpha}{\alpha+\beta}\right)^2m_l^2+\frac{(\beta l)^2}{(\alpha+\beta)^4}m_{\alpha}^2+\frac{(\alpha l)^2}{(\alpha+\beta)^4}m_{\beta}^2 \tag{3-16}$$

上式中前五项的影响相对后两项要小得多，因此，只考虑后两项的影响，且 α、β 的观测精度相同。因此，上式变为：

$$m_{\mathrm{h}}^2=\frac{(\alpha^2+\beta^2)l^2}{(\alpha+\beta)^4}m_{\beta}^2 \tag{3-17}$$

由上式可知，当取 $\alpha=\beta$ 时，上式取得最小值。因此，在设置标志时应尽量保证两垂直角绝对值相同。取 $\alpha=\beta=30''$，在 6km 过江时，根据规范标志间的间隔 $l=1\,745$mm，则：$m_{\mathrm{h}}^2=423m_{\beta}^2$；若取垂直角每测回测角中误差为 1″、0.5″，则高差精度分别为：20.5mm 和 10.3mm。

对向观测的主要作用是克服大气折光误差和地球曲率的影响，如果以一测回 $m_{\mathrm{h}}=20.5$mm估计，为达到 II 等水准测量精度，需要观测的测回数至少为 70，考虑其他因素的影响，观测 96 测回，以一测回高差中误差为 20.5mm 及 10.3mm 计，则 96 测回取平均后，所得高差中误差为：

$$m_{\mathrm{h}}=2.10\text{mm}<m_{\Delta}\sqrt{s}=2.45\text{mm}$$

$$m_{\mathrm{h}}=1.05\text{mm}\ll m_{\Delta}\sqrt{s}=2.45\text{mm}$$

满足二等水准的精度要求。

在 8km 过江时，根据规范标志间的间隔 $l=2\,327$mm，则：

$$m_{\mathrm{h}}^2=752m_{\beta}^2$$

若取垂直角每测回测角中误差为 1″、0.5″，则高差精度分别为：27.4mm 和 13.7mm。

同样，如果以一测回 $m_{\mathrm{h}}=27.4$mm 估计，为达到 II 等水准，需要观测的测回数至少为 94 个，考虑其他因素的影响，观测 128 测回，以一测回高差中误差为 27.4mm 及 13.7mm 计，则 128 测回取平均后，所得高差中误差为：

$$m_{\mathrm{h}}=2.42\text{mm}<m_{\Delta}\sqrt{s}=2.83\text{mm}$$

$$m_{\mathrm{h}}=1.21\text{mm}\ll m_{\Delta}\sqrt{s}=2.83\text{mm}$$

而据许多文献资料中的试验研究显示，采用作业过程中介绍的观测方法配合新型的照准标志，8 组的垂直角观测精度足可达到 0.5″，甚至更高，因此采用以上观测方法可以达到 II 等水准的精度。由此可见，过江仪器必须选择1″级以上经纬仪或全站仪。

为减弱大气折光影响，测量作业选择阴天有微风的日期是理想的观测时间。但另一方面，阴天的光照度很弱，目标不清晰。特别是长距离过江水准中，江对岸目标在阴天可能模糊不清，会极大地降低照准精度。此外，按照过江水准规范要求，6km过江水准的标牌必须制得很大，约有2.0×2.0m²，在使用中很容易因江风的吹压而使标志不稳定，影响观测。所以要提高观测精度，照准的标志必须进行专门设计。由国家地震局武汉地震研究所研制的且已成功应用于长江口9km的过江高程传递的新型强反射照准标志，克服了照度不足的缺陷。强反射照准标志设计如下：

将10W左右的灯，安置在旋转抛物面的反光壳的焦点，发射出较高亮度的平行光束。抛物面反光壳由外框架固定在水准尺上，反光壳出口处直径8cm左右，并可安置中心刻有十字丝的圆形盖片。十字丝交点即反光壳中心，也就是标志中心。旋动外框架固定螺钉，由经纬仪控制，移动外框架使十字丝中心对准水准尺上某固定分划，然后固定外框架。框架具有上、下、左、右微调螺旋，可以精确固定标志。同样，对下部的反射照准标志定位，使两标志间距符合规定间隔(图3-11)。10W的灯泡由24V蓄电池和调压器供电并控制亮度。

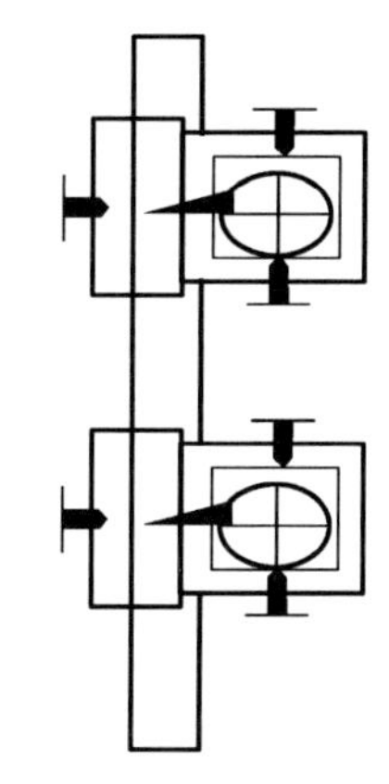

图3-11　强反光照准标志图

利用强反射照准标志，不仅有利于阴天观测，而且在晚上都可连续测量，较好地解决了提高照准精度的困难。在远距离测量时，每测回的照准误差不大于±0.5″，对过江水准高度角观测是十分有价值的。该标志根据其他同行单位的实际试验验证与实际生产应用，足可以达到每测回照准误差不大于±0.5″的精度，因此可应用于过江高程传递，从而满足相应的精度要求。

三、苏通大桥跨江水准测量的实施

1.总体要求

苏通大桥跨江高程传递采用测距三角高程法进行，要求每条测线总光段数不得少于24个，每个光段应有16个有效测回，总测回数不得少于288个。计算三角高程的距离应往返观测，而垂直角必须严格同步对向观测，观测期间应于测前、测中和测后分别量测仪器高，量测精度应优于0.3mm；整个观测期间应分别在测前、测中和测后三次联测同岸高程传递观测墩上标志高差，其精度应优于0.5mm，上下标志的高差互差也应不大于0.5mm。每一光段测前、测中和测后三次分别测记气象元素。

计算三角高程的每条边采用相当于ME5000激光测距仪施测应不少于4个光段。其比例误差系数不低于1ppm。

跨江高程传递的图形结构为一狭长的大地四边形，施测四条三角高程传递路线，同岸点间以二等水准联测，以组成有多余观测条件的网形结构，以便对跨江高程传递精度做检核。

观测仪器专用基座，与普通三爪基座外形、结构相似，其特点是三个调整螺旋中一个固定，另两个在安置仪器时使用，这样可使仪器高度固定，便于精确量取仪器高；专用照准装置可强制安装于水准标志上，其觇标高固定为一常数。照准目标为灯标、觇板互换。采用专用设备可最大限度减弱因量取仪器高、觇标高所带来的误差。

2. 垂直角测量

使用 Leica TC2002、Leica TC2003 全站仪(两台仪器的测角标称精度同为 0.5″),严格同时间的对向观测,以最大限度地抵消大气垂直折光的影响。仪器与觇标架安装在同一标石面上。同一觇标架上安装上下两个照准标志,盘左照准上下标志读数,盘右照准下上标志读数,此四个读数为一个测回。一条测线上有效观测的总测回数不少于 288 个,分为日间、夜间两个时间段施测,光段数不少于 24 个,每光段的有效测回数大于 12 个,日夜观测测回数比例为 1.3∶1,其中日光段中上午(12 时前)为 6 个光段,下午为 8 个光段,夜间为 10 个光段。施测测回数达到 1/2 时,两岸观测设备、人员对调,继续下半测程观测。每一光段测前、测中和测后三次分别测记气象元素。成果采用为:将测距三角高程测量的高差归算到觇标架设点的高差。

在垂直角观测中执行的主要限差如下:

(1)测回内指标差互差(s)≤4;若超限,本测回舍去。

(2)相邻两测回间同一标志垂直角之差(s)≤8;若超限,后一测回舍去,观测暂停 10min 后重新观测,重新观测的垂直角与前面所测垂直角无延续性,只与下一测回比较执行本项限差。

(3)同一测回内单向观测上下标志的高差与两标志固定高差之差≤45mm ;若超限,本测回舍去。

(4)一测回对向观测上下标志高差中数归算到觇标点高差之差≤45mm;若超限,本测回舍去。

(5)日间光段之光段差和夜间光段之光段差≤40mm;若超限,超限光段舍去。

(6)不同时段间光段差≤54mm;若超限,超限光段舍去。

(7)环线闭合差:跨江三角高程由大地四边形组成三个独立闭合环,各环线闭合差应小于 $6\times M_w\times\sqrt{s}$(式中 s 为跨江视线长度)。

(8)垂直角测量的同步性要求:一测回观测开始时严格同步,一测回结束时间差不大于 15s;否则,本测回舍去。

(9)观测期间于测前、测中和测后分别量测仪器高,三次量测仪器高之差应≤0.5mm。

(10)整个观测期间分别在测前、测中和测后三次联测同岸高程传递观测墩上标志高差,三次联测上下标志的高差互差≤0.5mm。

执行以上限差时,测回、光段的取舍均以同时间对向观测的成对测回、光段取舍。

3. 边长测量

边长测量使用 ME5000 精密激光测距仪,其标称精度为 0.2mm+0.2ppm,标称测程为 8km。观测边长加大气折光改正(使用 OWENS 公式计算改正系数),计算使用的气象元素为测线端点采样。边长成果采用斜距,并进行垂直角观测测线长归算。边长观测的具体操作如下:

(1)每次测量前用彩电副载波对测距仪频率进行一次测定,求得频率改正系数,对边长进行因频率漂移引起的距离改正,其公式为:

$$f_{实} = f_{测} \times 4\ 433\ 618.75/f_{副} \tag{3-18}$$

$$\Delta D = -(f_{显} - f_{实}) \times D/f_{显} \tag{3-19}$$

(2)用于作业的干湿温度计和气压计,经陕西省气象局鉴定,根据鉴定的订正表,对每个气象观测数据进行订正后才能进行实际折射率计算,其订正公式为:

$$t = t_0 + \Delta t \tag{3-20}$$

式中：t——折射率计算时使用数据；

t_0——观测数据；

Δt——温度订正值。

$$p = p_0 + \alpha F + p_{补} + \Delta p \tag{3-21}$$

式中：p——折射率计算时使用数据；

p_0——观测数据；

α——温度订正系数；

F——气压计附温；

$p_{补}$——气压计补充订正值；

Δp——气压计刻划订正值。

(3)折射率对距离用下式进行修正：

$$D_0 = D_s \times 1.000\,284\,514\,844/\eta t \tag{3-22}$$

式中：D_0——经折射率改正后的距离；

D_s——观测的斜距；

ηt——实际折射率。

ηt——用 Owens 公式计算，其公式为：

$$\eta t = 1 + \left\{80.876\,380\,02 \times \left(\frac{P_D}{T}\left[1 + P_D\left(57.90 \times 10^{-8} - \frac{9.325\,0 \times 10^{-4}}{T} + \frac{0.258\,44}{T^2}\right)\right]\right. + \right.$$
$$69.097\,342\,71 \times \left(\frac{P_w}{T}\right)\left[1 + P_w(1 + 3.7 \times 10^{-4} P_w)\left(-2.373\,21 \times 10^{-8} + \right.\right.$$
$$\left.\left.\left.\frac{2.233\,66}{T} - \frac{710.792}{T^2} + \frac{77\,514.1}{T^3}\right)\right]\right\} \times 10^{-6} \tag{3-23}$$

上式中，T 按绝对温度[K]计算，P_D、P_W 分别为干空气局部气压和水蒸气气压。

(4)仪器和棱镜的加常数采用在北京长阳基线场与光干涉尺所测边相比较所得 C 值计算。

(5)每条测距边施测两个光段，每个光段测量三个测回，每测回读数三次。每次测量开始时测站和棱镜站同时读取干温、湿温、气压、附温一次，每次测量结束时再读取一次干温。温度读到 0.1℃，气压读到 0.1mb，附温读到整度。温度读取时，温度计必须离地面 1.5m 以上，距侧向地物不得近于 0.5m，气压计应与仪器接近等高；使用通风式干湿温度表时，应使其吸风轮转速在 60～80r/s 间。

(6)边长观测选择在“逆转点”时进行。

(7)边长成果的处理。各边长经大气折射改正后，采用观测的空间直线距离成果，对三种手段的距离测量成果进行比较、分析。

(8)边长测量中执行的限差。

一测回读数间互差：≤6mm

单程测回间互差为：$\sqrt{2} \times 6$mm

同一水平面上往返测或光段间互差：2×6mm=12mm

按各边往返测距之差 d 计算的平距测距中误差按下式计算：

$$m=\sqrt{\frac{[dd]}{2n}} \tag{3-24}$$

4.高差计算

由斜距和垂直角计算同时对向观测高差的公式：

$$h_{12}^{对}=\frac{1}{2}(D_{12}\times \sin\alpha'_{12}-D_{21}\times \sin\alpha'_{21})+\frac{1}{2}(i_1+v_1)-\frac{1}{2}(i_2+v_2)+\frac{D^2}{4R}(\cos^2\alpha_{12}-\cos^2\alpha_{21}) \tag{3-25}$$

实测的斜距改化到观测垂直角时的视线长度：

$$D=\sqrt{(D'^2+d^2\times \sin^2\alpha-d^2)}+2d\sin\alpha \tag{3-26}$$

$$d=(v_2-v_2')-(i_1-i_1')$$

式中 v_2——觇标高；

v_2'——反光镜高；

i_1——经纬仪高；

i_1'——测距仪高；

D'——实测的斜距；

D——垂直角观测时的视线长度；

α——观测的垂直角。

第五节　GPS 水准测量

近年来，GPS 技术的发展主要表现在接收机体积的减小、观测精度的提高及功耗的减少上，接收机价格也有明显的下降，接收机设计的操作更加容易；另外，数据处理技术也有了很大的发展，从而为 GPS 技术的推广和应用奠定了基础。

目前，在工程测量中主要采用传统的方法建立高精度的施工控制网。由于受到观测仪器精度等因素的影响，平面控制和高程控制一般分开布设，即用三角测量方法建立平面控制网，用水准测量方法建立高程控制网。这种方法有外业工作量大，受地形、通视、外界条件影响显著等缺陷。由于近几年 GPS 技术的广泛应用，高精度 GPS 控制测量已经在许多工程中得到应用。大量的实践数据表明，GPS 控制网的平面坐标精度是可靠的，能达到工程测量的要求，但高程方面由于受高程系不一致的影响，其精度一直被认为不太可靠，这在很大程度上限制了 GPS 技术的应用，因此，有必要对 GPS 水准测量的理论和方法进行深入的探讨，以提高其观测精度，从而更广泛地应用于测量领域，为我国的工程建设服务。

一、GPS 定位的基本原理

GPS 定位方法按观测量分类有以下四种：伪距法、多普勒法、载波相位测量法和射电干涉测量法。伪距法定位是通过测量卫星至接收机天线的距离值来实现的，定位精度较低，主要用于导航；载波相位测量法是测量接收机测得的卫星载波信号的相位与接收机中振荡器产生的基准信号在观测历元 t 的相位之差，这种方法只能测定不足整周的小数部分，整数部分一般用多普勒法测定，载波相位测量法定位精度较高，常用于高精度定位。目前，为提高工作效率，缩短工作时间，并保证必要的观测精度，常采用多种方法相结合的方式，即：以伪距法提供点位的初始值，多普勒法求解相位测量中的整周数，而用相位测量法来测定不足整周的相位差。

GPS相对定位是目前GPS测量中精度最高的一种定位方法，已广泛应用于大地测量、精密工程测量等领域中。相对定位的最基本情况是用两台接收机分别安置在基线的两端，并同步观测相同的GPS卫星，以确定基线端点在协议地球坐标系中的相对位置或基线向量。这种方法一般可推广到多台接收机安置在若干条基线的端点，通过同步观测GPS卫星以确定多条基线向量的情况。由于在两个观测站或多个观测站同步观测相同卫星的情况下，卫星的轨道误差、卫星钟差、接收机钟差以及电离层和对流层的折射误差等对观测量的影响具有一定的相关性，所以，利用这些观测量的不同组合进行相对定位，便可以有效地消除或减弱上述误差的影响，从而提高相对定位的精度。

1. 测距码伪距单点定位

测距码伪距就是由卫星发射的测距码到观测站的传播时间（时间延迟）乘以光速所得出的距离，习惯上简称为伪距。建立伪距观测值方程，必须顾及卫星钟差、接收机钟差以及大气层折射延迟等。为了表达方便，本节所有公式中均以 k 表示测站编号，j 表示卫星编号，i 表示观测历元编号。伪距观测值 $\rho'(k,j,i)$ 可表示为：

$$\rho'(k,j,i)=\rho(k,j,i)+c\cdot\delta t_k^i-c\cdot\delta t_j^i+\delta\rho_{\text{trop}}^i(k,j)+\delta\rho_{\text{ion}}^i(k,j) \tag{3-27}$$

式中：δt_k^i——接收机钟差；

δt_j^i——卫星钟差；

$\delta\rho_{\text{trop}}^i(k,j)$——对流层折射影响；

$\delta\rho_{\text{ion}}^i(k,j)$——电离层折射影响；

$\rho(k,j,i)$——正确的卫地距，其计算公式为：

$$\rho(k,j,i)=\sqrt{(x_j-x_k)^2+(y_j-y_k)^2+(z_j-z_k)^2} \tag{3-28}$$

卫星坐标(x_j,y_j,z_j)是已知的，上述两式只有4个未知数：测站三个坐标未知数(x_k,y_k,z_k)，另一个未知数是接收机钟差 δt_k^i。因此，在同一观测历元，只需同时观测4颗卫星，即可获得4个观测方程式，求解出这4个未知数。

2. 载波相位测量

瞬间载波相位差指的是，在某一指定时刻（历元）由接收机产生的参考载波信号的相位与此时接收到的卫星载波信号的相位之差。载波相位差的观测方程为：

$$\varphi(k,j,i)=\phi_k(t_1)-\phi_j(t_1)+\frac{f}{c}\rho_k^j(t_i)-f\cdot\delta t_j^i+f\left(1-\frac{1}{c}\cdot\dot{\rho}_k^j(t_i)\right)\cdot\delta t_k^i$$
$$+f\cdot\Delta\tau_{\text{trop}}^i(k,j)+f\cdot\Delta\tau_{\text{ion}}^i(k,j)+N(k,j,1) \tag{3-29}$$

式中：$\phi_k(t_1)$、$\phi_j(t_1)$——分别在接收机钟及卫星钟所定义的时间尺度中所度量的初始历元（钟面时为 t_1）相位值；

f——载波频率；

$\rho_k^j(t_i)$、$\dot{\rho}_k^j(t_i)$——分别表示卫地距、卫地距变率；

δt_k^i、δt_j^i——分别为接收机钟差和卫星钟差；

$N(k,j,1)$——初始历元的整周待定值；

$f\cdot\Delta\tau_{\text{trop}}^i(k,j)$——对流层折射改正项；

$f\cdot\Delta\tau_{\text{ion}}^i(k,j)$——电离层折射改正项。

载波相位测量，由任一测站 k 在任一观测历元 i 对任一卫星 j 均可由接收机取得观测值 $\varphi(k,j,i)$，式(3-29)为其数学模型。公式的右端包括大量未知数，如卫星至测站几何距离及其变率、卫星钟钟差、接收机钟差等，其中接收机的绝对钟差(相对于 GPS 标准时)很难用两三个钟差来模拟，式(3-29)右端的前两项也难予以参数化，再则卫星轨道、大气折射残余误差等也都会影响定位。在平差计算中，包括了大量并非我们实际需求的未知参数。这些参数用来模拟相位观测值中的一些系统性误差影响，因其数学模型难以完善，必然存在可观的模型误差。另外，实践证明，在平差过程中引入过多的参数，往往会降低解的精度和可靠度。因此，(非差分)载波相位测量还难以用于单点绝对定位。实际上，我们通过对载波相位测量值进行各种线性组合(即差分)，便可获得高精度的 GPS 相对定位结果。如站际一次差分，即我们通常说的相对定位，借助于精密星历和高精度相对定位软件，很容易获得很高的相对定位结果。

二、GPS 测量误差

GPS 测量中出现的各种误差按其来源大致可分为三种类型：与卫星有关的误差、信号传播误差、与接收机有关的误差。通常可采用适当的方法减弱或消除这些误差的影响：如建立误差改正模型对观测值进行改正，或选择良好的观测条件，采用恰当的观测方法等。

1. 与卫星有关的误差

(1)卫星钟的钟误差

尽管卫星上采用了高精度的原子钟(铯钟和铷钟)，但由于它们同 GPS 标准时之间会有偏差和漂移，仍不可避免地存在着误差。其中包含着系统性的误差和随机误差。由于系统性误差可以通过模型加以改正，因而随机误差就成为衡量钟的重要标志。

(2)卫星星历误差

卫星星历是 GPS 卫星定位中的重要数据。卫星星历是由地面监控站跟踪监测 GPS 卫星求定的。星历误差指的是由广播星历或轨道信息所给出的卫星位置与卫星的实际位置之差。星历误差的大小主要取决于卫星跟踪系统的质量，如跟踪站的数量及空间分布，观测值的数量及精度，轨道计算时所用的轨道模型及定轨软件的完善程度等。采用同步观测求差，即采用两个或多个测站上对同一卫星信号进行同步观测，然后求差，就可以减弱轨道误差的影响。

(3)相对论效应

相对论效应是由于卫星钟和接收机钟所处的状态(运动速度和重力位)不同而引起卫星钟和接收机钟之间产生相对钟误差的现象。

(4)地球自转的影响

GPS 定位采用的坐标是协议地球坐标系，若某一时刻卫星从该瞬时空间位置向地面发射信号，而与地球固连的协议坐标系相对于卫星发射瞬间的位置已产生了旋转。这样，接收的信号产生时间延迟，通常采用数学模型进行改正。

2. 与信号传播有关的误差

(1)电离层折射

电磁波信号通过电离层时传播速度会产生变化，致使量测结果产生系统性的偏离，我们把这种现象称为电离层折射。电离层折射的大小取决于外界条件(时间、太阳黑子数、地点等)和信号频率。

(2)对流层折射

卫星信号通过对流层时传播速度要发生变化,从而使测量结果产生系统误差。对流层折射的大小取决于外界条件(气温、气压、湿度等)。

(3)多路径效应

经某些物体表面反射后到达接收机的信号,将和直接来自卫星的信号叠加进入接收机,使测量值产生系统误差,这就是所谓的多路径误差。多路径误差主要取决于测站周围的环境和接收天线的性能。

3. 与接收机有关的偏差

(1)观测误差

观测误差主要与仪器的软硬件有关,还跟天线的安置精度有关,即天线对中误差、天线整平误差及量取天线高误差。所以在精密定位中,应注意整平天线,仔细对中。

(2)接收机钟误差

接收机钟一般使用精度较低的石英钟,因而钟误差更为严重。接收机钟误差的大小主要取决于钟的质量和使用的环境。解决接收机钟误差办法如下:在单点定位时,将钟差作为未知数在方程中求解;在载波相位相对定位中,采用对观测值的求差(星间单差、星站间双差)的方法,可以有效地消除接收机误差;在高精度定位时,可采用外接频标的方法,为接收机提供高精度时间标准。

(3)接收机的位置误差

在进行授时和定轨时,接收机的位置(指接收机的相位中心)是已知值,它们的误差将使授时和定轨的结果产生系统误差。

总之,GPS 卫星定位误差对测距的影响可达数十米,有时甚至可超过百米,比观测噪声大几个数量级。因此,必须设法加以消除和削弱,否则将会对定位精度造成极大的损害。

三、GPS 数据处理

GPS 观测数据需经特殊的数学处理,才能成为可靠且高质量的应用成果。由于 GPS 测量获得的观测量 ($\Delta X,\Delta Y,\Delta Z$)为世界坐标系 WGS-84 椭球体上的空间直角坐标,而我们常用的平面坐标系是北京 54 或西安 80 坐标系,高程坐标系为正高坐标系,因此,数据处理的目的是将 WGS-84 的空间坐标转换到当地参考系的平面坐标和高程坐标,在这个处理过程中,要完成平差、转换、投影三个环节。目前常用的数据处理方法有空间强制附合法、空间平差空间转换法等。

GPS 观测数据经转换、平差等数学处理后,可得到两点间的基线向量及高精度的大地高差,如果已知一点的大地高,即可求得全网各点的大地高。大地高是以椭球面为基准的高程系统,其定义为由地面点沿通过该点的椭球面法线到椭球面的距离。但是,目前常用的工程测量和高程放样是以铅垂线和水准面为依据的水准测量来实施的,所以,在实际工程中一般不采用大地高系统,而是采用正高系统或正常高系统。正高即地面点沿垂线方向到大地水准面的距离,正常高即地面点沿垂线方向到似大地水准面的距离,其相互关系见式(3-30)和图 3-12。

$$\left.\begin{aligned} H &= H_g + N \\ H &= H_r + \zeta \end{aligned}\right\} \tag{3-30}$$

式中：H——地面点大地高；

H_g——正高；

H_r——正常高；

N——大地水准面差距；

ζ——高程异常。

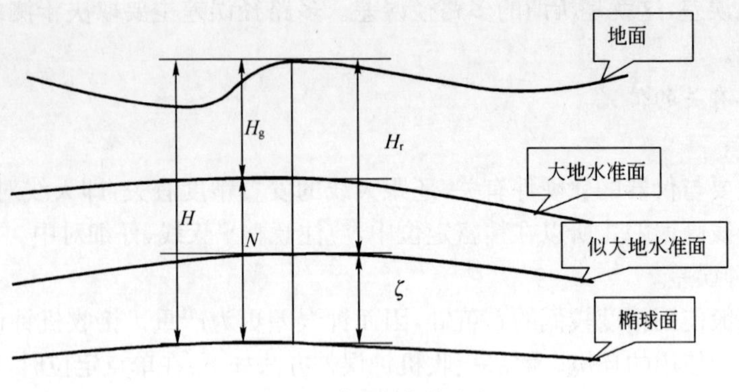

图 3-12 高程系统关系图

四、GPS 高程转换

由于 GPS 水准测量得到的是地面点的大地高，而通常的测量工作需要的是正高，因此，为了得到一个点的正高，除了要观测该点的大地高以外，还需要知道该点的大地水准面差距。我国的国家高程系统为正常高系统，因此，为得到某点的正常高，需知道该点的大地高和高程异常值。

计算大地水准面差距和高程异常的方法主要有司托克斯方法和莫洛金斯基方法，这些方法都需要大量的重力测量资料，这在一般的工程测量工作中是难以满足的，因此，利用重力测量方法计算大地水准面差距和高程异常值在工程测量中是不切合实际的，需采取其他的方法。

1. *二次曲面函数法*

在一定范围内，若正常重力的变化可以忽略不计时，相对于参考点 P_0，此区域高程异常的模型为：

$$\xi = T_0 + \varphi_0 \Delta x_0 + \eta_0 \Delta y_0 + \frac{1}{2}\varphi_0' \Delta x_0^2 + \frac{1}{2}\eta_0' \Delta y_0^2 + \theta_0' \Delta x_0 \Delta y_0 + \varepsilon \tag{3-31}$$

可表达为：

$$\xi = a_0 + a_1 \Delta x_0 + a_2 \Delta y_0 + a_3 \Delta x_0^2 + a_4 \Delta y_0^2 + a_5 \Delta x_0 \Delta y_0 + \varepsilon \tag{3-32}$$

式中：a_0——即 T_0，参考点的高程异常；

a_1、a_2——即 φ_0、η_0，分别为参考点在 x、y 方向的垂线偏差；

a_3、a_4、a_5——即$\frac{1}{2}\varphi_0'$、$\frac{1}{2}\eta_0'$、θ_0'，是垂线偏差的变化率；

Δx_0、Δy_0——各点与 P_0 点的坐标差。

可见式(3-32)为二次曲面模型，当只取 a_0、a_1、a_2 三项时，式(3-32)即变为平面拟合模型。在较小范围内，且高程异常变化平缓的地区，即当 φ_0'、η_0'不大于 $0.1''$/km，且 $\Delta x = \Delta y \leqslant 1$km 时，式(3-32)中的二次项才不大于 1mm。因此，在精密 GPS 水准中，通常不宜以平面模型代替二次模型。

此外，从二次模型来看，如果 P_0 点选择离测区较远，将有可能忽略各点到参考点沿线不同部位的垂线偏差异常处，降低模型的精度。另外，Δx、Δy 之值相差很大，对未知参数的估算也是不利的。因此，P_0 点的选择有可能影响模型的精度。

通常的工程控制，局限于较小范围，所重视的是本测区范围内的相对精度和成果的质量。因此，高程异常模型建立时，可选取测区内接近高程异常平均值的一个位于中心部位的点 A_1 作为相对参考点。则容易列出测区内任意点 i 相对于 A_1 参考点高程异常差值的二次模型为：

$$\xi_i - \xi_A = \varphi_i \Delta x_i + \eta_i \Delta y_i + \frac{1}{2}\varphi_i' \Delta x_i^2 + \frac{1}{2}\eta_i' \Delta y_i^2 + \theta_i' \Delta x_i \Delta y_i + \varepsilon \tag{3-33}$$

表达为：

$$\Delta \xi_i = a_1' \Delta x_i + a_2' \Delta y_i + a_3' \Delta x_i^2 + a_4' \Delta y_i^2 + a_5' \Delta x_i \Delta y_i + \varepsilon \tag{3-34}$$

式中：a_1'、a_2'——A_1 点到 i 点在 x、y 方向的垂线偏差；

a_3'、a_4'、a_5'——垂线偏差变化率；

Δx_i、Δy_i——i 点到点 A_1 的坐标增量。

当测区已知点的个数较多时(大于 6)，这时可用最小二乘法求解。

2. 多面函数法

多面函数法作为一种优良的内插方法，无论在 DEM 内插中，还是在 GPS 点的高程异常内插中，都可以获得令人满意的内插结果。

多面函数法是从几何观点出发，解决根据数据点形成一个平差的数学曲面问题。其理论根据是认为“任何一个圆滑的数学表面总可以用一系列有规则的数学表面总和，以任意的精度逼近”。即某点的高程异常的表达式为：

$$\zeta = \sum_{j=1}^{n} K_j Q(X, Y, X_j, Y_j) \tag{3-35}$$

式中：　K_j——待定参数；

$Q(X,Y,X_j,Y_j)$——核函数；

(X_j,Y_j)——中心点；

n——中心点的个数。

核函数一般采用正双曲型函数形式，如：

$$Q(X,Y,X_j,Y_j) = [(X-X_j)^2 + (Y-Y_j)^2 + \delta]^{1/2} \tag{3-36}$$

上式中 δ 称为平滑因子。核函数有许多形式，不同的核函数适用于不同的情况，因此在处理问题时应注意核函数的选取。

若有已知高程异常点的个数 $m \geqslant n$，可任选其中 n 个点为核函数的中心点 (X_j,Y_j)。令：

$$Q_{ij} = Q(X_i, Y_i, X_j, Y_j) \tag{3-37}$$

则各高程异常点应满足：

$$\zeta_i = \sum_{j=1}^{n} K_j Q_{ij} \quad (i=1,2\cdots m, j=1,2\cdots n) \tag{3-38}$$

由此列出误差方程：

$$V = QK - \zeta \tag{3-39}$$

经求解法方程得：

$$K = (Q^T Q)^{-1} Q^T \zeta \tag{3-40}$$

由此可得任意一点(X_k,Y_k)的高程异常$\zeta_k(k>n)$为：

$$\zeta_K = Q_K(Q^{\mathrm{T}}Q)^{-1}Q^{\mathrm{T}}L \tag{3-41}$$

式中：$Q_K=(Q_{k1}Q_{k2}Q_{k3}\cdots Q_{kn})^{\mathrm{T}}$，$Q_{kj}=Q(X_k,Y_k,X_j,Y_j)$。

3. 移去恢复法

由于人们不可能在地面上进行非常稠密的重力测量，尤其是对那些人们难以到达的地区，因此，将有大片没有进行重力测量的空白地区。为了要确定没有测量重力的点或区域的重力异常，通常是用内插的方法来确定。我们需要的是空间重力异常，由于空间重力异常受地形引起的高频变化部分的影响很大，直接用空间重力异常进行内插，结果精度不会很高，通常是将这种高频影响去掉。得到变化比较平缓的另一种重力异常（例如 Bouger 重力异常、经地形改正后的重力异常和地形均衡重力异常等），并利用这种重力异常进行内插，然后在内插点或区域加上高频影响，使其恢复成空间重力异常，为此也需要重力归算。

上述的内插方法称为“移去恢复”方法或间接内插法。这种方法不仅用于内插重力异常，而且已广泛地用于物理大地测量中的其他方面。

地形起伏包含重力场的高频信号，它对精化重力异常和大地水准面具有重要意义，地形改正是充分利用地形高数据的主要途径。移去恢复法是消除地形影响的代表性方法，实现的关键是如何有效完成地形改正积分。传统的计算手段一是柱体积分，但这种方法的结果离散误差大，计算过程冗长繁琐；二是将地形高插值为多项式，使用线性近似解析计算，但它带有附加的线性近似误差，精度较低。而且这两种方法都忽略了中央区的影响，而中央区对地形校正具有重要影响，精密计算时必须考虑。

五、实例分析

为验证 GPS 水准测量的精度，我们选择某一大型工程为试验基地，采用不同的观测方法测得各点的大地高，并采用二等水准测量方法测得各点的正常高，以便对观测结果进行分析比较。试验网网形如图 3-13 所示。

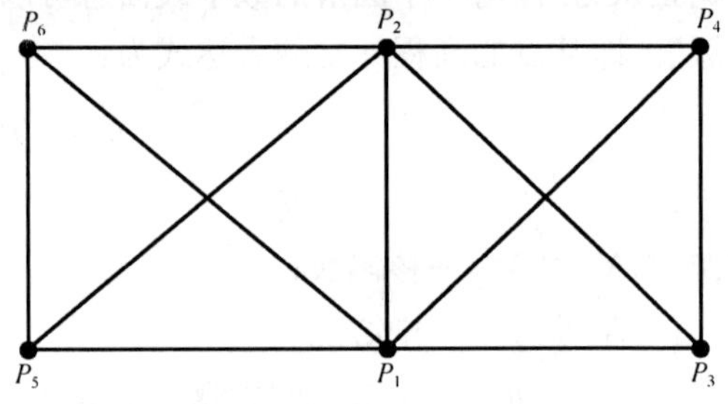

图 3-13　GPS 水准网示意图

为确定合理的观测时间，选用不同的观测时间分别进行处理，结果见表 3-5。

不同观测时间的观测精度　　表 3-5

测点	30min		45min		60min		90min	
	大地高(m)	中误差(mm)	大地高(m)	中误差(mm)	大地高(m)	中误差(mm)	大地高(m)	中误差(mm)
P_1	44.182	0	44.182	0	44.182	0	44.182	0
P_2	44.355	4	44.353	3	44.354	3	44.354	2
P_3	44.162	4	44.158	3	44.157	3	44.158	3
P_4	50.356	3	50.355	2	50.355	2	50.356	2
P_5	44.190	4	44.188	3	44.187	3	44.187	3
P_6	55.372	4	55.374	3	55.374	3	55.373	3

从表 3-5 可以看出，观测时间的长短对测值的精度有一定的影响，观测时间加长，测值逐渐趋于稳定，其中误差有减小的趋势，测值在 1h 内，其精度随时间的增加而提高的趋势是明显的，在 1h 以外，若继续增加观测时间，则测值的精度提高不很明显。

根据 90min 观测所得到的数据，并以 P_1 为固定点进行平差计算，得到各点的大地高，利用二等水准测量得到的各点正常高成果，分别计算各点的高程异常，并作为已知值用于拟合和比较。用不同方案进行高程异常拟合的结果见表 3-6。

高程异常拟合结果表　　表 3-6

测点	高程异常（m）	P_1、P_2、P_3、P_4 作已知点，拟合 P_5、P_6		P_1、P_2、P_5、P_6 作已知点，拟合 P_3、P_4		P_3、P_4、P_5、P_6 作已知点，拟合 P_1、P_2	
		拟合值（m）	残差（mm）	拟合值（m）	残差（mm）	拟合值（m）	残差（mm）
P_1	33.567 3	33.567 4	−0.1	33.569 8	−2.5	33.570 7	−3.4
P_2	33.586 9	33.585 5	+1.4	33.586 6	+0.3	33.582 7	−4.2
P_3	33.556 4	33.559 8	−3.4	33.558 9	−2.5	33.558 5	−2.1
P_4	33.544 9	33.542 8	+2.1	33.540 5	+4.4	33.542 7	+2.2
P_5	33.558 9	33.555 8	+3.1	33.557 5	+1.4	33.560 5	−1.6
P_6	33.585 0	33.580 5	+4.5	33.584 1	+0.9	33.583 5	+1.5

从表 3-6 可以看出，各测点的高程异常值是不相同的，即使是范围较小的工程控制网，在本试验网中，高程异常的最大差值达 42mm，如果不进行改正，其成果是无法在工程中使用的。由于试验网中的点数较少，因此，采用一次平面拟合法进行拟合计算。在拟合过程中，选用 4 个点作为已知点，利用已知高程异常值计算出拟合平面方程的常数和系数，再利用该拟合平面方程，分别代入另外两点的平面坐标，即可计算出这两点的高程异常拟合值，用拟合值与已知值进行比较，即可算出它们之间的差值，从而可以用差值对拟合精度进行评判。

表 3-6 中的各残差值都较小，不同方案所得到的拟合误差都在 4mm 左右，这与起始的高程异常差值相比，已有了极大的改善。另外，从残差的数值来看，GPS 水准测量的精度已达到或接近二等水准测量的精度。

第四章　桥梁施工放样常用方法

第一节　交会法放样

交会法是利用两个或三个已知控制点以角度或边长交会出待定点平面位置的一种方法。此种方法适用于待定点远离控制点的情况，如桥墩中心点的测设。按照测量方式的不同，交会法又可分为：测角前方交会、测角后方交会、边长交会等。

一、测角前方交会

如图 4-1 所示，A、B 为已知点，其坐标为(x_A, y_A)、(x_B, y_B)。两个水平角 α、β 是观测值，则点 P 的平面坐标为：

$$
\begin{aligned}
x_P &= \frac{x_A\cot\beta + x_B\cot\alpha + (y_B - y_A)}{\cot\alpha + \cot\beta} \\
y_P &= \frac{y_A\cot\beta + y_B\cot\alpha - (x_B - x_A)}{\cot\alpha + \cot\beta}
\end{aligned}
\tag{4-1}
$$

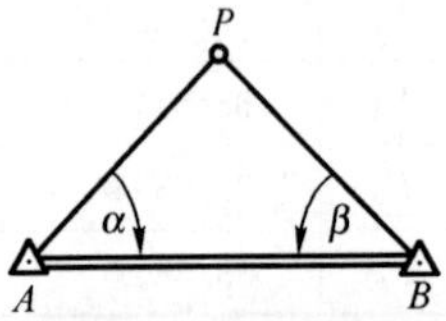

图 4-1　前方交会法

上式也称为戎格公式。角度前方交会法定点有双解，实践中可根据 A、B、P 逆时针编号法则解决该问题。

用测角前方交会测设点位的中误差可按下式计算：

$$m_p = \frac{m_\beta}{\rho}\sqrt{\frac{a^2 + b^2}{\sin^2\gamma}} \tag{4-2}$$

式中：m_β——测角中误差；

γ——交会角；

a、b——交会边长；

ρ——常数，为 206 265。

为提高测量精度和成果的可靠性，前方交会一般应在三个方向上进行。控制点的选取应以交会角的大小而定，一般交会角应以接近 90°为宜，由于墩位有远有近，若只在固定的两个控制点上设站，测设精度有时无法满足规定的要求，因此，在实际作业过程中，应根据实际情况，首先对测量方案进行论证和优化。三方向交会时，其定位误差可简单地用二方向交会中误差的 $1/\sqrt{2}$来估算。对于直线桥来说，交会的第三个方向最好采用桥轴线方向，因为该方向可直接照准而无需测角。

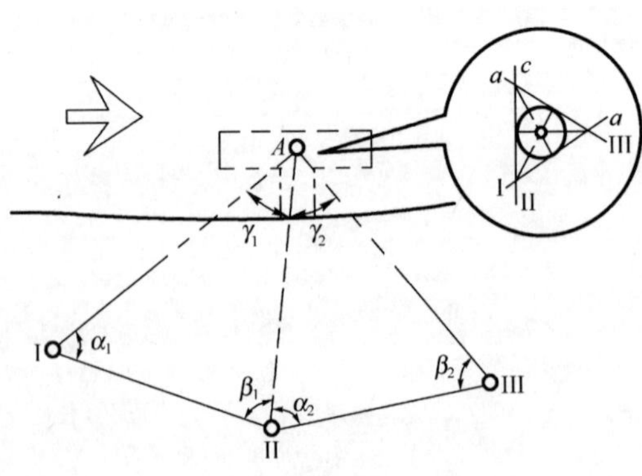

图 4-2　前方交会法测设点位

如图 4-2 所示，I、II、III 为三个已知点，A 为待定点，其坐标亦已知，用角度交会法定点的具体步骤如下：

(1)根据各点的坐标计算测设数据 α_1、β_1、α_2、β_2。计算依据为各点的坐标，利用平面坐标可计算各边的方位角，再根据方位角计算各水平角。

(2)利用两台经纬仪同时分别安置在 I、II 两点上，按计算的测设数据定出 A 点的概略位置，并标定其位置。

(3)经纬仪分别在 I、II、III 三点上设站，分别标出 I_a、II_a、III_a 的方向线，三方向线交于一点，即是 A 点位置。

在实际工作中，由于测设有误差，三方向线交会形成一个三角形，称为示误三角形。一般取其重心作为 A 点的最后位置。示误三角形的边长限差视测设的精度而定。例如，桥墩测设时，示误三角形的边长不得大于 2.5cm。

应用此法时，为了消除仪器误差，I_a、II_a、III_a 三方向线须用盘左、盘右取平均值的方法定出，并在拟定计划时，应使交会角 γ_1、γ_2 在 30°～120°之间，从而提高交会点的精度。

二、距离交会法

距离交会法是测设两段已知距离交出点的平面位置的方法。在建筑场地平坦、量距方便、且控制点离待定点又不超过一个尺段的长度时，采用此法较为适宜。

如图 4-3 所示，A、B 为已知点，其坐标为(x_A, y_B)、(x_B, y_B)。水平距离 a、b 是观测值，根据 a、b 可求出点 P 的平面坐标。

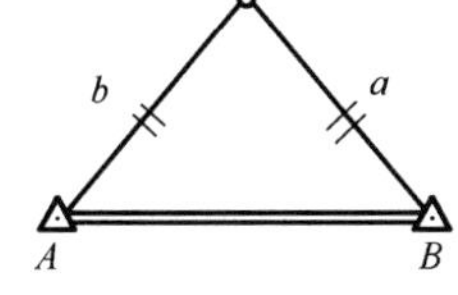

图 4-3　距离交会法定点

根据 a、b 和已知点 A、B 之距 s_{AB}可由余弦公式计算出：

$$\angle PAB = \arccos\frac{b^2 + s_{AB}^2 - a^2}{2bs_{AB}}$$

因此得：

$$\alpha_{AP} = \alpha_{AB} - \angle PAB$$

故有：

$$\left.\begin{aligned} x_P &= x_A + b\cos\alpha_{AP} \\ y_P &= y_A + b\sin\alpha_{AP} \end{aligned}\right\} \tag{4-3}$$

距离交会法定点同样有双解问题，在实践中可仿照前方法解决。

距离交会法测设点位的中误差计算公式如下：

$$m_p = \frac{1}{\sin\gamma}\sqrt{m_a^2 + m_b^2} \tag{4-4}$$

式中：m_a、m_b——量距长度 a 和 b 的中误差；

　　γ——交会角。

由上式可知，γ 角等于 90°时，m_p 值最小；m_a 和 m_b 越小，m_p 值也越小。因此，在使用该法时应注意下列几点：

(1)γ 角通常应保持在 60°～120°之间。

(2)测距要仔细，以减小测边中误差 m_a 和 m_b。

(3)交会边长度 a 和 b 应力求相等。

如图 4-4 所示，A、B 是欲测设的两个点，1、2、3、4、5 等点是已知点，根据已知点用距离交

会法测设 A、B 两点的具体步骤如下：

(1)利用控制点和待定点的平面坐标计算测设数据 D_1、D_2、D_3、D_4。

(2)在实地分别同时用两把钢尺，以 1、2 点为圆心，以相应的 D_1、D_2 为半径，画弧交出的点即为定点 A。

(3)以同样得方法定出点 B。

(4)用钢尺量出 AB 长度，检核实地长度与坐标反算长度是否一致，误差在允许范围内即可。

三、角度后方交会法

如图 4-5 所示，A、B、C 为已知点，其坐标为(x_A, y_A)、(x_B, y_B)、(x_C, y_C)。在待定点 P 上对已知点 A、B、C 分别观测了两个水平角 α、β。由此可计算出点 P 的平面坐标如下：

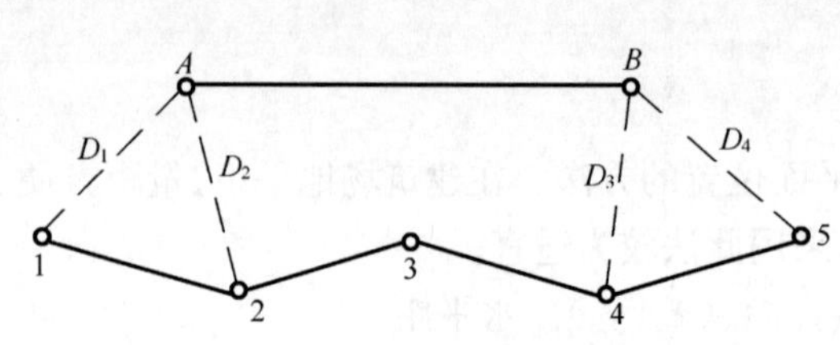

图 4-4 距离交会法测设点位

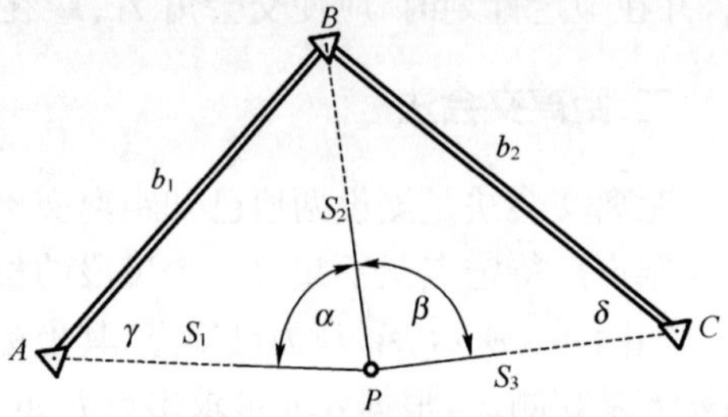

图 4-5 后方交会法定点

$$
\begin{aligned}
x_P &= x_B + \Delta x_{BP} \\
y_P &= y_B + k \cdot \Delta x_{BP}
\end{aligned} \tag{4-5}
$$

式中：

$$k = \frac{a + c}{b + d}$$

$$\Delta x_{BP} = \frac{a - bk}{1 + k^2}$$

$$a = (x_A - x_B) + (y_A - y_B)\cot\alpha$$

$$b = (y_A - y_B) + (x_A - x_B)\cot\alpha$$

$$c = (x_C - x_B) + (y_C - y_B)\cot\beta$$

$$d = (y_C - y_B) + (x_C - x_B)\cot\beta$$

在多点、多观测量构成复杂问题中，坐标的计算可利用平差软件来解决，这里不再详述。

后方交会定点的精度可用下式计算：

$$m_p = \frac{s_2 m}{\rho \cdot \sin(\gamma + \delta)} \left[\left(\frac{s_1}{b_1}\right)^2 + \left(\frac{s_3}{b_2}\right)^2 \right] \tag{4-6}$$

在实际测量过程中，还应注意以下问题：

(1)已知点和待定点不能在同一个圆周上(危险圆)，应至少离开危险圆周半径的 20%。

(2)为提高测量精度和成果的可靠性，一般需用第 4 个控制点作检核。

(3)后方交会法不能直接定点，需用归化改正才能精确定位。

(4)该方法一般在控制点不易到达时使用。

第二节　坐标法放样

一、极坐标法

极坐标法测设点的平面位置是根据一个角度和一段距离来进行的。近年来，由于全站仪的发展和普遍使用，该方法在工程的施工放样中应用十分普遍。

如图 4-6 所示，A、B 为已知点，其坐标为(x_A，y_A)、(x_B，y_B)。水平角 β、水平距离 s 是观测值，根据 β、s 可求出点 P 的平面坐标：

$$\left.\begin{aligned} x_P &= x_A + \Delta x_{AP} = x_A + s_{AP}\cos\alpha_{AC} = x_A + s_{AP}\cos(\alpha_{AB}+\beta) \\ y_P &= y_A + \Delta y_{AP} = y_A + s_{AC}\sin\alpha_{AC} = y_A + s_{AP}\sin(\alpha_{AB}+\beta) \end{aligned}\right\} \tag{4-7}$$

测设 P 点的具体步骤如下：

(1)计算测设数据 s 与 β。根据坐标反算公式得：

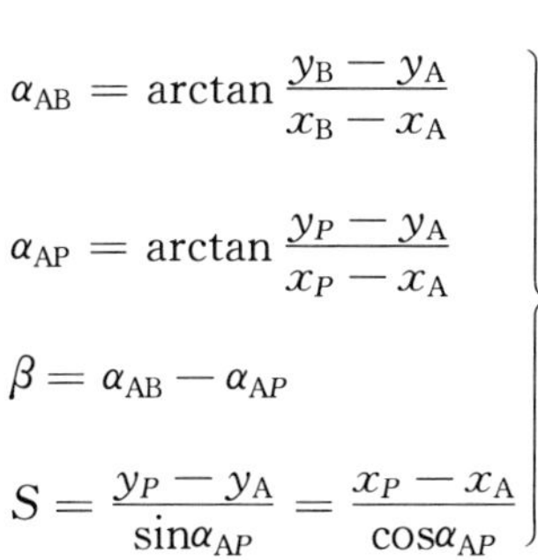

$$\left.\begin{aligned} \alpha_{AB} &= \arctan\frac{y_B - y_A}{x_B - x_A} \\ \alpha_{AP} &= \arctan\frac{y_P - y_A}{x_P - x_A} \\ \beta &= \alpha_{AB} - \alpha_{AP} \\ S &= \frac{y_P - y_A}{\sin\alpha_{AP}} = \frac{x_P - x_A}{\cos\alpha_{AP}} \end{aligned}\right\} \tag{4-8}$$

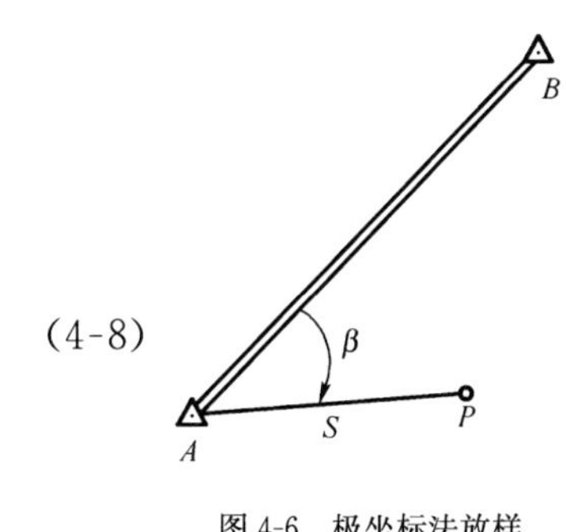

图 4-6　极坐标法放样

(2)将经纬仪安置在 A 点，对中、整平后照准 B 点，测设角度 β 得 AP 方向。

(3)沿 AP 方向测设长度 s 即得 P 点位置。

若仅考虑角度和距离的测量误差，则点位的测设误差可用下式表示：

$$m_P = \sqrt{m_s^2 + \left(\frac{m_\beta}{\rho}\right)^2 \times s^2} \tag{4-9}$$

使用该法时应注意下列几点：

(1)测设前应绘制测设草图，准备放样数据。草图上应注明测设点名、控制点名、测设数据和建筑物与控制点之间的相关位置等。

(2)尽量选用较近的控制点作为测设的起点，当利用钢尺测量边长时，边的长度一般不宜超过一尺段。

(3)极坐标法放样的结果应进行必要的检核。如测量放样点之间的距离和角度、采用其他方法或控制点检查特征点等。

二、直角坐标法

当施工场地已布设彼此垂直的主轴线或方格网时，可采用此法。

如图 4-7 所示，已知某矩形控制网的 4 个角点 A、B、C、D 的坐标，现需测设建筑物角点 1，其步骤如下。

(1)计算测设数据,1 点离 B 点最近,从 B 点测设 1 点较方便,计算 B 点与 1 点的坐标差为:

$$\begin{aligned}\Delta x_{B1} &= x_1 - x_B \\ \Delta y_{B1} &= y_1 - y_B\end{aligned} \tag{4-10}$$

(2)在 B 点安置经纬仪,对中、整平后照准 C 点,在 BC 方向上测设长度 Δy_{B1},得 E 点。

(3)经纬仪移至 E 点,对中、整平后照准 C 点,测设角度 90°,得到 E_1 方向,在此方向上测设长度 Δx_{B1},即得 1 点。

用同样的方法可以测设出建筑物各角点 2、3、4。最后检查 4 个角是否等于 90°,各边边长是否等于设计边长,误差在允许范围内即可。

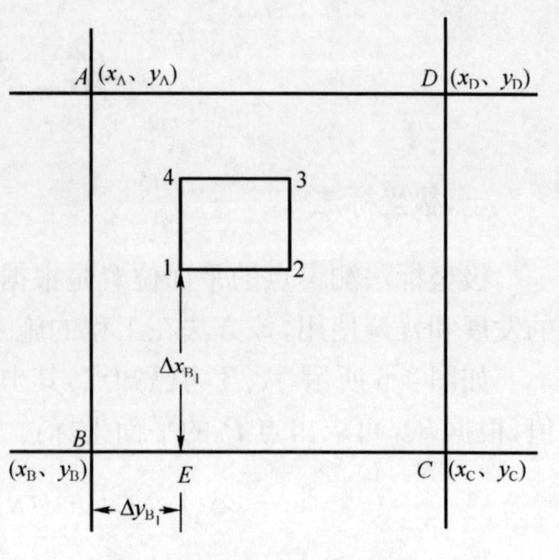

图 4-7 直角坐标法测设点位

直角坐标法测设点位的精度取决于测设距离 Δx 和 Δy 的误差 $m_{\Delta x}$、$m_{\Delta y}$;在 E 点测设直角误差 m_β,在 B 点和 E 点进行对中、照准以及标定 E 点和 1 点的误差,则总误差为:

$$m_P = \sqrt{m_{\Delta x}^2 + m_{\Delta y}^2 + \left(\Delta x \frac{m_\beta}{\rho}\right)^2 + 2(m_{中}^2 + m_{偏}^2 + m_{标}^2)} \tag{4-11}$$

该法计算简单,测设方便,使用时应注意下列几点:

(1)尽量选用近处的方格点作为起点。

(2)测设工作宜从建筑物的长边开始。

(3)当一个建筑物测设完毕后,必须选用 B 点以外的方格点,检测至少一个特征点的坐标,并检核建筑物的几何尺寸及角度是否与设计值相符。

三、全站仪坐标放样法

全站仪坐标放样法充分利用了全站仪测角、测距和计算一体化的特点,只需知道待放样点的坐标,不需事先计算放样元素,就可在现场放样,而且操作十分方便。由于目前全站仪的使用已十分普及,该方法已成为目前施工放样的主要方法。

全站仪架设在已知点 A 上,只要输入测站点 A、后视点 B 以及待放样点 P 的三点坐标,瞄准后视点定向,按下反算方位角键,则仪器自动将测站与后视的方位角设置在该方向上。然后按下放样键,仪器自动在屏幕上用左右箭头提示,应该将仪器往左或右旋转,这样就可使仪器到达设计的方向线上。接着通过测距离,仪器自动提示棱镜前后移动,直到放样出设计的距离,这样就能方便地完成点位的放样。

若需要放样下一个点位,只要重新输入或调用待放样点的坐标即可,按下放样键后,仪器会自动提示旋转的角度和移动的距离。

用全站仪放样点位,可事先输入气象元素即现场的温度和气压,仪器会自动进行气象改正。因此用全站仪放样点位既能保证精度,同时操作十分方便,无需做任何手工计算。

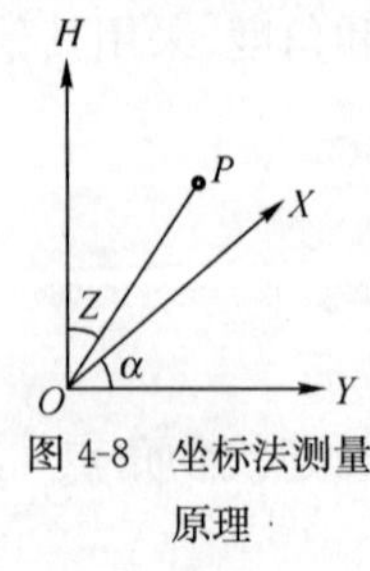

图 4-8 坐标法测量原理

如图 4-8 所示,O 为测站点,P 为放样点,S 为斜距,Z 为天顶距,α 为水平方向值,则 P 点相对测站点的三维坐标为:

$$\begin{cases} X = S\sin Z\cos\alpha \\ Y = S\sin Z\sin\alpha \\ H = S\cos Z \end{cases} \tag{4-12}$$

上述计算结果立即显示在全站仪的显示屏上，并可记录在袖珍计算机中。由于计算工作由仪器的计算程序自动完成，因而减少了人工计算出错的机会，同时提高了速度。

按照测量误差理论，从上述计算式可求得三维坐标法放样的精度为：

$$\begin{cases} M_X^2 = m_S^2\sin^2 Z\cos^2\alpha + S^2\cos^2 Z\cos^2\alpha \cdot m_Z^2/\rho^2 + S^2\sin^2 Z\sin^2\alpha \cdot m_\alpha^2/\rho^2 \\ M_Y^2 = m_S^2\sin^2 Z\sin^2\alpha + S^2\cos^2 Z\sin^2\alpha \cdot m_Z^2/\rho^2 + S^2\sin^2 Z\cos^2\alpha \cdot m_\alpha^2/\rho^2 \\ M_H^2 = m_S^2\cos^2 Z + S^2\sin^2 Z \cdot m_Z^2/\rho^2 \\ \rho = 206\ 265 \end{cases} \tag{4-13}$$

采用精度为 $m_Z = m_\alpha = 2''$，$m_S = \pm(1\text{mm} + 2\times10^{-6}S)$的全站仪，当测站至放样点的距离为10～30m时，$M_X$、$M_Y$、$M_H$ 的精度可高于±1mm。

第三节 自由设站法放样

在实际测量工作中，常常需要在已有的一些测量控制点基础上快速测定一个待定点的坐标，如图4-9所示，P_1、P_2、P_3、P_4、P_5 为已知控制点，P 为待定点，在 P 点上安置全站仪，以必要的精度测量 P 点到各已知点的距离和方向，通过严密平差计算，即可获得 P 点的坐标和精度，这种加密控制点的方法称为自由设站法。

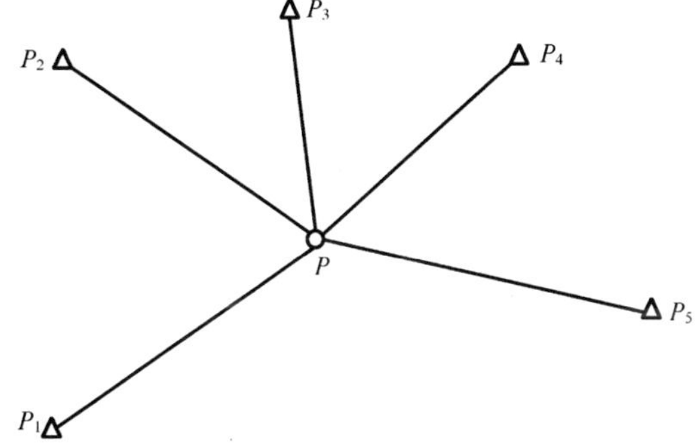

图4-9 自由设站法原理

自由设站法实质上也是一种临时加密控制点的方法，即在合适的位置架设仪器，通过与已知点的联测，得到设站点的坐标，当得到设站点坐标以后，就可将此作为已知点，以此来放样建筑物的细部点。

目前，由于测距的精度高且方便快捷，在自由设站法中大多采用测距的方式来测定设站点(即利用边长交会的方式来测定)。当精度要求较高时，也可采用边、角同测的方法来定点。为了保证测量成果的可靠性，自由设站法应有一定的多余观测，通常采用联测多点的方式进行。

自由设站法的数据处理可用常规的控制网平差软件进行，也可根据需要编制特定的计算程序进行。在采用自由设站法时，应根据工程实际情况进行精度估算，以使放样结果达到设计要求。

在施工过程中，由于各种因素的影响，常常使控制点之间或者控制点与放样点之间的通视条件无法得到满足，这时，如果在已有的控制点上进行放样，则放样工作将十分困难；如果加密控制点，则又需要较长的时间，对保证施工进度不利。在这种情况下，可采用自由设站法。

自由设站法有如下特点：

(1)不必在已知点上设站便可建立控制点。常规方法是在已知点上设站，用交会法等测定未知点的坐标，然后在新点上进行下一步工作。而自由设站法只需要在待定点上架设仪器，通过观测角度或边长便可得到测站点的坐标，并可立即进行下一步的测量工作，因而工作量小，速度快。

(2)方便、灵活、安全。当原有控制点点位不理想或不安全时，自由设站法可在任意点设站安置仪器，使测量人员可以选择最佳位置进行施工放样，通视条件得到改善，外界影响减低，工作效率得到明显的提高。

(3)提高了测量精度。自由设站法在地面不设点位标志，不需对中，去掉了测量加密控制点的一些中间步骤，减少了误差的传递与累积，提高了测量点的精度。

第四节　GPS(RTK)放样

近几年来，高精度GPS实时动态定位技术RTK得到了快速的发展，它不但能用于控制测量，而且可用于建筑物的细部放样。由于它能够实时地提供在任意坐标系中的三维坐标数据，在桥梁工程的施工测量中利用GPS(RTK)直接进行坐标放样已得到应用。

GPS(RTK)是一种全天候、全方位的新型测量系统，是目前实时、准确地确定待测点位置的一种方式。它需要一台基准站接收机和一台或多台流动站接收机，以及用于数据传输的电台。RTK定位技术是将基准站的相位观测数据及坐标信息通过数据链方式及时传送给动态用户，动态用户将收到的数据链连同自采集的相位观测数据进行实时差分处理，从而获得动态用户的实时三维位置。动态用户再将实时位置与设计值相比较，进而指导放样。

GPS(RTK)的作业方法和作业流程为：

(1)收集测区的控制点资料。任何测量工程进入测区，首先一定要收集测区的控制点坐标资料，包括控制点的坐标、等级、中央子午线、坐标系等。

(2)求定测区转换参数。GPS(RTK)测量是在WGS-84坐标系中进行的，而各种工程测量和定位是在当地坐标或我国的1954年北京坐标系上进行的，这之间存在坐标转换的问题。GPS静态测量中，坐标转换是在事后处理时进行的，而GPS(RTK)是用于实时测量的，要求立即给出当地的坐标，因此，坐标转换工作更显重要。

坐标转换的必要条件是：至少3个以上的大地点分别有WGS-84地心坐标，1954年北京坐标系或当地坐标。利用步尔莎(Bursa)模型解求7个转换参数。Bursa模型为：

$$\begin{bmatrix} X_i \\ Y_i \\ Z_i \end{bmatrix}_{\text{地方}} = \begin{bmatrix} X_0 \\ Y_0 \\ Z_0 \end{bmatrix} + (1+\delta_\mu) \begin{bmatrix} X_i \\ Y_i \\ Z_i \end{bmatrix}_{\text{WGS-84}} + \begin{bmatrix} 0 & \varepsilon_Z & -\varepsilon_Y \\ -\varepsilon_Z & 0 & \varepsilon_X \\ \varepsilon_Y & -\varepsilon_X & 0 \end{bmatrix} \begin{bmatrix} X_i \\ Y_i \\ Z_i \end{bmatrix}_{\text{WGS-84}} \tag{4-14}$$

式中：X_0, Y_0, Z_0——两个坐标系的平面参数；

$\varepsilon_X, \varepsilon_Y, \varepsilon_Z$——两个坐标系的旋转系数；

δ_μ——两个坐标系的尺度参数。

在计算转换参数时，要注意下面两点：

①已知点最好选在测区四周及中心，均匀分布，能有效地控制测区。如果选在测区的一端，应计算出满足给定的精度和控制的范围，切忌从一端无限制地向另一端外推。

②为了提高精度,可利用最小二乘法选 3 个以上的点求解转换参数。为了检验转换参数的精度和正确性,还可以选用几个点不参加计算,而代入公式起检验作用,经过检验满足要求的转换参数认为是可靠的。

(3)工程项目参数设置。根据 GPS 实时动态差分软件的要求,应输入下列参数。

①当地坐标系(如 1954 年北京坐标系)的椭球参数:长轴和偏心率。

②中央子午线。

③测区西南角和东北角的大致经纬度。

④测区坐标系间的转换参数。

⑤根据测量工程的要求,可输入放样点的设计坐标,以便野外实时放样。

(4)野外作业。将基准站 GPS 接收机安置在参考点上,打开接收机,除了将设置的参数输入 GPS 接收机,输入参考点的当地施工坐标和天线高,基准站 GPS 接收机通过转换参数将参考点的当地施工坐标化为 WGS-84 坐标,同时连续接收所有可视 GPS 卫星信号,并通过数据发射电台将其测站坐标、观测值、卫星跟踪状态及接收机工作状态发送出去。流动站接收机在跟踪 GPS 卫星信号的同时,接收来自基准站的数据,进行处理后获得流动站的三维 WGS-84 坐标,再通过与基准站相同的坐标转换参数将 WGS-84 转换为当地施工坐标,并在流动站的手控器上实时显示。接收机可将实时位置与设计值相比较,指导放样。

GPS(RTK)定位技术具有与使用其他测量仪器所不同的优点。采用一般仪器,如全站仪测量等,既要求通视,又费工费时,而且精度不均匀。RTK 测量拥有彼此不通视条件下远距离传递三维坐标的优势,并且不会产生误差累积,应用 RTK 直接坐标法能快速、高效率地完成测量放样任务。

第五节 高 程 放 样

在桥梁工程施工中,需要放样设计的高程,如桥梁墩台、桥面等的高程。高程放样和平面放样一样,也是一项经常性的工作,为此,需根据工程的进度,及时将高程基准传递到适宜的位置,以方便放样工作的进行。高程放样的主要方法有:水准仪法放样、三角高程法放样,在某些特殊情况,还可利用钢尺或全站仪进行高程的传递工作。

一、水准仪放样

设地面有已知水准点 A,其高程为 H_A;待定点 B 的设计高程为 H_B,要求在实地定出与该设计高程相应的水平线或待定点顶面。

如图 4-10 所示,a 为水准点上水准尺的读数,则待放样点水准尺上的读数 b 可由下式算得:

$$b=(H_{\mathrm{A}}+a)-H_{\mathrm{B}} \tag{4-15}$$

当待放样的高程 H_B 高于仪器视线时,可以把尺底向上,即用“倒尺法”放样,如图 4-11 所示,这时:

$$b=H_{\mathrm{B}}-(H_{\mathrm{A}}+a) \tag{4-16}$$

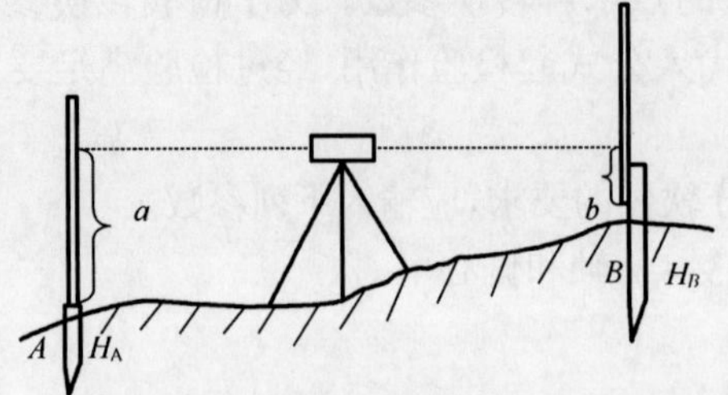

图 4-10 水准仪高程放样

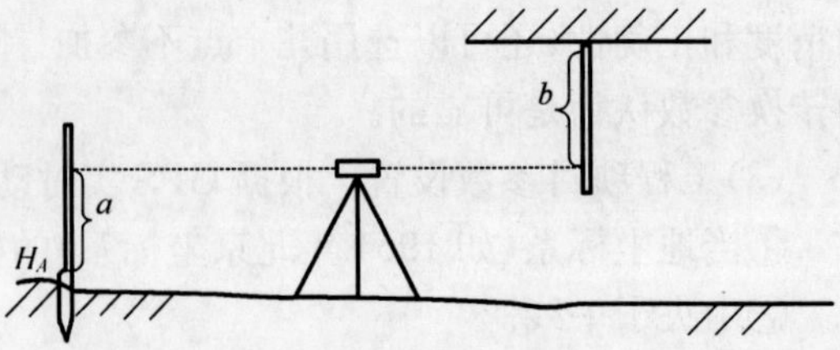

图 4-11 倒尺法放样

当放样的高程点与水准点之间的高差很大时，可以用悬挂钢尺代替水准尺，以放样设计高程。悬挂钢尺时，零刻划端朝下，并在下端挂一个重量相当于钢尺鉴定时拉力的重锤，在地面上和坑内各放一次水准仪，如图 4-12 所示。设地面放仪器时对 A 点尺上的读数为 a_1，对钢尺的读数为 b_1；在坑内放仪器时对钢尺读数为 a_2，则对 B 点尺上的应有读数为 b_2。

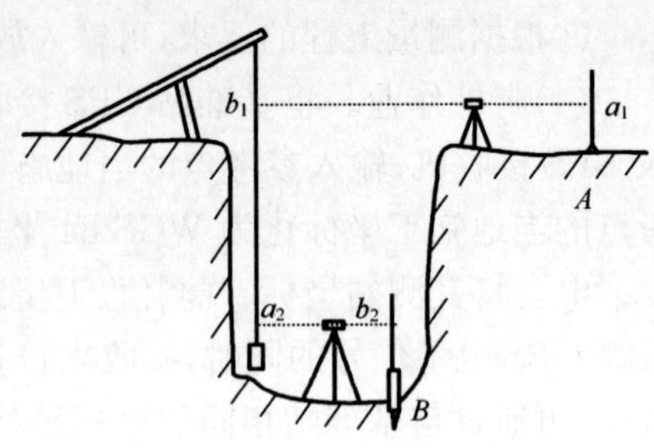

图 4-12 高程传递

由 $H_B - H_A = h_{AB} = (a_1 - b_1) + (a_2 - b_2)$，得：

$$b_2 = a_2 + (a_1 - b_1) - h_{AB} \tag{4-17}$$

用逐渐打入木桩或在木桩上划线的方法，使立在 B 点的水准尺上读数为 b_2，这样，就可以使 B 点的高程符合设计要求。

二、全站仪无仪器高作业法放样

对一些高低起伏较大的工程放样，用水准仪放样就比较困难，这时可用全站仪无仪器高作业法直接放样高程。

如图 4-13 所示，为了放样 B、C、D…目标点的高程，在 O 处架设全站仪，后视已知点 A(设目标高为 l，当目标采用反射片时：$l=0$)，测得 O—A 的距离 S_1 和垂直角 α_1，从而计算 O 点全站仪中心的高程为：

$$H_0 = H_A + l - \Delta h_1 \tag{4-18}$$

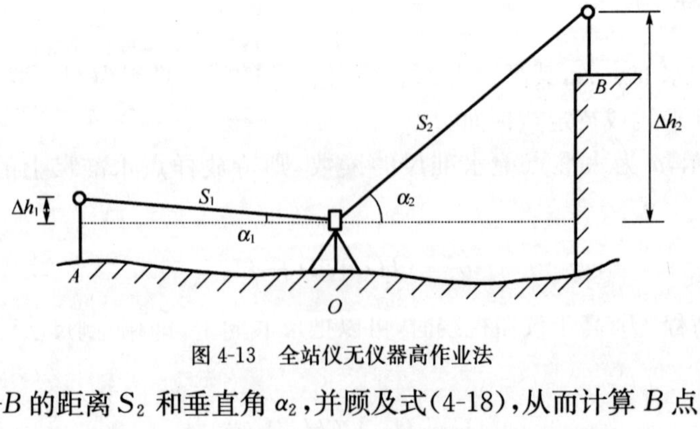

图 4-13 全站仪无仪器高作业法

然后测得 O—B 的距离 S_2 和垂直角 α_2，并顾及式(4-18)，从而计算 B 点的高程为：

$$H_B = H_0 + \Delta h_2 - l = H_A - \Delta h_1 + \Delta h_2 \tag{4-19}$$

将测得的 H_B 与设计值比较，指挥并放样出高程 B 点。从式(4-19)可以看出：此方法不需要测定仪器高，因而用无仪器高作业法同样具有很高的放样精度。

必须指出，当测站与目标点之间的距离超过 150m 时，以上高差就应该考虑大气折光和地球曲率的影响，即：

$$\Delta h = D \cdot \tan\alpha + (1-k)\frac{D^2}{2R} \tag{4-20}$$

式中：D——水平距离；

α——垂直角；

k——大气垂直折光系数 0.14；

R——地球曲率半径一般取 6 370km。

三、全站仪天顶法传递高程

全站仪是目前施工放样中最常用的测量仪器，它的最大特点是可以直接放样出所需要的点位。另外，许多全站仪都有高精度的测距系统，能方便、快捷地测量出两点之间的距离。在施工放样时，如果将全站仪的望远镜对准天顶，则测出的距离实际上就是两点的高差，利用这个原理，可以实施高精度的高程传递。

如图 4-14 所示，在建筑物的底部（地面）设置全站仪，在建筑物的顶部设置棱镜，要求仪器和棱镜在同一条铅垂线上，棱镜的镜面朝下，这时测出的距离就是全站仪中心到棱镜中心的高差。如果全站仪是直接架设在水准点上，则通过丈量仪器高，即可获得置镜点 B 的高程；如果仪器没有架设在水准点上，则可将望远镜严格置平，读取水准点 A 上标尺的读数，进而计算 B 点的高程。

由于通用的棱镜装置是用于视线基本水平的情况的，因此，在实际作业过程中，首先应将通用棱镜装置进行改造，或特制专用的机座，使之能适合垂直方向的测距。另外，当高程传递结束后，应立即将高程系统传到稳固的临时水准点上。

全站仪天顶法传递高程的误差主要来源于测距误差和量取仪器高的误差，因此，在实际作业时，应精确测定各气象元素。在许多情况下，由于视线紧贴建筑物的表面，测距容易受到大气湍流的影响，因此，实际作业宜在阴天等气象条件较好的时候进行。另外，棱镜经改装后，其常数一般会发生改变，因此，应对棱镜的常数进行检验。

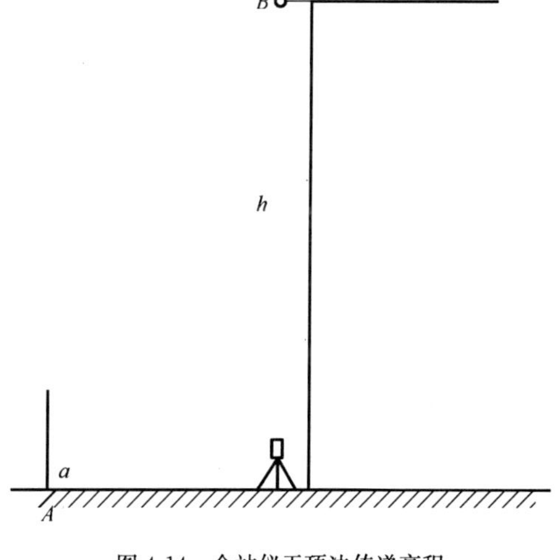

图 4-14　全站仪天顶法传递高程

第五章 桥梁重要部位施工测量

第一节 墩台施工测量

一、概述

墩台的施工测量从内容上可分为墩台定位和轴线测设，即测设桥梁墩台的中心位置和它的纵横轴线；从施工过程又可分为桩基、承台和墩身的放样。由于目前测量手段多、技术先进，因此，墩台坐标的准确计算是墩台施工测量的关键。

对于直线形桥梁，其墩台的测设数据一般可根据设计图纸直接查得，而对于曲线形桥梁，在设计图纸上一般只给定必要的数据及曲线参数，墩台细部点的坐标需根据这些参数进行计算，为此，测量人员应详细研读图纸，对设计数据进行校核计算，并计算出施工放样所需要的数据。

由于施工工艺的不同，对墩台各部分的测量要求也不相同，表5-1～表5-4列举了某长江大桥主航道桥基础和下部结构主要部位放样精度要求的标准。

钻孔灌注桩质量检验标准 表5-1

序　号	项　目		允许偏差
1	桩位	群桩	100mm
		排架桩	50mm
2	钻孔倾斜度		0.5%
3	钢筋骨架底面高程		±50mm

混凝土基础质量检验标准 表5-2

序　号	项　目		允许偏差
1	平面尺寸		±50mm
2	基础底面高程	土质	±50mm
		石质	+50mm，−200mm
3	基础顶面高程		±30mm
4	轴线偏位		25mm

承台质量检验标准 表5-3

序　号	项　目	允许偏差	序　号	项　目	允许偏差
1	尺寸	±30mm	3	轴线偏位	±15mm
2	顶面高程	±20mm			

墩、台身检验标准　　　　表 5-4

序号	项目	允许偏差	序号	项目	允许偏差
1	断面尺寸	±20mm	4	轴线偏位	10mm
2	竖直度或斜度	0.3%H 且不大于 20mm	5	大面积平整度	5mm
3	顶面高程	±10mm	6	预埋件位置	10mm

二、墩台的测设

墩台测设的主要方法有：直接丈量法、偏角法、导线法、极坐标法及前方交会法。由于全站仪的使用，使极坐标法成为一种非常方便的方法，在实际工程中得到了广泛的应用。为保证工程的施工质量，在测设之前，应对使用方法的测设精度进行估算，在测设时应按照精度估算设计的观测方案进行。

1. 钻孔桩施工测量

钻孔桩的定位实际上就是钢护筒的定位，钢护筒的中心竖直线应与桩中心线重合。钢护筒的定位一般采用方向线交会法或极坐标法进行，在水上作业时，也可利用 GPS(RTK)进行放样。

陆地钻孔桩定位一般采用极坐标法放样，即利用施工控制点放样出钻孔桩的中心位置，为防止点位丢失，应在合宜位置打上骑马桩。在放样完一批中心桩后，应用钢尺丈量其相互间的距离，并与设计值进行比较，检验合格后即可进行下一步施工。

在水上施工时，钢护筒定位可采用极坐标法或 GPS(RTK)法，测量人员根据钢护筒的实际位置，指挥打桩船进行动态调整，直到实际位置与设计位置完全重合为止。在水上作业时，钢护筒一般较长，为了保证钢护筒中心线垂直，可以设置倒垂线进行测定(图 5-1)。

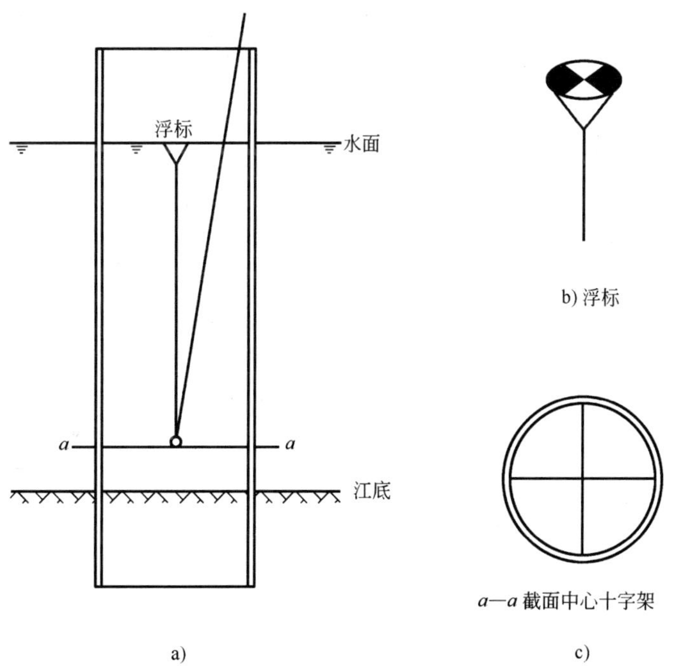

图 5-1　倒垂线测定原理

在钢护筒下部预计的打入地层的深度之上截面 $a—a$ 处焊一个中心十字架(用细钢筋),在十字架中心制作环眼,在环眼中穿上长度为 2 倍护筒长度的浮标线,一直牵到护筒顶面之上;用木材或轻质泡沫材料制作一个锥形浮标,锥顶设环,用以系挂浮标线,锥底面用油漆画中心标志。在钢护筒吊装就位过程中,系好浮标线,拉紧浮标线的另一端,使倒垂线处于工作状态,在护筒内水面之上用两根十字相交的细钢丝标定出钢护筒的上部中心,在钢护筒上端定位准确之后,若钢护筒垂直,则浮标中心与上部中心重合;否则,应调整钢护筒的下端,使之中心线垂直。测量浮标中心与上部中心距离 Δ,用上下二中心高差 h,即可计算出钢护筒的倾斜度 $i=\Delta/h$。下端中心十字架的设置既要保证定位过程中的牢靠,又要保证钻孔开始后,钻机能将其钻掉,不致影响钻孔施工。

钻孔成孔后,可以用超声孔径测斜仪测量成孔情况以及成孔倾斜度;孔底高程则用测深锤测定。

钻孔桩完成后,应进行竣工测量、评价桩基施工质量。

2. 钢套箱施工测量

在钢套箱围堰的施工中,一般以施工平台上的轴线控制网为依据,用全站仪进行定位作业。在此期间,由于施工机具和围堰拼装的影响,施工平台上通视比较困难,因此,应根据实际情况,使用测量平台控制点或已完成的墩上控制点进行全站仪定位作业,也可用 GPS(RTK)技术进行定位。

钢套箱的拼装、接高,内支撑的安装、就位等测量工作,一般用全站仪坐标法放样来完成。在钢套箱注水下沉过程中,需做到各个方向严格同步,一般采用几台水准仪或全站仪通过观测套箱上设置的竖向标尺测量其高程来严格控制。

在吊箱拼装定位、底板施工、封底混凝土施工的关键阶段,考虑到外界条件(水位、水流、浪涌、风等)的影响,可以用 GPS(RTK)随时监控锚碇系统的稳定性和动态变化,以便施工中采取应急措施。从钢套箱施工定位完成到封底混凝土强度达到要求前的一个阶段内,对围堰在特殊恶劣条件下的稳定性,也可以用 GPS(RTK)进行观测,确保万无一失。

3. 承台施工测量

承台施工测量采用全站仪进行,承台施工中的立模、钢筋定位、预埋件定位等的测量工作,一般以轴线控制网为依据,用全站仪极坐标法、直角坐标法、视准线法、正倒镜投点法、自由设站法等进行平面定位,而高程定位一般采用水准测量方法,在某些特殊环节也可用全站仪三维坐标法放样。承台施工中,围堰内的支撑、施工塔架、钢筋、模板、施工机具等林立,空间狭窄,严重影响通视,甚至控制点被覆盖无法架设仪器,为此,应将轴线控制点引测到围堰四周的顶端,以保证施工测量顺利进行,在这种情况下,全站仪观测处于大高度角观测,为了减小仪器竖轴误差的影响,应特别仔细校正并严格整平仪器,并注意用其他控制点进行检核,防止差错。承台完成后的竣工测量,特别是承台面上轴线控制网的建立很重要,因为其上的墩台墩身施工放样精度要求比其下部基础要高。

4. 墩身施工测量

墩身的立模、钢筋和预埋件定位,均以承台轴线控制网为依据,采用“全站仪＋水准仪”进行放样定位。

第二节　高塔柱施工测量

为使塔柱的施工状态最大限度地接近设计状态，确保塔柱按设计的倾斜度和收坡提升，除要求测量控制方法具备必要的精度外，还要求能与施工方法密切配合，简化测量控制的程序，力求尽可能缩短其定位的时间，以提高施工的工效，同时还必须做到相互验证。

高塔柱施工测量主要包括平面定位和高程控制。定位的精度随工程的类型和规模存在一定的差异。在通常情况下，定位的主要技术要求有：索塔的承台/塔座的轴线偏位应小于15mm，顶面高程误差应小于+10mm；横梁顶面高程的误差不大于±1.0cm，对称点高程差应小于20mm，轴线偏位应小于10mm；塔柱中心线偏位误差不超过塔高的1/3 000且小于30mm，塔柱底水平偏位应小于10mm；东西塔柱的中心距符合设计距离；索塔的中心线与桥轴线平行及垂直；塔身以设计的倾斜度、收坡和断面提升，其偏位误差不超过塔高的1/3 000。

一、平面位置的测设

1.控制网的建立

为保证塔柱的绝对位置和塔柱间的相对关系符合设计要求，需建立首级平面和高程控制网，作为塔柱施工的绝对基准。此外，首级控制网还可作为塔柱和承台在施工过程中受外界环境影响（风和温度）和自身荷载作用下的振动变形、扭转变形、挠度变形和沉降变形观测的基准网。

塔柱的定位主要分两个步骤，即塔柱的绝对位置定位和塔柱内部各部分的相对位置。塔柱的整体定位（绝对位置）采用首级施工控制网进行，即利用首级施工控制网点测放出塔柱的整体轴线；塔柱内各部分的相对位置一般利用已测设的轴线点进行，或者利用加密的局部控制网进行。当首级控制网精度、点位和点数满足直接放样要求时，也可不再加密局部控制网，而直接利用首级施工控制网点进行全塔各部位的放样。

建立适当的局部控制网，对提高塔柱施工定位的速度和效率十分有利，同时以不同的控制网对索塔进行测量控制可以相互检核，确保塔柱施工定位的精确可靠。图5-2为某桥梁工程的塔柱施工局部控制网，图中1、2、3、4和1′、2′、3′、4′为局部网平面控制点，E_1、E_2…E_8为局部网高程控制点（兼作沉降观测点），5-7、6-8和6′-7′、6′-8′为准直仪观测平台，利用首级控制网按极坐标法精确放样1、2、3、4和1′、2′、3′、4′，用二等水准测量联测E_1～E_8的高程，再利用局部控制点精密放样准直仪的观测平台。

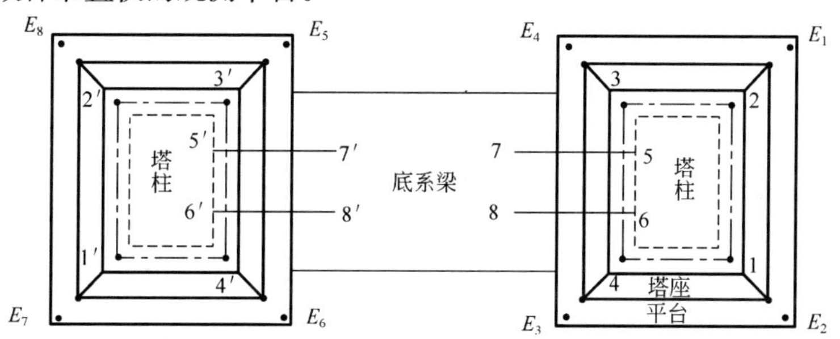

图5-2　塔柱施工局部控制网

2. 细部放样

(1)外控法

外控法即利用首级控制网点直接对塔柱的细部进行放样，该法对各节段平面位置的测定一般采用全站仪坐标法进行。当塔柱施工到一定高度后，可根据塔柱中心在沉台面上的设计坐标和塔柱设计的横向倾斜度及纵向收坡，计算塔柱不同高度断面角点的设计坐标，再利用已经建立起来的首级控制网，将全站仪架设在适当的控制点上(“适当”指的是距离近、通视又良好的控制点)，把反射镜架设在待定位的塔柱断面角点上，测量该点的坐标并与其设计坐标比较，若两者符合，在允许误差以内，则该点可以认为已定位在设计的位置上；否则，应根据其ΔX、ΔY对模板进行调整并重新测量其坐标，直到满足要求为止。

(2)内控法

内控法即利用塔柱局部控制网点进行细部放样的方法。该法一般在塔柱的基础上建立局部控制网点，再利用准直仪或投点仪将控制点投影到需放样的高程面上，各投影后的控制点经检测合格后，即可用于塔柱的细部放样。

由于塔柱一般都有一定的横向倾斜度和纵向收坡，所以，固定的局部控制点有时很难满足施工测量的需要，为此，可根据工程实际情况设计基准线，将投点仪或准直仪安置在基准线上，利用基准线端点到仪器的距离直接计算投影点的平面坐标。当利用准直仪直接定位模板时，为提高施工测量的作业效率，可在基准线上设置专门的导轨和滑车，这样可使装载准直仪的滑车能在观测平台上来回滑动。滑动时保持仪器中心与基准线一致，且能从滑车上观测准直仪的移动量，要求滑车上要有安装准直仪的中心螺孔和量取移动量的刻划标志线。该法原理简单明了，控制过程快，模板的调整方向易于控制，可用于塔柱各断面施工经常性的模板定位与检查。该法的测量步骤如下：

①将准直仪安置在滑车上，移动滑车至放样位置(移动的距离等于放样高程面塔柱中心的横向偏移值ΔS_n)。

②在放样高程处的塔柱施工模板的外侧安装光靶。

③利用准直仪垂直方向上的铅垂光线投影在光靶上的视点或光斑，控制施工模板在顺桥向和横桥向上的移动，使施工模板定位在塔柱的设计位置上，以控制塔柱施工的横向倾斜度(图 5-3)。

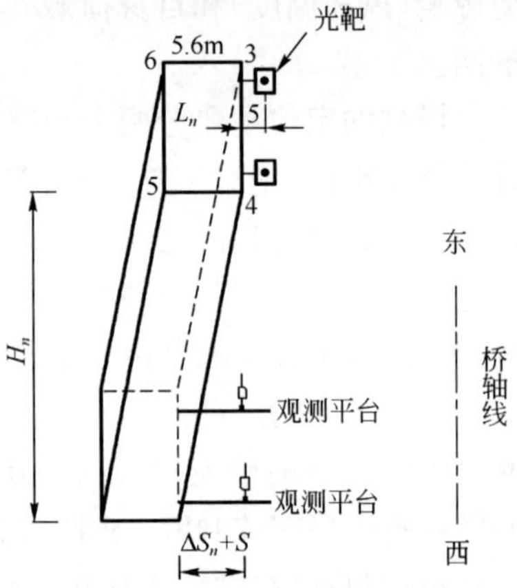

图 5-3 准直仪定位原理及光靶安装示意图

二、高程测定

塔柱的高程定位一般采用全站仪精密三角高程测定，也可采用鉴定过的钢尺，用悬挂钢尺水准测量的方法分段往上传递高程。在横梁高程定位时，一般应采用上述两种方法放样和检核。当塔柱施工到一定高度后，应以首级网或局部网为基准用三角高程法对塔柱高程进行复核，以确保偏移值计算的正确性，并保证塔柱各部位按设计的高程进行施工。

在对塔柱进行三维定位时，要首先确定塔柱的施工高度，再根据所测高度计算塔柱施工断面角点的设计坐标和横向偏移值，最后对塔柱施工断面进行平面定位。

第三节　锚碇施工测量

锚碇施工测量从整体上可分为：锚碇基础施工测量、锚体施工测量和锚固系统施工测量三大部分。下面以润扬大桥北锚碇为例，介绍锚碇施工测量的基本方法。

一、工程概况

润扬大桥北锚碇基础工程主体尺寸为 69m(长)×51m(宽)×48m(深)，内有 12 道水平支撑及 32 根钢管混凝土支撑立柱桩。北锚场区第四系覆盖层分布稳定，平均深度 16m 以上，为亚黏土和淤泥质亚黏土，透水性较差。16～48m 为粉细砂，间夹中粗砂，为孔隙微承压水层，含水层上段渗透系数为 21m/d，下段为 55m/d。锚区下伏基岩为燕山晚期侵入岩，主要为花岗闪长岩。场区基岩裂隙发育，岩石较为破碎。

深基坑围护结构采用 1.2m 厚的矩形地下连续墙。地下连续墙分为 42 个槽段，其中"一"字形 38 个，"L"形拐角槽段 4 个。地下连续墙总长 246m，采用接驳器把 2 个深 25～28m 的钢筋笼对接合龙，对接不上之处采用强力焊接技术，各槽段成槽垂直精度不得低于 1/300。

北锚碇基础支撑系统为箱式结构，围护结构采用 12 道钢筋混凝土内支撑及节点处的 16 根 ϕ1.2m 和 16 根 ϕ0.6m 钢管混凝土立柱，顶底板厚度均为 5.0m。三纵四横隔墙将箱体结构分为 20 个隔舱，舱内充填砂、混凝土和水。

北锚场区采用灌浆帷幕和带有可靠反滤设施的排水减压孔相结合的基底封水方案，设计水头 52m。基坑土石方开挖及内衬混凝土施工期采用降水管井与砂砾渗井为主的降、排水方案；锚碇混凝土施工期采用排水减压孔与排水盲沟为主的降、排水方案。

基坑开挖严格按设计工况分层分区进行，尽量做到对称开挖，要求每层地下连续墙混凝土面露出后 48h 内必须浇筑混凝土支撑。图 5-4 为深基坑支撑平面示意图。

二、基础施工测量

锚碇基础导墙的施工测量主要采用全站仪坐标法放样，即利用全站仪放样出地下连续墙的中心轴线(图 5-5)，利用地下连续墙中心轴线点控制导墙的内外边线。地下连续墙内外墙面的垂直度采用垂球控制，采用测量导墙边线特征点的方法检查导墙模板的定位精度(图 5-6)。

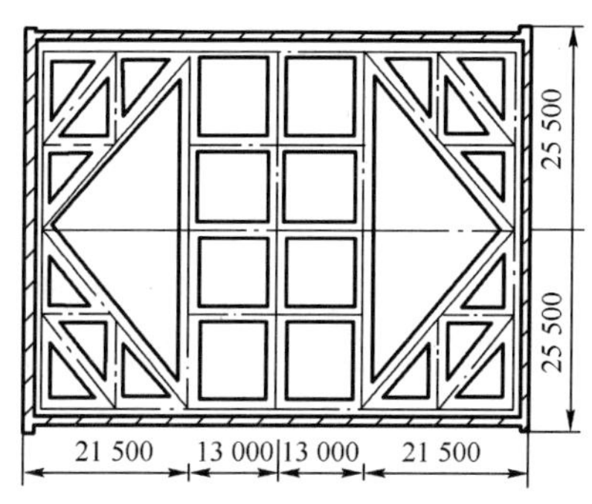

图 5-4　深基坑支撑平面示意图(尺寸单位：mm)

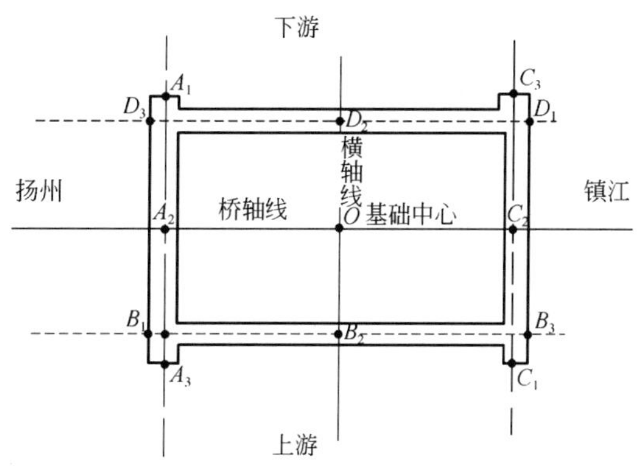

图 5-5　地下连续墙中心轴线点位置

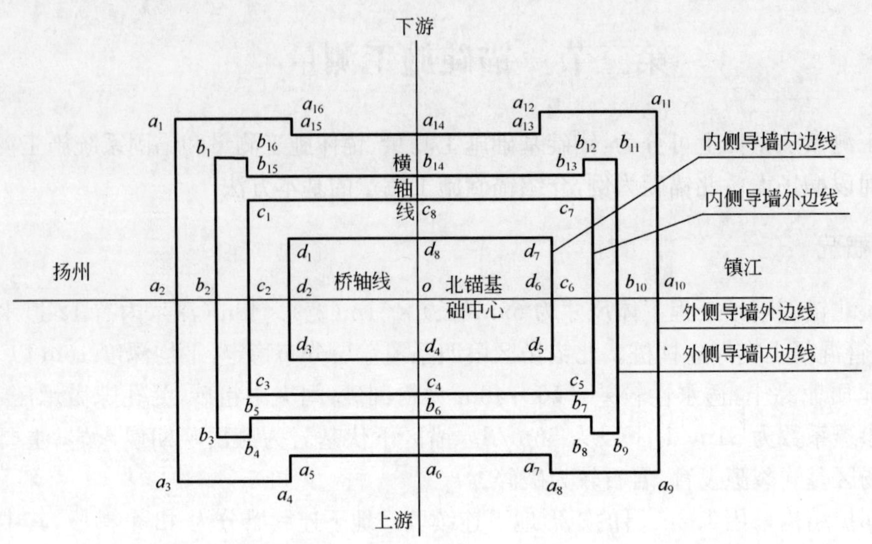

图 5-6 导墙内外侧边线特征点

为方便测量工作的进行，在施工前首先建立了基础施工矩形方格网。各方格网点一般布设在临时导墙上，在地下连续墙施工完毕后，将方格网点转移到施工平台上，并重新进行观测，以便对基坑内细部结构进行施工放样。

地下连续墙槽孔的施工测量采用全站仪坐标法进行，即利用全站仪放样出地下连续墙中心轴线、各槽段中心点和端点，并把中心轴线距两侧导墙间的距离标注在导墙上，以控制施工槽孔的开孔孔位。槽孔开挖过程中，采用重锤法或超声波测井仪进行垂直度控制，终孔高程通过鉴定过的钢丝测绳测量，成孔的垂直度采用超声波测井仪进行孔形检测。

锚碇底板、顶板和隔墙等内部结构的施工测量主要利用经纬仪和矩形方格网点进行，并用全站仪极坐标法进行检核，以控制细部结构的轴线及特征点(图 5-7)。

三、锚体及锚固系统施工测量

锚体施工测量的目的是确保锚体及细部结构的几何形状、平面位置、高程满足规范和设计要求；预应力锚固系统放样的目的是确保锚固系统的空间角度、中心三维坐标满足规范及设计要求。锚体及锚固系统的定位以全站仪三维坐标法为主，以其他测量方法作为检核。锚体施工高程基准传递以水准仪和钢尺量距法为主，以全站仪悬高测量法作为检核(图 5-8)。

锚体施工测量的主要内容有：劲性骨架定位、钢筋定位、模板定位和预埋件安装定位等，测量方法基本同塔柱施工。

为正确施工，应在放样前计算各特征点的三维坐标。假设预应力钢管中心轴线方位角为 β，中心轴线与水平面的夹角为 α，则中心轴线上任意一点的三维坐标为(P_3 点坐标已知)(图 5-9)：

$$\begin{aligned} X &= X_0 \\ Y &= Y_3 + (X_0 - X_3)\tan\beta \\ Z &= Z_3 + (X_0 - X_3)\tan\alpha/\cos\beta \end{aligned} \tag{5-1}$$

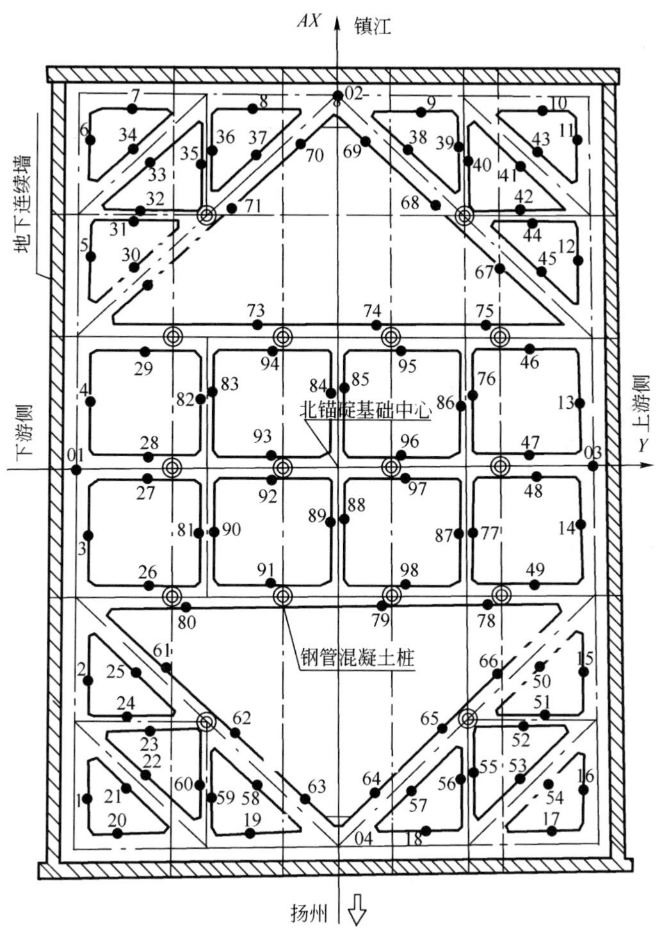

注：黑色小圆点（编号 1~98）为北锚碇工程基础基坑内围檩支撑测量测点部位。
"01、02、03、04" 为北锚碇工程基础基坑内围檩支撑轴线点。

图 5-7　细部结构测量检查点位分布

同理，预应力钢管安装完毕，进行定位精度检查，检查部位为预应力钢管中心轴线投影点，其中 A_1、A_2、A_3、A_4、A_5、A_6 点的三维坐标为（R 为预应力钢管外半径）：

$$\begin{aligned} X &= X_0 \\ Y &= Y_3 + (X_0 - X_3)\tan\beta \\ Z &= Z_3 + (X_0 - X_3)\tan\alpha/\cos\beta + R/\cos\alpha \end{aligned} \tag{5-2}$$

其中 A、B 点的三为坐标为（以 A 为例）：

$$\begin{aligned} X &= X_3 + S_1 \cdot \sin\alpha \cdot \cos(\beta - 180^\circ) \\ Y &= Y_3 + S_1 \cdot \sin\alpha \cdot \sin(\beta - 180^\circ) \\ Z &= Z_3 + S_1 \cdot \cos\alpha \end{aligned} \tag{5-3}$$

假定全站仪实测预应力钢管上方任意一点（轴线投影点）的高程为 H，则对应预应力钢管中心轴线上点的三维坐标为：

$$\begin{aligned} X &= X_3 + (H - R/\cos\alpha - Z_3)\cos\beta/\tan\alpha \\ Y &= Y_3 + (H - R/\cos\alpha - Z_3)\sin\beta/\tan\alpha \\ Z &= H - R/\cos\alpha \end{aligned} \tag{5-4}$$

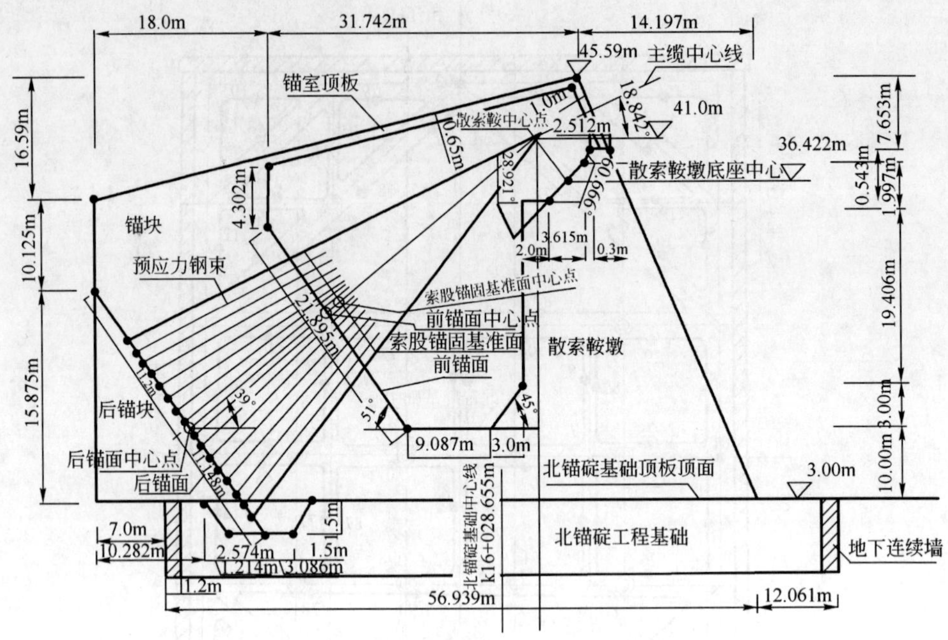

图 5-8 锚体及锚固系统立面布置图

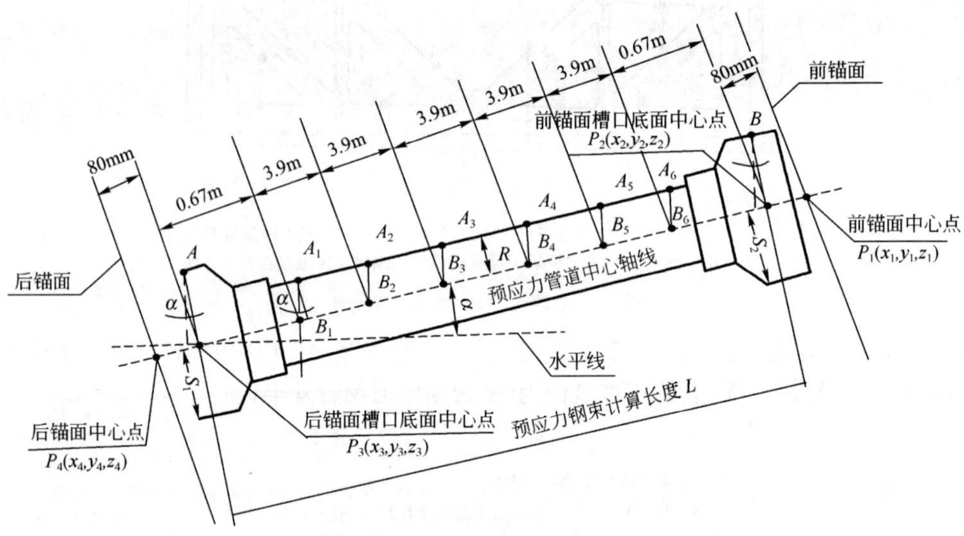

图 5-9 预应力钢管中心轴线点、投影点坐标计算

第四节 索道管精密定位测量

一、概述

斜拉桥是一个受力复杂、各构件间相互影响大、内力和线形可人为控制的高次超静定结构，其庞大的重量通过斜拉索及其索道管把力传到索塔上。因此，为了防止缆索与索道

管管口发生摩擦而损坏缆索，以及保证对称主塔两侧的各斜拉索位于同一设计平面内，防止锚固点偏心而产生的附加弯矩超过设计允许值，对索道管顶口和底口中心的三维坐标提出了很高的精度要求。斜拉索的应力和线形控制是施工监控的重要内容，而斜拉索的线形是由塔上和梁上斜拉索索道管的空间位置决定的，因此，斜拉索索道管空间位置的精密测量定位，是影响斜拉桥施工质量、成桥线形和施工工期的重要因素，在斜拉桥的施工测量中占有重要的地位。

索道管的布置与斜拉桥的设计结构有关(图 5-10)。通常，索塔上的索道管分布密集，倾角变化大；另外，由于其位置高，又与索塔同时施工，受施工的影响大，因此，其测量定位的难度大，精度也不易达到设计要求。而对于主梁上的索道管，虽然其数量与主塔上的索道管相同，但其布置要稀得多，且高程较低，施工测量的空间大，因此，其施工放样相对要容易一些。由此可以看出，主塔索道管的精密定位测量是斜拉桥施工测量的关键。

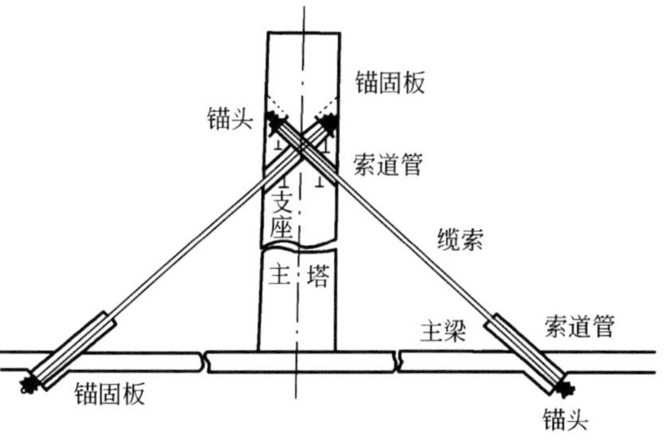

图 5-10　斜拉桥主要构成

为了确保成桥后斜拉索和主梁线形接近设计线形，大型斜拉桥斜拉索索道管测量定位的精度要求高达±5mm，即相对于局部坐标系原点而言，索道管上、下口中心的施工定位与设计位置在 X、Y、Z 三方向的误差，都不得大于±5mm。

二、设计坐标计算

对于一般的斜拉桥，在每个索塔上都有四个索面，即中跨上、下游侧索面和边跨上、下游侧索面。根据斜拉桥跨度的不同，每个索面上的不同高度处，布设了不同数量的斜拉索索道管。在斜拉桥设计图上，每根索道管都用以下设计参数确定每一根索道管的空间位置，这些参数分别为：

(1)索塔锚固区钢垫板中心点 A 的空间坐标 $A(x_A, y_A, z_A)$(图 5-11 和图 5-14)。

(2)索道管的纵向倾角 α_i(图 5-12)。

(3)索道管水平投影的横向偏角 β_i 和中心点 A 的横向偏距 d(图 5-13)。

(4)索道管的空间横向偏角 β'(图 5-11)。

(5)索塔顺桥向的倾斜度 α_0。

(6)索道管的长度 L、索道管的半径 R 和钢垫板的厚度 t_2(图 5-14)。

(7)索道管中心与塔柱外侧壁交点 C 的空间坐标 $C(x_C, y_C, z_C)$(图 5-14)。

上述斜拉索索道管空间位置的设计参数，仅可确定每一根索道管的空间设计位置，还不能直接施工放样。因此，要由上述设计参数推算出一套可确定每一根索道管空间设计位置的测量放样数据，亦即由索道管的设计参数，计算索道管的测量放样点 E 和 F 及其检查点 H 的设计坐标，其中 E 点为索道管边缘与外侧劲性骨架的交点，F 点为索道管下边缘与内侧劲性骨架的交点，H 为索道管出口上端边缘点。

1. 索道管出口 B、H 和 G 点设计坐标的推算

如图 5-14 所示，索道管钢垫板中心 A 距索道管中心 B 的空间长度为(t_2+L)，已知 A 点

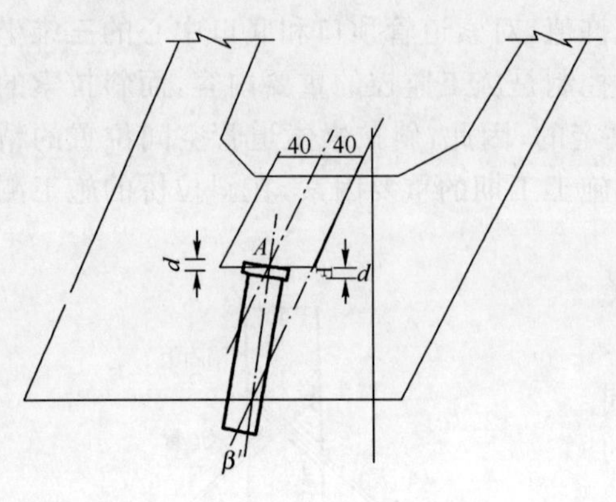

图 5-11 索道管空间横向偏角示意图

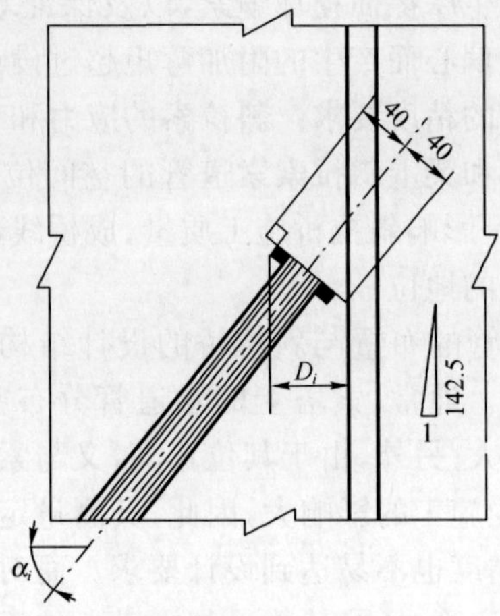

图 5-12 索道管纵向倾角示意图

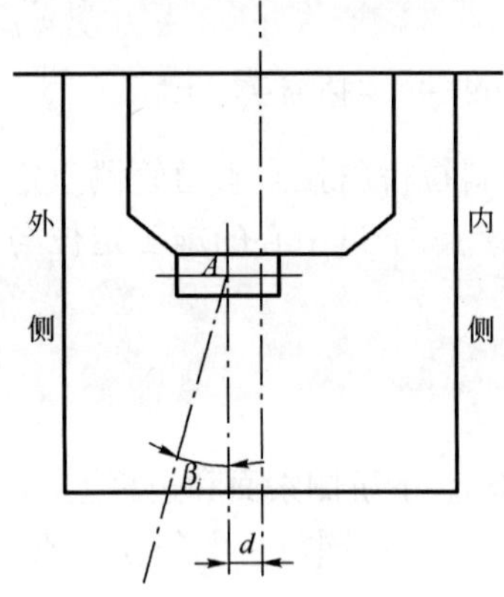

图 5-13 索道管水平投影横向偏角示意图

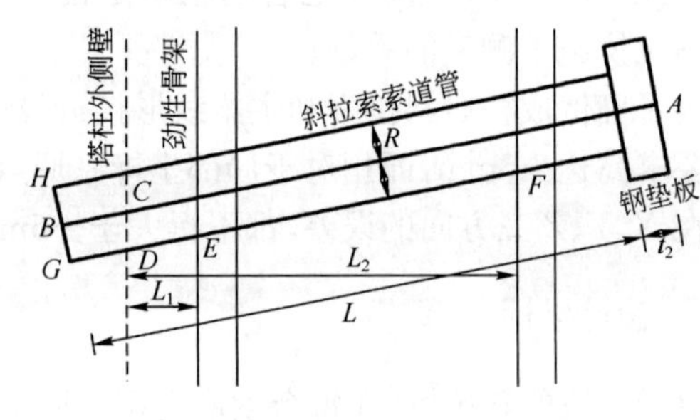

图 5-14 索道管测量定位点示意图

的坐标和 AB 连线的纵横向偏角 α 及 β，可按下式计算索道管出口中心点 B 的设计坐标：

$$\begin{cases} x_B = x_A + (t_2 + L) \times \cos\alpha \times \cos\beta \\ y_B = y_A + (t_2 + L) \times \cos\alpha \times \sin\beta \\ z_B = z_A - (t_2 + L) \times \sin\alpha \end{cases} \tag{5-5}$$

再根据 B 点的坐标和索道管半径 R 及纵横向偏角，按下式计算 H 和 G 点的设计坐标：

$$\begin{cases} x_H = x_B + R \times \sin\alpha \times \cos\beta \\ y_H = y_B + R \times \sin\alpha \times \sin\beta \\ z_H = z_B + R \times \cos\alpha \end{cases} \tag{5-6}$$

$$\begin{cases} x_G = x_B - R \times \sin\alpha \times \cos\beta \\ y_G = y_B - R \times \sin\alpha \times \sin\beta \\ z_G = z_B - R \times \cos\alpha \end{cases} \tag{5-7}$$

2. 索道管与塔柱外侧壁最低交点 D 的坐标推导

已知索道管中心与塔柱外侧壁交点 C 的空间坐标和塔柱外侧壁的倾斜率 α_0，由于 α_0 为塔柱中心线顺桥向斜率，而索道管中线相对于塔柱中心线有一横向偏角 β，由此可计算塔柱在索道管中线铅垂面方向的倾斜率：

$$\alpha_1=\frac{\alpha_0}{\cos\beta}$$

该方向塔柱的倾角为：

$$\beta_1=\arctan\alpha_1$$

故 D 点坐标可按下式计算：

$$\begin{cases}x_D=x_c+\dfrac{R}{\cos(\alpha+\beta_1)}\times\sin\beta_1\\ y_D=y_c\\ z_D=z_c-\dfrac{R}{\cos(\alpha+\beta_1)}\times\cos\beta_1\end{cases}\tag{5-8}$$

3. 索道管测量放样点 E 和 F 的设计坐标

已知 E 和 F 点距塔柱外侧壁的顺桥向方向水平距离分别为 L_1 和 L_2，根据索道管的纵向倾角 α 和横向偏角 β，可把 L_1 和 L_2 转换为索道管中线方向的空间长度 L'_1 和 L'_2，其计算模型为：

$$L'_1=\frac{L_1}{(\cos\beta\times\cos\alpha)}$$

$$L'_2=\frac{L_2}{\cos\beta\times\cos\alpha}$$

根据上面推算的 D 点坐标和 L'_1、L'_2，按下式分别计算 E、F 点的设计坐标为：

$$\begin{cases}x_E=x_D-L'_1\times\cos\alpha\times\cos\beta\\ y_E=y_D-L'_1\times\cos\alpha\times\sin\beta\\ z_E=z_D+L'_1\times\sin\alpha\end{cases}\tag{5-9}$$

$$\begin{cases}x_F=x_D-L'_2\times\cos\alpha\times\cos\beta\\ y_F=y_D-L'_2\times\cos\alpha\times\sin\beta\\ z_F=z_D+L'_2\times\sin\alpha\end{cases}\tag{5-10}$$

根据 E、F 和 H 点的设计坐标，即可进行索道管的施工定位和定位精度检查。

三、索道管的定位测量

对于任何一个索道管，只要放样出其下边缘的两个支点 E 和 F，则确定了该索道管的方位，若再控制 GE 的长度等于设计距离，则该索道管的空间位置唯一确定。

1. 控制点的加密

由于索道管需要在索塔的两侧放样，而桥梁首级施工控制网点一般只布设在大堤上，江心一侧的放样工作就缺少控制点，为此，需根据实际情况加密部分控制点。加密点一般布设在已经竣工的边跨桥墩或桥面上，距索塔 200m 左右，另外，在塔柱的承台和下横梁也可布点。

加密点的观测一般采用边角交会的方法进行，当加密点较多时，为保证点的精度和相对位置的准确，应尽量组合成三角网。对于地面上的加密点，一般采用水准测量方法测定其高程，而对于墩柱上的点，一般采用精密三角高程或悬吊钢尺的方法传递高程。

图 5-15 为润扬大桥北汊斜拉桥控制网的加密方案，其中，Q13、Q14 位于主塔的下横梁上，Q16 位于 16 号墩柱顶部，其他点位于大堤上。该网以二等边角网精度观测，最弱点点位中

误差小于±2mm。高程采用水准测量及精密三角高程观测，其中，墩柱上的点采用多方向三角高程观测，大堤上的点采用几何水准测量，对南北岸的观测数据进行统一处理。

2. 索道管定位测量

索道管平面位置的定位采用全站仪坐标法进行，即利用设计数据，先计算 E、F 点的空间三维坐标，用全站仪放样其平面坐标。由于塔柱受日照的影响明显，因此，放样工作需在凌晨进行。索道管的高程主要采用精密三角高程方法进行放样，由于索塔空间小，三角高程测量难以实现对向观测，因此，需进行大气折光改正。为准确求得观测时的大气折光系数，先在观测点上对塔柱上的已知高程点进行观测，并以此反求折光系数。

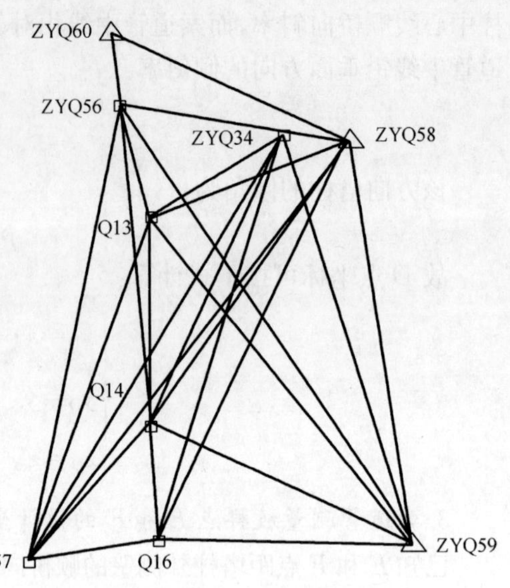

图 5-15 润扬大桥斜拉桥控制点加密方案

为保证放样结果的准确可靠，同一点的放样至少应在两个控制点上进行，当其相差小于规定值时，取其平均位置作为最后的放样结果。

由于受各类误差的影响，经过一次测设的索道管，其空间位置与设计位置仍存在偏差，应设法检查其偏差值，以确保索道管定位的正确。

第五节 主缆架设测量

本节以润扬大桥悬索桥为例，介绍主缆架设测量的主要内容。

一、主缆架设施工测量

主缆架设施工中，空缆线形的控制是最为关键的环节，因为悬索桥的线形主要由空缆线形决定。为了确保主缆线形达到设计要求，应严格控制主缆的架设高程，并采取有效的监控方法。主缆架设施工测量主要包括基准索股的测量和一般索股的测量。

1. 基准索股定位测量

基准索股垂度测量一般采用精密三角高程方法进行，利用在跨中基准索股上设置反射棱镜测出基准索股跨中点的实际高程，并与理论高程进行比较，计算出索股需移动调整的长度，并进行跨度与温度修正，利用修正后的值进行垂度调整。

由于基准索股上无法架设全站仪，因此，中跨和边跨的垂度测量只能采用单向三角高程方法，因此，在所测的高差中，大气折光的影响较为严重，为了确保测量的精度和可靠性，必须正确地确定视线所经过空间的大气折光系数。由于大气折光系数受地形条件、植被情况、气象条件等诸多因素的影响，因此，需根据工程的实际情况，选择代表性的场地和时间进行折光系数的试验分析，并找出其变化规律。

基准索股的垂度测定与调整，应在夜间气温稳定且风速较小无雨无雾时进行。主缆架设前需根据工程的地理环境和气候条件，经实测确定温度稳定基本条件和调整时段。一般情况下，在夜间十点以后至第二天早晨六点前是最佳调整时段，索股调整的温度稳定条件为：长度方向索股的温差 $\Delta T \leqslant 2℃$，横断面方向温差 $\Delta T \leqslant 1℃$。

当夜间大气温度符合稳定条件之后，根据监控组提供的测量数据，进行基准索股的垂度测量和调整。通过全站仪测量出基准索股跨中点的中心线高程，根据测量的高程与设计高程的差，计算出锚固处的放松量或收紧量。在垂度测定前，还应测定索塔的偏位量、索股的表面温度等数据，以便对其高程进行修正。

索股表面温度测量采用热敏电阻式数字测温器，分辨率为 0.1℃，共布设了 7 个测点，即南锚、南岸跨中、南塔、中跨跨中、北塔、北岸跨中、北锚。每个测点上测量四个面的温度，取平均值作为该测点的温度。

塔顶偏位测量采用极坐标法，即在世业洲控制点 ZYQ90 架站，后视控制点 ZYQ 轴 1，直接测量塔顶的坐标值。测量仪器为 TCA2003 全站仪，其测角精度为 0.5″，测边精度 1mm + 1ppm。极坐标法测量的精度为±5mm。

跨中点高程测量的方法是单向三角高程法，为保证单向三角高程的精度，三角高程进行了大气折光改正，折光系数运用实际测量值，取 $K=0.15$。三角高程测量使用的测量仪器为 TCA2003 全站仪，该仪器是目前最高精度的全站仪。经分析，单向三角高程测量的精度约为±10mm。

基准索股控制高程的计算，采用西南交通大学监控组在“润扬大桥悬索桥上部结构安装监控计算报告(NO.007)”给出的计算公式，即：

(1)南边跨基准索股中点高程计算公式

$$H=117.3409-0.03285t+4.8554D_1 \tag{5-11}$$

式中：H——南边跨中点高程；

t——南塔、南中跨、南锚温度平均值；

D_1——南塔上、下游偏位平均值。

(2)中跨基准索股中点高程计算公式

$$H=83.7497-0.03821t+2.0413D_1 \tag{5-12}$$

式中：H——中跨中点高程；

t——南塔、中跨、北塔温度平均值；

D_1——南、北塔偏位代数和。

(3)北边跨基准索股中点高程计算公式

$$H=117.3355-0.03293t+4.8699D_1 \tag{5-13}$$

式中：H——北边跨中点高程；

t——北塔、北中跨、北锚温度平均值；

D_1——北塔上、下游偏位平均值。

基准索股实测高程计算公式如下：

$$H=H_0+S\times\sin\alpha+\frac{1-K}{2R}S^2+i_1-i_2-r \tag{5-14}$$

式中：H——实测高程；

H_0——测站高程；

S——测量的斜距；

α——垂直角；

K——折光系数，取 $K=0.15$；

R——地球半径，取 $R=6\ 372\text{km}$；

i_1——仪器高；

i_2——棱镜高；

r——索股半径，取 $r=34\text{mm}$。

西南交通大学监控组提供的报告中指出，温度变化及塔顶偏位变化对控制高程计算的影响如表 5-5 所示。

温度变化及塔顶偏位变化对控制高程计算的影响　表 5-5

影响量＼位置 影响因素	南边跨中点	中跨中点	北边跨中点
温度变化(mm/℃)	32.85	38.21	32.93
塔顶偏位(mm/mm)	4.86	2.04	4.87

实测温度的精度取±0.2°C，塔顶偏位的测量精度取±5mm，运用误差传播定律，结合表 5-5给出的影响系数，计算得各部位控制高程的计算误差。

(1)南边跨控制高程误差为：　$m_{南}=\pm25.2\text{mm}$

(2)中跨控制高程误差为：　$m_{中}=\pm12.8\text{mm}$

(3)北边跨控制高程误差为：　$m_{北}=\pm25.2\text{mm}$

根据单向三角高程测量精度计算公式，南、北边跨及中跨实测高程的测量精度为：$m_{测}=\pm10\text{mm}$。

根据误差传播定律，可计算出两边跨及中跨高程之差的误差。

(1)南边跨高程之差的精度为：　$m_{南}=\pm27.1\text{mm}$

(2)中跨高程之差的精度为：　$m_{中}=\pm16.2\text{mm}$

(3)北边跨高程之差的精度为：　$m_{北}=\pm27.1\text{mm}$

由此可见，控制高程与实测高程之差的精度在不同部位是不同的。要判断基准索股是否符合设计要求，必须顾及各项测量误差的联合影响。如果各周期的测量成果变化幅度小于上述误差，我们就可以认为基准索股是稳定的。

通过四天的观测，南边跨控制高程与实测高程的最大变化量为 20mm；中跨控制高程与实测高程的最大变化量为 10mm ；北边跨控制高程与实测高程的最大变化量为 8mm ；其变幅均满足＋40～－20mm 的主缆架设的精度要求。观测成果表明：南边跨实测高程与控制高程之差平均值为＋14.6mm；中跨实测高程与控制高程之差平均值为 11.1mm；北跨实测高程与控制高程之差平均值为＋10.1mm 。可见，稳定观测成果与基准索股初调预编高差是一致的。其所以考虑预偏高量是因为主缆架设的正误差允许值大于负误差。上、下游索股的相对高差变化量：南边跨为 2mm，中跨为 3mm，北边跨为 4mm ，均满足设计提出的±10mm 的要求。

由于基准索股将作为一般索股架设的参照基准，对其线形的要求比一般索股严格。当基准索股的垂度在第一天调整好以后，由于一些因素的影响，线形可能会发生变化，因此应在其后的夜间气温稳定时进行多次观测，一般要通过连续三个晚上的观测，确认线形符合要求后

(绝对误差为－20～＋40mm,上下游索股相对垂度限差为10mm),将连续三个晚上观测的数据经算术平均后作为基准索股的最终线形。

2. 一般索股定位测量

除基准索股以外的索股称为一般索股。一般索股的架设是在基准索股架设调整完成后进行的,它的调整是通过测其与基准索股的相对垂度来实现的。

一般索股的调整同样要求在风速较小、温度稳定的夜间进行,调整方法、调整的顺序与基准索股相同。一般索股相对垂度的测量采用相对垂度法,即使用水准尺及钢板尺测定基准索股与待调一般索股的高差,并以基准索股为基准来调整一般索股,按先中跨后边跨的顺序,纵向移动索股在鞍槽内的位置,来达到垂度调整的目的,直至相对误差为0～＋5mm以内,最后调整锚跨张力。由于待调索股位于群体索股之上,因此,待调索股的温度一般低于群体索股的温度,调整时必须考虑两者之间温差的影响。

已调整好的索股在各鞍槽内必须及时采用硬木块填压,必要时在鞍槽上部施以千斤顶反压索股进行固定,防止已调整索股在后续索股架设和调整过程中发生移动,一旦发生此类情况,应查明原因,并采用相应的措施处理好后,才能进行后续索股的架设。

在一般索股架设期间,应根据监控的要求,定期复测基准索股的绝对垂度,以检查基准索股的垂度是否在后续索股的架设中发生了变化,在必要时再增加基准索股的设置。

二、索夹定位测量

1. 定位方法

索夹的定位在悬索桥施工中是相当重要的一环。索夹的位置准确与否将影响到结构的受力状态。因此,在施工过程中必须采取最佳的测量放样方法,精确地放样出各个索夹的位置,以确保索夹位置满足设计要求。索夹的安装定位按下列步骤进行。

(1)恢复主索鞍顶部几何中心

主缆紧缆完成后,在夜间气温稳定时,利用地面控制点对四个主鞍上的中心点的三维坐标进行精确测定,利用测得的各个索鞍中心点坐标反算出三跨跨径,作为施工放样的初始数据,同时,主索鞍的四个中心点作为索夹放样的控制点使用。

(2)索夹中心位置计算

索夹中心位置的计算一般由设计组根据工程的具体情况确定。由于日照、气温等的变化对索塔的偏位、主缆的扭转有影响,因此,在实际放样时,应根据放样时的具体情况,对设计组所提供的放样数据作适当的修正。为使放样工作顺利进行,可根据现场情况预先计算好代表性的数据,在现场根据实际情况作线性内插即可。跨径变化对里程的修正如下:

$$S_{修}=S_{计}\times\left(1+\frac{L_{测}-L_{计}}{L_{计}}\right) \tag{5-15}$$

式中:$S_{修}$——修正后的里程值;

$S_{计}$——计算的里程值;

$L_{测}$——实际测量得到的跨径;

$L_{计}$——设计计算的跨径。

(3)索夹的安装定位

索夹放样时,将两台全站仪分别架设在同一岸的两个塔柱顶上,以对岸塔柱顶控制点作为后视方向，两台仪器同时对两个主缆的跨中点进行施测，精确测放出中央索夹的位置。然后，两台仪器同步分别由跨中向两岸进行其他索夹位置的放样。放样时，首先在索夹位置放样出主缆中心线，再用量距法定出吊索中心线与主缆中心线的交点，同时采用量距法确定索夹两边缘的位置，对确定的位置进行现场标定。

2. 误差分析

索夹定位过程中，主要受下列误差的影响。

(1)气温的影响

气温的影响主要包括两个方面：

①气温变化对索塔偏位的影响。它直接影响主缆三跨的跨径。

②气温对主缆长度的影响。由于跨径、主缆的长度对索夹的位置及索夹的倾斜角有一定的影响，因此，在实际放样索夹时，应精确测定主塔的中心坐标和主缆的温度。

由于主缆的表面温度和中心温度一般不一样，因此，应根据实际情况对主缆表面温度进行一定的修正。另外，根据修正后的温度再对设计坐标进行修正。

(2)风的影响

在实际放样的作业过程中，由于风的作用，常常是主缆产生明显的摆动，使主缆偏离设计轴线位置，从而使主缆天顶线的放样产生一定的误差。因此，在放样时，应尽量选择在无风的条件下作业。但是，实际上无风的天气是很少的。为了满足工期的要求，在有风时，可采用主缆分中法确定主缆的天顶线，即：利用专门的夹具和水平尺，先找出主缆的天顶线位置，再利用测距的方法将其定位。

(3)测量过程的误差影响

索夹的定位一般采用精密测距仪和钢尺进行，这些仪器设备在测量过程中都会存在一定的误差，但由于目前仪器设备都比较先进，精度也很高，因此，这部分误差相对较小，一般能控制在±2mm 以内。

3. 放样数据计算

主缆紧缆完成后，根据实测出的主缆线形、主散索鞍间的实际里程以及跨径作为索夹位置计算的初始数据，供设计组计算索夹坐标和吊索长度。

在索夹放样之前，先根据设计组提供的索夹位置，进行放样数据的计算。放样数据主要包括三部分内容：

(1)吊索中心线与主缆中心线交点在空缆状态下的坐标。

(2)吊索中心线与主缆天顶线交点的坐标计算。

(3)吊索中心线与主缆天顶线交点到索夹两端的距离。

由于主缆在各个位置的倾斜角不同，因此，天顶线交点到索夹两端的距离在不同位置是不相同的，其计算公式为：

$$L = S \pm R \times \tan\alpha \tag{5-16}$$

式中：S——索夹中心到两端的距离，高端取“－”，低端取“＋”；

α——空缆状态下主缆的水平倾角；

R——空缆半径。

4. 结果检核

依据设计组提供的《索夹放样参数计算报告》，施工单位选择合适的时间进行索夹位置的放样工作，测量中心对此放样结果进行了一次全面检查，检查内容主要为索夹的相对位置和索夹各节段的对称性。

(1)相对距离法检查

该方法主要检查同一主缆上各索夹之间的相对距离，以实测距离与设计距离进行比较，从而评定索夹定位的精度。相对距离法检查采用精密全站仪 TC2003 进行，将仪器架设在塔顶控制点上，先对中央索夹的位置进行检查，然后，从中央索夹开始分别测量出各索夹到塔顶的水平距离。由于各索夹之间的距离较短(一般在 30m 以内)，各边长的投影改正很小(在 1mm 以内)，因此，观测边长不再作投影改正。另外，由于只比较索夹之间的相对位置，因此，塔柱位移和温度变化的影响也可看做系统性差异而不作改正。

检测工作为晚 10 时至次日凌晨 5 时，当时气象条件一般，风力为 4～5 级，有薄雾，气温为 10～16℃。检测结果表明，实测值与理论值之差均在设计要求的范围以内，放样结果达到了设计的精度要求。

(2)节段对称性检测

对称性检查指同一节段上下游索夹的间距应相等，且南北两侧相同节段的距离也应相等的检查。该项检查采用钢尺量距法进行，即利用鉴定过的钢尺，分别丈量四个索夹之间的距离，同时利用三角高程测定各索夹之间的高差，以便将斜距化为平距。由于钢尺量距的精度相对较低，另外，在丈量过程中主缆有一定的摆动，因此，该项检查的结果仅作参考。从检测结果看出，各节段的互差基本都在 2cm 以内，有理由认为索夹各节段的对称性良好。

5. 结论

从以上的分析讨论可以得到以下结论：

(1)索夹放样是悬索桥施工过程中相当重要的一个环节，其定位精度直接影响到大桥的运营和质量，测量人员应给予高度的重视。

(2)索夹放样时主要受温度和风的影响，因此，应选择合宜的天气条件进行施测；另外，还应根据实际情况对温度等影响进行适当的改正。

(3)润扬大桥悬索桥索夹放样所采用的方法简便、可靠，满足了设计要求，对同类工程有一定的参考价值。

(4)采用相对距离法检测索夹的定位精度方便快捷、精确可靠；同时，该方法也可作为索夹放样的一种有效的方法。

第六节　桥面架设测量

本节以润扬大桥斜拉桥为例，介绍桥面架设测量工作的主要内容。

一、施工控制网的布设

为实现成桥目标的有效监控，施工控制网的布测方案应从施工现场实际情况出发，在满足主梁线形测量精度要求的前提下确定，使控制点既有足够的精度，又较稳定，并能简便地开展主梁施工测量。

1. 平面施工控制网

在斜拉桥的附近,已布设了控制点6个,但其通视条件等受施工的影响较明显,为方便地进行桥面架设,同时保证桥轴线的精度,需增设部分测量控制点。根据现场的实际情况,在设计的桥梁中心线及其延长线上,增设QA14、QA13和Q9三个互为后视的控制点。QA14、QA13控制点分别位于13号、14号墩0号块A梁段顶面,并位于桥梁中心线与14号、13号墩中线交点附近;Q9控制点位于北引桥上游侧9号墩上方混凝土箱梁顶面上(设有固定支座)。

新增设的三个控制点,首先用TCA2003全站仪精密放出点位,并建造强制对中的观测墩。随后把它们与长江两岸上已有的施工基本控制网点相连接,构成边角网(图5-16),利用TCA2003全站仪观测边长和水平角,最后,采用控制网平差软件计算新增设点的坐标。平差结果显示,三个新增设点的桥轴坐标系横坐标相同,它们位于同一直线上,仅偏离桥梁中心线+2mm;三点的点位中误差≤±2mm,最弱边相对中误差为1/234 000,成果质量优良。

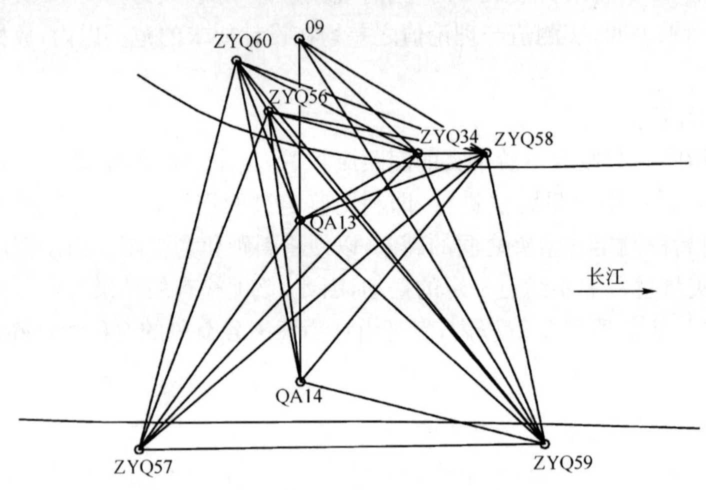

图5-16　平面控制网示意图

由于新增控制点位于桥墩上,有发生位移的可能,因此,在完成平面控制网布测后,分别在14号和13号墩的上、下游索塔人洞内设置辅助点,精密地测定它们的平面坐标。在平时施工测量过程中,只要在QA14、QA13控制点上设测站,检测本墩上两个辅助点的距离和方位,便可算出QA14、QA13控制点的检测坐标,从而检查控制点位置有无变动。另外,根据QA14、QA13和Q9三点成一直线的几何关系,还可检核施工测量定向的准确性和控制点的横向位移。

2. 高程施工控制网

高程施工控制网的布测与平面控制网同步进行。其中,在大堤上的6个平面控制点的基础上都埋设有水准标点,通过与两岸工作基点的联测可以得到各水准标点的高程。为便于施工放样,水准测量时还联测了各观测墩的墩面高程。水准测量采用国家二等水准测量精度要求实施,并尽可能组成闭合路线。

由于Q14、Q13位于约30m高程的塔柱承台上,水准测量十分不便,因此,采用精密三角高程测量方法测定其高程。为确保三角高程测量的精度,测量作业过程中采取了下列措施:

(1)上述两个控制点与南北岸二等水准点构成三角高程网,每个点与水准点不少于3个方向的连接。

(2)三角高程测量采用两个时段、往返测、两高程的测量方法,即每条三角高程边必须有上、下午两个时段的观测结果,每条三角高程边必须进行往、返观测,往(返)观测时必须观测两个高程。

(3)采用严格的限差要求,以保证测量成果的精度。主要限差有:单向观测两高程的高差之差不大于±5mm;往、返测高差之差不大于±8mm;两时段高差之差不大于±5mm;三方向交会的高程之差不大于±3mm;环线闭合差不大于$\pm 4\sqrt{L}$mm。

为保证控制点的稳定可靠,并保证控制基准不受破坏,在测定了Q14、Q13控制点的高程后,用钢尺导入法把控制点的高程传递到上游索塔人洞内,并设置水准点BM14上和BM13上。又在14号和13号墩下游索塔的江、岸两侧塔壁上,分别设置BM14江、BM14岸和BM13江、BM13岸水准点,并精密测定它们的高程。上述六个水准点和先前在12号、15号过渡墩墩身顶上设置的水准点,就作为主梁施工测量的高程控制依据。由于在同一个塔墩上有三个水准点,它们构成一个闭合水准环,根据环线检测高差的闭合差,可以考查检测高差的观测质量,同时通过各段检测高差与原测高差的差值,就可分析和判断各水准点的稳定性。

二、钢箱梁安装定位测量

在主梁安装施工中,为了使每块梁的平面位置不发生平移和旋转,最终实现在桥梁中心线方向上准确合龙,应使每块梁的顶面中线与桥梁中心线重合,顶面前后端的上、下游对称点里程相等,即相邻梁段拼装接头的转角为零。为了使主梁按设计的高程线形方向准确合龙,应使每块梁顶面的上、下游对称点的高程相等(即梁段不发生侧面倾斜),并与设计高程相符。

1.0号块梁段安装的控制

13号、14号墩的A梁段,是主梁安装的基础梁块,其顶面中线、里程和高程,对主梁正确合龙有重大影响,因此,A梁段安装是个关键性的环节,必须从严控制。设计单位根据主梁设计的基准温度、合龙预期温度和中跨长度等因素,确定13号、14号墩A梁段底面中心,在桥梁中心线方向上向江侧预偏的位移量为20mm。

在北汉斜拉桥采用的桥轴坐标系中,A梁段顶面中心的纵坐标理论值,就是顶面中心的里程理论值。因此,安装13号、14号墩A梁段时,梁段顶面横轴线上的上、下游对称点里程,应以上述相应的理论值控制,并力求控制在里程允许偏差±4mm的一半之内。

A梁段的安装定位主要采用大堤上的控制点进行,这样一方面有较高的放样精度,另一方面有稳定可靠的测量基准。测量方法主要采用坐标法测设,并用其他的控制点进行检核。

为保证A梁段定位的准确可靠,在初步定位完成后,需对该梁段的四个角点进行检测。检测是在14号墩A梁段顶面中心处设测站,用TCA2003全站仪测定该梁段的四个角点和中点的坐标,通过反算距离,确定标设点的轴线偏差或里程偏差。因测站点离照准点很近,为了减弱棱镜对中杆倾斜误差和测距仪发光管相位不均匀误差的显著影响,以提高测量精度,在检测前,检校了棱镜对中杆的圆水准器轴,棱镜用圆环遮盖减小其面积,实施"中心光"测距。

13号、14号墩0号块的B、C梁段平面位置定位,是分别在施工控制网点QA13、QA14上设站,互为后视,并用Q9点检查定向准确后,用正倒镜投影法标出投影中心点的位置,量取该点至轴线标设点(冲眼)的距离,并顾及定向线偏离桥梁中心线+2mm给予修正,从而确定安装梁段前、后端中线点的轴线偏差。

0 号块箱梁安装完成后，经过实测，A、B 和 C 梁段的轴线偏差在 0～3mm 范围内。

2. 标准梁段（D、H 型梁段）的安装测量

由主梁设计图可知，施工控制点至标准梁段的中线观测点最大距离约 200m，照准目标成像较清晰，可采用正、倒镜投影方法测定安装梁段的轴线偏差。但因桥面吊机遮挡了桥梁中心线方向，须先后在上下游两侧的 Q′13（或 Q′14）、Q″13（或 Q″14）控制点上设测站，间接地测定安装梁段的轴线偏差，然后取它们的中数作为测量结果（图 5-17）。

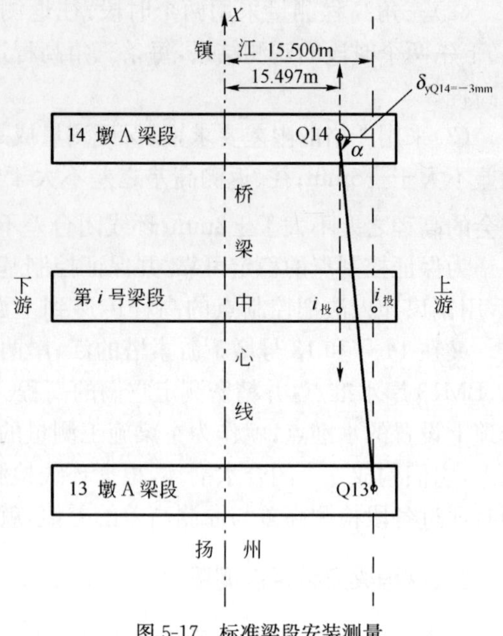

图 5-17　标准梁段安装测量

在上、下游两侧设置的施工控制点，一般不会准确位于距桥梁中心线 15.5m 处，而存在横向偏差，测量轴线偏差时，须顾及其影响修正测量结果。当从上、下游侧实测的轴线偏差互差不超过允许值时，取它们的中数采用。超限时则应重测。

为控制相邻梁段拼装接头的转角，对安装的标准梁段进行平面位置定位时，还须在上、下游两侧的控制点上设测站，分别测定该梁段上、下游对称观测点的里程。因里程的实测值与理论值之差的限值为±4mm，故上述两对称点里程之差应≤8mm。

3. 桥面线形控制测量

桥面线形控制测量，由 C1 标项目部和河海大学检测组同步实施，并互相校核观测成果质量。每块梁段的安装施工，依据设计单位监控组给出的四个受力工况（0 号块梁段还外加拆除主梁临时支撑工况）相应理论高程进行控制。高程控制的允许偏差，在梁段定位工况中，定位梁段为 10mm，其他梁段为 30mm；在斜拉桥第一次张拉、桥面吊机前移到位和斜拉索第二次张拉等三个工况中，张拉梁段为 20mm，其他梁段为 30mm。

线形控制测量采用几何水准测量方法，按国家二等水准测量精度要求实施。观测是在温度场相对稳定的时间段内进行，一般是夜间 21 时至次日清晨日出前。

对于 A 梁段的高程定位，在梁段吊装前，临时锚固垫石用砂轮精细磨平，垫石顶面的高程和平整度偏差，都控制在 1mm 范围内。在 A 梁段精密定位时，先检校水准仪 i 角，使其≤6″。又检测了梁段顶面上各高程观测点标志的高度，误差为±1mm，符合要求。

0 号块各个梁段，有两个显著的特点：一是长度很短，只有 8m 和 9m，二是 A 梁段有 8 个临时支座锚固，B、C 梁段有墩旁托架支撑，它们比悬拼的标准梁段稳定。因此，0 号块的 A、B 和 C 梁段，在定位和其他工况中，可以在 A 梁段顶面中心处设测站，使用精密水准仪按轴杆头水准测量的方式进行观测。

由于 0 号块梁段有临时锚固和托架支撑而比较稳定，又在气温均匀的环境中进行水准观测时，即使气温变化 4℃，对于 3m 的梁高，梁段的高度位移量只有 0.1mm，数值本身就小，而 C1 标项目部和河海大学检测组对各点观测的顺序正好相反，它相当于水准观测对中央时刻呈对称，该高度位移误差还可抵偿。因此，仪器脚架和高程标志点的垂直位移误差将很小。由此

可见，采用轴杆头水准测量方式观测是可行的，它使水准观测变得简便，又能保证观测高程精度。

为了减小仪器误差影响，在标准梁段安装施工期间，水准仪每隔15d检校 i 角一次。考虑到采用轴杆头水准测量方式观测时，测站至相邻两个高程观测点的视线长度有较大的差异，限制检校的 $i \leqslant 6''$。

三、主梁合龙控制测量

1. 边跨合龙的控制

边跨主梁安装的特点，是在主塔墩受临时锚固约束，在过渡墩处于自由状态，其中位于支架上的13号～10号梁段，先向岸侧推移30cm后焊成整体，待安装边跨合龙梁段时，再使其复位并调至符合设计要求。因此，边跨合龙不会有很大的难度。

在边跨主梁安装施工中，按设计要求做了严格监控测量。安装邻近合龙口梁段的测控结果：北边跨NA7～NA9和NA10～NA13梁段，轴线偏差为0～3mm，上、下游对称点里程之差≤4mm；南边跨SA7～SA9和SA10～SA13梁段，轴线偏差为0～4mm，上、下游对称点里程之差≤4mm。根据在堤岸基本控制点上设站检测校核，上述数据准确可靠。

为了防止各相邻梁段焊缝宽度的偏差系统积累过大，力求合龙时的边跨长度与设计长度相符，安装边跨各梁段时，用检定过的钢卷尺量距确定其里程，然后顾及它对设计里程的偏差值大小，适当地调整和控制焊缝的宽度。

南、北两边跨合龙时，在堤岸基本控制点上设测站，测量南边跨SA13梁段南端面的平面位置，轴线偏差为0mm，上、下游两侧角点里程之差为1mm；测量北边跨NA13梁段北端面的平面位置，轴线偏差为2mm，上、下游两侧角点里程之差为3mm。上述数据表明，主桥两端平面位置的状态良好，足以保证与引桥正确连接。

在测点高程控制方面，7号梁段安装完成后，7号与10号梁段相隔的距离<45m，满足了精密水准观测视线长度的要求。为此，由边跨主梁的南、北两端，分别用精密水准测定7号梁段上同一测点的高程，以检查监控观测高程的质量，同时也达到检测主塔墩和过渡墩上水准点的目的。检测结果，水准点无明显位移，测点观测高程可靠。

在安装8号和9号梁段时，为了缩短水准观测路线长度，以提高观测高程精度和工作效率，测点的高程测量，均从过渡墩上水准点起测。

合龙口两侧的9号和10号梁段测点间的高差，在合龙前通过调整岸侧9号索的索力，使其满足设计要求，从而保证合龙梁段与其相邻梁段，在高程线形方向上平顺接合。

2. 中跨合龙的控制

安装中跨主梁的特点，是中跨主梁的两端，在塔墩处均受到临时锚固约束。尽管在安装0号～13号梁段中，已根据设计要求严格监控，但它们的平面位置和高程的偏差综合影响，最终从合龙口的状态上表现出来。因此，在外界不同的天气和气温环境下，对合龙口状态进行48h动态监控测量，并根据测量结果选择合宜的合龙时间，确定合龙梁段切割的尺寸和体形，使其在合龙时与合龙口相吻合，就成为中跨合龙梁段顺利安装到位的关键。

为了全面反映出合龙口的状态，监控测量的项目应包括箱梁悬臂端上缘之间和下缘之间的水平距离，箱梁悬臂端上、下缘铅垂线之间的水平差距，箱梁悬臂端受日照影响产生的旁向弯曲(表现为合龙口的水平距离和轴线偏差发生变化),合龙口两端的高差。因为钢箱梁的胀缩受气温影响十分显著,在测量过程中,必须精密和准确地测量温度。

根据设计要求,测点布置的位置,在箱梁顶、底板的两端,箱梁中线处和与箱梁中线呈对称的纵隔板处,见图 5-18a)。它们在 NJ13、SJ13 梁段顶板上相应的位置,见图 5-18b)。

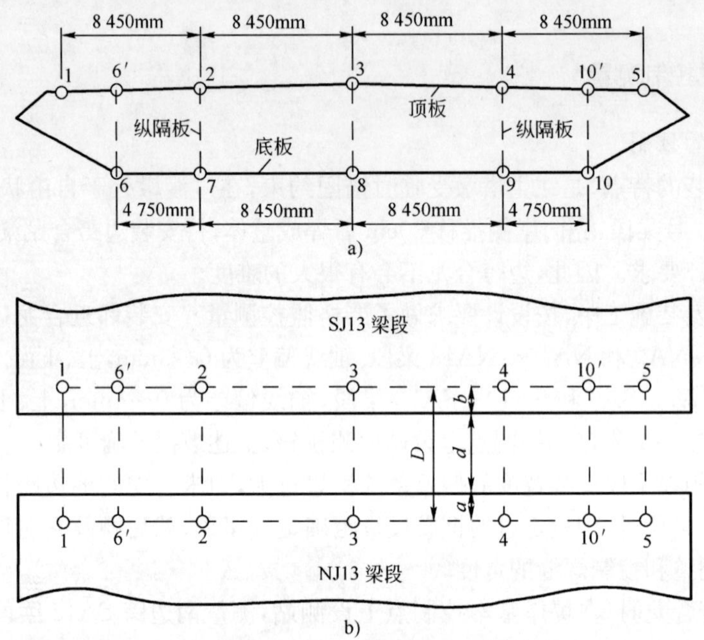

图 5-18　中跨合龙段控制点布置示意图

在 NJ13、SJ13 梁段顶板上 5 对测点的设置,是用 TCA2003 全站仪,以桥梁中心线为基准,按方格网放样方法标定,再用钢卷尺量距校核。在 1、5 两个测点的连线上,按图 5-18a)注记的尺寸,设置出附加测点 6′和 10′。顶板测点 6′和 10′分别与底板测点 6 和 10 在同一铅垂线上,用来测量箱梁悬臂端在 6 和 10 处的上、下缘铅垂线之间的水平差距。上述测点到顶板上缘的距离约为 0.6m。

底板上 6、7、8、9、10 等测点的设置,是用 TCA2003 全站仪,以极坐标法,将顶板上 6′、2、3、4、10′测点,分别沿铅垂线方向投影到底板上设出。这些测点位置,用不同测站投影法校核。

合龙口的动态监控测量,共测量 36h,前 24h 为小雨转阴天气,风力 4～5 级,温度为 4.0～6.8℃;后 12h 为白天,多云转晴天气,风力 3～4 级,温度为 0.1～7.2℃。

D、a、b 等距离测量(图 5-18b),采用钢卷尺丈量法,量距时钢卷尺用 10kg 拉力引张。轴线偏差测量,使用 TCA2003 全站仪,采用正、倒镜投影法。合龙口两侧的高差,使用 NA2 水准仪,采用水准测量方法测定。距离和高差每隔 2h 测量一次,每次测量始、末读记温度。

主梁设计的坡度,在合龙梁段处为 1.35%,对于 6m 的短距离,斜距和平距之差仅为 0.5mm,即将斜距视为平距不会影响距离 d 的计算精度。因此,箱梁悬臂端上缘之间和下缘之间的水平距离计算公式为:

$$d_i = D_i - a_i - b_i$$

式中:对于上缘之间水平距离,i=1、2、3、4、5;对于下缘之间水平距离,i=6、7、8、9、10。

又箱梁悬臂端上、下缘铅垂线之间的水平差距,为箱梁顶板测点至悬臂端上缘距离,与在同一铅垂线上的箱梁底板测点至悬臂端下缘距离之差，见图 5-19。

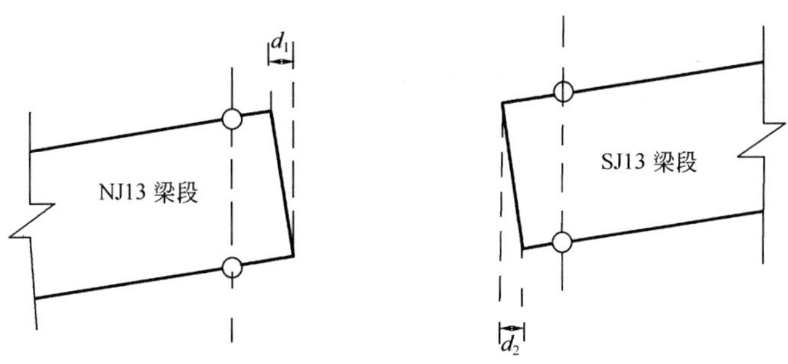

图 5-19　中跨合龙测量

中跨合龙于 2003 年元月 28 日 9 时 45 分开始，10min 便顺利完成合龙梁段的起吊就位。合龙时，合龙梁段两端的轴线偏差为 1mm 和 5mm；焊缝处相邻梁段的高低差≤3mm；上游和下游侧的梁段两端高差观测值与设计值之差为 5mm 和 6mm。

第六章　桥梁工程竣工测量

第一节　概　　述

工程建设项目竣工验收时所进行的测量工作称为竣工测量，其主要目的是根据控制网点测定已有建筑物的实际位置以及部分建筑物的几何形体，以检验施工质量，为工程的验收、决算、维护等工作提供依据。

竣工测量的成果主要包括：竣工总平面图、分类图、辅助图、断面图以及道路曲线元素、细部点坐标、高程明细表等。它们综合反映工程竣工后主体工程及其附属工程的现状，是今后工程运营管理和维护所必需的基础技术资料，也是工程改建、扩建设计的依据。

竣工测量随各阶段施工的完成而陆续进行，并对已建成的建筑物作最终测量。为此，要特别注意在基坑和管沟回填土之前进行地下管道、电缆、电信路线网和基础等隐蔽工程的测量。

实测竣工总平面图时，对于主要建筑物的轮廓点、地下管线的起终点、交叉点、转折点、分支点、窨井中心、道路交叉点等重要地物的细部点，可用解析法测算其坐标。对于建筑物室内地坪、散水坡脚、给水管管顶、排水管管底、窨井底、地沟底、道路变坡点等，可用水准仪测定其高程。凡无需测定细部点坐标的各种建筑物、道路等可图解其位置。桥梁工程竣工测量的主要内容包括：

(1)竣工总平面图。

(2)全桥贯通测量。

(3)墩台竣工测量。

(4)塔柱竣工测量。

(5)锚体竣工测量。

(6)桥面竣工测量。

(7)静、动载试验测量。

竣工总平面图的编绘一般采用建筑坐标系统，其坐标轴应与主要建筑物平行或垂直，图面大小要考虑使用与保管方便，使之尽可能绘制在一幅图纸上。竣工总平面图一般包括：比例尺为1∶1 000的综合平面图和管线专用平面图，以及比例尺为1∶200～1∶500的独立设备与复杂部件的平面图。对于小型的工程建设项目，最好能编绘一种比例尺为1∶500的总平面图来代替前两种比例尺为1∶1 000的平面图。对于大型工程应编绘比例尺为1∶2 000～1∶5 000的不同颜色绘制的综合总平面图。

竣工测量应尽可能使用先进的测绘仪器和方法进行，以提高作业效率和测绘产品的质量。

第二节　竣工图测绘

一、目的

工程竣工测量是真实反映施工后建(构)筑物实际位置的最终表现,也是为后续阶段设计和管理的重要依据,特别是地下管线因具有特殊性,如在施工过程中不及时测定其准确位置,将为今后的测量、管理带来困难,因此,在施工中应及时测定地上和地下各个工程的准确位置。按我国建设工程的实际情况,竣工测量的任务主要有:

(1)在新建或扩建工程时,为了检验设计的正确性,阐明工程竣工的最终成果,作为竣工后的技术资料,就必须提交出竣工图。如为阶段施工时,则每一期工程竣工后,就应做出该期工程的竣工图,以便作为下期工程设计的依据。

(2)旧工程扩建和改建原有工程时,必须取得原有工程实际建(构)筑物的平面及高程位置,为设计提供依据。

(3)为满足新建工程建成投产后进行生产管理和变形观测的需要,也必须提出工程竣工图。

二、特点与原则

竣工图是对已有工程和新建工程阶段竣工或全部竣工后进行实测或编绘而成的。它不但与勘察和施工阶段的测量工作有关,而且与设计、施工和生产管理也有着密切的关系,因此具有它自身的特点。例如,勘察阶段的大比例尺地形图测量,其测点的密度、精度及地形地物的取舍等,是随地形图的比例尺大小而异,而竣工图的施测精度则是以解析数据为依据进行计算的,因为竣工图上所有建(构)筑物(包括地下和架空的各种管线),其主要特征点均以解析法测量其细部坐标来表示它的平面位置,故竣工图的精度应以细部坐标点的测量中误差来确定,而不取决于测图比例尺。测图比例尺的大小仅解决图纸负荷和设计使用方便问题,不作为测图精度的依据。就目前数字化成图而言,按规范要求施测碎部点,其精度均可达到竣工图所要求的精度,难于掌握的是地形、地物的取舍等问题。

此外,竣工图还具有测图内容繁杂,以及根据不同用途而采取不同的技术措施等特点。例如,竣工图的图上数据有不同的注记要求,还有各种分图和专业图以及细部点成果资料等。

施测竣工图时,必须考虑以下几个原则。

1.控制测量系统应与原有系统保持一致

进行竣工图测量,首先应考虑使用原有的控制测量系统(或将原有的控制测量系统恢复起来),以便使用原有已积累的测量、设计与施工的大量图纸、资料,保证图纸资料能前后衔接使用,使生产管理和改建、扩建工程形成统一体。若确实没有条件使用原有控制系统时,如原有图纸、资料不能继续使用,工程原有控制点已毁或测量成果丢失,此时应重新建立新的控制测量系统,重测全部竣工图,以供生产管理之用。

2.测量控制网必须有一定的精度标准

从工程勘察阶段开始,就要建立一个符合施测竣工图精度标准的控制网,同时还要考虑到施工放样的要求,因为它直接影响到建设的质量。这个精度标准在规范上已有规定,但也可以按建设的实际需要来确定。

3. 充分利用已有的测量和设计资料

在施测竣工图时，对已有的测量和设计资料应充分搜集，经过分析、检核、整理后加以利用，如勘测的地形图、控制成果，施测的细部坐标点、高程点以及设计中的各种要求等，均可适当利用。由于施测竣工图的要求不同，可按需要有针对性地分别施测，决定取舍。非主要建（构）筑物，可不测其细部点坐标。有些专用竣工图，主要内容要详测，次要内容可简测。同时还要根据设计者或用图者的意图和需要，从实际出发拟定合理的施测技术要求和方案。

三、内容与要求

1. 内容

竣工图的图面内容相当复杂，不但要表示出地面、地下和架空的各建（构）筑物的位置和一般地形、地物情况，而且还要在图上表示出所测细部点的坐标、高程及各种元素。有时 1∶500 比例尺图也难以容下，必要时，可作更大比例尺的辅助图或分图。下面就桥梁工程竣工图为例说明各辅助图或分图的用途和分类。

（1）现状标准图

它是反映工程现状的总图，包括墩台、塔柱、锚体、道路、高架桥、管线、房屋及其他附属设施等的平面和高程位置；并标明重要建筑（构）物的细部点坐标、高程及各种设备元素和特征；还要表示出一般地形、地物情况。该图可按实际需要决定取舍，以实用和保持图面整洁为原则。

（2）辅助图

它是工程现状标准图的附件，在工程局部图面负荷过重，线条、注记、符号、数据等过多的地方，为了清晰表示，以比例尺 1∶100 或 1∶200 标出。对于 1∶500 比例尺现状图，一般不作辅助图。

（3）剖面图

有时为了表示地下管线和一些建（构）筑物地下埋设部分的情况，应绘制专门的剖面图。它也是现状标准图的附件。

（4）专业分图

在大型工程中，为适应设计和施工管理的需要，还要求分别绘制专业分图：上、下水管道图，工程管网图，输电线路图（包括地下电缆）。其内容除将主要的建（构）筑物等标出其位置和轮廓外，最重要的是把专业所需要的管线或线路位置、细部点坐标及高程，各种元素、方向、材料、管径、设施等详细表示和注记出来，与本专业无关的线路、地形地物可舍去，使图面简化，突出专业的需要。

上面叙述的工程竣工图测量内容和基本要求是按模拟法测图要求讲述，如果使用数字地图作为竣工图的最终产品时，由于在测图和编辑成图时是分层绘制，上面所说的辅助图、专业分图均可在厂区标准图中分离出来，输出时，可以按地物地形类别分层输出各种专题图，也可以分幅或局部输出、比例放大或缩小输出、多幅合并输出等，达到一测多用、一图多用的目的。

（5）技术总结报告和成果表

在施测竣工图过程中，同时还要分类编绘细部点施测一览表，以及控制点、细部点坐标和高程成果表；表示出各种所需要数据及元素，并绘制草图。现状图施测完毕后，还要提出总结报告，说明施测方法、技术要求和达到的精度，以及详细程度和分类情况等。

2. 要求

竣工图的图幅大小，主要取决于实际需要。对于实测而言，一般采用 $50\times50\text{cm}^2$ 的图幅面积。如果使用数字化测图，可先按片成图，再按标准 $50\times50\text{cm}^2$ 出图。

确定竣工图比例尺主要应考虑图面负荷、用图视读方便及图解精度。一般与设计总平面的比例尺一致，由设计人员在任务书中提出。

竣工图的坐标和高程系统，应保持原有控制测量系统，在不得已的情况下，可重建控制网的坐标和高程系统。

竣工图的精度是以细部坐标点和细部高程点的精度来衡量的，应满足工程建设和管理的需要，它不取决于竣工地形图比例尺的测绘精度。表 6-1 为《工程测量规范》所规定的细部点坐标与高程位置中误差。

细部点坐标与高程位置中误差　　表 6-1

名　称	细部点坐标中误差(mm)	细部点高程中误差(mm)
主要建筑物、构筑物	±50	±20
一般建筑物、构筑物	±70	±30

四、总图编绘

1. 资料来源

总图编绘的资料来自三个方面：

(1)数字化的设计图。这种图所依附的绘图软件大多都有分层功能，各种专业图都是分层表示，在各层之间可进行复制、重叠、剪切、删除等编辑，编绘时可根据需要进行取舍、增补、修改，这种图可作为编绘竣工图的底图。

(2)旧有的白纸图。这部分资料的坐标若与设计图坐标一致时，可进行扫描矢量化装入竣工图的底图中，再经进一步取舍、增补、修改后进入相应的图层中。如若这部分资料的坐标与设计图坐标不一致时，需要进行坐标转换。

(3)在施工过程中，通过复测检查及竣工时的实测，提交的施工放样检查和竣工资料。这部分资料可直接装入竣工图的底图中，对原设计图进行修改。规定里面提到的各种剖面图，则需要实地测量，单独绘制。如果所有资料均为白图纸图或聚酯薄膜图，此时则需要采用转绘的方法将有关的地形、地物、设计的建(构)筑物转绘至总图上。转绘时亦可采用扫描矢量化的方法。

在施工过程中根据竣工测量资料编绘竣工图的方法，比起工程建成后再实测竣工图的方法优越得多，它不但方便、经济，而且又有利于施工管理。从精度上讲，因是竣工后的实测数据，精度高而且可靠；从内容上来看，比较详细，不易出现遗漏现象，尤其是地下管线，在施工后未填土前就对起、终点，交叉点，转角点和井位中心等进行实测，最为有利和可靠；当完全建成后实测，则不具备此条件。

2. 底图的处理

总图底图是编绘总图的基本图件，以它为基础逐步编绘现状图(竣工图)。根据工程要求提供的竣工总图和各专业分图，将设计图按各专业分层处理，可用不同颜色表示。按坐标展绘出所有控制点的位置，同时按有关规定注记出各种设计元素，以不同颜色及符号表示。该项工作为下一步形成现状图即竣工总图做准备。

3.总图的形成

根据施工放样计划，将设计对象放样于实地。在施工过程中，通过复测检查及竣工时的实测，提交出施工放样检查和竣工资料。依此资料将各细部点的坐标和高程，以及各种必要的元素，展绘于施工总图底图上，即用实测数据代替原设计数据，修改原图上设计对象以及变化了的地形、地物等，由此而逐步形成现状图，最后经图面整饰，编辑着成多色竣工总图。

在编测现状图的同时，还必须对实测资料进行审核、整理，并分类编号。提出工程细部点施测成果一览表(或数据库)，作为现状图的附件存档，以资利用。有时，因受施工现场条件限制或其他因素，单靠上述资料尚难以满足编制现状图的要求，可在局部或全部竣工后进行实地补测工作。

第三节　全桥贯通测量

一、贯通测量

在桥梁墩台施工结束、主梁施工开始之前，应对全桥各墩台的中心位置及高程进行全面的精确测定，以求得各墩台的实际中心位置与设计位置的偏差，这一工作称为全桥贯通测量。贯通测量的数据将作为墩台主要的阶段性竣工资料。

当墩台实际位置与设计位置的偏差小于规范限差时，可直接利用设计数据进行主梁的施工；当偏差大于规范限差时，应根据偏差的实际大小，对墩台中心位置或主梁的尺寸进行调整，以确保墩台、主梁的架设和受力状态的安全。

贯通测量的主要内容包括：

(1)各墩台的实际位置和高程。

(2)墩台间的实际跨距。

传统的贯通测量方法主要有导线法和交会法两种。利用导线法进行贯通测量时，首先应在墩台顶部标出墩台的几何中心，然后，将各墩台几何中心点利用导线测量的方法测量出各点的平面坐标，并以此与设计坐标进行比较，求出偏差值。导线测量的精度应根据工程的规模及墩台的设计限差来确定。交会法测量主要有两种：前方交会和后方交会，该法也需要事先标定墩台的几何中心，并利用施工控制点交会测定中心的坐标。墩台的高程可采用几何水准测量或三角高程测量等方法测定。

由于目前全站仪的普遍使用，贯通测量可采用全站仪坐标法进行，即利用全站仪直接测定墩台几何中心的三维坐标。这种方法不仅速度快，而且精度高，是目前桥梁建设中普遍采用的方法。

由于墩台中心有时难以在实地标示(如空心墩)，这时只能采用解析法计算各墩台中心的平面坐标，即先测定墩台四个角点的坐标，再取其均值作为墩台的中心坐标。这种方法的测量工作量虽然较前述方法大，但由于其省略了测量和标示墩台几何中心的工作，其实际作业效率反而比前述方法高。另外，利用四个角点的测量数据可方便地计算墩台轴线的偏差，且测量数据的精度和可靠性都有明显的改善。

墩台间的跨距可利用测距仪进行实测，也可利用墩台中心坐标进行反算。在计算墩台跨距时，应将测量边长投影到设计的高程面上，以减小投影误差的影响。

二、连接测量

由于桥梁工程需与周边的道路工程连成一个有机的整体，而道路工程和桥梁工程一般不是同时施工，其测量控制网也是分别布设，且其施工测量的精度要求也不相同，这就可能在桥梁和道路的连接处产生偏差，使两者不能很好地连接。另外，当桥梁较长时，一座桥梁可能分成几个标段进行施工，这时，各标段之间也存在连接问题。为此，为了使桥梁工程成为一个有机的整体，并与周边公路很好地衔接，需进行连接测量。

连接测量的实质是坐标系统的统一性检查，常用公共点坐标法进行。该法的基本过程如下：

(1)在连接处的合宜位置标定一个点位。

(2)利用桥梁施工控制网测定标定点的三维坐标。

(3)利用道路施工控制网测定标定点的三维坐标。

(4)利用测得的两组坐标计算接线误差。

连接测量一般采用导线法进行，当距离较近时，也可采用坐标法进行。高程的连接测量一般采用几何水准测量方法进行。下面以润扬大桥为例进行说明。

1. 联测目的

润扬大桥南接线衔接处是 K1 标和 H2 标。K1 标施工测量按照南接线控制网进行施工放样，H2 标施工测量按照大桥控制网进行施工放样，两种控制网尽管都是采用 1954 年北京坐标系和 1956 年黄海高程系，但由于平面控制网起算点的精度为五秒级导线点，高程起算点为四等水准点，使用这种等级的起算点建立的不同施工控制网，可能会在 K1 标和 H2 标的衔接处产生一定的差异。

为了解具体的差异量，并能有效地在以后的施工过程中将其消除，需进行连接测量。

2. 联测方法

为达到上述目的，江苏省长江公路大桥建设指挥部组织 K1 标和 H2 标的有关人员，召开了南接线施工控制网联测协调会，对联测工作及要求进行了部署。

平面位置联测：K1 标施工单位采用支导线形式，按 I 级导线要求，以 L3—3 点和 B38 点为起算边，经过 LS1 点联测到 F11 点和 Z11 点。H2 标施工单位也采用支导线形式，以 Z10 点和 Z11 点为起算点，经过 LS1 点联测到 L3—3 点和 B38 点。

高程联测：K1 标施工单位采用附合水准路线形式，从 B39 点，经过 LS1 点联测 F11 点，附合到 B38 点上。H2 标施工单位采用支水准路线形式，从 F11 点 LS1 点，联测到 B38 点。

K1 标的平面测量成果以 L3—3 点和 B38 点为起算点，直接推算 F11 点、Z11 点的坐标；K1 标的高程测量成果，以 B38 点和 B39 点为高程起算点，推算 F11 点的高程。H2 标的平面测量成果以 Z10 点和 Z11 点为起算点，直接推算 L3—3 点、B38 点的坐标；H2 标的高程测量成果，以 F11 点为高程起算点，推算 B38 点的高程。

计算结果表明，两个标段在 LS1 点的高程衔接差异约 40mm，平面横向差异约 50mm。

3. 差异消除方法

K1 标使用的接线高程起算点比 H2 标使用的大桥高程起算点高约 40mm，这个差异与江苏省交通规划设计院所提供的差异一致，这种差异可在K1标施工放样时与大桥相接的200m范围，按路线长度进行线性调整（即放样高程应为设计高程减内插高程差值），即可消除这项差异的影响。

K1标所使用的平面控制点和H2标所使用的平面控制点存在近50mm的差异，这种差异不仅含有系统的相对偏移，还含有方位偏转。由于所使用控制点存在的差异对施工放样的影响复杂，采用以下方法进行消除。

H2标施工用原有的控制点坐标进行施工放样，并将连接面的中心O点实地放样于地面，O'点为采用K1标所使用的控制点放样连接面的中心（图6-1）。通过K1标所使用的控制点实测O点的坐标，由设计坐标减去实测坐标计算连接面中心处的偏差值ΔX、ΔY。为了消除这个偏差值，在K1标施工放样时与大桥相接的200m范围，按路线长度线性调整（即放样坐标应为设计坐标减内插坐标误差值），以消除该误差影响，K1标施工放样使用原有的控制点坐标。

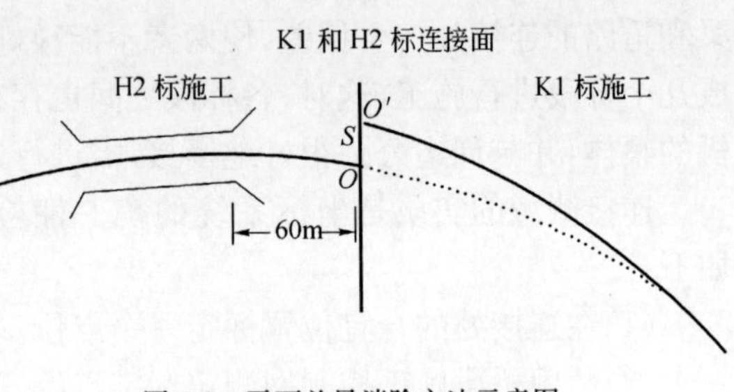

图6-1 平面差异消除方法示意图

第四节 塔柱竣工测量

当塔柱施工结束后，需要对此进行交工验收测量（竣工测量），以便评定其施工质量和进行桥梁下一个工序的施工。

塔柱的竣工测量需对塔柱各部位的位置、高程、平整度等进行全面的检测。下面以润扬大桥的塔柱检测为例予以说明。

一、检测依据

润扬大桥南汊桥塔柱检测工作依据下列规范执行：

(1)《工程测量规范》(GB 50026—93)。

(2)《国家三角测量规范》(GB/T 17942—2000)。

(3)《中短程光电测距规范》(GB/T 16818—1997)。

(4)《国家一、二等水准测量规范》(GB 12897—91)。

(5)《润扬长江公路大桥工程专项质量检验评定标准》(江苏省长江公路大桥建设指挥部制定)。

二、承台、塔座检测

1.承台检测

承台检测包括两个方面：承台的轴线偏位和承台的顶面高程。承台的轴线偏位采用全站仪坐标法进行，利用塔柱周围的施工控制点分别对承台的8个角点进行检测（点位见图6-2），并利用解析法计算承台的中心位置坐标，并与设计坐标进行比较，各检测点的偏差见表6-2。根据实测坐标计算得到的承台轴线偏位为：X方向＋1.4mm，Y方向＋1.1mm。

承台顶面高程采用几何水准测量方法进行，均匀测定承台顶面10个位置的高程，取其均值与设计高程比较。实测结果表明，承台顶面的高程误差为＋2mm。

承台测量结果　　表 6-2

点　号	偏　差			点　号	偏　差		
	ΔX(mm)	ΔY(mm)	ΔH(mm)		ΔX(mm)	ΔY(mm)	ΔH(mm)
1	+1	+2	+4	6	+3	+4	+5
2	+5	+3	+1	7	−5	−4	+4
3	+6	+4	−3	8	−3	−1	−2
4	+5	+2	+2	9			−1
5	−1	−1	+6	10			+1

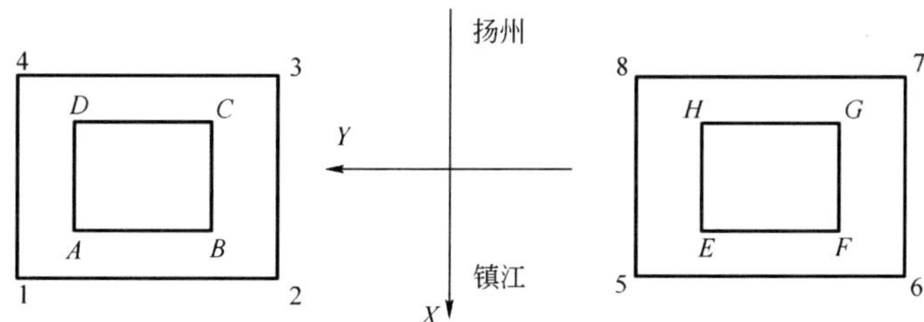

图 6-2　承台及塔座测点布置示意图

2. 塔座

塔座的检测内容和方法与承台基本相同，同样，对塔座的 8 个角点进行了检测（点位见图 6-2），各检测点的偏差见表 6-3。根据实测坐标计算得到的轴线偏位为：X 方向 +0.5mm，Y 方向 +0.8mm，顶面平均高程误差为 0mm。

塔座检测结果　　表 6-3

点　号	偏　差			点　号	偏　差		
	ΔX(mm)	ΔY(mm)	ΔH(mm)		ΔX(mm)	ΔY(mm)	ΔH(mm)
A	−3	−1	−5	*E*	−6	+1	+2
B	+4	−3	−6	*F*	−8	+3	+3
C	+8	+1	0	*G*	+3	+4	+2
D	+2	−2	+1	*H*	+4	+3	+2

三、横梁检测

塔柱的横梁可能有多个，但其检测内容基本相同，主要为横梁的轴线偏位、高程及顶面平整度。轴线偏位一般用全站仪坐标法测定其四个角点，并以此解算横梁的实际轴线位置；横梁高程一般用精密三角高程方法测定，也可用悬吊钢尺的方法传递高程；横梁的平整度一般用水准测量的方法测量对称点的相对高差。

1. 下横梁

利用全站仪坐标法对下横梁的 4 个角点进行了检测（点位见图 6-3），各检测点的偏差见表 6-4。根据实测坐标计算得到的下横梁轴线偏位为：X 方向 +0.5mm，Y 方向 −0.5mm。顶面高程误差为 +6mm，对称点高差为 1mm。

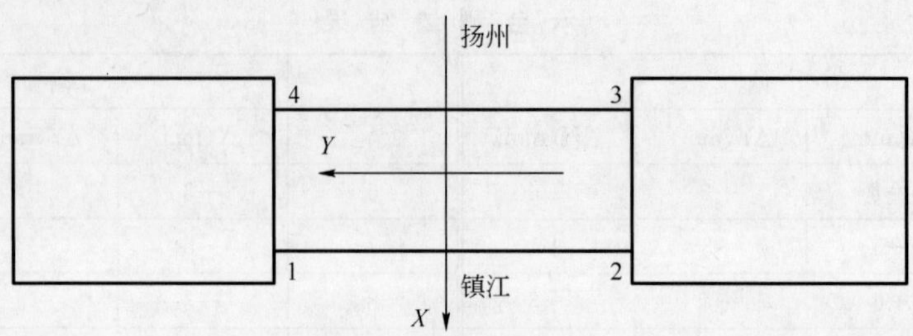

图 6-3　横梁测点布置示意图

下横梁检测结果　　表 6-4

点　号	偏　差			点　号	偏　差		
	ΔX(mm)	ΔY(mm)	ΔH(mm)		ΔX(mm)	ΔY(mm)	ΔH(mm)
1	−1	+3	+6	3	+2	−5	+6
2	0	−6	+5	4	+1	+6	+7

2. 中横梁

对中横梁的 4 个角点进行了检测(点位见图 6-3),各检测点的偏差见表 6-5。根据实测坐标计算得到的轴线偏位为:X 方向+1.5mm,Y 方向+1.2mm,顶面平均高程误差为−4mm,对称点高差为 0.5mm。

中横梁检测结果　　表 6-5

点　号	偏　差			点　号	偏　差		
	ΔX(mm)	ΔY(mm)	ΔH(mm)		ΔX(mm)	ΔY(mm)	ΔH(mm)
1	−5	−7	−1	3	+5	+9	−3
2	+3	+7	−4	4	+3	−4	−5

3. 上横梁

对上横梁的 4 个角点进行了检测(点位见图 6-3),各检测点的偏差见表 6-6。根据实测坐标计算得到的轴线偏位为:X 方向+3mm,Y 方向−6.5mm,顶面平均高程误差为+5mm,对称点高差为 1.5mm。

上横梁检测结果　　表 6-6

点　号	偏　差			点　号	偏　差		
	ΔX(mm)	ΔY(mm)	ΔH(mm)		ΔX(mm)	ΔY(mm)	ΔH(mm)
1	−4	−5	+4	3	−2	−8	+6
2	−7	−9	+6	4	+1	−4	+5

四、塔柱检测

1. 塔柱底水平偏位

用坐标法对塔柱底部的 8 个角点进行了检测(点位见图 6-4),各检测点的偏差见表 6-7。根据实测坐标计算得到的轴线偏位为:西塔柱 X 方向+4mm,Y 方向+2.2mm;东塔柱 X 方向−4mm,Y 方向+0.5mm。

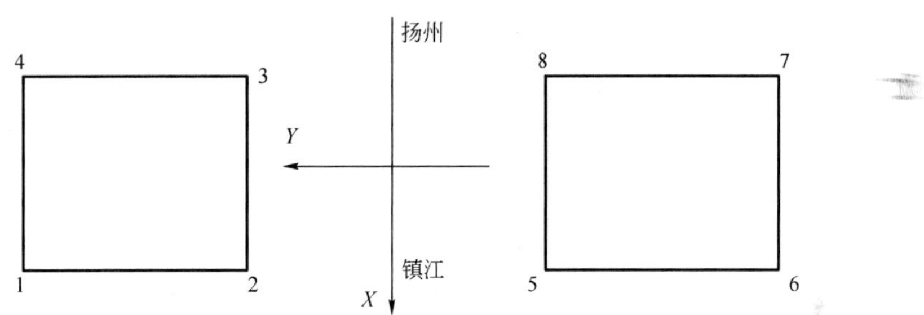

图 6-4　塔柱底部测点布置示意图

塔柱底部检测结果　　　表 6-7

点　号	偏　差		点　号	偏　差	
	ΔX(mm)	ΔY(mm)		ΔX(mm)	ΔY(mm)
1	+5	+3	5	−2	+2
2	+3	−2	6	−5	−3
3	+7	+7	7	−7	+4
4	+1	+1	8	−2	−1

2. 塔柱顶部轴线偏位

对塔柱顶部的 8 个角点进行了检测(点位见图 6-4),各检测点的偏差见表 6-8。根据实测坐标计算得到的轴线偏位为:西塔柱 X 方向 −0.2mm,Y 方向 −0.5mm;东塔柱 X 方向 +3.2mm,Y 方向 +1.8mm。

塔柱顶部检测结果　　　表 6-8

点　号	偏　差			点　号	偏　差		
	ΔX(mm)	ΔY(mm)	ΔH(mm)		ΔX(mm)	ΔY(mm)	ΔH(mm)
1	−8	−5	+2	5	+4	+2	+2
2	−5	−6	−1	6	+1	+9	+1
3	+7	+6	+7	7	+1	−3	+2
4	+5	+3	+1	8	+7	−1	+4

3. 塔身倾斜度

根据底部和顶部的轴线偏位可计算出:西塔柱的塔身倾斜度为 1/40 923;东塔柱的塔身倾斜度为 1/27 959。

4. 索鞍底板面高程

对南塔顶部的 8 个角点进行检测(点位见图 6-4),各检测点的偏差见表 6-8。根据检测结果可得到塔柱的柱顶高程误差为:西塔柱塔顶高程误差为 +2mm;东塔柱塔顶高程误差为 +2mm。

五、结论

从以上检测数据可以看出,各项指标均满足《润扬长江公路大桥工程专项质量检验评定标准》,表明该塔柱的施工质量良好。

第五节　锚碇竣工测量

一、概述

锚碇是悬索桥的重要组成部分，主要由散索鞍墩、锚块、压重块、后锚块、侧墙、顶盖板和后浇段构成，锚碇测量的关键是锚固系统的定位。

锚碇竣工测量的主要内容包括：

(1)锚碇、散索鞍的外形尺寸、轴线偏位。

(2)锚碇、散索鞍的碇面的高程、外形尺寸、轴线偏差。

(3)锚碇预应力管道竣工测量。

根据《润扬长江公路大桥工程专项质量检验评定标准》的要求，锚碇验收的主要技术指标如下：

(1)锚面槽口允许误差：±10mm。

(2)断面尺寸允许误差：±30mm。

(3)大面积平整度允许误差：±5mm。

(4)前锚孔道中心坐标允许误差±10mm。

(5)前锚面孔道中心倾角允许误差：±0.2°。

在锚碇的竣工测量中，对于锚体的外形尺寸及轴线偏差可直接用全站仪坐标法进行测量和计算；对于大面积锚体平整度的测量可采用水准测量法或三角高程法。

二、润扬大桥南锚碇竣工测量

1.测量仪器及方法

润扬大桥南锚碇的竣工测量采用全站仪三维坐标法进行，测量仪器采用 Leica TC2003 全站仪(0.5″,1mm＋1ppm)，采用最新的控制网复测成果作为起算数据。

2.测量结果

根据《润扬长江公路大桥工程专项质量检验评定标准》的要求，对南锚碇的各部位进行了全面检测，部分测量见表 6-9～表 6-11。

散索鞍墩测量结果　　表 6-9

测　点	偏差值(mm)			测　点	偏差值(mm)		
	ΔX	ΔY	ΔZ		ΔX	ΔY	ΔZ
1	−8	+20	+13	5	−16	+9	+10
2	−5	+15	+15	6	+11	+8	+14
3	0	−8	+12	7	+15	+2	+10
4	−3	+5	+14	8	+14	−14	+7

锚块顶面测量结果　　表 6-10

测　点	偏差值(mm)			测　点	偏差值(mm)		
	ΔX	ΔY	ΔZ		ΔX	ΔY	ΔZ
1	+14	+18	+13	5	+15	−9	+5
2	+15	−14	+6	6	+14	+19	+17
3	+6	+10	+12	7	+15	+16	+18
4	+11	−12	+13	8	+9	+13	+10

预应力管道竣工测量结果　　表 6-11

管道编号	偏差值(mm)			管道编号	偏差值(mm)		
	ΔX	ΔY	ΔZ		ΔX	ΔY	ΔZ
1	+6	+9	+5	8	−5	+4	+9
2	−4	0	−2	9	+8	+9	−1
3	+5	+8	+1	10	−1	+7	+7
4	+8	−1	+4	11	+8	+5	0
5	−8	+4	−3	12	+8	−2	−2
6	+7	+4	+7	13	+8	+7	+9
7	+9	+6	−5				

3. 结论

检测成果表明:南锚碇散索鞍墩及锚块外形尺寸和高程较差均小于 20mm,轴线偏位小于 10mm,南锚碇预应力管道安装误差小于 10mm。所以各项测量指标均满足《润扬长江公路大桥工程专项质量检验评定标准》。

第六节　桥面竣工测量

桥面竣工测量主要是对桥面的三维空间几何曲线进行检测,其主要内容包括:

(1)桥面轴线偏位测量。

(2)桥面宽度测量。

(3)桥面高程测量。

一、桥面轴线检测

桥面轴线的检测主要是检查建成后的桥面轴线与设计轴线之间的差异,一般可以通过测量设计中心点与实际中心点的距离来实现,但直线型桥梁和曲线型桥梁,其检测方法略有差异。

对于直线型桥梁,一般采用视准线法来实现(图 6-5)。该法的基本过程如下:

(1)利用施工控制网点在直线段桥面的两端测设设计轴线点,当直线段距离很长时也可分段测设。

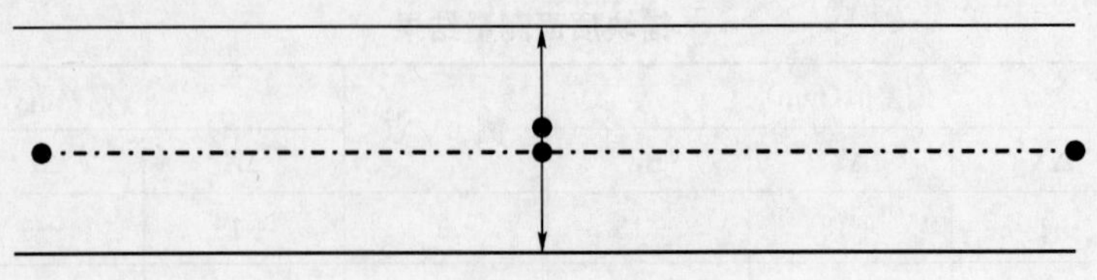

图 6-5　视准线法测量轴线偏位

(2)在桥面理论轴线点上架设经纬仪,并以另一理论轴线点为后视点。

(3)在需要检测的断面上用钢尺分中法找出该断面处的实际轴线位置。

(4)利用经纬仪的竖丝在检测断面标示理论轴线位置。

(5)丈量这两个位置之间的距离即为轴线偏差。

对于曲线型桥面,由于其轴线不能以两个点表示,而需要在各断面处分别进行放样和检测,其基本过程如下:

(1)根据设计数据,分别计算需检测的各断面中心轴线的平面坐标。

(2)利用施工控制网点放样出某断面的理论轴线位置。

(3)在该断面上用钢尺分中法找出该断面处的实际轴线位置。

(4)丈量这两个位置之间的距离即为轴线偏差。

当曲线段的曲率半径较小时,有时用钢尺分中法确定实际轴线位置的误差较大,影响检测精度,这时可以采用分别放样左右边线点的方法,以精确放样出该里程的横断面线,从而使其中点的标定精度提高。

由于目前道路设计图一般都是电子图,这时可以充分利用电子图的特性。在线形复杂的路段,计算轴线坐标和放样横断面线的工作量很大,这时可直接测量沿断面方向的内外边界点和中心点坐标,然后将实测的边界点展绘在已有的 CAD 图上,在图上量取实测点与设计边缘线的距离,并将其作为桥面的轴线误差。

二、桥面高程检测

桥面高程的检测一般采用水准测量的方法进行,其测量精度应达到国家三等水准以上。高程检测的作业过程如下:

(1)数据准备。在设计图上根据检测要求布设横断面及断面测点,根据设计数据计算各检测点的三维坐标。

(2)放样检测断面。根据准备好的断面端点坐标,将各断面测设在现场桥面上,并利用钢尺量距的方法,将该断面上的其他点在现场标定。

(3)在桥面上设置临时水准点,并与地面高程控制点联测。

(4)利用水准测量方法测定各断面上检测点的高程,并与设计值比较,其差值即为桥面高程误差。

在实际作业过程中,一般以某一边的边线点为主线,组成附合水准线路,其他点只与该断面的边线点联测,求得其相对高差。

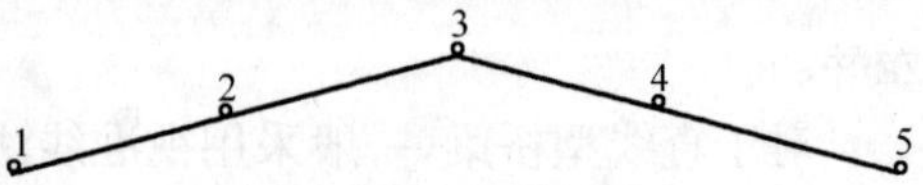

各断面上测点的布设应均匀,数量可根据桥面宽度确定,一般以布设 5 点为宜(图 6-6 所示),在中心线和两边线一般都应设点。图 6-7 为水准路线布

图 6-6　断面测点的布设

置图,表 6-12 为桥面高程检测结果示例。

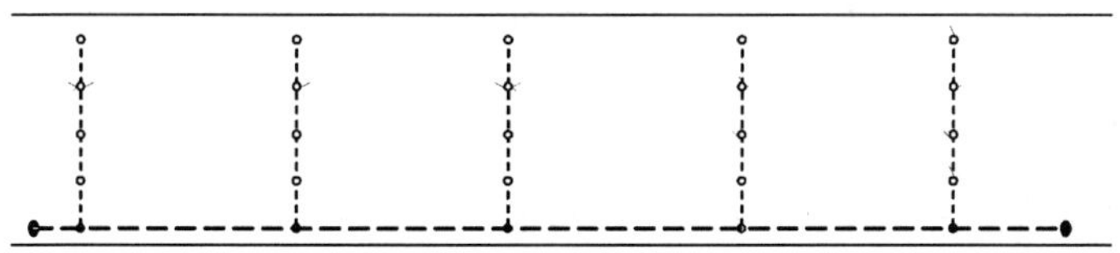

图 6-7　水准路线布置图

桥面高程检测结果示例　　表 6-12

里 程 桩 号	左半幅差值(mm)			右半幅差值(mm)		
	左	中	右	左	中	右
K13+852.287	−2	1	−7	−8	4	5
K13+871.987	8	−5	0	−3	−1	−1
K13+891.987	5	5	1	−8	3	4
K13+911.987	6	−3	−6	−7	−6	−1
K13+931.987	8	1	3	−2	−4	4
K13+951.987	4	0	4	6	7	8
K13+971.987	5	1	4	4	−1	0
K13+991.987	7	−5	0	1	3	9
K14+011.987	5	−3	3	1	0	6
K14+031.987	7	6	1	5	7	6
K14+051.987	5	−6	4	7	7	8
K14+071.987	7	−7	6	4	0	8
K14+091.987	8	−9	4	6	−4	8
K14+111.987	2	−2	−1	4	0	4
K14+131.987	6	4	4	−5	4	2
K14+151.987	−3	−3	2	5	0	4
K14+171.987	−2	−1	1	−6	−1	7
K14+191.987	3	1	−3	−4	−7	4
K14+211.987	6	5	0	−5	−7	4
K14+231.987	−3	−4	−4	0	−4	6
K14+251.825	1	−1	2	−7	2	5

第七节　桥梁的荷载试验测量

在工程竣工验收时,需对桥梁的整体性能状态作一次全面的鉴定。大型桥梁的工作状态一般采用静、动载试验方式进行,其主要目的是检验桥梁结构的承载能力,了解桥梁结构在各种作用力下的实际受力状态和工作状况,评价结构的力学特性和在设计荷载作用下的工作性能,判别已建桥梁是否符合设计标准或能否满足使用要求。同时,通过对静动载试验数据的分析,可以验证桥梁承载设计的合理性,以丰富设计经验,为其他类似工程提供依据。

目前，我国的桥梁静动载试验主要依据交通部发布的《大跨径混凝土桥梁的试验方法》、公路桥梁设计规范和大桥的有关设计文件、施工资料等进行。

一、荷载的确定

根据规范要求，桥梁的静载试验按荷载效率来确定试验的最大荷载。静载试验荷载效率的计算公式为：

$$\eta = \frac{S_{stat}}{S\delta} \tag{6-1}$$

式中：S_{stat}——试验荷载作用下检测部位变形或内力的计算值；

S——设计标准荷载作用下，检测部位变形或内力的设计值；

δ——动力系数。

依据规范规定，对工程验收荷载试验，采用基本荷载试验，荷载效率取值范围为0.8～1.0。计算时一般以最不利截面弯矩值作为效率计算的依据，通常采用300kN重的汽车作为加载设备。

二、加载方案设计

在设计加载方案时，首先应根据检测桥梁的结构特点计算断面内力，内力计算可利用有限元等方法进行。根据计算出的主要断面内力影响线进行加载，求出汽车、挂车、人群荷载作用下结构的内力及变形，再利用内力包络图确定检测断面及其控制内力。

利用已求得的影响线，以省车高效的原则，按规范要求布设试验荷载，并求出检测断面的试验内力 S_{stat}。试验内力与设计内力之比一般控制在0.85～0.95之间。若方案符合上述要求，则可以实施；否则，应进行调整。另外，在方案设计时应考虑加载级数，设计好汽车的等候位置及调度方案，以便检测工作能顺利进行。

必须注意，由于试验荷载与设计时标准荷载在轴重、轴距及车距等多方面存在很大差异，任何加载过程中在桥梁任何断面的内力都不允许出现超过其标准荷载设计值的现象；否则，要重新设计加载方案。

三、观测项目

桥梁检测的观测项目主要包括：挠度观测、应变观测、支座变形观测、裂缝观测等。挠度观测一般采用精密水准测量方法进行，该方法精度高，设备简单，但劳动强度大，需要的时间长，对试验的进度有一定的影响。目前，GPS测量、液体静力水准测量、摄影测量、全站仪三维坐标测量等方法也在不断的研究和应用中，试验人员可根据实际情况选用其中的某一种方法进行观测。

结构的应变观测一般采用电阻应变片和静态电阻应变仪系统进行观测，在观测前应对所用的传感器进行率定，并根据传感器的特性加测环境影响因素（如气温等）。支座变形采用百分表或千分表等进行观测、裂缝观测一般采用震弦式裂缝计、千分表尺等进行。

测点一般布设在结构检测项目的最不利点，如 $L/2$、$L/4$、$3L/4$ 等处。由于观测项目不同，测点的布设位置也有差异，对于不同类型的大桥，测点的布设要求也不同，试验人员应根据实际情况进行设计。

四、工程实例

1. 工程概况

广和大桥位于南海市境内，是南海市东西二线联结广州与和顺，跨越珠江的重要桥梁。大桥设计荷载为汽车—超 20 级、挂车—120，人群荷载集度为 3.75kN/m^2。全桥长 966m，桥面宽为 36m，其中中央分隔带宽 1.0m。该桥主桥采用上下行分离设计，主桥为三跨预应力混凝土连续刚构，长 252m，主梁为三向预应力混凝土单箱单室截面，主桥墩采用双矩形薄壁空心墩，分离式承台，钻孔灌注桩基础。

2. 试验荷载

按规范规定，该试验为工程验收荷载试验，采用基本荷载试验，荷载效率取值范围为0.8～1.0。分别以连续刚构的边跨最大正弯矩断面、中跨根部断面及中跨跨中断面的设计控制内力为加载依据，并以等效弯矩为加载值，根据实际情况及检算结果，试验组织 9 台汽车(单车重约为 300kN，总重约 2 700kN)作为试验荷载。试验荷载的载位按边跨正弯矩最不利截面的最大正弯矩——偏心加载(工况一)，中跨根部截面最大负弯矩——偏心加载(工况二)，中跨跨中截面的最大正弯矩——偏心加载(工况三)。

采用 BRCAD 软件，按设计荷载汽车—超 20 级、挂车—120，求得各截面最大设计弯矩并按实际载位布置计算得各截面试验弯矩如表 6-13 所示。

主桥试验截面荷载效率 表 6-13

检 测 截 面	设计值 S(kN·m)	试验值 S_{stat}(kN·m)	效 率
边跨弯矩最不利截面(工况一)	13.62×10^3	12.35×10^3	90.7%
中跨根部截面(工况二)	5.99×10^4	5.58×10^4	93.2%
中跨跨中截面(工况三)	16.10×10^3	14.59×10^3	90.6%

3. 测点的布置及观测

挠度观测：沿主桥的防撞栏位置布置 40 个测点，用两台 N2 精密水准仪观测结构在各级荷载作用下的挠度变化情况。

应力(应变)观测：在主桥中跨跨中截面，边跨正弯矩最不利截面各布置 12 个应变测点，中跨根部断面布置 16 个应变测点。用电阻应变片和日本 TDS-303 静态电阻应变仪系统观测结构在各级荷载作用下相应测点位置的应力(应变)变化及分布情况。

4. 试验程序

将加载汽车过地磅称重后，排列于距被测试桥跨伸缩缝 60m 远的地方；正式加载前，非工作人员退场，待一切工作安排就绪，各试验量测仪表读数调零，进行第一次空载读数；试验加载按设计的程序进行，每级加载，当汽车荷载驶入指定的区域就位后，稳定 10min，记录加载后第一次读数，间隔 5min 再记录加载的第二次读数，两次读数差小于前次读数增量的 10%时，认为结构变化已达到稳定；每个试验工况荷载满载后，持荷稳定 20min，再进行测量记录；试验荷载卸载完毕后，自由恢复 30min 后，测量残余变形与应变。

整个荷载试验选择在晚间 12 点至早上 10 点进行，在此期间气温变化约±4℃，各级荷载的理论值均考虑了相应温度变化的影响。

5.结果与分析

各种工况下主要控制点的挠度值见表6-14。由表6-14可知,挠度观测结果中,实测弹性挠度与理论值的比值介于0.703～0.861之间;残余挠度与实测挠度的比值介于0.018～0.095之间,全部满足规范的要求。

挠度分析表

表6-14

工况	点号	实测挠度 S_{tot} (mm)	理论值 S_{stat} (mm)	残余变形 S_p (mm)	弹性挠度/理论值 S_e/S_{stat}	残余变形/实测挠度 S_p/S_{tot}
工况一	3	8.49	11.54	0.15	0.723	0.018
	3′	3.95	4.73	0.18	0.798	0.046
	平均	6.22	8.13	0.17	0.760	0.032
工况二	12	16.78	21.85	1.43	0.703	0.085
	12′	12.17	14.34	1.10	0.772	0.090
	平均	14.48	18.09	1.27	0.737	0.088
工况三	12	18.34	21.19	1.75	0.783	0.095
	12′	11.95	12.62	1.09	0.861	0.091
	平均	15.14	16.90	1.42	0.822	0.093

注:表中 $S_e=S_{tot}-S_p$。

各种工况下主要控制断面主要控制点的应变观测结果及相应的理论值见表6-15。由表6-15可知,应变观测结果中,实测弹性应变值与理论计算值的比值介于0.793～0.881之间;残余应变与实测应变的比值介于0.084～0.099之间,上述各点均满足规范要求。

应变分析表

表6-15

工况	断面	测点号	实测应变 S_{tot} ($\mu\varepsilon$)	理论值 S_{stat} ($\mu\varepsilon$)	残余变形 S_p ($\mu\varepsilon$)	弹性应变/理论值 S_e/S_{stat}	残余变形/实测应变 S_p/S_{tot}
工况一	9	10	55.21	58.10	4.74	0.869	0.086
工况二	1	9	24.59	28.33	2.14	0.793	0.087
	4	9	33.37	35.82	3.29	0.840	0.099
工况三	4	9	36.13	37.56	3.05	0.881	0.084

注:表中 $S_e=S_{tot}-S_p$。

第七章　特大型桥梁的变形观测

第一节　概　　述

变形观测是指对被监视的对象(变形体)进行测量,以确定其空间位置或形态随时间的变化特征。变形观测又称变形测量或变形监测。变形体主要包括:桥梁的墩台、塔柱和桥面等。桥梁变形观测是桥梁运营期养护的重要内容,对桥梁的健康诊断和安全运营有着重要的意义。

一、变形观测的目的

桥梁变形观测的主要目的有以下几个方面。

1.保证桥梁安全运营

随着桥龄的增长,由于气候、环境等自然因素的作用和日益增加的交通量及重车、超重车过桥数量不断增加,桥梁结构使用功能的退化必然发生。同时又由于大跨径桥梁施工和运营环境复杂,以及其轻柔化和功能的复杂化,安全性是不容忽视的。

2.验证设计参数

由于桥梁观测数据可以为验证结构分析模型、计算假定和设计方法提供反馈信息,并可用于深入研究大跨度桥梁结构及在自然环境中的未知或不确定性问题。桥梁安全观测信息反馈给结构设计的更深远的意义在于,结构设计方法与相应的规范标准等可能得以改进,对桥梁在各种交通条件和自然环境下的真实行为的理解以及对环境荷载的合理建模是将来实现桥梁"虚拟设计"的基础。桥梁安全观测带来的将不仅是观测系统和对某特定桥梁设计的反思,它还可能并应该成为桥梁研究的"现场试验室"。

3.检验工程施工质量

桥梁建成之后,如何对桥梁的实际品质进行鉴定是业主最关心的问题。飞机、船舶、汽车等批量生产的机械设备,可以通过破坏性原型试验来检验设计目标的满足程度。桥梁等建筑结构属于单件生产,不可能进行破坏性原型试验,因此,非破坏性检验技术受到了特别的关注。巡回目检的方法简单方便,但缺陷也是显而易见的,不仅目检结果因人而异,而且无法对桥梁的整体品质做出定量判断。因此,结构状态及参数辨识问题的解决不仅具有重要的理论价值,而且具有广阔的应用前景。

4.为科学研究和健康诊断提供基础数据

为了能及时地发现桥梁在运营过程中存在的隐患,有必要对桥梁的工作状态进行及时的分析与监控,为桥梁主管部门的决策提供依据,而这些工作都需要完整的观测数据。

二、变形观测的主要内容

桥梁变形按其类型可分为静态变形和动态变形,静态变形是指变形观测的结果只表示在某一期间内的变形值,它是时间的函数。动态变形是指在外力影响下而产生的变形,它是表示桥梁在某个时刻的瞬时变形，是以外力为函数来表示的对于时间的变化。桥梁墩台的变形一般来说是静态变形，而桥梁结构的挠度变形则是动态变形。

1.桥梁墩台变形观测

桥梁墩台的变形观测主要包括两方面：

(1)各墩台的垂直位移观测。主要包括墩台特征位置的垂直位移和沿桥轴线方向(或垂直于桥轴线方向)的倾斜观测。

(2)各墩台的水平位移观测。其中各墩台在上、下游的水平位移观测称为横向位移观测；各墩台沿桥轴线方向的水平位移观测称为纵向位移观测。两者中，以横向位移观测更为重要。

2.塔柱变形观测

塔柱在外界荷载的作用下会发生变形，及时而准确地观测塔柱的变形对分析塔柱的受力状态和评判桥梁的工作状态有十分重要的作用。

3.桥面水平位移观测

桥面水平位移主要是指垂直于桥轴线方向的水平位移。桥梁水平位移主要由基础的位移、倾斜以及外界荷载(风、日照、车辆等)引起，对于大跨径的斜拉桥和悬索桥，风荷载可使桥面产生大幅度的摆动，这对桥梁的安全运营十分不利。

4.桥面挠度观测

桥面挠度是指桥面沿轴线的垂直位移情况。桥面在外界荷载的作用下将发生变形，使桥梁的实际线形与设计线形产生差异，从而影响桥梁的内部应力状态。过大的桥面线形变化不但影响行车的安全，而且对桥梁的使用寿命有直接的影响。

三、变形观测主要方法

1.垂直位移观测

垂直位移观测是定期地测量布设在桥墩台上的观测点相对于基准点的高差，求得观测点的高程，利用观测点不同时期的高程求出墩台的垂直位移值。垂直位移观测方法主要有以下几种：

(1)精密水准测量。这是传统的测量垂直位移的方法，这种方法测量精度高，数据可靠性好，能观测建筑物的绝对沉降量。另外，该法所需仪器设备价格较低，能有效降低测量成本。该方法的最大缺陷是劳动强度高，测量速度慢，难以实现观测的自动化，对需要高速同步观测的场地不太适合。

(2)三角高程测量。这也是一种传统的大地测量方法，该法在距离较短的情况下能达到较高的精度，但在距离超过400m时，由于受大气垂直折光的影响，其精度会迅速降低。该法在高塔柱、水中墩台的垂直位移观测中有一定的优势。

(3)液体静力水准测量(又称连通管测量)。该法采用连通管原理，测量两点之间的相对沉降量。该法的优点是测量精度高，速度快，且可实现自动化连续观测。该法的主要缺点是测点之间的高差不能太大，且一般只能测量相对位移，另外，这种设备的总体价格较高，对中、小型工程不太适用。

(4)压力测量法。该法利用连成一体的压力系统，测量各点的压力值，当产生垂直位移时，系统内的压力将产生变化，利用压力的变化量，可转换为高程的变化量，从而测出各点的垂直位移。该法一般只能测量两点之间的相对位移,且设备价格较高。

(5)GPS测量。GPS除了可以进行平面位置测量外,还能进行高程测量,但高程测量的精度要比平面测量的精度低1倍左右。若采用静态测量模式,1h以上的观测结果一般能达到±5mm的测量精度,若采用动态测量模式,一般只能达到±40mm的精度,经特殊处理过的数据,有时能达到±20mm的精度。利用该法测量可以实现观测的自动化,但测量设备的价格较高,另外,动态测量的精度也不很高。

2.水平位移观测

测定水平位移的方法与桥梁的形状有关,对于直线形桥梁,一般采用基准线法、测小角法等;对于曲线桥梁,一般采用三角测量法、交会法、导线测量法等。

(1)三角测量法。在桥址附近建立三角网,将起算点和变形观测点都包含在此网内,定期对该网进行观测,求出各观测点的坐标值,根据首期观测和以后各期的坐标值,可求出各观测点的位移值。三角网的观测可采用测角网、边角网、测边网等形式。

(2)交会法。利用前方交会、后方交会、边长交会等方法可测定位移标点的水平位移,该方法适用于对桥梁墩台的水平位移观测,也可用于塔柱顶部的水平位移观测。该法能求得纵、横向位移值的总量,将位移总量投影到纵、横方向线上,即可获得纵、横向位移量。

(3)导线测量法。对桥梁水平位移观测还可采用导线测量法,这种导线两端连接于桥台工作基点上,每一个墩上设置一导线点,它们也是观测点。这是一种两端不测连接角的无定向导线。通过重复观测。由两期观测成果比较可得观测点的位移。

(4)基准线法。对直线形的桥梁测定桥墩台的横向位移以基准线法最为有利,而纵向位移可用高精度测距仪直接测定。大型桥梁包括主桥和引桥两部分,可分别布设三条基准线,主桥一条,两端引桥各一条。

(5)测小角法。测小角法是精密测定基准线方向(或分段基准线方向)与测站到观测点之间的小角。由于小角观测中仪器和觇牌一般置于钢筋混凝土结构的观测墩上,观测墩底座部分要求直接浇筑在基岩上,以确保其稳定性。

(6)GPS观测。利用GPS自动化、全天候观测的特点,在工程的外部布设观测点,可实现高精度、全自动的水平位移观测,该技术已经在我国的部分桥梁工程中得到应用。由于GPS观测不需要测点之间相互通视,所以,有更大的范围选择和建立稳定的基准点。

(7)专用方法。在某些特殊场合,还可采用多点位移计等专用设备对工程局部进行水平位移观测。

3.桥梁挠度观测

桥梁挠度测量是桥梁检测的重要组成部分。桥梁建成后,由于要承受静荷载和动荷载,必然会产生挠曲变形,因此,在交付使用之前或交付使用后应对梁的挠度变形进行观测。

桥梁挠度观测分为桥梁的静荷载挠度观测和动荷载挠度观测。静荷载挠度观测时测定桥梁自重和构件安装误差引起的桥梁的下垂量;动荷载挠度观测则测定车辆通过时在其重量和冲量作用下桥梁产生的挠曲变形。目前常用的桥梁挠度测量方法主要有悬锤法、水准仪(经纬仪)直接测量法、水准仪逐点测量法、全站仪观测法、GPS观测法和摄影测量方法等。

(1)悬锤法。该设备结构简单、操作方便、费用低廉,所以在桥梁挠度测量中被广泛采用。该法要求在测量现场有静止的基准点,所以一般适用于干河床情形。另外,利用悬锤法只能测量某些观测点的静挠度,无法实现动态的挠度检测,也难以给出其他非测点的静挠度值。同时，其测量结果中包含桥墩的下沉量和支墩的变形等误差影响，因此，该法的测量精度不高。

(2)精密水准法。精密水准是桥梁挠度测量的一种传统方法，该方法利用布置在稳固处的基准点和桥梁结构上的水准点，观测桥体在加载前和加载后的测点高程差，从而计算桥梁检测部位的挠度值。精密水准是进行国家高程控制网及高精度工程控制网的主要手段，因此，其测量精度和成果的可靠性是不容置疑的。由于大多数桥梁的跨径在1km以内，所以，利用水准测量方法测量挠度，一般能达到±1mm的精度。但采用该方法测量，封桥时间长，效率较低。

(3)全站仪观测法。由于近年来全站仪的普及和精度的提高，使得全站仪在许多工程中得到了广泛的应用。该方法的实质是利用光电测距三角高程法进行观测。在三角高程测量中，大气折光是一项非常重要的误差来源，但桥梁挠度观测一般在夜里，这时的大气状态较稳定，且挠度观测不需要绝对高差，只需要高差之差，因此，只有大气折光的变化对挠度有影响，而该项误差相对较小。利用TC2003全站仪(0.5″，1mm+1ppm)，在1km以内，全站仪观测法一般可以达到±3mm的精度。

(4)GPS观测法。目前，GPS测量主要有三种模式：静态、准动态和动态，各种测量模式的观测时间和测量精度有明显的差异。在通常情况下，静态测量的精度最高，一般可达毫米级的精度，但其观测时间一般要1h以上。准动态和动态测量的精度一般较低，大量的实测资料表明，在观测条件较好的情况下，其观测精度为厘米级。因此，对于大挠度的桥梁，应用GPS观测还是可以考虑的。

(5)静力水准观测法。静力水准仪的主要原理为连通管，利用连通管将各测点连接起来，以观测各测点间高程的相对变化。目前，静力水准仪的高差测量范围一般在20cm以内，其精度可达±0.1mm，另外，该方法可实现自动化的数据采集和处理。这项技术在建筑物的安全观测中应用已十分普遍，仪器的稳定性和数据的可靠性也相当有保障。

(6)测斜仪观测法。该法利用均匀分布在测线上的测斜仪，测量各点的倾斜角变化量，再利用测斜仪之间的距离累计计算出各点的垂直位移量。该法的最大缺陷是误差累积快，精度受到很大的影响。

(7)摄影测量法。摄影前，在上部结构及墩台上预先绘出一些标志点，在未加荷载的情况下，先进行摄影，并根据标志点的影像，在量测仪上量测它们之间的相对位置。当施加荷载时，再用高速摄影仪进行连续摄影，并量出在不同时刻各标志点的相对位置，从而获得动载时挠度连续变形的情况。这种方法外业工作简单，效率较高。

(8)专用挠度仪观测法。在专用挠度仪中，以激光挠度仪最为常见。该仪器的主要原理为：在被检测点上设置一个光学标志点，在远离桥梁的适当位置安置检测仪器，当桥上有荷载通过时，靶标随梁体振动的信息通过红外线传回检测头的成像面上，通过分析将其位移分量记录下来。该方法的主要优点是可以全天候工作，受外界条件的影响较小。该方法的精度主要受测量距离的影响，在通常情况下，这种仪器的挠度测量精度可达±1mm。

四、变形观测的精度和周期

1.精度的确定

对于不同的观测目的，其所要求的精度不同。一般为积累资料而进行的变形观测，其精度可以低一些；如果变形观测是为了确保建筑物的安全，则测量精度应小于允许变形值的1/20～1/10；如果是为了研究变形的过程，则观测精度还应更高。

由于变形观测的重要性和目前测量技术的进步，测量费用所占工程费用的比例较小，故变形观测的精度要求一般较严。目前，对于重要工程，一般要求“以当时能达到的最高精度为标准进行变形观测”。对于不同类型的工程建筑物，其变形观测的精度要求差别较大，同一建筑物，不同部位不同时间对观测精度的要求也不尽相同。建筑物变形测量等级及精度见表 7-1。

建筑物变形测量等级及精度 表 7-1

变形测量等级	沉降观测	位移观测	适用范围
	观测点测站高差中误差(mm)	观测点坐标中误差(mm)	
特级	≤0.05	≤0.3	特高精度要求的特种精密工程和重要科研项目的变形观测
一级	≤0.15	≤1.0	高精度要求的大型建筑物和科研项目变形观测
二级	≤0.50	≤3.0	中等精度要求的建筑物和科研项目变形观测，重要建筑物主体倾斜观测、场地滑坡观测
三级	≤1.50	≤10.0	低精度要求的建筑物变形观测，一般建筑物主体倾斜观测、场地滑坡观测

注：①观测点测站高差中误差，系指几何水准测量时测站高差中误差或静力水准测量相邻观测点相对高差中误差。

②观测点坐标中误差，系指观测点相对于测站点(如工作基点等)的坐标中误差、坐标差中误差以及等价的观测点相对于基准线的偏差值中误差、建筑物(或构件)相对于底部定点的水平位移分量中误差。

2. 变形观测的周期

变形观测须重复进行，每隔一定时间间隔所作的观测工作称观测周期，观测周期与观测目的、工程大小、观测点位置、数量以及观测一次所需时间的长短有关。一个周期可从几小时到几天，观测速度要尽可能地快，观测周期要尽可能缩短，以免在观测期间某些观测点产生位移。

桥梁变形观测的频率取决于变形值的大小、变形速度和观测目的。通常要求观测次数既能反映出变化的过程，又不遗漏变化的时刻。一般在建造初期，变形速度比较快，观测频率要大一些；经过一段时间后，变形逐步稳定，观测次数可逐步减少；在掌握了一定的规律或变形稳定后，可固定其观测周期；在桥梁遇到特殊情况时，如遇洪水、船只碰撞时，应及时观测。

及时进行第一周期的观测有重要的意义。因为延误初始测量就可能失去已经发生的变形资料，以后各周期的测量成果是与第一期相比较的，应特别重视第一次观测的质量。

第二节 桥梁基础垂直位移观测

一、概述

桥梁基础垂直位移观测主要研究桥梁墩台空间位置在垂直方向上的变化。观测建筑物垂直位移的方法有多种，如：精密水准测量、连通管测量、GPS 测量等，各种方法都有其自身的特点，在实际工程中，应根据工程特点和要求灵活应用。

1. 基点网的布设

为了观测墩台的垂直位移，需建立变形观测基点网，基点网由基准点和工作基点组成。在布设基准网时，首先应选好基准点。为了使选定的基准点稳定牢固，基准点应尽量选在桥梁承压区之外，但又不宜离桥梁墩台太远，以免加大施测工作量及增大测量的累积误差，一般来说，以不远于桥梁墩台 1～2km 为宜。基准点需成组埋设，以便相互检核。

工作基点一般选在桥台或其附近，以便于观测布设在桥梁墩台上的观测点，测定各桥墩相对于桥台的变形。而工作基点的垂直变形可由基准点测定，以求得观测点相对于稳定点的绝对变形。

沉降观测的基准点最好埋设在稳固的基岩上，这样既节约经费，又能使基准点稳定可靠。当工程所在区域的覆盖层很厚时，可建立深埋钢管标作为基准点。另外，在大型桥梁工程的施工初期，为验证设计数据，一般会建立一定数量的试验桩，这些试桩通常已和深层基岩紧密相连，有良好的稳定性，因此，在试桩顶部建立水准标点，可以成为良好的工作基点，甚至可以作为基准点使用。

基点网的观测一般采用精密水准测量方法进行，其精度一般要比日常沉降观测的精度高一个等级。

2. 观测点的布设

在布设观测点时，应遵循既要均匀，又要有重点的原则。均匀布设是指在每个墩台上都要布设观测点，以便全面判断桥梁的稳定性；重点布设是指对那些受力不均匀、地基基础不良或结构的重要部分，应加密观测点，主桥桥墩尤应如此。

主桥墩台上的观测点，应在墩台顶面的上下游两端的适宜位置处各埋设一点，以便研究墩台的沉降和不均匀沉陷（即倾斜变形）。

3. 垂直位移观测

所谓垂直位移观测，就是定期地测量布设在桥墩台上的观测点相对于基准点的高差，以求得观测点的高程，并将不同时期观测点的高程加以比较，得出墩台的垂直位移值。观测点的观测一般应根据实际情况布设成附合水准路线或闭合水准路线。

观测点观测包括引桥观测点观测和水中桥墩观测点的观测。由于引桥观测点是在岸上，其施测方法与一般水准测量方法相同。水中墩上的观测点观测的线路方案为：从一个墩到另一个墩的观测，可以采用跨河水准测量，但这样做工作量较大，故改为跨墩水准测量。即把仪器设站于一墩上，而观测后、前视两个相邻的桥墩，形成跨墩水准测量。按跨墩水准测量施测时，考虑到其照准误差、大气折光误差等急剧增加，因而对跨墩水准测量的作业，必须采取一定的措施来提高观测精度。

二、润扬大桥基础垂直位移观测

1. 目的

润扬大桥规模巨大，主体建筑物基础分布集中，荷载集度大，建筑物对地基要求高。然而该大桥主体建筑物地基地质条件差异较大，在施工和运营期间，受工程开挖和工程荷载的影响，地基基础有可能产生沉陷、不均匀沉陷和水平位移，特别是南北汊大桥的塔、锚及世业洲上高架桥的地基变形对大桥安全影响巨大。因此，在施工初期至正常运行的较长过程中，对可能产生变形的建筑物进行安全观测，是十分必要的。

2. 基本原则

(1)基础范围应包括南汊大桥的两塔、两锚，北汊大桥的两主塔，及可能影响的区域。另外，在南汊大桥南锚碇地下连续墙施工和北锚碇冻土法施工期间，尤其要加强观测。

(2)观测方法以精密水准测量方法为主，精密三角高程方法为辅。

(3)利用已有施工控制网的测量成果，以利于资料的连续性。

(4)根据变形观测测量精度要求高的特点以及标志的作用和要求不同，将测量点分为三类：基准点、工作基点、变位点。

(5)确定的观测方案，在保证精度的前提下，尽可能结合地形、交通等条件，以便提高观测速度，缩短观测时间。

3. 水准网的布设

根据润扬大桥桥位区地形特点，在镇江岸、世业洲和扬州岸各自布设独立的水准网，并联测各地段上的基岩水准标志(J_1、J_2、J_3)。为了检测基准点的稳定性，并利用基准点进行观测点的施测，高程网按观测控制网和观测网分别布设。根据现实条件，润扬大桥基础沉降观测的精度可达到：变形点高程精度±2.0mm，相邻变形点高差精度±0.3mm。

(1)镇江岸水准网的布设

镇江岸水准网布设的目的是观测南汊大桥南塔基及南锚碇的垂直位移。可供利用的水准工作基点为：J1、BM 03、BM 05、轴 1、BM 07、BM 09、BM 11等，需测定南汊大桥南塔东西塔承台顶面 12 个变位点的沉陷量和南汊大桥南锚碇连续墙上和墙外 7 个点的沉陷量。水准网按附合或闭合路线布设。

(2)世业洲水准网的布设

世业洲水准网布设的目的是观测南汊大桥北塔基、北锚和北汊大桥南塔基垂直位移。可供利用的水准工作基点为：J2、BM 02、BM 04、BM 10、BM 21、BM 23、BM 25等。在世业洲水准网布设两个水准环，Ⅰ环用于测定南汊大桥的北塔基及北锚碇垂直位移；Ⅱ环用于测定北汊大桥南塔基的垂直位移。

(3)扬州岸水准网的布设

扬州岸水准网布设的目的是观测北汊大桥北塔基的垂直位移。可供利用的水准工作基点为：J3、BM 20、BM 22、BM 24等。在扬州岸水准网布设成水准环线。

4. 观测周期

润扬大桥基础垂直位移观测基准点采用的是首级施工控制网点。指挥部拟定的复测周期为 1 次/年。当对变形成果发生疑问时，应随时检测部分基准点。

对于施工期变形点的观测周期，在系统设计时确定如下：

(1)观测系统建立初期，应连续观测两次，以确定可靠的初始值。

(2)在正常情况下，观测周期应根据变形体南、北汊大桥塔基和锚碇的变形速率和变形观测的精度要求确定。初步拟定的观测次数为 14 次，分别处于下部结构施工阶段 4 次，上部结构施工阶段 6 次，通车前后各 1～2 次。

(3)南汊大桥北锚连续墙和南锚冻土法施工期间，应进行加密观测。初步拟定的加密测次为 10 次，观测周期应随施工状态和观测点变位情况及时调整。

(4)在观测资料能充分证明变形体趋于稳定或三次连续观测周期的变形量小于观测精度

时,可适当延长观测周期。

南汉桥塔基变形观测点布置见图 7-1,润扬大桥南塔、南锚基础沉降网形见图 7-2。

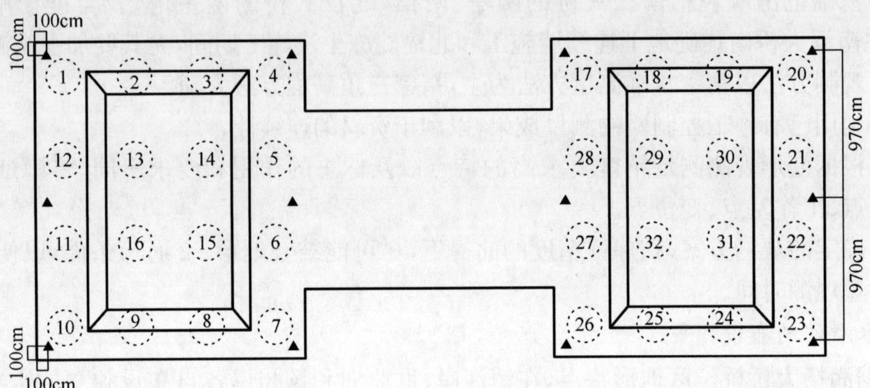

图 7-1 南汉桥塔基变形观测点布置图

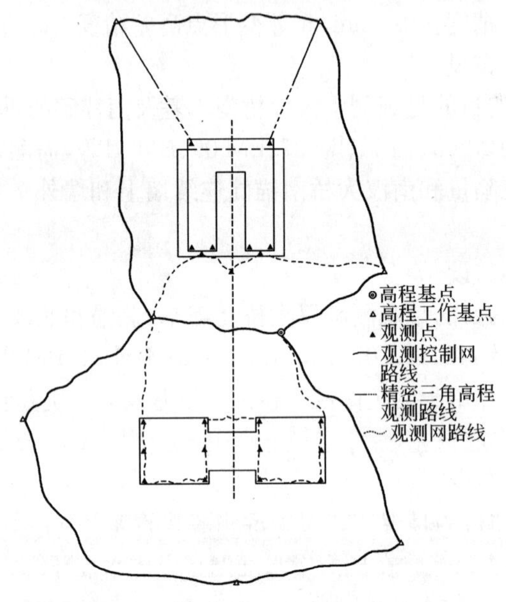

图 7-2 润扬大桥南塔、南锚基础沉降网形图

第三节 塔柱变形观测

一、概述

塔柱是斜拉桥、悬索桥的基本构件之一,其产生变形的原因主要有三个方面:①由于塔柱两侧的拉力不等,而使塔柱在顺桥向产生挠度变形;②由于塔柱受风力、日照等外界环境因素的影响,而产生挠度变形;③由于设计与施工的缺陷,而使塔柱产生额外的变形。

对塔柱进行变形观测的目的主要有三点:①在塔柱建设过程中,随着塔柱高度的增加,挠度变形的幅度也急剧增大。只有准确地掌握塔柱摆动和扭转的规律，才能有效地指导施工和相应的施工测量工作。②在大桥钢箱梁吊装过程中，由于施工原因，致使塔柱两侧受力不平衡，从而使塔柱在顺桥向产生一定的偏移。这种偏移有时可达几十厘米。为了将这种变形限制在一定范围内，不至于使其危及塔柱安全，需对此变形进行观测。③为了延长桥梁的使用寿命，验证工程设计与施工的效果，并为科学研究提供资料，应该对桥梁进行变形观测。

由于塔柱属于变形比较敏感的高层建筑，按照《工程测量规范》三等变形观测的精度要求，变形点的点位中误差应不超过±6mm。对于变形观测的周期，在工程施工阶段，可根据影响塔柱受力变化的具体工况而定（如钢箱梁的吊装、混凝土的浇筑、斜拉索的张拉等）；为了观察塔柱一昼夜的变形规律，一般每小时进行一次观测；工程竣工并进入运营后，应定期观测，一般为半年或一年。

塔柱变形观测的常用方法有：①交会法（测角、测边、边角交会）；②全站仪极坐标法；③天顶距测量法；④倾斜仪法等。另外，对于垂直的直线型塔柱还可采用垂线法观测。由于交会法观测时需要在多个控制点上设站，观测同步性要求高，所以应用范围受到限制。目前全站仪相当普及，且具有高精度、自动化等特点，因此，全站仪极坐标法成为当前挠度观测的主要方法。

1. 控制网的布设

变形观测控制网由基准点与工作基点构成，基准点应埋设在变形区域以外稳固的基岩或原状土中，且能长期保存，工作基点应埋设在塔柱附近便于观测的地方。为方便观测，控制点一般都应建立混凝土观测墩，并埋设强制归心底盘。由于塔柱面积相对较小，因此，变形观测控制网一般不再分级。

为保证控制网的精度和可靠性，控制点应组成合适的图形，目前，一般用大地四边形即能达到较好的效果。变形观测控制网应充分利用施工控制网点，在精度和稳定性满足要求的情况下，甚至可以不再另设变形观测网。

控制网的精度应根据工程的实际情况决定，主要应考虑塔柱实际的变形量、所采用的测量方法、观测的目的和工程的规模等，目前，控制网最弱点的点位中误差一般要求在±5mm以内。

变形观测网的观测方法主要有两种：全站仪观测和GPS观测。由于目前全站仪的测距和测角精度都很高，且变形观测网的点数一般较少，因此，在实际工程中，大多采用全站仪观测。当利用GPS进行观测时，应根据实际情况确定控制网的投影面，并用测距仪对观测基线进行检核。

由于工作基点大多位于江边，点位稳定性较差，所以，每隔一定时间需对控制网进行复测。根据多期复测结果，可对控制点的稳定性进行评价。控制点的稳定性分析可采用拟稳平差的方法进行，其基本原理如下：

用δX_0表示拟稳点的坐标改正数向量，用δX_1表示其余点的坐标改正数向量，则误差方程为：

$$V = A\delta X + l = (A_1 \quad A_0)\begin{pmatrix}\delta X_1 \\ \delta X_0\end{pmatrix} + l \tag{7-1}$$

组成法方程为：

$$\begin{bmatrix} A_1{}^{\mathrm{T}}PA_1 & A_1{}^{\mathrm{T}}PA_0 \\ A_0{}^{\mathrm{T}}PA_1 & A_0{}^{\mathrm{T}}PA_0 \end{bmatrix}\begin{bmatrix} \delta X_1 \\ \delta X_0 \end{bmatrix}+\begin{bmatrix} A_1{}^{\mathrm{T}}Pl \\ A_0{}^{\mathrm{T}}Pl \end{bmatrix}=0 \tag{7-2}$$

令
$$\begin{cases} N_{11}=A_1{}^{\mathrm{T}}PA_1 \\ N_{10}=A_1{}^{\mathrm{T}}PA_0=N_{01}{}^{\mathrm{T}} \\ N_{00}=A_0{}^{\mathrm{T}}PA_0 \end{cases}$$

法方程可写为:

$$\begin{cases} N_{11}\delta X_1+N_{10}\delta X_0+A_1{}^{\mathrm{T}}Pl=0 \\ N_{01}\delta X_1+N_{00}\delta X_0+A_0{}^{\mathrm{T}}Pl=0 \end{cases} \tag{7-3}$$

式中,N_{11}为非奇异阵,其逆阵为 N_{11}^{-1},把式(7-3)中的第一式左乘$-N_{01}N_{11}^{-1}$后与第二式相加可得:

$$(N_{00}-N_{01}N_{11}{}^{-1}N_{10})\delta X_0+(A_0{}^{\mathrm{T}}-N_{01}N_{11}{}^{-1}A_1{}^{\mathrm{T}})Pl=0 \tag{7-4}$$

设
$$N=N_{00}-N_{01}N_{11}{}^{-1}N_{10},\alpha=(A_0{}^{\mathrm{T}}-N_{01}N_{11}{}^{-1}A_1{}^{\mathrm{T}})P$$

则有

$$N\delta X_0+\alpha l=0 \tag{7-5}$$

由于存在秩亏,故 N 为奇异阵,为了求 δX_0 的唯一解,再使

$$\delta X_0{}^{\mathrm{T}}\delta X_0=\min \tag{7-6}$$

在此条件下,可得

$$\delta X_0=-N(NN)^{-}\alpha l \tag{7-7}$$

令
$$F_1=N(NN)^{-}\alpha \tag{7-8}$$

则
$$\delta X_0=-F_1 l \tag{7-9}$$

将式(7-9)代入式(7-3)的第一式,得

$$\begin{aligned}\delta X_1&=-N_{11}{}^{-1}N_{10}\delta X_0-N_{11}{}^{-1}A_1{}^{\mathrm{T}}Pl \\ &=-N_{11}{}^{-1}A_1{}^{\mathrm{T}}P(I-A_0F_1)l\end{aligned}$$

设
$$F_2=-N_{11}{}^{-1}A_1{}^{\mathrm{T}}P(I-A_0F_1) \tag{7-10}$$

则

$$\delta X_1=-F_2 l \tag{7-11}$$

由式(7-9)和式(7-11),得

$$\delta X=\begin{bmatrix} \delta X_0 \\ \delta X_1 \end{bmatrix}=-\begin{bmatrix} F_1 \\ F_2 \end{bmatrix}l \tag{7-12}$$

2.测点的布设

观测点在塔柱上布设的位置和数量,应以能反映塔柱摆动和扭转的变形特征为原则,同时要有利于观测。为此,在实际布点时,应首先从整体出发,在塔柱的不同高程上布设测点,以反映塔柱在不同高度的摆动幅度,具体的测点间隔应根据塔柱的高度等因素确定,一般以每隔30m左右布设一点为宜。另外,在测点布设时,还应考虑塔柱的变形特征,因此,一般需在塔柱顶部、各横梁处布设测点。为便于分析塔柱的扭转变形,在同一高度断面上一般应布设两个观测点。

为便于在岸上观测照准,测点一般都应布设在江岸一侧。为便于观测,每个观测点上都应预埋强制对中装置,或者埋设永久性照准标志。

3. 观测的实施

挠度观测的方法较多，其观测步骤也不相同，下面仅以全站仪坐标法为例说明其观测过程。

全站仪坐标法观测简单易行，当在工作基点上安置好仪器，输入测站点坐标并配置起始方位角后，只要一次照准反射棱镜，仪器即可测出方位角和距离，计算并显示变形点的坐标。将测量结果与变形点第一次测量的坐标比较，就得出变形点的二维偏移量。

若全站仪设站于点 N，测量点 P，则 P 点的三维坐标为：

$$
\begin{aligned}
X_P &= X_N + S \cdot \cos V \cdot \cos A \\
Y_P &= Y_N + S \cdot \cos V \cdot \sin A \\
H_P &= H_N + S \cdot \sin V
\end{aligned}
\tag{7-13}
$$

式中，(X_P, Y_P, H_P)和(X_N, Y_N, H_N)分别为点 P 和点 N 的三维坐标，S 为斜距，V 为竖直角，A 为坐标方位角。

用全站仪坐标法观测时，如果始终在同一点上设站，后视方向也始终为同一方向，则各工作基点间的误差不会影响测量精度。又因工作基点和照准点上都采用了强制对中装置，所以全站仪极坐标法的点位误差主要来源是测角误差和测距误差。由误差传播定律可得：

$$
\begin{aligned}
M_{XP}^2 &= M_{XN}^2 + \cos^2 V \cdot \cos^2 A \cdot M_s^2 + S^2 \cdot \sin^2 V \cdot \cos^2 A \cdot M_V^2/\rho^2 + S^2 \cdot \cos^2 V \cdot \sin^2 A \cdot M_A^2/\rho^2 \\
M_{YP}^2 &= M_{YN}^2 + \cos^2 V \cdot \sin^2 A \cdot M_s^2 + S^2 \cdot \sin^2 V \cdot \sin^2 A \cdot M_V^2/\rho^2 + S^2 \cdot \cos^2 V \cdot \cos^2 A \cdot M_A^2/\rho^2 \\
M_{HP}^2 &= M_{HN}^2 + \sin^2 V \cdot M_s^2 + S^2 \cdot \cos^2 V \cdot M_V^2/\rho^2
\end{aligned}
\tag{7-14}
$$

式中，M 为中误差，ρ=206 265。

二、润扬大桥北汊斜拉桥塔柱变形观测

1. 概述

润扬大桥北汊斜拉桥北塔采用空间索面花瓶型混凝土索塔。索塔底面高程 0m，塔顶高程 143.026m，索塔总高度为 143.026m。索塔由中、下横梁分成上、中、下塔柱三部分，下塔柱高 26.126m，中塔柱高 71.9m，上塔柱高 45m。上塔柱为互相平行的竖直双柱，净距 7.0m。

由于高大塔柱在温度、日照、风力等因素的作用下会产生摆动，所以在塔柱完成后，必须开展变形观测，以研究塔柱在不受外力作用时（自然状态）的摆动规律，即摆幅大小，摆动平衡位置与对应的时间，为后续工程施工提供资料。

北塔变形观测采用了 TCA2003 全站仪，并利用该仪器的自动目标识别（Automatic Target Recognition）装置，以普通棱镜为照准目标，实现了全过程的自动化观测。实践证明，这一观测方案，不但充分发挥了 TCA2003 全站仪的功能，而且取得了高精度的观测成果。

2. 变形观测方案

为研究 13 号塔柱在水平面上的扭转规律，在上下游塔柱顶面布置了三个变形观测点（图 7-3）。在三个点上均安装了徕卡公司生产的 GPHIA 单棱镜。

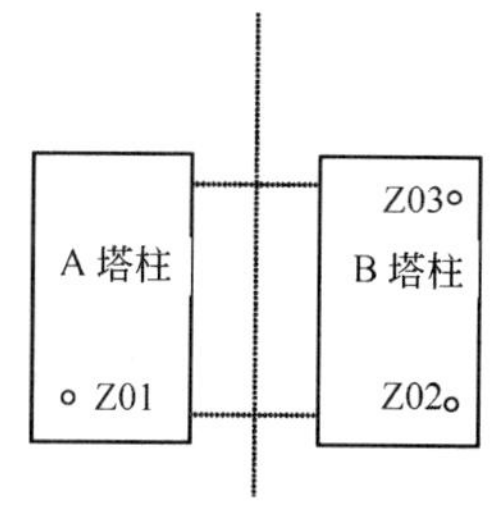

图 7-3　观测点布置图

变形观测基准点采用润扬大桥施工控制网的三个控制点（ZYQ56、ZYQ60 和 QA14），该控制网在 2002 年 7 月完成了复测工作，其复测精度高，最弱点点位中误差为±1.5mm，且点位稳定。控

制网点位分布如图 7-4 所示。

3. 观测方法

对于高塔柱的变形观测，普遍的做法是采用经纬仪和全站仪，在两个测站上同时测定天顶距，据此计算变形量。本次观测采用了 TCA2003 全站仪内置的 Monitoring 程序，进行自动化野外数据采集，用差分法进行数据处理的一种自动化观测方法。

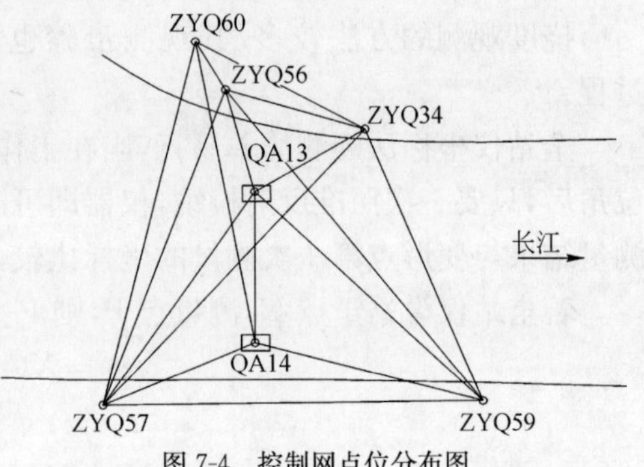

图 7-4　控制网点位分布图

TCA2003 全站仪是瑞士徕卡公司生产的，其测角精度为 0.5″，测边精度为 1mm＋1ppm。该仪器由马达带动，在望远镜中安有同轴的自动目标识别(ATR1)装置，可以对普通棱镜进行自动识别。同时，该仪器的 TPS1000 系统装有许多应用程序，其中 Monitoring 是一个自动观测程序，可以实现自动观测和自动存储数据。

在观测过程中，水平角和垂直角观测 2 测回，距离观测 4 次，在观测过程中，分别在测前、测后读取气象元素(气温和气压)，这些气象元素在数据处理时备用。

在观测时，利用 TCA2003 的主菜单 Main Menu，启动 Monitoring 观测程序；进入 Point Selection 选项，设置观测的总点数、观测方法(盘左、盘右)、测回数、设置初测位置等；进入 Time Selection 选项，设置开始时间、日期，结束的时间、日期，以及每一测回的时间间隔；进入 Point Measurement 选项进行自动观测。

4. 精度分析

塔柱观测采用极坐标法进行，由于控制点及观测点都采用强制归心设备，因此，仪器对中误差和目标偏心误差不予考虑，而仅考虑测角和测距误差对观测结果的影响。极坐标法的计算公式为：

$$\left.\begin{aligned}X &= X_0 + D\sin Z\cos\alpha \\ Y &= Y_0 + D\sin Z\sin\alpha\end{aligned}\right\} \tag{7-15}$$

由此可推出相应的精度公式为(不考虑起始点误差)：

$$\left.\begin{aligned}M_x^2 &= \sin^2 Z\cos^2\alpha m_D^2 + D^2\cos^2 Z\cos^2\alpha\frac{m_z^2}{\rho^2} + D^2\sin^2 Z\sin^2\alpha\frac{m_\alpha^2}{\rho^2} \\ M_y^2 &= \sin^2 Z\sin^2\alpha m_D^2 + D^2\cos^2 Z\sin^2\alpha\frac{m_z^2}{\rho^2} + D^2\sin^2 Z\cos^2\alpha\frac{m_\alpha^2}{\rho^2}\end{aligned}\right\} \tag{7-16}$$

根据实地情况，D 取 300m，测距中误差取 1mm＋1ppm，测角中误差取±1″，Z 取 65°，方位角 α 取 343°。经计算得 X 方向的中误差为±1.3mm，Y 方向的中误差为±1.8mm，点位中误差为±2.2mm。该精度已完全能满足塔柱变形观测的要求。

5. 方案实施

本次测量从 2002 年 8 月 28 日上午 9 时开始至 8 月 29 日上午 12 时结束，连续观测了 26h，每间隔 0.5h 观测一次。此次观测时正值炎热的夏季，最高气温为 30.4℃，最低气温为 24.0℃，全天温差变化不大。28 日上、下午为阴天，晚上有风，但风力不大，29 日上午亦为阴天，基本无风。

由于自动观测系统是利用马达驱动，所以耗电量较大，应在观测时及时更换电池。观测过程中的气象条件(如温度、气压等)应及时读取。当观测目标受到干扰时，值班人员要根据目标干扰情况，决定重新测量。

野外测量的数据，自动存储在 SRAM 存储卡(通常称作“MC”)上。数据与计算机的交换，通过徕卡公司提供的“Word Bench”软件进行数据传输。

在变形观测中，必须考虑大气条件的变化对距离测量的影响。一般情况下，是测定大气的气象元素，然后进行改正。为使观测工作实现自动化，我们采用具有良好稳定性的基准网信息，在无须测量气象元素的情况下，实现距离的气象改正。距离的气象改正原理如下。

设测站点至基准点的已知距离为 d_0，在变形观测过程中，某一时刻距离值为 d_i，两者之间的差异可以认为是因气象条件变化引起的，则气象改正比例系数 Δd 为：

$$\Delta d = (d_i - d_0)/d_i \tag{7-17}$$

如果同一时刻测得变位点的距离为 d_j，即经气象改正后的距离 d_s 为：

$$d_s = d_j - \Delta d \cdot d_j \tag{7-18}$$

为确保距离改正的可靠性和准确性。在实际观测中，取两条基准边计算的气象改正比例系数 Δd 的平均值，作为对变形点的距离改正。

6. 成果分析

根据观测数据和上述数据处理方法，经整理后的各观测点位移量如表 7-2 所示，顺桥向及横桥向点位变化过程线如图 7-5 所示。

观测点主要时刻坐标变化量　　表 7-2

观测时间	Z01(mm)		Z02(mm)		Z03(mm)		观测时间	Z01(mm)		Z02(mm)		Z03(mm)	
	Δx	Δy	Δx	Δy	Δx	Δy		Δx	Δy	Δx	Δy	Δx	Δy
8.28 11:50	0	0	0	0	0	0	8.29 01:20	3.3	−5.2	−2.5	−3.9	1.8	−3.4
8.28 13:20	−4.7	−2.7	−3.9	−1.4	−5.6	−2.7	8.29 04:20	5.6	−5.6	4.6	−2.6	4.1	−3.1
8.28 16:50	−8.5	−4.9	−8.6	−6.8	−9.6	−8.6	8.29 06:20	7.5	−4.5	7.2	−2.0	6.2	−2.6
8.28 17:20	−2.3	−5.1	−3.4	−7.3	−3.2	−6.5	8.29 08:20	10.0	−4.4	8.8	−3.4	9.0	−1.9
8.28 21:20	−0.6	−6.1	−1.5	−6.7	−2.3	−6.3	8.29 10:20	5.4	−4.1	5.5	−1.3	3.4	−2.6
8.28 23:50	−2.0	−4.9	1.3	−3.7	0.7	−4.1	8.29 11:20	7.4	−4.6	9.4	−3.5	6.3	−4.8

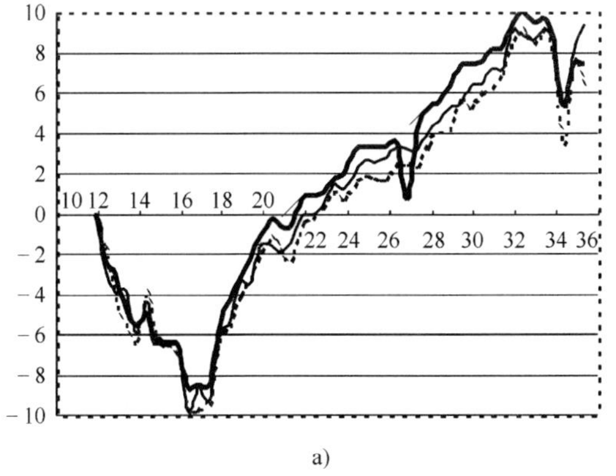

a)

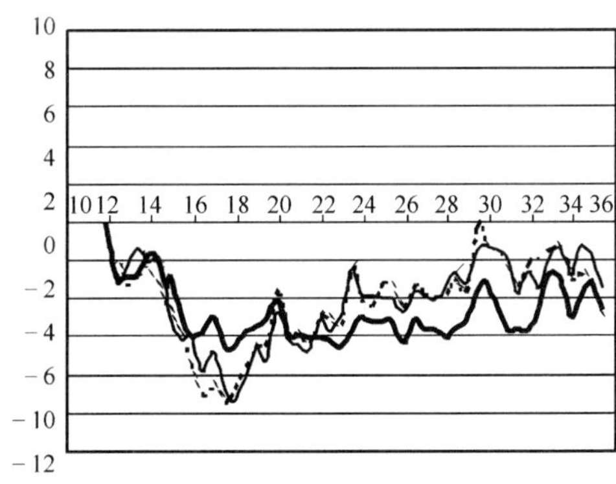

b)

图 7-5　点位变化过程线

a)顺桥向点位变化过程线；b)横桥向点位变化过程线

根据上述数据不难看出：

(1)在日照的作用下，A、B 塔柱的变形规律是一致的。各对应点的变化量在 2mm 以内。

(2)A、B 塔柱有明显的周日变化规律，温差变化越大，塔的摆动幅度也越大。每天正中午和日落前是塔柱摆幅的最大时段，其平衡点在每天夜里0点左右。顺桥向的日变幅为±10mm，横桥向的日变幅为±4mm。

(3)同一塔柱上的变位点变化规律一致性良好(Z02和Z03变位点)，说明塔柱的扭转变形很小。据此可以认为在A、B塔柱之间设置了横梁，有效地限制了同一塔柱的扭转变形，这与单根独立塔柱的变化规律是不同的。

第四节　桥梁挠度观测

一、概述

桥梁挠度观测是桥梁检测的重要组成部分。桥梁建成后，由于要桥梁承受静荷载和动荷载，必然会产生挠曲变形，因此，在交付使用之前或交付使用后应对梁的挠度变形进行观测。

桥梁挠度观测分为桥梁的静荷载挠度观测和动荷载挠度观测。静荷载挠度观测时测定桥梁自重和构件安装误差引起的桥梁的下垂量；动荷载挠度观测则测定车辆通过时在其重量和冲量作用下桥梁产生的挠曲变形。

在桥梁挠度观测中尤其以主梁的挠度观测更为重要，下面介绍主梁的挠度观测。

二、主梁挠度观测

主梁的挠度变形是主梁结构状态改变最灵敏、最精确的反映，因此，对主梁进行挠度观测能够更为准确地把握主梁结构内力状态的改变。另外，部分的结构损伤也将导致主梁挠度情况的异常，通过对主梁挠度的观测也可识别出这些损伤来。因此，对主梁挠度的观测对于结构内力状态及损伤识别均有重要意义。通过挠度观测可以达到以下目的：①修正结构内力反演的结果，确保内力状态的识别精度；②进行基于刚度变化的损伤识别。

目前，主梁挠度观测的主要方法有：水准测量法、全站仪三维坐标法、动态GPS测量法、液体静力水准测量法、连通管测压法等。前三种测量方法亦在第四章中做了介绍，下面主要说明液体静力水准测量和连通管测压两种测量方法。

1. *液体静力水准测量*

直接利用静止液体表面求两点高差的方法称为液体静力水准测量。

如图7-6，将容器安置于A、B两点之上。在水管连通的容器间用气管连接，当各容器液面处于平衡状态时，有：

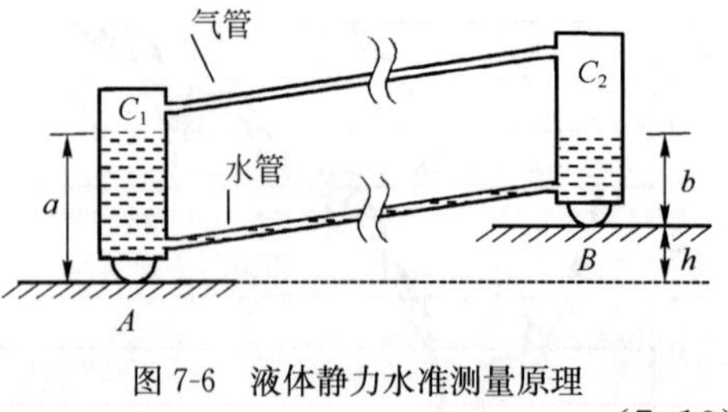

图7-6　液体静力水准测量原理

$$h = a - b \tag{7-19}$$

式中：a、b——两容器中的液面读数；

h——两容器零点间的高差。

在液体静力水准测量中，首要问题是液面到标志高度的测定。目前，测定液面高度的方法主要有以下两类：①目视接触法。也可利用转动的测微圆环带动水中的触针上下运动，根据光学折射原理，在观测窗口可以观测到触针尖端的实像和虚像，当两像尖端接触时，在测微圆环上可读出触针接触水面时的高度。②电子传感器法。通过电子(电感式、光电式或电容式)传感器不仅可以提高静力水准的读数精度，而且可实现测量的自动化，见图 7-7。

有多种因素影响液体静力水准测量的精度。连通管中液体不能残存气泡，否则测量结果将有粗差；和几何水准测量一样，液体静力水准仪也存在零点差，通过交换两台液体静力水准仪的位置可以消除温度差影响、气压差影响、液面到标志高度量测误差、液体蒸发影响、液体弄脏影响、仪器搁置误差、仪器倾斜误差影响、仪器结构变化影响等。

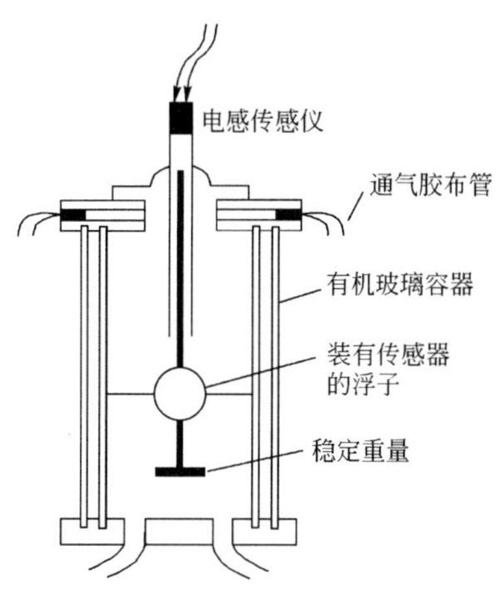

图 7-7 电感式液体静力水准仪

2. 连通管测压系统

连通管液压测量系统通过布设在各测点上的高精度压力传感器测量测点之间的压力变化，通过数据转换，可以得到测点间的高程变化。当该系统用于桥梁挠度观测时，可事先将压力传感器布设在需要观测的部位，再用连通管将压力传感器连接起来，通过测量各点的压力差，计算各点之间的高程差，从而得到桥梁的挠度曲线。连通管液压测量系统如图 7-8 所示。

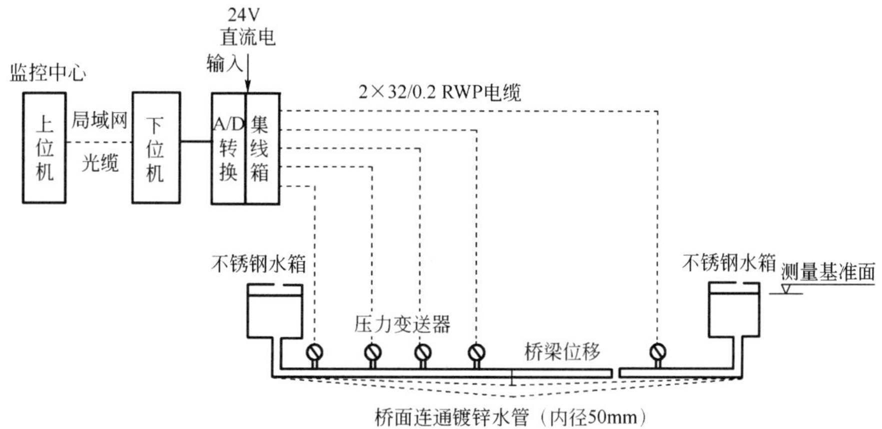

图 7-8 连通管液压传感器系统

三、润扬大桥主梁挠度观测

1. 简介

润扬大桥南汊悬索桥为主跨 1 490m 的单跨双铰简支钢箱梁桥，按 6 车道高速公路特大桥等级设计，设计车速为 100km/h。设计提出的成桥状态为：中跨理论垂度为 149.605m，垂跨比约为 1∶10，主缆中心距 34.3m。主梁为全宽 38.7m，高 3.0m 的全焊接扁平流线型钢箱梁，正交异性板桥面；钢箱梁主体结构采用 Q345D 钢。

润扬大桥悬索桥的跨度，为当时中国第一世界第三。为了检验桥梁设计和施工质量，把握大桥结构的竣工状态，为大桥运营期间的维修养护提供技术依据，润扬大桥在静力加载状态下进行了主梁挠度测量。

2. 静力加载的试验工况

静力加载试验是检验桥梁结构在活载作用下的工作状态、工作性能与设计符合程度的一种有效手段。根据润扬大桥悬索桥变形特点以及受力特点，取主梁四分点、跨中以及3/4截面的位移作为控制值。

(1)加载车辆

根据静载试验荷载效率及主梁控制断面的设计弯矩值，再考虑加载车辆的来源和试验时加载车辆容易掉头等因素，选用相当公路规范中汽车—20级荷载中的重车(300kN)作加载车辆。试验选用车辆的技术指标如表7-3所示。

试验加载车的技术指标 表7-3

车　型	轴距(mm)		轮距(mm)		质量(kN)	
300kN	中前轴	中后轴	前轮	后轮	前轴	中后轴
	3 500	1 350	1 914	1 847	60	240

试验各工况下所需加载车辆的数量，根据设计标准活载产生的工况下的最不利效应值按照荷载效率系数换算得到。经计算，静载试验共需要300kN标准车52辆。

试验前对每辆车进行配重，使加载车轴重达到试验要求，且保证在试验过程中不会发生明显的变化。

(2)试验工况与加载位置

工况1　主梁中跨 $L/4$ 截面。52辆车排成4列13行，行距16.1m，横桥向对称。

工况2　主梁中跨 $L/2$ 截面。52辆车排成4列13行，行距16.1m，横桥向对称。

工况3　主梁中跨 $3L/2$ 截面。52辆车排成4列13行，行距16.1m，横桥向对称。

工况4　主梁中跨 $L/2$ 截面(偏载)。39辆车排成3列13行，行距16.1m，横桥向偏心(中央隔离带一侧车道)。

工况5　主梁中跨 $L/2$ 截面。16辆车排成4列4行，行距9.6m，横桥向对称。

3.测量方法与测量成果

(1)测量方法

对应各试验工况，对主梁挠度、主梁纵向位移的测量，采用与成桥状态结构参数相同的测量方法与设备。即采用全站仪三维坐标法及动态GPS测量法。

(2)测量成果

表7-4a为不同加载情况下主梁的梁端的纵向位移。

表7-4b、表7-4c为考虑测量主梁变位而设计的四种加载情况所对应的主梁的挠度测量值和计算值。

梁端位移(正方向:北→南;单位mm) 表7-4a

工况	扬州(北)				镇江(南)			
	理论值	实测值			理论值	实测值		
		上游	下游	均值		上游	下游	均值
1	475	474	470	472	458	463.9	462.3	463.1
2	2	12	9	10.5	−2	−1.1	−1.3	−1.2
3	−459	−450	−450	−450	−475	−453.3	−464.9	−459.1
4	475	472	472	472	458	462.1	461.4	461.75
5	2	12	12	12	−2	−7.1	−7.5	−7.3

主梁竖向挠度—全站仪测量结果(单位:m)　　表 7-4b

工况	1/4		1/2		3/4	
	实测	理论	实测	理论	实测	理论
1	−2.831	−2.828	0.106	0.074	1.2855	1.247
2	0.0615	0.058	−2.416	−2.414	0.082	0.054
3	1.211	1.247	0.0815	0.076	−2.805	−2.828
4	0.061	0.043	−1.800	−1.831	0.0745	0.040

注:挠度以向下为正(下同)。

主梁竖向挠度—GPS 测量结果(单位:m)　　表 7-4c

工况	1/4		1/2		3/4	
	实测	理论	实测	理论	实测	理论
1	−2.826	−2.828	0.170	0.074	1.268	1.247
2	0.062	0.058	−2.384	−2.414	0.069	0.054
3	1.229	1.247	0.104	0.076	−2.814	−2.828
4	0.091	0.043	−1.7835	−1.831	0.0553	0.040

4. 试验结论

(1)各工况状态下钢箱梁几何位置的测量结果表明:钢箱梁纵向位移的理论值与实测值基本一致,对称性好,说明大桥竣工状态的桥型符合设计要求。

(2)试验荷载下,钢箱梁挠度及变形曲线形状、偏心荷载时钢箱梁的扭转角、梁端位移都与计算值基本一致,说明结构刚度符合设计要求。

第五节　变形观测数据的管理与分析

大桥变形观测数据采集后,需建立相应的数据管理系统,对各类观测数据进行储存、整理和分析,以便为大桥整体安全评估提供依据。通常建立的数据管理系统包括的内容有:观测信息输入、存储、输出、文本查询、可视化查询等。

一、总体结构

"数据管理系统"的总体结构如图 7-9 所示,其主要功能包括:①数据预处理;②数据库管理;③图表生成;④数据库备份;⑤联机帮助。

1. 观测数据预处理

观测数据的预处理主要包括各类观测量的类型转换和观测数据异常值的检验,此外,还应该强调缺省数据的插补功能。各类转换程序和异常值检验程序已按系统要求,以动态连接库的形式储存在方法库中,系统根据需要,在方法库中调用相应的计算程序。主要方法是:①观测量转换成效应量;②应力应变计算;③仪器稳定性检验;④粗差检验;⑤系统误差检验;⑥观测资料整理;⑦观测仪器检查。

2. 数据库管理

数据库管理的主要功能包括:数据查询、数据修改、数据添加、数据删除和报表生成。

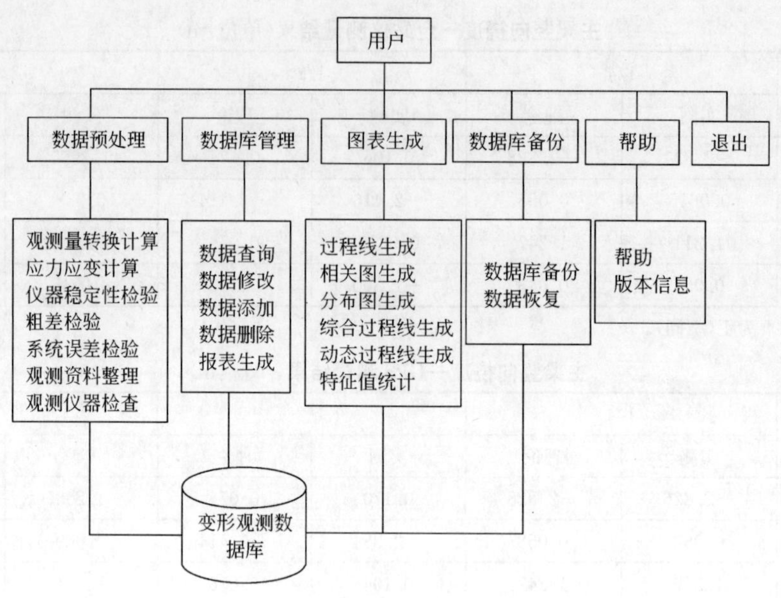

图 7-9　变形观测信息管理系统总体结构

①数据查询。观测信息的查询采用两种形式：文本查询和图形查询(可视化查询)。文本查询根据用户提出的查询条件(如测点号、测点类型、观测日期等)进行查询，也可根据各种条件进行组合查询，查询条件利用静态和动态查询相结合，静态查询利用组合框进行选择查询，动态查询利用文本框形式输入查询条件进行模糊查询，查询结果用文本框、数据网格等输出控件进行显示，并可根据用户的要求进行选择性输出。图形查询是将各测点信息封装在测点对象的属性中，用户根据可视化的图形界面直接查询该点的属性数据。

②数据添加。各种观测信息可根据用户的需要，采用界面手工输入和文件输入两种形式，另外，为提高系统的可扩充性，系统留有自动观测数据输入接口。它的功能是把各种观测数据、资料(包括数据、资料、图形、图像等)输入相应的数据库。

③数据修改。当观测的信息需要变更时，由被授权人员进行权限内的系统数据库信息的修改工作，修改前提是保证数据库中的数据的绝对安全，而在预处理的过程中进行对数据进行合理性的删除和修改，并把预处理结果输入数据库。信息修改包括信息的删除和添加，进行信息修改和删除时要注意数据库信息的统一性、完整性和其他约束条件，在添加数据信息时要注意数据记录的不可重复性以及不可为空性，系统把修改后的信息存到缓存中，等待用户确认后才提交到数据库。

④报表生成。信息的输出可采用报表、图形等多种形式，对于各种报表，在详细设计过程中，开发人员应与管理人员充分沟通，按档案管理的规定和管理人员的要求，详细设计报表格式。系统中的图形应美观、实用，便于管理人员分析使用。

3. 图表生成

根据预处理后数据输入数据库，为把数据资料以图形的方式更直接的显示给用户，系统引入了过程线、相关图和分布图，过程线反映的是测值随时间的变化情况；相关图是两个观测量之间的相关关系曲线，包括环境量(如：流速、水位、气温、降雨量等)和观测量之间、观测量相互之间相关关系曲线；分布图是以某一工程部位的剖面为背景，反映出观测量的分布情况。根据图的形式来显示数据可以使界面更方便于操作。

4. 数据库备份

为防止观测数据的丢失，系统运行一段时间后，应对数据库内容进行备份。另外，当数据库遭到破坏时，系统也提供了利用备份数据库进行数据恢复的功能。

5. 联机帮助

为方便用户使用和操作，系统提供联机帮助手册供用户查询。帮助按照 Windows 的风格来设计，主要包括帮助内容(context)、索引(index)、搜索(search)等帮助主题，以及有关本系统的信息查询。

二、观测资料的分析处理

对观测资料进行综合性的定性和定量分析，找出其变化规律及发展趋势，称为观测资料分析，其目的是对建筑物的工作状态做出评估、判断和预测，有效地监视建筑物安全运行。观测资料分析应根据桥梁设计理论、施工经验和有关的基本理论和专业知识进行。观测资料分析成果可指导施工和运行，同时也是进行科学研究、验证和提高桥梁设计理论和施工技术的基本资料。常用的分析方法如下：

1. 作图分析

将观测资料绘制成各种曲线，常用的是将观测资料按时间顺序绘制成过程线。通过观测物理量的过程线，分析其变化规律，并将其与荷载、温度等过程线对比，研究相互影响关系。也可以绘制不同观测物理量的相关曲线，研究其相互关系。这种方法简便、直观，特别适用于初步分析阶段。图 7-10、图 7-11 分别为某测点的水平位移过程线、水平位移综合过程线。

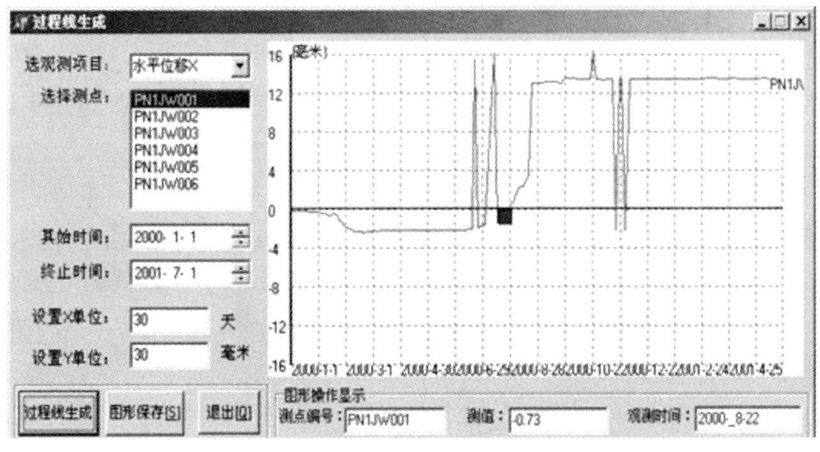

图 7-10 水平位移过程线图

2. 统计分析

用数理统计方法分析计算各种观测物理量的变化规律和变化特征，分析观测物理量的周期性、相关性和发展趋势。这种方法具有定量的概念，使分析成果更具实用性。特征值是指描述某测点测值特征的观测值，如最大值、最小值、某时间段的极大值以及极小值等。特征值统计图就是以图的形式显示该测点测值的统计特性，见图 7-12。

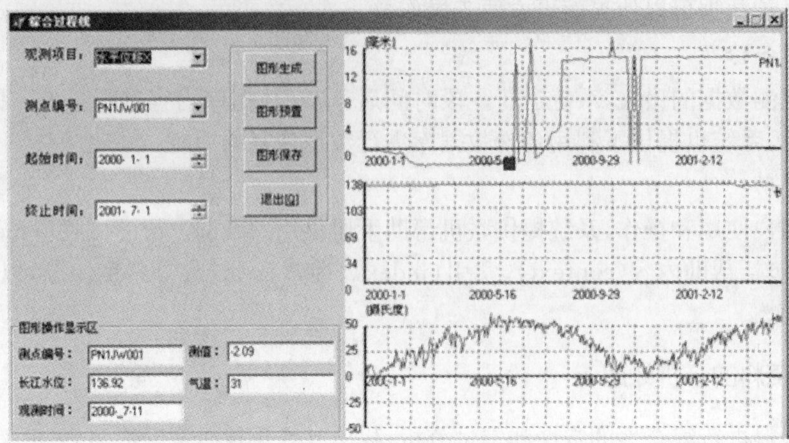

图 7-11　水平位移综合过程线图

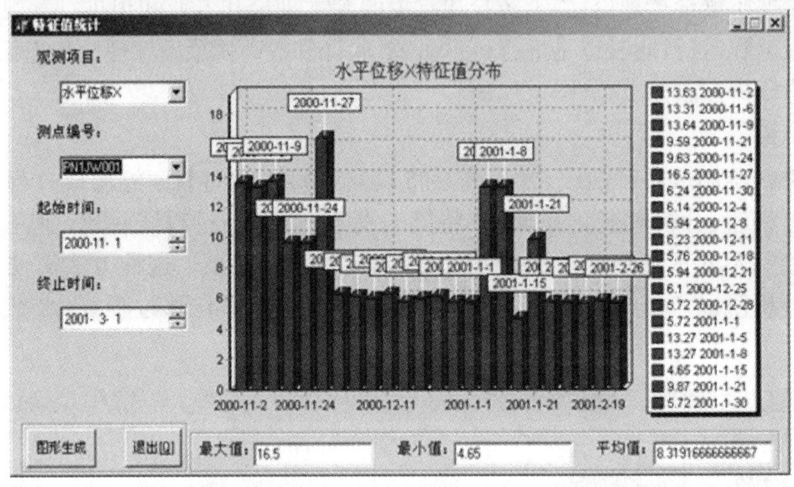

图 7-12　测点特征值分布图

3. 对比分析

将各种观测物理量的实测值与设计计算值或模型试验值进行比较，相互验证，寻找异常原因，探讨改进运行和设计、施工方法的途径。由于桥梁工程实际工作条件的复杂性，必须用其他分析方法处理实测资料，分离各种因素的影响，才能对比分析。

4. 建模分析

采用系统识别方法处理观测资料，建立数学模型，用以分离影响因素，研究观测物理量变化规律，进行实测值预报和实现安全控制。这种方法能够定量分析，是对长期观测资料进行系统分析的主要方法。桥梁安全监控模型按类型可以分为，单点统计模型，多测点统计模型，时间序列模型，灰色系统模型等，根据需要选择所要建立模型的类型。

①单点统计模型。统计类监控数学模型以传统回归分析模型为主，其他类模型方法为辅。传统统计模型需设置广泛的因子集，以满足分析人员的实际需要，例如，时效类因子中，除去常用各种时间函数因子之外，还应设置多条对数曲线或折线型等因子，以利于观测量的趋势性分析。因子集可按水位、温度、降雨量、时效等不同物理因素进行组织。

②多测点统计模型。对于沿空间某一方向设置多个测点的观测项目，可以进行分布模型分析。对分布模型的温度、时效分量因子的组成，应有一定的选择范围。建立分布模型时，应对所分析项目的测点进行选择，以利于结合建筑物的特点进行对比分析。

③时间序列模型。目前，时间序列分析方法仍是安全观测数据分析的一种有效手段，分析人员可根据实际需要，选用不同的测值序列和不同的时间间隔进行分析。

④灰色系统模型。灰色系统理论对分析影响因子不很明确的测值系列有一定的作用，在数据分析时，可作为一种辅助手段。

特大跨径桥梁施工测量规范

Specification for long-span bridge construction survey

主编单位：江苏省长江公路大桥建设指挥部
河海大学土木工程学院
江苏省交通厅工程质量监督站

江苏省长江公路大桥建设指挥部

江苏省交通厅文件

苏交质[2007]27号

关于在泰州长江公路大桥工程中试行《特大跨径桥梁施工测量规范》的批复

江苏省长江公路大桥建设指挥部：

你部以省桥总工[2007]1号文"关于在泰州长江公路大桥工程中试行《特大跨径桥梁施工测量规范》请示"已收悉，考虑泰州长江公路大桥属于特大跨径桥梁，现有的《公路桥涵施工技术规范》中所规定的测量技术已无法适应该桥梁的技术要求。你部联合相关单位在充分吸收我国特大跨径桥梁建设工程实践经验的基础上，结合特大跨径桥梁建设施工测量的技术要求编制的《特大跨径桥梁施工测量规范》，经专家鉴定具有科学性、先进性、实用性，填补了桥梁施工标准系列中的空白。经4月13日厅务会研究，同意在该桥建设中试用已通过科技鉴定的《特大跨径桥梁施工测量规范》进行测量控制。

请你部在工程建设中严格执行该规范和相关标准，确保工程质量；并不断总结积累经验，为把该规范上升为部规范或江苏省地方标准作好相应准备工作。

江苏省交通厅

二〇〇七年四月二十四日

主题词：桥梁　施工　测量　规范　批复

抄送：交通部公路司、质监总站，江苏省质量技术监督局标准处。

江苏省交通厅办公室　　2007年4月26日印发

前　言

本标准是根据江苏省交通厅科研计划项目(06B01)的规定和要求编制的。

2005年8月组建本标准编写组并开始编写工作,编写组在广泛听取江阴大桥、润扬大桥、苏通大桥等各建设单位意见的基础上,开展了资料收集和调研工作,于2006年7月完成征求意见稿,在收集到设计、施工、监理、建设单位及相关院校的反馈意见后进行了修改。2006年11月形成送审稿,2007年1月召开送审该审查会。2007年4月,江苏省交通厅(苏交质[2007]27号)对送审稿作了批示。同意在泰州长江公路大桥试用。编写组在试用的过程中,对规范内容进一步做了修改,于2009年8月通过了江苏省技术监督局组织的专家鉴定。

本标准的主要内容是:1.总则;2.术语、符号;3.平面控制测量;4.高程控制测量;5.施工控制测量的基本工作;6.桥梁施工测量;7.竣工测量;8.施工期外部变形观测;9.资料管理。

本标准的附录均为资料性附录。

为了便于广大施工、科研、建设等相关人员,在使用本标准时能正确理解和执行条文规定,本标准编制组根据建设部关于编制标准条文说明的统一要求,按本标准的章、节、条顺序,编制了《特大跨径桥梁施工测量规范条文说明》,供相关部门和单位参考。

本标准由江苏省交通厅提出并归口。

鉴于本标准系初次编制,在执行过程中,希各单位结合工程实践和科研成果,认真总结经验,注意积累资料。如发现需要修改和补充之处,请将意见和有关资料寄交江苏省长江公路大桥建设指挥部,并抄送江苏省交通厅,以供今后修订时参考。

本标准起草单位:江苏省长江公路大桥建设指挥部、河海大学土木工程学院、江苏省交通厅工程质量监督站。

本标准主要起草人:钟建驰、吉林、冯兆祥、杨宁、周志芳、秦正学、郑德华、蒋波、杨国忠、解先荣。

目　　录

1 总则

1.0.1 为了统一特大跨径桥梁施工测量的技术要求，保证测量成果的质量，适应工程建设的需要，制定本规范。

1.0.2 本规范适用于特大跨径桥梁施工阶段的测量工作。其内容包括悬索桥、斜拉桥、混凝土箱梁悬浇的施工测量、竣工测量和施工期的外部变形观测。

1.0.3 施工阶段的测量工作应包括下列内容：

(1)根据工程施工总体布置图和有关测绘资料，布设施工控制网。

(2)针对施工阶段的不同要求，进行建筑物的放样及其检查工作。

(3)按照设计文件的要求及建筑物变形的特点，埋设外部变形监测设施，并负责施工期观测工作。

(4)单位工程完成时，根据设计要求，对重要建筑物及重要隐蔽工程的几何形体进行竣工测量。

1.0.4 本规范以中误差作为衡量精度标准，以2倍中误差作为极限误差。

1.0.5 首级施工平面控制网坐标系统，宜与规划设计阶段的坐标系统一致，也可根据需要建立与规划设计阶段的坐标系统有换算关系的桥轴坐标系统。首级施工高程控制网的基准，必须与规划设计阶段的高程基准相一致，并应根据需要就近与国家水准点进行联测，其联测精度不宜低于本工程首级高程控制网的要求。

1.0.6 局部建筑物中一些工程部位相对精度要求较高时，可单独建立高精度的控制网。控制网宜结合实际情况进行专门设计。

1.0.7 施工测量使用的各种测量仪器、水准标尺、钢尺，应送往有计量认证的检验机构进行检定。施工测量使用的物理、气象仪器也应按相关规程的要求进行检定。

1.0.8 工程建设中各阶段施工测量结束后，应及时提交成果，进行检查验收并编写施工测量技术报告。有条件的施工测量管理部门，宜建立施工测量信息库系统。

1.0.9 特大跨径桥梁施工测量工作，除应按本规范规定执行外，还应满足现行国家、行业测绘规范的有关规定。经过实践验证的新技术、新方法，在满足本规范精度要求时，亦可使用。若用户提出的精度要求超过本规范的指标，宜采用经过实践检验可行的其他方法和仪器施测。

2 术语、符号

2.1 术语

2.1.1 施工控制网 Construction control network

为工程建设施工而布设的测量控制网。

2.1.2 施工放样 Setting out; Construction layout

工程施工时,把设计的建筑物或构筑物的平面位置、高程测设到实地的测量工作。

2.1.3 高程传递 Transfer of elevation

桥梁施工时,根据已知点的高程值用测量仪器或钢尺传递到高处并作出标记点的测量工作。

2.1.4 基准点 Datum point

在桥梁测量中,作为测量工作基点及其他测量点依据的稳定可靠的点。

2.1.5 工作基点 Operating control point

桥梁施工时,作为直接测定观测点的较稳定的控制点。

2.1.6 放样点 Setting-out point

是根据设计图上的位置,通过测量工作在实地标定出的测量点。

2.1.7 观测点 Monitoring point

埋设在观测部位的测量点,点位能够反映观测对象特征部位的沉降或位移。

2.1.8 安装测量 Installation survey

为建筑工程中的构件或设备的安装所进行的测量工作。

2.1.9 变形测量 Deformation survey

对建筑物、构筑物及其地基或一定范围内岩体及土体的位移、沉降、倾斜、挠度、裂缝等所进行的测量工作。

2.1.10 竣工测量 Final survey

工程竣工后,为编制工程竣工文件,对实际完成的各项工程进行的一次全面测量的作业。

2.1.11 GPS 定位测量 GPS Positioning

通过在多个测站上进行若干时段同步观测,确定测站之间相对位置的 GPS 定位测量。

2.1.12 GPS RTK 测量 GPS RTK Positioning

是一种高精度实时相位差分定位技术,由基准站、移动站及 RTK 数据链组成。移动站无需在已知点上初始化,直接在动态环境下确定整周模糊度,实时接收 GPS 定位信息,并按基准站发送的 RTK 差分数据进行修正,获得较精确的三维定位坐标。

2.1.13 斜拉桥 Cable stayed bridge

以固定于索塔并锚固于桥面系的斜向拉索作为上部结构主要承重构件的桥梁。

2.1.14 悬索桥 Suspension bridge

以通过索塔悬挂并锚固于两岸(或桥两端)的缆索(或钢链)作为上部结构主要承重构件的桥梁。

2.1.15 锚碇 Anchorage

一般指主缆索的锚固系统。包括锚块、鞍部及其他附属构造的锚体和基础的总称。

2.1.16 沉井基础 Open caisson foundation

上下敞口带刃脚的空心井筒状结构物，下沉到设计高程处，以井筒作为结构外壳而建筑成的基础。

2.1.17 地下连续墙 Underground continuous wall

利用专用的挖槽设备，沿着深基础或地下构筑物周边开挖一定大小的沟槽，在槽内设置钢筋笼，采用导管法浇筑混凝土，筑成一道连续的地下钢筋混凝土墙，这种具有防渗、挡土、基础支护以及承压功能的地下墙体，也称现浇钢筋混凝土地下连续墙。

2.1.18 索塔 Cable bent tower

悬索桥或斜拉桥支承主索的塔形构造物。

2.1.19 索鞍 Cable saddle

在悬索桥索塔顶部设置的鞍状支承装置。

2.1.20 主缆 Main cable

悬索桥桥型结构中，用于悬挂吊索，将恒荷载和活荷载传递给索塔和锚碇的大型金属缆索结构。

2.1.21 索夹 Calbe clamp

将悬索桥吊索与主缆连接的夹箍式构件。

2.1.22 吊索 Suspender

将悬索桥主缆与主梁相联系的受拉构件。将主梁承受的恒荷载及活荷载传递给主缆。

2.1.23 钢箱梁 Steel box girder

支承桥面，与桥面结合成一体并将恒荷载及活荷载通过吊、拉索传递给索塔或通过梁底支座传递给墩台的钢制箱形结构。

2.1.24 预拱量 Camber

为抵消梁、拱、桁架等结构在荷载作用下产生的位移（挠度），而在施工或制造时所预留的与位移方向相反的校正量。

2.2 符号

m_β ——测角中误差；

m_S、m_D ——测距中误差；

m_i ——方向中误差；

μ ——单位权中误差；

M_Δ ——每公里高差偶然中误差；

M_W ——每公里高差全中误差；

a、b ——测距仪或 GPS 接收机标称精度的固定误差和比例误差；

σ ——GPS 基线向量弦长中误差；

D ——测距边长；

d ——各边往返测水平距离的较差，桥梁的跨径；

S ——测距边长、斜距、水准跨河视线长度；

H、H_m——高程、建筑物的总高度、平均高程；

h——高差；

R——地球平均曲率半径；

P——测量的权、大气压力；

T——温度、边长相对中误差分母；

W——三角形闭合差、同步环坐标分量闭合差、水准环线闭合差；

V——异步环坐标分量闭合差；

N——附合线路或闭合环的个数；

K——大气折光系数；

L——线路长度；

X、Y——纵、横坐标；

n——测站数、测段数、边数、基线数、三角形个数；

Z——天顶距；

α——坐标方位角、垂直角、钢尺温度膨胀系数；

β——水平角；

Δ——不符值、真误差；

ρ''——常数，206 265″。

3 平面控制测量

3.1 一般规定

3.1.1 平面控制网的精度指标及布设密度，应根据桥梁的形式、跨径及设计要求的施工精度来确定。

3.1.2 平面控制网可采用任意边角网测量和GPS测量（GPS测量见本规范3.8节）。任意边角网是指测角网、测边网和边角网三种类型，其等级划分为二、三等。任意边角网的适用范围应符合表3.1-1的规定。

平面控制等级的适用范围　　表3.1-1

工程规模	等级	控制网类型
特大跨径桥梁	二等	首级网
	三等	加密网

3.1.3 平面控制网的布设级数，可根据地形条件及放样需要决定，不得大于2级。

3.1.4 首级平面控制网，应利用勘测设计阶段布设的控制点作为起算数据，并与邻近的国家三角点进行联测。其联测精度不应低于国家三角测量四等网的要求。

3.1.5 平面控制网的观测资料，可不作高斯投影改正。直接在平面上进行平面直角坐标计算，但观测边长应投影到工程所指定的高程面上。

3.1.6 平面控制网建立后，应定期进行复测。通常情况下，每年复测一次。若遇到大规模基坑开挖后、大量排水后、工序转换前，必须进行一次复测。若使用过程中发现部分控制点有位移迹象时，应及时进行复测或局部复测。

3.2 技术设计

3.2.1 平面控制网的技术设计应在了解工程建筑物的总体布置、工程区域的地形特征及施工放样精度要求的基础上进行。设计前应收集下列资料：

(1)施工区现有地形图，必要的地质、水文、气象资料。

(2)桥梁建设总体布置图及有关技术文件。

(3)勘测设计阶段已有的控制测量资料，包括平面和高程控制网图、点之记、成果表、技术总结。

(4)有关的测量规范及招投标文件资料。

3.2.2 平面控制网布设前，应按下列程序进行精度估算：

(1)在工程设计总平面图上绘制主要桥梁建筑物的轮廓点。

(2)在图上或野外实地选点，确定各待定点的近似坐标，并根据地形条件和技术条件，连成网形。

(3)选定控制网的等级和类型，确定各观测量的先验权。

(4)采用可靠的控制网优化计算程序，估算各点的点位中误差或误差椭圆参数，并与本规范的规定技术要求作比较。

(5)若不能满足要求时,需调整图形结构或改变网的类型或改变观测元素的先验权,重复(3)、(4)款工作,直至满足规定的精度要求。

3.2.3 平面控制网观测方案的设计应以精度适宜、便于实施、质量可靠为标准。

3.2.4 根据实地选点和精度估算的结果,编写平面控制网测量技术设计书。技术设计书应包括如下内容:

(1)工程概况和对已有平面控制测量资料的评价和利用。

(2)平面控制网设计图、施测等级、精度。

(3)采用的坐标系统和测量规范。

(4)测量标志结构、规格及埋设要求。

(5)采用的仪器、设备、观测方法以及新技术的应用。

(6)施测计划和进度表。

3.2.5 布设测角网的技术要求:

(1)测角网宜采用大地四边形或以桥轴线为公共边的双大地四边形,对于跨越江(湖)心岛的桥梁,条件允许时可采用中心多边形。三角形内角不宜小于30°。如地形限制,个别角也不应小于25°。

(2)测角网的起始边,应采用光电测距仪测量,起始边倾角应满足:二等起始边坡度应小于5°,三等起始边坡度应小于7°。当测距边倾角超过以上规定时,天顶距的观测精度或水准测量精度,应另作专门规定。

(3)各等级测角网的主要技术要求应符合表3.2-1的规定。

测角网技术要求 表3.2-1

等级	平均边长(m)	起始边相对中误差	测角中误差(″)	三角形最大闭合差(″)	测回数	
					DJ_1	DJ_2
二	500~1 500	1∶30万	±1.0	±3.5	9	—
三	300~1 000	1∶13万	±1.8	±7.0	6	9

3.2.6 布设测边网的技术要求:

(1)测边网也应重视图形结构。三角形各内角宜在30°~100°之间,当图形欠佳时,要加测对角线边长或采取其他措施加以改善。

(2)对于二、三等的测边网,要在控制网周边选择部分控制点,以相应等级测角网的测角精度观测一个接近100°的角度作为校核。

(3)测边网中的每一个待定点至少要有一个多余观测。严禁布设成无多余观测的单三角形锁。

(4)各等级测边网的布设应符合表3.2-2的要求。

测边网技术要求 表3.2-2

等级	平均边长(m)	平均边长相对中误差	测距仪等级	测回数		
				边长	天顶距	
					DJ_1	DJ_2
二	500~1 500	1∶25万	1	往返各4	4	—
三	300~1 000	1∶15万	1或2	往返各4	3	4

注:①光电测距仪一测回的定义为照准一次,读数四次。

②测距仪分级的技术规格见表3.5-1。

3.2.7 布设边角网的技术要求：

(1)边角网的测角和测边的精度匹配，应符合下列要求。

$$\frac{m_i}{\rho''} = \frac{m_S}{S \times 10^3} \tag{3.2-1}$$

式中：m_i ——相应等级控制网的方向中误差，(″)；

m_S ——测距中误差，mm；

S ——测距边长，m；

ρ''——常数，206 265″。

(2)各等级测角的主要技术要求，应符合表 3.2-1 的规定。

(3)各等级边长测量的主要技术要求，应符合表 3.2-2 的规定。

3.3 选点与埋设

3.3.1 平面控制点应结合桥位施工区域地貌条件，选在通视良好、交通便利、地基稳定且能长期保存的地方。同时应考虑以下几点：

(1)视线离障碍物不宜小于 2m。确需在施工影响区域内布设控制点，应保证在一定时间段内相对稳定。

(2)对于能够长期保存，离施工区较远的平面控制点，应着重考虑图形结构和便于加密；而直接用于施工放样的控制点则应着重考虑方便放样，尽量靠近施工区并对主要建筑物的放样区组成有利的图形。

(3)对于边角网和测边网的选点，还应注意观测视线避免通过吸热、散热不同的地区，如烟囱等；视线上不应有任何障碍物，如树枝、电线等，并应避开强电磁场的干扰，如高压线等；测距边的倾角不宜太大，二等网测距边坡度应小于 5°，三等网测距边坡度应小于 7°，困难地区可放宽 3°。

3.3.2 对于平面控制点，应埋设混凝土观测墩。对于加密的控制点，可根据实际情况埋设观测墩或半永久标志。平面控制点应根据以下地质条件埋设：

(1)对于岩石基础，开挖表层土后，凿开岩石 0.3～0.5m，浇筑符合高度要求的钢筋混凝土观测墩，岩石基础的平面控制点埋设见附录 A 中 A.1。

(2)对于软土基础，对基础要按桥型考虑处理深度，根据地质资料，应将钢管桩打入沙层 2m 以上。对于浅埋平面控制点，钢管桩的深度一般为 10～15m；对于深埋平面控制点，钢管桩的深度一般为 30m。软土基础的平面控制点埋设见附录 A 中 A.2。

(3)首级平面控制点周围应设立钢管围栏保护装置，以防止车辆或机械的碰撞。加密控制点应有醒目的标志，以利保护。

3.3.3 观测墩上应具备强制对中装置。强制对中盘底座平面水平度应小于 10′，强制对中装置的对中误差应不大于±0.1mm。

3.4 水平角观测

3.4.1 水平角观测前，必须对经纬仪进行检验和校正。检验项目和检验方法应按《国家三角测量规范》(GB/T 17942—2000)规定执行。

3.4.2 水平角观测应遵守下列规定

(1)观测应在成像清晰、目标稳定的条件下进行。如果成像模糊或跳动剧烈,不应进行观测。

(2)应待仪器温度与外界气温一致后开始观测。观测过程中,仪器不得受日光直接照射。

(3)仪器照准部旋转时,应平稳匀速;制动螺旋不宜拧得过紧;微动螺旋应尽量使用中间部位。精确照准目标时,微动螺旋最后应为旋进方向。

(4)观测过程中,仪器气泡中心偏移值不得超过一格。当偏移值接近限值时,应在测回之间重新整置仪器。

(5)对于水平角观测,当观测方向的目标垂直角超过±3°时,该方向的 $2c$ 较差,按相邻测回同方向比较。

3.4.3 水平角观测一般采用方向观测法,采用光学经纬仪观测时,其操作步骤如下:

(1)将仪器照准零方向标志,按 3.4.4 条规定的度盘变换角度值配置度盘和测微器读数。

(2)顺时针方向旋转照准部 1～2 周后,精确照准零方向标志,并进行水平度盘、测微器读数。

(3)顺时针方向旋转照准部,精确照准第 2 个方向进行读数;顺时针方向旋转照准部依次进行第 3、4、…、n 个方向的观测,最后归零(当观测方向数小于或等于 3 时,可不归零)。

(4)纵转望远镜,逆时针方向旋转照准部 1～2 周后,精确照准零方向进行读数。

(5)逆时针方向旋转照准部,按上半测回观测的相反次序依次观测至零方向。

以上操作过程作为水平角观测的一个测回。

3.4.4 采用电子经纬仪或全站仪观测水平角时,可不配置度盘,其他操作过程与光学经纬仪操作过程一致。采用光学经纬仪进行水平方向观测时,应使各测回读数均匀地分配在度盘和测微器的不同位置上,各测回间应将度盘位置变换一个角度 δ,计算公式如下:

$$\delta=\frac{180^\circ}{m}(j-1)+i(j-1)+\frac{w}{m}\left(j-\frac{1}{2}\right) \tag{3.4-1}$$

式中:m ——测回数;

j ——测回序号($j=1、2、\cdots、m$);

i ——水平度盘最小间隔分划值,$DJ_1=4'$,$DJ_2=10'$;

w ——测微盘分格数值,DJ_1 型为 600 格,DJ_2 型为 600 格。

3.4.5 若测站方向数超过 6 个时,应分组进行观测。分组观测时应包括两个共同方向,其中一个为共同零方向。其两组共同方向观测角之差,不应大于同等级测角中误差的 2 倍。采用方向观测法其主要技术要求应符合表 3.4-1 的规定。

水平角方向观测法技术要求 表 3.4-1

等级	经纬仪型号	光学测微器两次重合读数差(″)	两次照准读数差(″)	半测回归零差(″)	一测回中 $2c$ 较差(″)	同方向值各测回互差(″)
二等	DJ_1	1	4	6	9	6
三等	DJ_2	3	6	8	13	9

注:当观测方向的垂直角大于±3°时,该方向的 $2c$ 较差,按相邻测回同方向进行比较,其差值仍应符合上表规定。

3.4.6 水平角观测误差超过表 3.4-1 要求时,应在原来度盘位置上进行重测,并符合下列规定:

(1)因测错方向、读错、记错、气泡中心位置偏移超过一格或个别方向临时被挡，均可随时进行重测。

(2)上半测回归零差或零方向 $2c$ 超限，该测回应立即重测，但不计重测测回数。

(3)在一测回观测中，若下半测回归零差超限或零方向 $2c$ 较差超限或重测方向数超过总方向数的 1/3 时，应重测该测回。同一方向各测回较差超限时，一般应重测孤值或该组观测值中的最大值或最小值。

(4)重测必须在全部测回数测完后进行。当重测测回数超过该站测回总数的 1/3 时，该站应全部重测。

3.4.7 观测手簿的记录、检查和观测数据的划改，应遵守下列规定：

(1)水平角观测的秒值读记错误，应重新观测，度分读记错误可现场更正。但同方向盘左、盘右不得同时更改相关数字。

(2)天顶距观测中，分的读数在各测回中不得连环更改。

3.4.8 水平角观测结束后，其测角中误差按下式计算：

$$m_\beta = \pm\sqrt{\frac{[WW]}{3n}} \tag{3.4-2}$$

式中：W ——三角形闭合差；

n ——三角形个数。

3.5 光电测距

3.5.1 根据测距仪出厂的标称精度的绝对值，按 1km 的测距中误差，测距仪的精度分为四级，其技术规格应符合表 3.5-1 的规定。

测距仪分级技术规格 表 3.5-1

测距中误差(mm)	测距仪精度等级	测距中误差(mm)	测距仪精度等级
$\|m_D\| \leqslant 2$	1	$5 < \|m_D\| \leqslant 10$	3
$2 < \|m_D\| \leqslant 5$	2	$\|m_D\| > 10$	4

仪器的标称精度表达式为：

$$m_D = \pm(a + b \times D) \tag{3.5-1}$$

式中：m_D ——测距仪标称精度，mm；

a ——标称精度中的固定误差，mm；

b ——标称精度中的比例误差系数，mm/km；

D ——测距长度，km。

3.5.2 光电测距仪及辅助设备的检校：

(1)新购置或大修后的仪器，应进行全面检校，检验项目和检验方法应按《中、短程光电测距规范》(ZBA76 002—87)的规定执行。

(2)进行各等级控制网的距离测量前，必须将测距仪送有关检验机构进行全面的检验。

(3)测距使用的温度计、气压计等也应送计量部门进行检测。

3.5.3 测距的作业要求：

(1)测距前应先检查电池电压是否符合要求。在气温较低的条件下作业时，应有一定的预热时间。

(2)测距仪的测距头、反射棱镜等应按出厂要求配套使用。未经验证，测距仪器不得与其他型号的反射棱镜混合使用。

(3)测距应在成像清晰、稳定的情况下进行。雨、雪、雾及大风天气不应作业。

(4)反射棱镜背面应避免有散射光的干扰，镜面不得有水珠或灰尘沾污。

(5)晴天作业时，测站主机必须打伞遮阳，不宜逆光观测。

(6)测距时气象数据的测定及各项观测限差应符合表 3.5-2 和表 3.5-3 的规定，若出现超限时，应重新观测。当观测数据出现分群现象时，应分析原因，待仪器或环境稳定后重新进行观测。

测定气象数据的技术要求 表 3.5-2

等级	测距仪等级	气象数据测定			
		温度最小读数(℃)	气压最小读数(hPa)	规定时间间隔	数据取用
二等	1	0.2	0.5	每边观测始末	每边两端平均值
三等	2	0.2	0.5	每边观测一次	每边两端平均值

测距作业的技术要求 表 3.5-3

等级	测距仪等级	测量方式	测回数	一测回读数较差限值(mm)	测回间较差限值(mm)	往返光段较差限值(mm)
二等	1	往返	4	2	3	$2(a+b\times D)$
三等	2	往返	4	3	5	

注：往返较差必须将斜距化算到同一高程面上后方可进行比较。

(7)温度计应悬挂在测站(或镜站)附近，距离地面高度约 1.5m 的阴凉处，读数前必须摇动数分钟；气压表要置平，指针不应滞阻。

(8)距离测量中，每测回开始要读、记完整的数字，以后可读、记尾数。厘米以下数字不得画改。米和厘米部分的读记错误，在同一距离的往返测量中，不能同时画改。

3.5.4 测距边的归算应遵守下列规定。

(1)经过气象、加常数、乘常数改正后的斜距，才能化为水平距离。

(2)测距边的气象改正应按仪器说明书给出的公式计算。

(3)测距边的加、乘常数改正应根据仪器检验的结果计算。

(4)测距边经倾斜改正后，化算为水平距离的计算式如下。

①用测距边两端点的高差计算水平距离：

$$D=\sqrt{S^2-h^2} \tag{3.5-2}$$

②用观测垂直角计算水平距离：

$$D=S\cdot\cos(\alpha+f) \tag{3.5-3}$$

$$f=(1-K)\frac{S}{2R}\rho'' \tag{3.5-4}$$

上三式中：D——观测边的水平距离，m；

S——经气象、加常数和乘常数修正后的斜距，m；

h——测距仪器与镜站棱镜之间的高差，m；

α——垂直角观测值,(″);

f——地球曲率与大气折光对垂直角的修正量;

K——大气折光系数;

R——地球平均曲率半径。

(5)把水平距离归算至测区平均高程面或某一高程面上测距边长的计算公式如下:

$$D = D'(1 + \frac{H_p - H_m}{R_A}) \tag{3.5-5}$$

式中:D——投影到测区平均高程面的距离,m;

D'——测距两端点的平均高程面的水平距离,m;

H_p——测区的平均高程或某一高程面,m;

H_m——测距两端点的平均高程,m;

R_A——参考椭球在测距边方向法截弧的曲率半径,m。

3.5.5　测距边的精度评定。

(1)一次测量的观测值中误差:

$$m_D = \pm\sqrt{\frac{[Pdd]}{2n}} \tag{3.5-6}$$

对向观测平均值中误差:

$$m_D = \pm\frac{1}{2}\sqrt{\frac{[Pdd]}{n}} \tag{3.5-7}$$

(2)任一边的实际测距中误差:

$$m_{S_1} = \pm m_D\sqrt{\frac{1}{P_{Di}}} \tag{3.5-8}$$

上三式中:d——各边往返测水平距离的较差;

n——测边数;

P——各边距离测量的先验权,令 $P = \frac{1}{m_D^2}$ 可按测距仪的标称精度计算;

P_{Di}——第 i 边距离测量的先验权。

3.6　平差计算

3.6.1　平差计算前,应对外业观测记录手簿、平差计算起始数据,进行100%的检查校对。如用电子手簿记录时,应对输出的原始记录进行校对。

3.6.2　控制网外业成果的质量评定应首先采用商用软件进行相应的检验,检验内容应包括几何图形条件的检验和坐标闭合条件的检验。

3.6.3　测角网可按等权进行平差。测边网和边角网的定权,可根据情况,从下列三种方法中选择。

(1)根据先验方差定权。方向观测值和测距边观测值定权公式为:

$$\left.\begin{aligned} P_i &= 1 \\ P_S &= m_i^2/m_S^2 \end{aligned}\right\} \tag{3.6-1}$$

式中:P_i——方向观测值的权;

P_S——测距边观测值的权。

(2)先分别按测角网和测边网单独平差求得各自的方差估值 m_i 、m_S ,然后按(1)款所列公式定权。

(3)在条件允许时,也可考虑按方差分量估计原理定权。

3.6.4 各等级平面控制网均应采用严密的平差方法。平差所用的计算程序应经过鉴定或验算证明是正确的程序。

3.6.5 根据平差方法评定任意边角网平差后的精度,一般应包含:单位权方向中误差,各边边长中误差和方向中误差,各待定点点位中误差和各点的绝对(相对)误差椭圆元素。

3.7 资料提交

3.7.1 平面控制测量应提交的资料:

(1)平面控制网图和技术设计书。

(2)外业观测记录手簿。

(3)平差计算成果资料。

(4)测量技术总结。

3.7.2 平面控制测量资料应有上级主管部门签字盖章后,方可提交使用。

3.8 GPS 测量

3.8.1 根据桥梁建筑物的特点和桥梁跨径的不同,GPS 网平面控制网分为一级、二级、三级共三个等级。

(1)各级 GPS 平面控制网的主要技术指标应符合表 3.8-1 的规定。

GPS 平面控制网的主要技术指标 表 3.8-1

工程规模	级别	控制网类型	平均边长(km)	固定误差 a(mm)	比例误差 b(ppm)	最弱点位中误差 m(mm)
特大跨径桥梁	一级	首级网	>1.5	5	1	5
	二级	加密网	1.0~1.5	5	2	5
	三级		0.5~1.0	10	2	10

(2)GPS 平面控制网相邻点间弦长精度应按下式计算确定:

$$\sigma = \sqrt{a^2 + (bd)^2} \tag{3.8-1}$$

式中:σ——弦长标准差,mm;

a——固定误差,mm;

b——比例误差,ppm;

d——相邻点间的距离,km。

3.8.2 GPS 平面控制网的技术设计。

(1)GPS 平面控制网的布设应根据测区的地质、地形、气象条件、桥梁等级、桥型结构、施工特点、精度要求等因素进行综合设计,并编制技术设计书。

(2)GPS 的 WGS-84 大地坐标系统转换到桥梁施工坐标系。根据测区的地理位置及平均高程情况,桥梁施工坐标系一般分为国家坐标系和桥轴坐标系。坐标系的选择类型可按表 3.8-2确定。

施工坐标系选择条件　　表 3.8-2

坐标系类型	选 择 条 件
国家坐标系	1. 桥轴线位于高斯投影 3°带的中央子午线附近； 2. 桥区平均高程面接近于参考椭球面或大地水准面
桥轴坐标系	以桥轴线的经度作为中央子午线建立任意带投影的平面直角坐标系

(3)GPS 平面控制网采用非国家坐标系时，应保证参考椭球中心、轴向和扁率与国家参考椭球相同，并确定以下技术参数：

①参考椭球及其相应的基本参数。

②中央子午线经度值。

③纵横坐标的加常数值。

④投影面正常高。

⑤测区平均高程面异常值。

⑥起算点坐标及起算方位角。

(4)GPS 平面控制网需采用其他测量方法进行加密时，应至少设置一对相互通视的 GPS 点；直接作为施工控制网时，每个 GPS 点至少应与两个相邻点通视。

(5)设计 GPS 平面控制网时，应由一个或若干个独立观测环构成，并包含较多的闭合条件。GPS 网中不应出现自由基线。

3.8.3　选点与埋石。

(1)技术设计准备：

①根据桥梁建设的要求，收集测区范围内已有的国家等级控制点和勘测设计阶段已有的控制点资料。

②搜集测区范围内有关的地形图、交通图及测区总体建设规划和近期发展方面的资料等。

③设计前，对收集资料进行研究和实地勘察，然后进行图上设计。

④桥梁 GPS 网布设要根据最优化网形，顾及接收机类型、数量、测区已有的资料。

(2)GPS 控制点的选点工作，除应按 3.3.1 条款执行外，还应顾及下列要求：

①点位的选择应符合技术设计的要求，并有利于其他测量手段进行加密或联测。

②周围应便于安置接收设备和操作，视野开阔、视场内障碍物的高度角不宜超过 15°。

③远离大功率无线电发射源(如电视台、电台、微波站等)，其距离不应小于 200m。

④远离高压输电线和微波无线电信号传送通道，其距离不应小于 50m。

⑤应避开强烈反射卫星信号的物件(如大型建筑物等)。

(3)GPS 控制点的标石埋设应按 3.3.2 条款执行。

3.8.4　仪器选择及检验要求。

(1)宜选择高精度的双频接收机，标称精度应符合表 3.8-1 的要求。

(2)GPS 接收机应每年进行检定。

(3)新购置的、经维修后的 GPS 接收机或天线受强烈撞击后，应进行全面检验。

(4)天线基座的圆水准气泡和光学对中器，作业期间至少 1 个月检校一次。

3.8.5　观测要求。

(1)GPS 作业方法按静态定位测量方法实施，其基本规定应符合表 3.8-3 的要求。

GPS 测量基本技术要求 表 3.8-3

项目＼级别	一 级	二 级	三 级
卫星截止高度角(°)	15	15	15
同时观测有效卫星数	≥4	≥4	≥4
有效卫星总数	≥9	≥6	≥4
观测时段数	≥4	≥2	≥1.6
时段长度(min)	≥120	≥60	≥45
采样间隔(s)	10～30	10～30	10～30
时段中任一卫星有效观测时间(min)	≥15	≥15	≥15
PDOP	≤6	≤6	≤6

(2)作业要求：

①观测组在作业前，应认真编制 GPS 卫星可见性预报表。其内容包括：可见卫星号、卫星高度角、最佳观测卫星组、最佳观测时间、几何图形强度因子等内容。

②观测组必须严格遵守调度命令，应按规定的时间进行作业。

③经检查接收机电源、电缆和天线设备等各项连接无误方可开机。

④开机后经检验有关指示灯与仪表显示正常后，方可进行测量，并输入测量模式、观测历元、高度角、测站等控制信息。

⑤接收机启动前与作业过程中，应随时逐项填写测量手簿中的记录项目。

⑥每时段观测前后应各量取天线高一次，其测量方法及要求见附录 13 中的 13.1。

(3)用精度为 1 级的测距仪直接测定 GPS 网中同步环和异步环中几条基线长，要求至少检测 3 条基线边。

3.8.6 数据处理。

(1)GPS 控制网可采用随接收机配备的商用软件，一级 GPS 网基线精密处理必须采用专门的软件，计算结果中应包括相对定位坐标和协方差阵等平差所需的元素。

(2)基线向量解算的要求：

①基线长度在 15km 以下的各级 GPS 网基线处理时，可采用广播星历解算；基线长度在 15km 以上的各级 GPS 网基线处理时，宜采用精密星历解算。

②GPS 观测值加入对流层延迟改正时，对流层延迟修正模型中的气象元素应采用标准气象元素。

③基线解算以同步观测时段为单位进行，当多基线解算时，每个时段必须提供一组独立基线向量及其完全的方差—协方差阵；按单基线解算时，必须提供每条基线分量及其方差—协方差阵。

④15km 以下的 GPS 网基线解算应采用双差固定解；15km 以上的 GPS 网基线可在双差固定解和双差浮点解之间选择最优结果。

(3)外业数据质量检核必须满足以下技术要求。

①基线解算中所需的起算点坐标，宜选用国家或其他等级高的 GPS 控制网点的已知 WGS-84 坐标值；否则，选用国家或其他等级高的控制点转换至 WGS-84 后的坐标值。

②当 GPS 控制点间距离小于 15km 时，可不考虑对流层和电离层的修正；当大于 15km 时，每时段应于起始、中间、结束各观测一次气象元素，并采用标准模型进行对流层和电离层的修正。

③当采用 M 台接收机同步观测时，每一时段解算出 $M(M-1)/2$ 条 GPS 观测基线边，并得到该时段的同步环坐标分量闭合差。当各基线的同步观测时间超过观测时间段的 80%时，其闭合差应符合以下各式要求。

$$
\begin{aligned}
W_x &\leqslant (\sqrt{n}/5)\cdot\sigma \\
W_y &\leqslant (\sqrt{n}/5)\cdot\sigma \\
W_z &\leqslant (\sqrt{n}/5)\cdot\sigma \\
W &= \sqrt{W_x^2+W_y^2+W_z^2}\leqslant(\sqrt{3n}/5)\cdot\sigma
\end{aligned}
\tag{3.8-2}
$$

式中：W——同步环坐标分量闭合差，mm；

σ——弦长标准差，mm；

n——同步环中的边数。

④当各基线同步观测时间为观测时间段的 40%～80%时，其同步环坐标分量闭合差可适当放宽；当各基线同步观测时间少于观测时间段的 40%时，应按异步环处理。

⑤由独立边组成的异步环的坐标分量闭合差应符合以下各式的规定。

$$
\begin{aligned}
V_x &\leqslant 3\sqrt{n}\cdot\sigma \\
V_y &\leqslant 3\sqrt{n}\cdot\sigma \\
V_z &\leqslant 3\sqrt{n}\cdot\sigma \\
V &= \sqrt{V_x^2+V_y^2+V_z^2}\leqslant 3\sqrt{3n}\cdot\sigma
\end{aligned}
\tag{3.8-3}
$$

式中：V——异步环坐标分量闭合差，mm；

σ——弦长标准差，mm；

n——异步环中的边数。

⑥同一条边任意两个时段的成果互差应小于 GPS 接收机标称精度的 $2\sqrt{2}$ 倍。

⑦对于网中有两个或两个以上已知点时，计算已知点间的附合闭合差应符合异步环的坐标闭合差的规定。

⑧当检查或数据处理时发现观测数据不能满足要求时，应对成果进行全面的分析，并对其中部分数据进行补测或重测，必要时全部数据应重测。

(4)GPS 控制网平差计算要求。

①无约束平差应选取一个相应于观测历元的 ITRF 国际地球参考框架的点作为起算基准。

②平差时应首先以一个点的 WGS-84 系坐标为起算依据进行无约束平差，无约束平差提供各点在 WGS-84 系下的三维坐标，各基线向量及改正数和其精度信息。检查 GPS 基线向量网的内符合精度，基线向量间应无系统误差，并剔除含有粗差的基线边。

③当用 M 台接收机同步观测时，应从计算出的 $M(M-1)/2$ 条 GPS 观测边中选取 $(M-1)$ 条独立边参加 GPS 网平差计算。由非同步闭合环构成的网形不应存在自由基线；且组成的闭合环基线数和异步环长度应尽量小；同时必须保证不含系统误差。

④在进行 GPS 控制网平差前，应根据实际需要选定起算数据和相应的地面坐标。

⑤GPS 控制网可以采用三维约束平差或二维约束平差。

约束平差时，对已知点坐标、已知距离和已知方位，可以强制约束，也可加权约束。当采用三维约束平差时，可只假定一个点的大地高作为高程起算数据；当采用二维约束平差时，应先将三维 GPS 基线向量转换为二维基线向量。

⑥平差结果应输出所选坐标系的三维或二维坐标、基线向量改正数、基线长度、基线方位、点位精度、转换参数及其精度，并同时输出单位权中误差及其他要求输出的内容。

⑦计算结束后，应对所处理的数据及结果进行分析，并写入技术总结报告。

3.8.7 GPS 测量完成后应按规范 3.7 节的要求提交测量资料。

4 高程控制测量

4.1 一般规定

4.1.1 高程控制网的精度及水准点布设密度，应根据桥梁的结构形式、跨径及设计要求的施工精度来确定。

4.1.2 高程控制网的等级，依次划分为二等、三等、四等。高程控制网的等级，应根据工程规模、范围大小和放样精度来确定，其适用范围应按表 4.1-1 执行。

高程控制网等级的适用范围 表 4.1-1

工 程 规 模	等 级	控制网类型
特大跨径桥梁	二等	首级网
	三等	加密网
	四等	

4.1.3 高程控制网的布设级数，可根据地形条件及放样需要决定，不得大于 2 级。

4.1.4 首级高程控制网，应与邻近的国家等级水准点进行联测，联测的精度不应低于国家二等水准测量的要求。

4.1.5 高程控制网建立后，应定期进行复测。通常情况下，每年复测一次。若遇到大规模基坑开挖后、大量排水后、工序转换前，必须进行一次复测。若使用过程中发现部分控制点有变位迹象时，应及时进行复测或局部复测。

4.2 技术设计

4.2.1 高程控制测量的精度应符合下列要求：

在施工区内外，布设较长距离的高程路线时，可参照《国家一、二等水准测量规范》(GB/T 12897—2006)和《国家三、四等水准测量规范》(GB/T 12898—2006)中规定的相应等级精度标准进行设计。

4.2.2 布设高程网时，首级网应布设成环形网，加密时宜布设成附合路线或结点网。

4.2.3 高程网形及等级选定后，应采用可靠的控制网优化计算程序，估算各点的高程中误差和高程相对中误差，并应满足相应等级的精度要求。

4.2.4 技术设计书应包括如下内容：

(1)工程概况和对已有高程控制测量资料的评价和利用。

(2)高程控制网设计图、施测等级、精度。

(3)采用的高程基准和测量标准。

(4)测量标志结构、规格及埋设要求。

(5)采用的仪器、设备、观测方法以及新技术应用。

(6)施测计划和进度表。

4.3 选点与埋设

4.3.1 水准点的选择应遵守下列规定：

(1)水准点的选点和埋设工作一般应与平面控制网的选点和埋石工作同步进行。施工区的水准点宜选在平面控制点上。

(2)水准点应包括水准基点和工作基点，水准基点应选在不受施工影响，且避开不良地质条件地段。水准基点宜成组埋设，通常每组三点，即一个主点，两个附点，并形成一个边长约100m的等边三角形。

(3)水准工作基点宜选在平面控制点上，不足时可单独埋设。

(4)等级水准点宜均匀布设在桥轴线上下游的河流两岸。四等以上水准点的密度视施工放样的需要确定。每一个单项工程的部位一般应有1～2个工作基点。

4.3.2 水准点的埋设应遵守下列规定：

(1)水准基点应尽量埋设在基岩上，当覆盖层较深时，可采用钻孔钢管桩基础。水准基点的埋设方式及规格可参照附录中A中A.2规定执行。

(2)首级高程网点埋设后，必须经过一个雨季，待水准点充分稳定后才能进行观测。

(3)一般水准点的埋设方式及规格可参照附录B中B.1规定执行。

4.4 水准测量

4.4.1 等级水准测量的主要技术要求应符合表4.4-1的规定。

等级水准测量的技术要求 表4.4-1

等级		二	三	四
偶然中误差 M_Δ(mm)		≤±1	±3	±5
全中误差 M_W(mm)		≤±2	±6	±10
水准仪型号		DS_{05}、DS_1	DS_1、DS_3	DS_3
水准尺		铟瓦	铟瓦、双面	双面
观测方法		光学测微法	光学测微法 中丝读数法	中丝读数法
观测顺序		奇数站：后前前后 偶数站：前后后前	后前前后	后后前前
观测次数	与已知点联测	往返	往返	往返
	环线或附合路线	往返	往返	往
往返较差、环线或附合路线闭合差(mm)	平丘地	$\pm 4\sqrt{L}$	$\pm 12\sqrt{L}$	$\pm 20\sqrt{L}$
	山地	—	$\pm 4\sqrt{n}$	$\pm 6\sqrt{n}$

注：n为水准路线单程测站数，每公里多于16站时，按山地计算闭合差限差。

4.4.2 等级水准测量测站观测的主要技术要求，应符合表4.4-2的规定。

4.4.3 水准测量所使用的仪器及水准尺，应符合下列技术要求

(1)高程测量使用的水准仪、水准标尺及其附件等可参照《国家一、二等水准测量规范》(GB/T 12897—2006)和《国家三、四等水准测量规范》(GB/T 12898—2006)中有关规定进行检验与校正。

等级水准测量测站观测的技术要求 表 4.4-2

等级	二		三		四
水准仪型号	DS_{05}	DS_1	DS_1	DS_3	DS_3
视线长度(m)	≤50	≤50	≤100	≤75	≤80
前后视距差(m)	≤1.0		≤2.0		≤3.0
前后视距累积差(m)	≤3.0		≤5.0		≤10.0
视线离地面最低高度(m)	下丝≥0.3		三丝能读数		三丝能读数
基辅分划(黑红面)读数较差(mm)	0.4		光学测微法 1.0 中丝读数法 2.0		3.0
基辅分划(黑红面)所测高差较差(mm)	0.6		光学测微法 1.5 中丝读数法 3.0		5.0

注:当采用单面标尺进行四等水准测量时,变动仪器高度两次所测高差之差与黑红面所测高差之差的要求相同。

(2)水准仪视准轴与水准管轴的夹角(i 角):DS_{05}、DS_1 型仪器不应大于±15″;DS_3 型不应大于±20″。

(3)二等水准采用补偿式自动安平水准仪,其补偿误差绝对值不应大于 0.2″。

(4)水准尺上的每米间隔平均长与名义长之差:对于铟瓦水准尺不应大于±0.15mm,对于双面水准尺不应大于±0.5mm。

4.4.4 水准测量应遵循的作业要求

(1)水准观测应在标尺成像清晰、稳定时进行,并用测伞遮蔽阳光,避免仪器曝晒。

(2)严禁为了增加标尺读数,把尺垫安置在沟边或壕坑中。

(3)同一测站观测时,不应两次调焦,转动仪器的测微螺旋时,其最后应为旋进方向。

(4)每一测段的往测与返测,测站数均应为偶数。由往测转向返测时,两标尺必须互换位置并应重新整置仪器。

4.4.5 观测成果的重测与取舍

(1)因测站观测限差超限,在迁站前发现可立即重测,若迁站后发现,则应从高程点重新起测。

(2)往、返观测高差较差超限时应重测。二等水准重测后,应选用两次异向合格的结果,其他等级水准重测后,可选用两次合格的结果。如重测结果与原测结果分别比较,其较差均不超限时,应取三次结果的平均数。

4.5 跨河水准测量

4.5.1 一般规定

(1)在高程控制网测量中,为了在大桥两岸建立可靠统一的高程基准,应采用跨河水准测量实施两岸高程传递。

(2)跨河水准测量可采用倾斜螺旋法、光电测距三角高程法和经纬仪倾角法。

(3)跨河宽度在 3 500m 以内时,宜采用本规范要求;在 3 500m 以上时采用的方法和要求应依据测区条件,进行专项设计。跨河水准测量的精度应与首级高程控制网的精度要求一致。

(4)为验证跨河水准测量的外部符合精度,确保两岸高程的传递精度,宜采用双线跨河水准测量。

4.5.2 选择跨河水准测量场地的要求

(1)应选于两岸的水准测线附近,利于布设工作场地与观测的较窄河段处。

(2)跨河视线不得通过草丛、干丘、沙滩的上方。

(3)两岸仪器视线距水面的高度应接近相等(光电测距三角高程法除外),跨河视线高度应不低于 $4\sqrt{S}$(m)(S 为跨河视线长度公里数。水位受潮汐影响时,应按最高潮水位计算),当视线高度不能满足要求时,必须埋设牢固的标尺桩,并建造稳固的观测台或标架,亦可建立高标观测墩。

(4)两岸由仪器至水边的一段河岸,其距离应近于相等,其地貌、土质、植被等也应相似,仪器位置应选在开阔、通风之处,不得靠近墙壁及土、石、砖堆等。

(5)跨河视线方向,宜避免正对日照方向,困难时可适当增大跨江长度,或采用灯体式跨河照准标志。

(6)布设跨河水准测量场地,应使两岸仪器及标尺点构成平行四边形、等腰梯形或大地四边形。

(7)在两岸距跨河点 100~300m 的水准路线上各选埋水准标石一座,并填绘水准点之记。

(8)跨河场地布设完毕后,应绘制跨河水准场地图及固定点(或标石点)连测图。

4.5.3 跨河水准测量的主要技术要求应符合表 4.5-1 的规定。

跨河水准测量的主要技术要求 表 4.5-1

等级	跨距(m)	最少时段数	单测回数	双测回数	半测回中的组数	测回互差(mm)
二等	501~1 000	4	16	8	6	$4 \cdot M_{\Delta}\sqrt{N \cdot S}$
	1 001~1 500	6	24	12	8	
	1 501~2 000	8	32	16	8	
	2 001~3 500	$4 \cdot S$	$16 \cdot S$	$8 \cdot S$	8	
三等	501~2 000	—	8	—	3	$24\sqrt{S}$

注:①N—按双测回数计;
②S—跨河视线长度,km。

4.5.4 跨河水准测量应遵循下列作业规定

(1)跨河水准观测宜在风力微和,气温变化较小的阴天进行,当雨后初晴和大气折射变化较大时,均不宜观测。

(2)观测开始前 30min,应先将仪器置于露天阴影下,使仪器与外界气温趋于一致。观测时应遮蔽阳光。

(3)晴天观测应在日出后 1h 开始,太阳中天前 2h 止;下午自中天后 3h 起至日落前 1h 止。但可根据地区、季节、气候等情况适当变通。阴天只要呈像清晰、稳定即可进行观测。有条件可在夜间进行观测,日落后 1h 起至日出前 1h 止。时间段以地方时零点分界,零点前为初夜,零点后为深夜。

(4)水准标尺应用尺架撑稳,并经常注意使圆水准器的气泡居中。

(5)一测回的观测中,必须采取一切谨慎措施(一般在对远尺调焦后,即用胶布将目镜调焦螺旋及测微器螺旋固定)确保上、下两个半测回对远尺观测的视准轴不变。

(6)仪器调岸时,标尺亦应随同调岸。但当一对标尺的零点差不大时,亦可待全部测回完成一半时调岸。

(7)一测回的观测完成后,应间歇15~20min,再开始下一测回的观测。

(8)两台仪器对向观测时,应使用报话机,使两岸同一测回的观测,能做到同时开始与结束。

(9)跨河水准测量取用的全部测回数,上、下午应各占一半。如含有夜间观测时,白天与夜间测回数之比应接近1.3∶1。

(10)跨河观测开始时,应对两岸的普通水准标石(或固定点)与标尺点间,进行一次往返测,作为检测标尺点有无变动的基准。每日工作开始前,均应单程检测一次。如确认标尺点变动,应加固标尺点,重新进行跨河水准观测。

4.6　光电测距三角高程测量

4.6.1　光电测距三角高程测量在桥梁施工中的应用范围:

(1)结合平面控制测量,将平面控制网布设成三维网。

(2)在施工区,可代替三、四等水准测量。

(3)在跨越江、河、湖、泊及其他障碍物传递高程时,可代替二、三、四等水准测量。即用光电测距三角高程法进行跨河水准测量。

4.6.2　结合平面控制测量,布设三维网的技术要求

见表3.2-1和表3.2-2。

4.6.3　代替三、四等水准的光电测距三角高程测量

可采用单向、对向和隔点设站法进行,其技术要求应符合表4.6-1的规定,并遵守下列要求:

光电测距三角高程测量的技术要求　　表4.6-1

等级	仪器	最大边长(m)			天顶距观测				仪器高、觇牌高量取误差(mm)	对向观测高差较差(mm)	附合或环线闭合差(mm)
		单向	对向	隔点设站	测回数		指标差较差(″)	测回差(″)			
					中丝法	三丝法					
三	DJ_1 DJ_2	—	500	300	4	2	9	9	±1	$\pm 50\sqrt{D}$	$\pm 12\sqrt{[D]}$
四	DJ_2	300	800	500	3	2	9	9	±2	$\pm 70\sqrt{D}$	$\pm 20\sqrt{[D]}$

注:D为平距,以km计。

(1)高程路线应起讫于高一级的高程点或组成闭合环。隔点设站法的测站数应为偶数。

(2)有关距离测量的技术要求,应按表3.5-3中相应等级的规定执行。

(3)精密丈量仪器高和觇标高的方法见附录M。

(4)当视线长度小于或等于500m时,可直接照准棱镜觇牌,视线长度大于500m时,应采用特制觇牌。

(5)采用隔点设站观测时,前、后视线长度应尽量相等,最大视距差不宜大于40m,视线通过的地形剖面应相似,倾角宜相近。

(6)单向测量只能用于布设有校核条件的单点,不宜布设高程路线。

(7)视线通过沙滩、沼泽、干丘时,若对向(往返)观测高差较差超限,应分析原因,在排除可能发生粗差的条件下,可适当放宽。

4.6.4 单向、对向光电测距三角高程测量，一测站的操作程序

(1)仪器和棱镜(觇牌)架设好后，量取仪器高与棱镜(觇牌)高。

(2)读取测站的气象数据。

(3)观测斜距。

(4)观测天顶距。

(5)重复(2)～(4)款完成其他测回的观测。

4.6.5 以隔点设站法施测三等高程路线时，一测站的操作程序规定

(1)读取气象数据。

(2)照准后视棱镜(觇牌)标志，观测天顶距。

(3)照准前视棱镜(觇牌)标志，观测天顶距。

(4)观测前视斜距。

(5)观测后视斜距。

(6)重复(2)～(5)款完成其他测回的观测。

4.6.6 用三丝法观测天顶距的步骤

(1)望远镜在盘左位置概略瞄准目标，制动水平与垂直螺旋，然后旋转水平与垂直微动螺旋，使十字丝的上丝精确照准目标、读数。接着反时针方向旋出垂直微动螺旋，再旋进垂直微动螺旋精确照准目标、读数。这样就完成了两次照准，两次读数，两次读数之差不大于3″。

(2)旋转垂直微动螺旋，分别用中丝和下丝各精确照准目标两次，读数两次。

(3)纵转望远镜，依相反的照准次序，瞄准各目标，但仍按上、中、下次序精确照准读数。

以上完成三丝法一测回的观测工作。在盘左、盘右位置照准目标，目标成像应位于竖丝的左、右附近的对称位置。仅用中丝法观测天顶距可参照(1)～(3)款操作。

4.6.7 天顶距测量限差的比较与重测

(1)测回差比较的方法为：同一方向，由各测回各丝所测得的全部天顶距结果互相比较。

(2)指标差互差的比较方法为：仅在一测回内各方向按同一根水平丝所计算的结果进行互相比较。

(3)重测规定：若一水平丝所测某方向的天顶距或指标差互差超限，则此方向必须用中丝重测一测回。三丝法若在同一方向一测回中有两根水平丝所测得结果超限，则该方向必须用三丝法重测一测回，或用中丝重测二测回。

4.7 平差计算

4.7.1 高程测量应采用规定的手簿记录，并统一编号，手簿中记载项目和原始观测数据必须字迹清晰、端正，填写齐全。

4.7.2 水准测量外业检算的项目包括下列内容：

(1)观测手簿必须经100%的检查，并由两人独立编制外业高差和概略高程表。

(2)根据测段往返测高差不符值Δ，计算每公里高差中数的偶然中误差M_Δ。当高程路线闭合环较多时(当闭合环数少于3个时，可以不计算)，还应按环闭合差W计算每公里高差中数的全中误差M_W。

$$M_\Delta = \pm\sqrt{\frac{1}{4n}\left[\frac{\Delta\Delta}{R}\right]} \tag{4.7-1}$$

$$M_W = \pm\sqrt{\frac{1}{N}\left[\frac{WW}{F}\right]} \tag{4.7-2}$$

式中：Δ——测段往返测高差不符值，mm；

R——测段长，km；

n——测段数；

W——经各项改正后的水准环闭合差或附合路线闭合差，mm；

F——计算各 W 时，相应的路线长度（环线周长），km；

N——附合路线或闭合环个数。

以上 M_Δ 和 M_W 的绝对值应符合表 4.4-1 的规定。

4.7.3　光电测距三角高程测量、跨河高程测量的外业检算项目，应包括下列内容：

(1)外业手簿的检查和整理。

(2)对所测斜距进行各项改正，包括：气象改正，加常数、乘常数改正。

(3)若斜距和天顶距分别观测时，应对天顶距观测值进行归算，改正到测距时的天顶距，其计算公式为：

$$Z_{ij} = Z'_{ij} - \Delta Z_{ij} = Z'_{ij} - \frac{[(V'-V)+(I-I')]\sin Z'_{ij}}{S_{ij}}\rho'' \tag{4.7-3}$$

式中：Z_{ij}、Z'_{ij}——测站点 i 到照准点 j 天顶距的归化值和观测值；

V'、V——观测天顶距时的棱镜高（觇牌高）和测距时的棱镜高（觇牌高）；

I'、I——观测天顶距时的仪器高和观测斜距时的仪器高；

S_{ij}——斜距观测值。

(4)概略高差计算。

①单向观测：

$$h_{ij} = S_{ij}\cos Z_{ij} + \frac{1-K}{2R}S_{ij}^2 + I_i - V_j \tag{4.7-4}$$

②对向观测：

$$h_{ij} = \frac{1}{2}[(S_{ij}\cos Z_{ij} - S_{ji}\cos Z_{ji}) + (I_i - V_j) + (I_j - V_i)] \tag{4.7-5}$$

③隔点设站法观测：

$$h_{AB} = (V_A - V_B) - (S_A\cos Z_A - S_B\cos Z_B) + \left(\frac{1-K_B}{2R}S_B^2 - \frac{1-K_A}{2R}S_A^2\right) \tag{4.7-6}$$

式中：h_{ij}——测站 i 与镜站 j 之间的概略高差；

S_{ij}——经气象和加、乘常数改正后的斜距；

Z_{ij}、Z_{ji}——归化后的天顶距；

I_i、I_j—i 和 j 站的仪器高；

V_i、V_j——i 和 j 站的棱镜高；

h_{AB}——隔点设站法中，后视点 A 与前视点 B 之间的高差；

V_A、V_B——隔点设站法中，后视点 A 与前视点 B 的棱镜（觇牌）高；

S_A、S_B——隔点设站法中，后视点 A、前视点 B 与测站间的斜距（经气象、加、乘常数改正后）；

Z_A、Z_B——隔点设站法中，测站对后视点 A，前视点 B 的天顶距；

R——地球曲率半径；

K——大气折光系数。

(5)根据概略高差，计算附合路线或闭合环的闭合差，并按下式进行检校：

①由各路线算得同一路线的高差较差不应大于由下式计算的限值：

$$\mathrm{d}H_m = \pm 2M_\Delta\sqrt{N \cdot S} \tag{4.7-7}$$

②由大地四边形组成的三个独立闭合环，用各条边平均高差计算闭合差，各环线的闭合差 W 应不大于由下式计算的限值：

$$W_m = \pm 2M_W\sqrt{2S} \tag{4.7-8}$$

式中：N——独立路线数；

S——跨河视线长度，km。

4.7.4 各等级高程网的平差计算应根据最小二乘原理按间接平差法进行，计算成果应包含各点的高程、单位权高程中误差和各点相对于起算点的高程中误差等。

4.7.5 高程网平差时，可按下列方法定权。

水准测量：

$$P = \frac{1}{L} \text{或} P = \frac{1}{n} \tag{4.7-9}$$

光电测距三角高程测量：

$$P = \frac{1}{L^2} \tag{4.7-10}$$

式中：L——测段长度，km；

n——测站数。

4.8 资料提交

4.8.1 高程控制测量应提交的资料：

(1)水准网略图、点位说明资料和技术设计书。

(2)仪器鉴定、校正资料。

(3)原始观测记录。

(4)水准网、三角高程网检算资料。

(5)高程平差计算成果和精度评定资料。

(6)测量技术总结。

4.8.2 高程控制测量资料应由上级主管部门签字盖章后，方可提交使用。

5 施工测量的基本工作

5.1 一般规定

5.1.1 施工测量人员应遵守下列准则：

(1)施工测量人员应同该项工程的其他专业人员密切配合，了解工程的用途、结构和特点，了解施工步骤、进度和方法。

(2)在施工测量开始前，应熟悉设计图纸，了解工程总体和局部测量工作的要求(包括精度、时限等)；了解规范的规定，制定具体的实施方案，必要时应进行技术论证。

(3)对所有的观测数据，应随测随记，严禁转抄、伪造。文字和数字力求清晰、整齐。采用电子记录手簿时应符合国家测绘标准中有关电子手簿的相关规定。

(4)施工测量成果资料(包括观测记录手簿、放样单)、图表(包括地形图、竣工图、控制网计算资料)应统一编号、分类归档、妥善保管。

(5)现场作业时，必须遵守有关安全、技术操作规程。

(6)对于测量仪器、设备应精心爱护，及时维护保养。

5.1.2 放样工作开始前，应详细查阅设计图纸，核对已知数据资料，了解设计要求与现场施工需要。根据精度指标，选择放样方法。

5.1.3 对于设计图纸中有关数据和几何尺寸，应认真进行检核，确认无误后，方可作为放样的依据。

5.1.4 所有放样的点线，均应有检核条件，现场取得的放样资料，必须进行复核，确认无误后，方能交付使用。

5.1.5 放样后，应及时填写放样成果单。

5.2 放样数据的准备

5.2.1 放样前应根据设计图纸和有关数据及使用的控制点成果，计算放样数据，绘制放样草图，所有数据均应经两人独立校核。用计算机程序计算放样数据时，必须认真核对原始数据输入的正确性。

5.2.2 在放样数据准备时，要考虑设计提供的预拱量或预偏量等，并将各个修正项的计算值填写到放样数据表中，已备核查。

5.2.3 应将施工区域内的各级控制点成果及计算放样数据，编制成册，方便使用。

5.2.4 现场放样的测量数据，应记录在放样手簿中，各栏目必须填写完整，字体应整齐清楚，不得任意涂改。填写内容包括：

(1)工程部位、放样日期、观测、记录及检查者姓名。

(2)放样点所使用的控制点名称、坐标和高程成果，设计图纸编号，使用数据来源。

(3)放样数据及草图。

(4)放样过程中的实测资料。

(5)放样时使用的主要仪器。

5.3 坐标放样方法的选择

5.3.1 应根据放样点位的精度要求，现场作业条件和仪器设备，选择适用的放样方法。选择放样方法时，应考虑两种不同的放样程序。

(1)直接由等级平面控制点放样构筑物轮廓点。

(2)由加密点(轴线点、临时建立的控制点)放样构筑物的轮廓点。采用该种放样程序时，应考虑加密点的测设误差。

5.3.2 放样前应根据现场条件，通过放样点位的精度估算合理地选择方便的坐标放样方法。几种常用的坐标放样方法的点位精度估算公式，参照附录E中E.1。

5.3.3 当工程部位平面位置放样精度要求较低，且常规方法难以实施时，亦可采用GPS RTK法放样，放样技术要求可参照附录I执行。

5.4 高程放样方法的选择

5.4.1 高程放样方法的选择，主要根据放样点高程精度要求和现场的作业条件，分别采用水准测量法、光电测距三角高程法、悬挂钢尺传高法、全站仪精密传高法等。高程放样的精度估算公式见附录E中E.2。

5.4.2 对于基础部分的建筑物高程放样中误差要求不大于±10mm的部位，宜采用水准测量法。

5.4.3 对于较高基础部分的建筑物和水中建筑物可采用光电测距三角高程放样时，应注意加入地球曲率改正和大气折光改正，并校核相邻点的高程。

5.4.4 对于墩、柱等高层构筑物高程传递，可采用光电测距三角高程法或钢尺传高法进行。钢尺传高法可参照附录D中D.1。

5.4.5 对于高塔柱100m以上的高程传递，宜采用全站仪精密传高法测量。高程传递方法见附录D中D.2。

5.5 立模放样

5.5.1 一般规定

(1)立模放样应包括下列内容：测设各种建筑物的立模轮廓点；对已装好的模板、预埋件进行形体和位置的检查。

(2)在设计无明确要求时，模板安装的允许偏差应符合表5.5-1的规定。

模板安装的允许偏差 表5.5-1

项目		允许偏差(mm)
模板高程	基础	±15
	柱、墙和梁	±10
	墩台	±10
模板内部尺寸	上部构造的所有构件	+5,0
	基础	±30
	墩台	±20

续上表

项　　目		允许偏差(mm)
轴线偏位	基础	15
	柱或墙	8
	梁	10
	墩台	10
装配式构件支承面的高程		+2,−5
模板相邻两板表面高低差		2
模板表面平整		5
预埋件中心线位置		3
预留孔洞中心线位置		10
预留孔洞截面内部尺寸		+10,0
支架和拱架	纵轴的平面位置	跨度的 1/1000 或 30
	曲线形拱架的高程(包括建筑拱度在内)	+20,−10

(3)混凝土预制构件拼装及高层建筑物中间平台相对高差的允许偏差,同一层不应大于±3mm。

5.5.2　细部放样

(1)立模的放样点,以距建筑物轮廓线 0.2～0.5m 为宜。放样直线段上的相邻点间距以 5～8m 为宜;曲线段上的相邻点间距以 4～6m 为宜。

(2)立模的放样点,可直接由等级控制点测设,也可由测设的建筑物纵横轴线点测设。

(3)直线形建筑物的放样,在地面平均高程时、宜布设成包括主轴线(或其平行线)的坐标方格网形式;对于高空建筑物的放样,宜采用三维坐标法。

(4)采用滑模浇筑的建筑物,其放样点的点位中误差不得大于表 5.5-2 的规定。

滑升模板放样点的点位中误差　　表 5.5-2

项　　目		点位中误差	
		平面(mm)	高程(mm)
轴线间相对位移		±5	—
垂直度	本层	±3	—
	总高度	$H/3\,000$	
截面尺寸	墙、柱	±5	−3
	梁	±5	

注:①H 为建筑总高度;

②点位中误差均相对于建筑物的固定轴线。

(5)混凝土建筑物的高程放样,应区别情况采用不同的方法:

①对于连续垂直上升的建筑物,除了有结构物的部位(如横梁、门洞等)外,高程放样的精度要求较低,主要应防止粗差的发生。

②对于形体特殊要求的部位、斜面等,其高程放样的精度,一般应与平面位置放样的精度相一致。

③对于混凝土抹面层,有金属结构埋件的部位,其高程放样的精度,一般高于平面位置的放样精度,应根据不同的精度要求采用水准测量方法或液体静力水准法,并注意检核。

(6)当施工中水准点标志不能保存时,应将其高程引测至稳固的建筑物上,引测的精度不应低于原水准点测量等级。

5.5.3 立模核检

立模放样后,在混凝土浇筑前,应检核一次。若发现与设计位置有较大偏差或存在系统误差时,应对可疑部分进行重新放样。

5.5.4 资料整理

(1)放样工作完成后,必须及时提交"测量放样单"或"测量检查成果单"。放样单或成果单是放样工作的重要技术文件,是向监理单位提供的质检凭证,必须妥善保存。其内容包括:

①放样的工程部位、单项工程名称并绘制测点所在部位的略图。

②注明放样点与设计边线的关系,或列出各放样点的坐标和实测高程值。

③放样数据的来源和需要特别说明的问题。

④放样日期和放样者姓名。

(2)放样工作结束后,作业组应整理并保存下列资料:

①放样计算资料和放样中采集的数据。

②现场施工放样手簿。

③小组自检记录和放样略图底稿。

(3)由电子记录器或计算机输出的野外观测记录、计算资料等应及时整理,并加注必要的说明。

(4)分项工程完工后,应及时整理下列资料:

①放样数据计算资料。

②竣工测量手簿及施测方法简明报告。

③分项工程竣工测量资料及图表。

④分项工程测量技术小结。

5.6 金属结构安装测量

5.6.1 一般规定

(1)金属结构安装测量是指嵌入混凝土的金属结构(如索道管、索鞍底座等),其测量工作应包括下列内容:测设安装轴线和高程工作基点、进行安装点的放样以及安装竣工测量等。

(2)金属结构安装轴线点和高程工作基点,应埋设稳定的金属标志,一经确定,在整个施工过程中不宜变动。

(3)金属结构安装测量时,其相对关系的精度要求较高,应予以高度重视。

5.6.2 安装轴线及高程工作基点的测设

(1)金属结构安装轴线测设的精度要求,应根据设计要求确定。

(2)在安装过程中,由于各种原因致使原来的安装轴线或高程基点遭到部分或全部破坏时,可按下列不同情况予以恢复。

①利用其余的轴线点或高程基点进行恢复。

②以已精确安装就位的构件轮廓线或基准面恢复原轴线或高程基点。

③按原规定精度，由平面或高程控制网点重新测定。

无论采用何种方法恢复的轴线或高程基点，必须进行多方校核，以获得与已安装构件的最佳吻合。

(3)测设安装部位的高程工作基点应注意以下两点：

①一个安装部位应测设两个或两个以上的高程基点。

②测设安装工程的高程基点宜采用水准测量方法。当高程基点布设在高塔柱上时，宜采用全站仪精密传高法。

5.6.3　安装点的细部放样

(1)由安装轴线和高程基点组成相对严密的局部控制网，并作为安装点的测设基准。安装点的误差，均以相对于安装轴线和高程基点而言，即相对精度。

(2)基础支承面、地脚螺栓放样的精度应符合表5.6-1中的要求。

支承面、地脚螺栓的位置要求　　表5.6-1

工程部位	项　目	允许偏差(mm)
支承面	高程	±3
	水平度	$L/1\,000$
地脚螺栓	螺栓中心偏移	5
预留孔	中心偏移	10

(3)由安装轴线点、高程基点测设安装点的技术要求。

①安装点的测设一般采用直角坐标法或极坐标法。

②距离测量以钢带尺为主，丈量结果中应加尺长、温度、倾斜、拉力及(平链)悬链等改正，不加投影改正。距离丈量的技术要求应符合表5.6-2的规定。

安装点距离丈量的技术要求　　表5.6-2

丈量时拉力	温度最小读数(℃)	边长丈量次数	同测次串尺		边长丈量较差的相对误差
			读数次数	较差(mm)	
与检定钢带尺时相同	0.5	2	2	1	1∶10 000

③在用光电测距仪测量距离时，宜用“差分法”操作。

④方向线测设时，要求后视距离应大于前视距离，可用细金属针(或重锤线)作为照准目标。采用经纬仪角度归化法放样方向线，即将经纬仪正倒镜两次定点的平均值，作为最后方向。

⑤安装点的高程放样，应采用水准测量法，水准测量的技术要求应符合表4.4-1的规定。

5.6.4　安装点检查

(1)对已测设的安装点，必须按下列要求进行检查：

①检查工作应采用与测设时不同的方法。

②对构成一定几何图形的一组安装测点，应检核其非直接量测点之间的关系。

③对铅垂投影的一组点，必须检查各投影点间边长的几何关系。

④由一个高程基点测放的安装高程点或高程线后，应从另一高程基点进行检查，或用变更仪器高法重复测定。

(2)所有平面与高程安装点的检测值与放样值的较差，不应大于放样点中误差的$\sqrt{2}$倍，以保证放样点之间严密的几何关系。

(3)安装构件的铅垂度检查测量,宜在距构件 10～20cm 范围内用细钢丝悬挂重锤。将重锤置于盛有溶液的桶中,当重锤处于静止状态时,用小钢板尺量取构件检查部位与垂线之间的距离。

5.6.5 资料提交

(1)测设的安装点经检查合格后,应填写安装测量放样成果表,提交安装单位使用。

(2)分项工程安装工作结束后,应将安装放样资料、竣工检查验收成果以及设计图纸等整理归档。

6 桥梁施工测量

6.1 一般规定

6.1.1 本章中桥梁施工测量的允许偏差是根据现行规范和标准(详见条文说明)提出的。因此,现行规范和标准修改后,允许偏差应按新规范和标准的要求执行。

6.1.2 桥梁施工测量时,经实践验证的新技术、新方法,在满足允许偏差要求的前提下,亦可采用。

6.1.3 若用户提出的允许偏差高于本规范的要求,宜采用经实践验证可行的方法施测。

6.2 桩基础及承台

6.2.1 桩基础

(1)桩基础施工过程中,钢护筒吊装、钻孔,钢筋骨架的吊放,除设计另有要求外,应符合表6.2-1的规定。

桩基础施工的允许偏差 表6.2-1

工程部位	项目		允许偏差
桩基础	钢护筒	排架桩位置偏差	50mm
		群桩位置偏差	100mm
		垂直度	1%桩长,且不大于500mm
	钻机	位置偏差	50mm
		底盘角点高差	5mm
	孔底高程		±50mm
	钢筋骨架	中心平面位置	20mm
		顶端高程	20mm
		底面高程	±50mm

(2)对定位钢护筒吊装就位后,应测量钢护筒中心偏差和垂直度。钢护筒偏差、垂直度符合要求后,开始振打钢护筒,在振打过程中监控钢护筒的偏位和垂直度。陆地上施工可直接测量定位,水域施工可依靠导向架定位。

(3)测量除定出中心位置外,宜在护筒外围设置2~4个指示桩,以利于校正护筒埋设的位置。

(4)在钻孔、提钻,更换钻头以及钻机复位后,需测定钻机的中心位置。钻机中心位置可通过直接测量钻机钻盘中心确定,亦可测量转盘径向线上两个对称点的坐标间接确定。钻机底盘的四个角点,应用水准仪抄平。

(5)孔底高程可利用钻机钻盘高程和钻具长度推算,也可采用测锤测量。用测锤测量时,使用锥形测锤的规格为锤底直径13~14cm,高20~22cm,质量4~6kg,绳具使用检定过的钢丝索。

(6)对于远水区钢护筒定位,亦可采用打桩船上安装GPS接收机运用RTK定位法进行测量。采用此方法前,应做专项设计和试验工作。

6.2.2 承台

(1)无水或浅水施工承台应按本规范5.5节的要求执行。承台模板放样及外形尺寸偏差，除设计另有要求外，应符合表6.2-2的规定。

(2)用套箱法围堰施工水中桩基承台时，套箱定位的允许偏差应符合表6.2-3的规定。

承台的尺寸允许偏差 表6.2-2

工程部位	项目	允许偏差(mm)
承台	轴线偏差	15
	平面尺寸	±30
	顶面高程	±20

套箱定位的允许偏差 表6.2-3

工程部位	项目	允许偏差(mm)
套箱	轴线偏差	50
	高程偏差	100

(3)钢套箱定位测量一般可分为着床前的初步定位、着床时的精确定位和着床后下沉过程中的位置观测。其测量方法可采用三维坐标法。

(4)钢套箱着床时每10～30min观测一次，着床后可每下沉2m测量一次，以指导下沉过程的纠偏工作。

(5)对于深水承台施工，双壁钢套箱既是围水结构，又是承台施工模板，因此为保证承台浇筑的外形尺寸，在工作平台架设期间，应对钢套箱进行观测。观测频率为1～2次/d。

6.3 沉井基础

6.3.1 沉井施工精度要求，除设计另有要求外，应符合表6.3-1的规定。

沉井施工制作的允许偏差 表6.3-1

工程部位	项目		允许偏差
沉井	沉井平面尺寸(mm)	长、宽	±0.5%边长，大于24m时±120
		半径	±0.5%半径，大于12m时±60
	井壁厚度(mm)	混凝土	+40，−30
		钢壳和钢筋混凝土	±15
	沉井刃脚高程(mm)		符合设计要求
	纵、横向的中心偏位(mm)	一般	1/50井高或符合设计要求
		浮式	250或符合设计要求
	沉井纵横向的最大倾斜度(mm)		1/50井高或符合设计要求
	平面扭转角(°)	一般	1
		浮式	2

6.3.2 浮运式沉井沉放前，应采用测深仪或测深锤测量井位处河床的平整度。

6.3.3 大型沉井沉放时，利用监控手段指导沉井下沉是十分必要的。其测量要求如下：

(1)沉井下沉，刃脚高程每班至少测量一次，轴线2～3d测量一次；对于分节制作、分层下沉的沉井，当每次下沉稳定后，应进行高差或中心位移的测量。

(2)沉井初沉阶段每2h测量一次，必要时应连续观测，及时纠偏。

(3)浮式沉井入水定位时，应根据需要加密测量。沉井着床及下沉过程中，还应随时对河床的冲刷情况进行测量。

(4)沉井接高前应尽量纠偏,符合要求后,并使接高后各节竖向中轴线在一条直线上。

(5)沉井终沉阶段,每小时至少测量一次。

(6)当沉井至设计高程 2m 左右时,应加密测量。沉井结束后,8h 内累计自沉量不大于 10mm,且高程位移和倾斜度的允许偏差均符合表 6.3-1 的规定时,可提交报验单,以便及时封底。

(7)对于陆地沉井下沉时,还应对沉井周围 2～3 倍沉井高度范围内的建筑物及地表进行沉降和水平位移测量。

6.3.4　在沉井下沉过程中,应编绘相应的过程线,至少包含下列内容:

(1)水位变化过程线。

(2)沉井上下游局部冲刷最深点高程变化过程线。

(3)沉井顶底面中心位移变化过程线。

(4)沉井纵、横向高差变化过程线。

6.4　地下连续墙

6.4.1　地下连续墙质量标准,除设计另有要求外,应符合表 6.4-1 的规定。

地下连续墙的允许偏差　　表 6.4-1

工程部位	项　目	允许偏差
地下连续墙	轴线位置(mm)	30
	倾斜度(mm)	0.5%墙深
	外形尺寸(mm)	0,+30
	顶面高程(mm)	±10

6.4.2　地下连续墙施工前,除采用极坐标放样方法外,亦可建立坐标方格网,以利于放样和校核。当地下连续墙施工完成后,应在施工平台上重新建立坐标方格网,以便坑内开挖、支撑的细部放样。

6.4.3　导墙平面轴线应与地下连续墙的平面轴线平行,允许偏差为 10mm,两导墙内墙面间的距离允许偏差为 5mm,导墙顶面高程允许偏差为±10mm。

6.4.4　从导墙(或导桩)施工时,就应检查垂直度,并及时纠偏。检查方法可采用超声波测深仪或悬挂重锤法,每钻进 1～2m 检查一次。终孔后,应测量孔底高程、孔底沉渣厚度。

6.4.5　在基坑开挖阶段,必须进行相应的观测工作,其观测方案需进行专门设计,并建立基坑开挖信息化施工监控系统。

6.5　索塔

6.5.1　混凝土索塔

(1)塔座是塔柱与承台连接的重要结构,施工时必须按设计坐标精密放样。塔座模板放样点的允许偏差应符合表 6.5-1 的规定。

(2)塔柱各节段采用滑升模板浇筑时,放样点的点位中误差应符合表 6.5-2 的规定。

(3)为避免日照引起索塔变形,测量时间宜选择在日照影响较小的时段进行,如在夜间或气温变化较小的时段。

塔座模板放样点的允许偏差　表 6.5-1

<table>
<tr><th rowspan="2">工程部位</th><th rowspan="2">项　目</th><th colspan="2">允许偏差(mm)</th></tr>
<tr><th>平面</th><th>高程</th></tr>
<tr><td rowspan="4">塔座</td><td>轴线偏位</td><td>±5</td><td>—</td></tr>
<tr><td>断面尺寸</td><td>±5</td><td>—</td></tr>
<tr><td>高程偏差</td><td>—</td><td>±2</td></tr>
<tr><td>相邻点之间的差异</td><td>±7</td><td>—</td></tr>
</table>

滑升模板放样点的允许偏差　表 6.5-2

<table>
<tr><th rowspan="2">工程部位</th><th rowspan="2" colspan="2">项　目</th><th colspan="2">允许偏差(mm)</th></tr>
<tr><th>平面</th><th>高程</th></tr>
<tr><td rowspan="8">塔柱</td><td colspan="2">轴线</td><td>10</td><td>—</td></tr>
<tr><td rowspan="2">垂直度</td><td>本层</td><td>±3</td><td>—</td></tr>
<tr><td>总高度</td><td>H/3 000 且不大于 30</td><td>—</td></tr>
<tr><td colspan="2">截面尺寸</td><td>±20</td><td>−3</td></tr>
<tr><td colspan="2">预留孔洞中心位置</td><td>±10</td><td>±20</td></tr>
<tr><td colspan="2">预埋件位置</td><td>5</td><td>±10</td></tr>
<tr><td colspan="2">索鞍底板面高程</td><td>—</td><td>+10,0</td></tr>
<tr><td colspan="2" style="display:none"></td></tr>
<tr><td rowspan="4">横梁</td><td colspan="2">轴线偏位</td><td>10</td><td>—</td></tr>
<tr><td colspan="2">外轮廓尺寸</td><td>±10</td><td>—</td></tr>
<tr><td colspan="2">壁厚</td><td>±5</td><td>—</td></tr>
<tr><td colspan="2">顶面高程</td><td>—</td><td>±10</td></tr>
</table>

注：①H 为塔柱总高度；
②放样点允许偏差均相对于建筑物的固定轴线。

(4)对于其他各节段垂直上升的塔柱，除了有结构物的部位(如横梁、门洞等)外，高程放样的精度要求相对较低，主要应防止粗差的产生。

(5)高索塔施工时，为利于测量放样，均设置有劲性骨架。劲性骨架定位采用三维坐标法或悬挂重锤法测量。

(6)横梁放样时，断面尺寸偏差不大于±20mm，横梁高程不大于±10mm。高程传递采用悬挂钢尺传高法或全站仪传高法。

(7)索塔放样时，必须顾及预偏量和预拱量。随着索塔的升高，为减弱风力对测量结果的影响，应选择在较小风力时进行放样工作。模板定位后，浇筑混凝土前，应用三维坐标法进行检核。

(8)随着索塔的升高，会引起塔下工作基点的变化，应定期与控制网联测，进行修正。

(9)索塔完工后，应测定裸塔倾斜度、跨距和塔顶高程，作为主缆线形计算调整的依据。

(10)索塔施工期间，应定期进行变形观测。

6.5.2　钢索塔

(1)底座埋设精度应符合表 6.5-3 的规定。

(2)钢索塔架设的精度应符合表 6.5-4 的规定。

底座埋设的允许偏差　　表 6.5-3

工程部位	项　目	规定值或允许偏差
底座	横桥向倾斜度	1/4 500
	顺桥向倾斜度	1/6 000
	底座中心的纵向偏差	3mm
	底座相对于桥轴线的横向偏差	±1mm
	两侧底座顺桥向相对差	1.5mm
	底座预埋件高程	±1.5mm

钢索塔架设的精度　　表 6.5-4

工程部位	精度控制参数		允许误差
钢索塔	安装高度		±2×$n$mm
	垂直率	顺桥向	H/4 000
		横桥向	H/4 000
	对接口板错边量		±2mm
	两塔柱中心距		±4mm

(3)钢、混凝土结合段一般与下横梁连接在一起，下横梁的收缩徐变对锚固箱位置有影响，应定期进行观测。

(4)针对底座定位和钢索塔架设，应建立专用控制网。

(5)对于建立的专用控制网和测量方法必须进行专门设计和论证。

(6)测量放样时应采用两种以上的测量方法，以便相互校核。

(7)底座定位及拼装测量的作业时间以晚间 10:00 至凌晨 5:00 进行为宜。

6.6　锚碇及锚固系统

6.6.1　锚碇

(1)锚碇混凝土施工偏差应符合表 6.6-1 的要求。

锚碇混凝土施工的允许偏差　　表 6.6-1

工程部位	项　目		允许偏差(mm)
锚碇	轴线偏位	基础	20
		锚面槽口	10
	断面尺寸		±30
	基础底面高程	土质	±50
		石质	+50,−200
	顶面高程		±20
	大面积平整度		5

(2)锚碇预埋件施工定位在设计中有特殊要求，一般应以设计要求实施。

(3)重力式锚碇属于大体积混凝土施工，其放样要求参照本规范 5.5 节执行。

6.6.2 锚固系统

(1)锚固系统安装要求应符合表 6.6-2 的要求。

锚固系统安装的允许偏差 表 6.6-2

工程部位	项目	允许偏差
支架安装	中心线偏差	±10mm
	横向安装锚杆的平联高差	−2mm,+5mm
预应力管道安装	X 轴坐标	±10mm
	Y 轴坐标	±5mm
	Z 轴坐标	±5mm
后锚梁安装	中心偏差	5mm
	偏角	符合设计要求
前锚面	孔道角度	±0.2°
前锚孔道	中心坐标	±10mm
拉杆	轴线偏位	5mm
连接器	轴线偏差	5mm

(2)锚固体系安装测量的主要内容有测设安装轴线与高程基点、进行安装点的放样和安装竣工测量等。

(3)测设的安装轴线和高程基点应埋设稳定的金属标志。工作基点设定后,在整个施工过程中不宜变动。

(4)安装测量的基本要求:

①必须使用 DS_1 型水准仪和与 DJ_2 型经纬仪同等或更高精度的仪器。

②量测距离的钢尺,必须经过检定并附有尺长方程式。

③高程测量必须相应地使用铟瓦水准尺、红黑面水准尺以及有毫米刻度的钢板尺。

(5)锚固系统的安装精度,主要取决于支架和后锚梁的安装精度。因此,安装粗定位后,需通过微调后进行精确定位,并做好检查工作。

(6)锚固系统安装定位可参照本规范 5.6 节执行。

6.7 斜拉桥索道管安装

6.7.1 斜拉桥索道管安装精度随钢箱梁和悬浇混凝土主梁不同,安装精度要求不同。索道管安装精度要求应符合表 6.7-1 的规定。

索道管安装精度要求 表 6.7-1

工程部位	项目	允许偏差(mm)
钢箱梁索道管	高程偏差	±10
	轴线偏差	±10
悬浇混凝土主梁索道管	轴线偏差	±5

6.7.2 由于索道管安装的精度要求高,为保证放样精度,应在索道管安装测量前,对使用的控制点进行复测。索道管安装测量时,应检测索道管相对塔柱的位置。

6.7.3 索道管安装的放样程序如下:

(1)首先放样锚固钢套管的概略位置于劲性骨架上,使之基本就位。

(2)利用一定厚度的钢板加工一个锚固钢套管标定件,该标定件的直径与斜拉索索道管内径一致,四周焊接对称的四块垫板,精确标定圆周中心,并做好标记。

(3)同样,用约1cm厚的钢板加工一个半圆形的标定件,该标定件直径和斜拉索索道管内径一致,精确标定圆周中心并做好标记。将其插入预先标定好的索道管外管口中,使其吻合并固定,此时盘心即为外侧套筒中心位置。

(4)由控制点上的全站仪直接测量索道管的锚垫板中心和管口中心三维坐标,并由实测坐标计算两中心的间距。

(5)将锚垫板中心调整到设计位置并检测。

(6)由调整到位后锚垫板的中心实测坐标、斜拉索设计的空间方向余弦和两中心间距计算管口中心的设计坐标。

(7)将管口中心调整到设计位置并检测,然后计算实测点位至斜拉索轴线的垂距(偏差值)。

(8)由于调校管口时可能引起锚垫板移动,故应重测锚垫板中心并再次调校。

(9)重复上述工作,直至满足定位精度要求。

6.7.4 索道管定位和检查宜在气温较为稳定的夜间进行,一般在凌晨至日出前完成。

6.7.5 当风力大于4级时,不宜进行索道管定位放样和检查。

6.8 悬索桥索鞍定位

6.8.1 主索鞍安装精度的要求见表6.8-1。

主索鞍安装精度的允许偏差 表6.8-1

工程部位	项目	允许偏差(mm)
主索鞍	纵向最终偏差	符合设计要求
	横向偏位	10
	高程	+20,0
	四角高差	2

6.8.2 主索鞍定位前,应根据设计提供的预偏量就位,在施工过程中按监控要求逐步顶推,最终到达正确位置。

6.8.3 由于主索鞍的安装精度完全取决于格栅的安装精度,所以需精确进行格栅定位。格栅定位的允许偏差见表6.8-2。

格栅定位的允许偏差 表6.8-2

工程部位	项目	允许偏差(mm)
主索鞍格栅	纵向	±10
	横向	±10
	平整度	0.5
	四角高差	2

6.8.4 散索鞍安装定位的允许偏差见表6.8-3。

6.8.5 散索鞍的安装精度由两部分组成,平面位置和高程由散索鞍的格栅和底座决定,倾角由散索鞍侧面的IP点测定,所以散索鞍安装精度完全由格栅的安装精度决定,格栅的定位允许偏差见表 6.8-4。

散索鞍安装的允许偏差 表 6.8-3

工程部位	项目	允许偏差(mm)
散索鞍	底板轴线纵、横向偏位	5
	底板中心高程	±5
	纵向倾斜偏差角度	±2′或符合设计要求

格栅定位的允许偏差 表 6.8-4

工程部位	项目	允许偏差(mm)
散索鞍格栅	纵、横向	±10
	平整度	±0.5
	四角高差	2

6.8.6 格栅定位前，宜在索塔顶以首级网相同的等级建立平面控制点，高程工作基点埋设稳定的金属标志，采用悬挂钢尺传高法或全站仪精密传高法测定其高程。测量工作宜在夜间气温稳定时进行。

6.8.7 格栅定位测量宜采用交会法、轴线法或坐标方格网法，高差测量应采用水准测量方法。

6.9 悬索桥空缆线形测量

6.9.1 主缆线形测量实测项目的精度见表 6.9-1。

主缆线形测量实测项目的允许偏差 表 6.9-1

项目			允许偏差
索股高程(mm)	基准	中跨跨中	$\pm L/20\,000$ 或符合设计要求
		边跨跨中	$\pm L/10\,000$ 或符合设计要求
		上、下游高差(mm)	10
	一般	相对于基准索股(mm)	0,+5

6.9.2 基准索股的线形调整测量需在夜间温度稳定时进行。温度稳定的条件为：长度方向索股的温差 $\Delta T \leqslant 2$℃；横截面方向的温差 $\Delta T \leqslant 1$℃；当风速超过 12m/s 或雾太浓均不可进行索股调整。

6.9.3 基准索股的调整要反复测量，多次调整，至少应连续进行 3 个晚上的稳定观测。每晚取得 3 个测回以上的有效数据。在容许范围内，将 3d 测量成果的平均值作为该基准索股高程。

6.9.4 基准索股调整时，应考虑温度修正。在基准索股高程测量时，同时采用接触温度计每 5～10min 测一次索股温度，测点沿长度方向布置在边跨 1/2，中跨 1/4、1/2、3/4 处；沿断面方向布置在索股上、下缘。

6.9.5 由于悬索跨径大，且中跨高程只能采用单向三角高程的测量方法。因此，应在夜间实测大气折光系数 K 值，并加入此项改正，还应采用多测站同步三角高程测量，以利于对测量结果的比较与验证。单向三角高程测量的技术要求见表 6.9-2 和表 6.9-3。

距离测量的技术要求　表 6.9-2

仪　器	观测方式	测回数	一测回互差	各测回互差
1类	单程	4	3mm	5mm

三角高程测量的技术要求　表 6.9-3

仪　器	方　法	测回数	天顶距较差	单程高差较差
DJ_1	三角高程	4	7″	0.05mm×D

注：D 为观测边长，m。

6.9.6 上下游两根基准索股相对垂度测量宜采用液体静力水准测量，即连通管测量。采用直径约 2cm 的长透明橡胶管灌以清水作为连通管，通过测量管中水面位置确定上下游基准索股的高差。

6.9.7 一般索股的垂度测量采用相对高差法，即使用钢板尺量测一般索股与基准索股的高差，重复测量 3 次取平均值作为最后的测量值，并以基准索股调整一般索股。

6.9.8 索股架设期间，应对基准索股高程、塔顶位移和散索鞍倾角进行定期和不定期检测。

6.9.9 成缆后，应进行主缆线形测量。主要测量主缆锚固点，边跨跨中，中跨 1/2、1/4、3/4 等处的坐标。

6.10 悬索桥索夹定位

6.10.1 索夹安装定位允许偏差见表 6.10-1。

索夹安装的允许偏差　表 6.10-1

工程部位	项　目	允许偏差(mm)
索夹	纵向偏位	±10
	横向偏位	±3
	上、下游吊点高差	±20

6.10.2 索夹放样前，应测定主缆的空缆线形，提交给监控单位，对原设计的索夹位置进行确认。

6.10.3 索夹放样时，首先应放出天顶线。由于天顶线随温度的变化而变动，所以索夹放样应选择在夜间气温相对稳定时段进行，天顶线位置确定采用钢板尺标定。

6.10.4 索夹的里程是根据特定的结构状态(如温度、跨径等)计算出来的。所以放样时应根据监控指令加以修正。

6.10.5 放样时，全站仪架设在一岸塔顶控制点上，以对岸塔顶位置为控制，采用测距法确定索夹两边缘的位置。此外，为便于索夹安装，在边缘外 10cm 处设置参考标志。同时，应在对岸架设仪器，重新放样一次，两次取平均值作为索夹的最终位置。

6.10.6 索夹位置确定后，应根据空缆状态的线形，利用检定后的钢尺检查两索夹间距，差值不大于 10mm。

6.11 线形测量

6.11.1 一般规定

(1)悬索桥/斜拉桥线形监控工作直接决定着成桥的线形质量，其中线形测量是线形监控的重要内容,必须认真对待。

(2)线形测量应与温度场监测、结构内力监测等项目同步进行。

(3)由于线形测量成果与温度关系密切,测量工作宜在日照温差对结构影响最小时即清晨日出之前进行。

(4)风速大于12m/s时,不宜进行线形测量。

(5)线形测量的成果,实施单位必须进行100%的检查,并经监理单位确认后,及时提交监控单位。

6.11.2 悬索桥线形测量

(1)钢箱梁安装后的允许偏差见表6.11-1。

钢箱梁安装后的允许偏差 表6.11-1

工程部位	项目	允许偏差(mm)
钢箱梁	吊点偏位	20
	箱或桁梁顶面高程在两吊索处高差	20
	相邻节段匹配高差	2

(2)钢箱梁吊装前应进行桥下、水下地形测量,以便根据运梁驳船的需要清理航道。架设前,宜进行驳船定位试验,以保证定位精度。

(3)梁段吊装阶段线形测量的主要内容包括主缆跨径、塔顶坐标、索鞍残留预偏量等。监控测量工作均需在夜间气温稳定时进行。监控部门根据线形监控数据决定顶推量和顶推时段。

(4)合龙状态线形测量的主要内容包括主缆跨径、塔顶坐标及索鞍残留预偏量。合龙口下、上缘宽度及相对高差应至少进行24h的连续测量,以便了解合龙口随气温变化的规律。测量周期一般为2h一次,必要时可适当增加测次或连续测量的时间。

(5)成桥状态线形测量工作的主要内容包括主跨跨径、塔顶位置及索鞍残留偏差;同时也要对结构日照变形规律进行观测,特别是旁弯测量。

6.11.3 斜拉桥钢箱梁线形测量

(1)斜拉桥钢箱梁拼装允许偏差见表6.11-2。

斜拉桥钢箱梁拼装的允许偏差 表6.11-2

工程部位	项目		允许偏差
斜拉桥钢箱梁段的悬臂拼装	轴线偏位(mm)		10
	梁锚固点高程或梁顶高程(mm)	梁段	5
		合龙后	±20
	梁顶水平度(mm)		20
	相邻节段匹配高差(mm)		2
斜拉桥钢箱梁段的支架安装	轴线偏位(mm)		10
	梁段的纵向位置(mm)		10
	梁顶标高(mm)		±10
	梁顶水平度(mm)		10

(2)施工一个梁段称为一个阶段,每阶段可分为四个工况。

①第一工况:拼装梁段的定位。

②第二工况:斜拉索第一次张拉。

③第三工况:桥面吊机前移到位。

④第四工况:斜拉桥第二次张拉。

(3)每个工况线形测量的主要内容有:钢箱梁高程测量、轴线测量和塔顶水平位移测量等。

(4)起始梁段在全桥钢箱梁精确匹配中起关键作用。因此必须准确定位。定位工作宜用轴线法或三维坐标法进行,并用边、角交会作检查。

(5)为消减温度变化引起梁体和索塔的不规则变化,线形测量应在夜间气温稳定时段进行。

(6)钢箱梁高程测量应采用 DS_1 型以上水准仪进行精密水准测量,测量前校正水准仪的 i 角,使其小于 10″。

(7)塔柱位移测量应采用 1 类测距精度的全站仪观测,测量方法应采用极坐标法或测距法。测量时段应与高程测量同步进行。

(8)为确定合龙段梁长和合龙时机,宜选择 5 个以上特征断面对合龙口上、下宽度和梁端高差进行测定。观测连续时间不应少于 24h,测量时间间隔为 1 次/小时。合龙口宽度采用检定后的钢尺丈量,高差采用水准仪测量。合龙口连续测量时,必须与温度场测量同步。

(9)全桥合龙后,应根据监控指令进行相应的测量工作,以便通过索力调整全桥线形。

6.11.4 斜拉桥混凝土梁悬臂浇筑法的线形测量

(1)斜拉桥悬臂混凝土现浇梁允许偏差见表 6.11-3。

斜拉桥悬臂混凝土现浇梁允许偏差 表 6.11-3

<table>
<tr><th>工程部位</th><th colspan="3">项目</th><th>允许偏差</th></tr>
<tr><td rowspan="13">斜拉桥悬臂混凝土现浇梁</td><td colspan="2" rowspan="2">轴线偏位(mm)</td><td>L≤100m</td><td>10</td></tr>
<tr><td>L>100m</td><td>L/10 000</td></tr>
<tr><td rowspan="4">断面尺寸(mm)</td><td colspan="2">高度</td><td>+5,−10</td></tr>
<tr><td colspan="2">顶宽</td><td>±30</td></tr>
<tr><td colspan="2">底宽或肋间宽</td><td>±20</td></tr>
<tr><td colspan="2">顶、底、腹板厚或肋宽</td><td>+10,−0</td></tr>
<tr><td rowspan="3">梁锚固点或梁顶高程(mm)</td><td colspan="2">梁段施工控制要求</td><td>±10</td></tr>
<tr><td rowspan="2">合龙后</td><td>L≤100m</td><td>±20</td></tr>
<tr><td>L>100m</td><td>±L/5 000</td></tr>
<tr><td colspan="3">横坡(%)</td><td>±0.15</td></tr>
<tr><td colspan="3">锚具轴线与孔道轴线偏位(mm)</td><td>5</td></tr>
<tr><td colspan="3">预埋件位置(mm)</td><td>5</td></tr>
<tr><td colspan="3">平整度(mm)</td><td>8</td></tr>
</table>

(2)为保证梁体的结构安全和线形平顺,在主梁悬臂浇筑过程必须进行线形测量,测量的主要内容有:梁体的高程、轴线偏差和塔顶变位。

(3)悬臂浇筑前端底板和桥面高程时,应对挂篮前端的垂直变形及预拱位置进行观测。施工过程中要对实际高程进行观测，当与设计值有较大偏离时，应会同有关人员查明原因进行调整。

(4)放样斜拉索索道管位置和锚头尺寸要精确，并用不同的测量方法进行检查。

(5)测量规定与要求：

①对于每一个悬浇梁段要进行6种工况的高程和挠度观测，即挂篮就位及立模后、浇筑混凝土前、浇筑混凝土后、张拉预应力钢束前、张拉完预应力钢束后、移动挂篮前(后)。

②测量工作一般应在清晨日出前完成。

③在进行高程观测的同时，应进行中轴线位置观测。墩沉降观测应根据施工的进度情况，进行周期性观测。

④在对梁段高程和中轴线进行测量时，若实测值与设计计算预测值之差超过±10mm(高程)、5mm(中轴线偏位)时，应进行复测。若仍超过限值，应分析原因，在施工控制组和监理同意后方可结束测量。

⑤连续梁的合龙，测量箱梁顶面高程和轴线，连续测试温度影响偏移值，观测合龙段在温度影响下梁体长度变化和梁端高程变化的关系。

6.12 桥面及附属工程

6.12.1 钢箱梁支座安装的允许偏差应符合表6.12-1的规定。

钢箱梁支座安装的允许偏差 表6.12-1

<table>
<tr><th>工程部位</th><th colspan="2">项目</th><th>允许偏差</th></tr>
<tr><td rowspan="4">钢箱梁支座</td><td colspan="2">支座中心与主梁中心</td><td>2mm</td></tr>
<tr><td colspan="2">高程</td><td>符合设计要求</td></tr>
<tr><td rowspan="2">支座四角高差</td><td>承压力≤5 000kN</td><td>1mm</td></tr>
<tr><td>承压力>5 000kN</td><td>2mm</td></tr>
<tr><td rowspan="4">活动支座</td><td colspan="2">顺桥向最大位移</td><td>±250mm</td></tr>
<tr><td colspan="2">双向活动支座横桥向最大位移</td><td>±25mm</td></tr>
<tr><td colspan="2">横轴线错位距离</td><td>根据安装时的温度与
年平均最高、最低温差计算确定</td></tr>
<tr><td colspan="2">支座上下挡块最大偏差的交叉角</td><td>5′</td></tr>
</table>

6.12.2 支座支承面四角高差测量应用S01型以上水准仪或连通管测量。

6.12.3 当墩、台两端高程不同，顺桥向有纵坡时，支座安装的相对高差应按设计规定的要求执行。

6.12.4 桥梁伸缩缝安装的允许偏差应符合表6.12-2的规定。

桥梁伸缩缝安装的允许偏差 表6.12-2

<table>
<tr><th>工程部位</th><th>项目</th><th>允许偏差</th></tr>
<tr><td rowspan="3">桥梁伸缩缝</td><td>与桥面高差</td><td>2mm</td></tr>
<tr><td>纵坡</td><td>±0.2%</td></tr>
<tr><td>横向平整度</td><td>3mm</td></tr>
</table>

6.12.5 桥面铺装施工的允许偏差应符合表6.12-3的规定。

桥面铺装施工的允许偏差 表 6.12-3

工 程 部 位	项 目		允 许 偏 差
桥面铺装	厚度		+2mm,-5mm
	平整度	水泥混凝土面层	1.8mm
		沥青混凝土面层	1.5mm
	横坡	水泥混凝土面层	±0.15%
		沥青混凝土面层	±0.3%

桥面铺装测量工作内容主要包括:测定沥青的厚度、平整度等,测量时主要采用四等水准测量方法。

6.12.6 人行检修道铺设的允许偏差应符合表 6.12-4 的规定。

人行检修道铺设的允许偏差 表 6.12-4

工 程 部 位	项 目	允 许 偏 差
人行检修道	边缘平面偏位	5mm
	纵向高程	+10mm,0mm
	接缝两侧高差	2mm
	横坡	±0.3%
	平整度	5mm

6.12.7 栏杆、护栏安装的允许偏差应符合表 6.12-5 的规定。

栏杆、护栏安装的允许偏差 表 6.12-5

工 程 部 位	项 目	允 许 偏 差
栏杆、护栏	平面偏位	4mm
	扶手平面偏位	3mm
	栏杆顶面高差	4mm
	纵、横竖直度	4mm
	相邻栏杆扶手高差	2mm
	护栏接缝两侧高差	2mm

7 竣工测量

7.1 一般规定

7.1.1 竣工测量必须真实可靠地反映建筑物的位置和几何形状，为桥梁质量检验评定及验收、工程维护等工作提供依据。

7.1.2 竣工测量必须在分项工程、分部工程及全桥施工结束后，尽早实施。对于需要竣工测量的部位，应事先与设计、施工管理单位协商，确定测量项目，防止遗漏。

7.1.3 视需要测绘施工区竣工平面图。竣工总平面图一般采用与施工控制网相同的坐标系。

7.1.4 竣工测量可采用下列作业方法：

(1)随着桥梁施工的进程，按竣工测量的要求，逐渐积累竣工资料。

(2)待分项工程完工后，进行一次性的测量。

(3)对于深基础施工部位、水下施工部位以及上部结构施工部位的竣工测量，宜采用(1)款的作业方法。

7.1.5 竣工测量的精度指标参照各章节相应项目的测量精度。竣工测量精度一般不低于放样的精度。

7.2 工作内容

7.2.1 竣工测量主要包括下部结构、上部结构和成桥线形的测量工作。

7.2.2 下部结构竣工测量包括下列主要项目：

(1)主要桥梁建筑物基础开挖地基面的1∶200～1∶500地形图(高程平面图)或纵、横断面图。

(2)桩基础及钢筋笼安装位置和高程测量。

(3)锚碇基础、锚碇基坑充填混凝土、锚碇形体测量和高程测量。

(4)预应力钢筋张拉的管道坐标和间距检查测量。

(5)锚固系统轴线偏位及角度偏差测量。

(6)索塔承台、索塔横梁形体测量和高程测量。

(7)斜拉桥索道管定位测量(锚固点高差、孔道位置和预埋件位置)。

7.2.3 上部结构竣工测量包括下列主要项目：

(1)悬索桥散索鞍座成桥位置测量及倾角测定。

(2)悬索桥主鞍座成桥位置测量。

(3)悬索桥主缆的索股高程测量(基准索股中跨和边跨跨中高程、上下游高差、一般索股与基准索股相对偏差)。

(4)悬索桥索夹对中偏差、索杆吊点上下游高差测量。

(5)箱梁定位、箱梁支座定位和伸缩缝检查测量。

7.2.4 桥梁总体质量竣工测量包括下列主要项目：

(1)桥梁桥面中线偏位测量。

(2)桥宽、桥长及桥面纵横坡测量。

(3)成桥线形测量。

7.3　资料整编

7.3.1　竣工图的编绘，应与设计平面布置图相对应，图表可参照竣工管理部门的统一图幅规格选用，分类装订成册，并附必要的文字说明。

7.3.2　提交的各项成果成图资料，应项目齐全，数据正确，图表清晰，符合质量要求。

7.3.3　应该归档的竣工资料，一般包括下列项目：

(1)桥梁施工控制网原始观测手簿、概算及平差计算资料。

(2)施工控制网加密与复测布置图、控制点坐标及高程成果表。

(3)基础工程(锚碇基础和桩基础)竣工建基面地形图和纵、横断面图。

(4)结构部位的实测坐标、高程与设计坐标、高程比较表。

(5)桥梁预埋件和金属安装件的竣工测量成果(坐标表、平面、断面图)。

(6)施工期变形系统布设与观测方案资料。

(7)桥梁施工竣工总平面图等。

(8)桥梁施工测量技术总结报告。

7.4　静动载试验的测量工作

7.4.1　一般规定

(1)静动载试验的测量工作是评价桥梁设计和建设整体性能状态的重要内容，应认真完成。

(2)测量工作的实时性要求高，应制定简洁、快速的测量方案。

(3)测量工作应与应力观测、索力观测等同步进行。数据采集时应同时测量温度、气压等环境量，以便对成果进行改正。

7.4.2　静动载试验测量工作的内容和要求

(1)试验测量工作的技术要求见表 7.4-1。

试验测量工作的技术要求　　表 7.4-1

项　目	中误差(mm)	项　目	中误差(mm)
索塔塔顶变形	±20	梁端的位移	±5
主梁的挠度	±10		

(2)静动载试验测量工作主要包括索塔顶面的变形、主梁挠度观测、主梁梁端的纵向位移等。

(3)试验时，测点的测量误差不宜超过总体变形量的 10%，根据要求应合理地选择测量仪器、测量方法。

(4)挠度测点应布设在主梁的最不利位置，主梁挠度观测宜布设在桥面上、下游侧的对称部位，一般可布设在主梁的二分点、四分点、八分点等位置。对于钢箱梁桥面，测点位置应布设在钢箱梁施工拼装缝断面处。

(5)斜拉桥主梁梁端水平位移可采用在梁端两边对称布设四个实测点,通过测定四个观测位移值计算主梁梁端的水平位移。

(6)测点观测目标的架设应保证牢固、稳定、利于观测。

7.4.3 测量方法

(1)静载试验的挠度观测可采用精密水准测量方法、GPS测量、液体静力水准测量、全站仪三维坐标测量等方法。根据现场情况,宜根据精度、劳动强度、观测时间、进度影响等选择有效的测量仪器和方法。

(2)动载试验的主梁挠度测量方法宜采用光电测距三角高程测量方法或GPS动态差分测量方法。全站仪测角精度不低于2″,测距精度不低于2mm+2ppm。GPS接收机标称精度不低于5mm+1ppm。

(3)索塔顶面变形宜采用GPS动态差分测量方法和三维极坐标方法。GPS接收机标称精度不应低于5mm+1ppm。全站仪测角精度不低于1″,测距精度不低于1mm+1ppm。

(4)悬索桥主梁梁端的纵向位移应在梁端支座布设线位移传感器测量。

(5)悬索桥主梁截面倾角测量,应在截面上、下游侧布设连通管测定高差,并计算截面倾角变化。

8 施工期外部变形观测

8.1 一般规定

8.1.1 施工期外部变形观测是特大跨径桥梁安全观测的重要内容，应在桥梁设计时统筹安排。施工开始时，即应进行外部变形观测工作。

8.1.2 外部变形观测工作应包括建筑物的下部结构、上部结构及周围场地的各种水平位移测量和垂直位移测量。

8.1.3 外部变形观测应能确切反映建筑物及周围场地的实际变形程度或变形趋势，并以此作为确定作业方法的基本要求。

8.1.4 变形观测点一般分为基准点、工作基点和观测点。

8.1.5 变形观测的精度等级应根据建筑物的允许变形值进行精度估算，然后按以下原则确定：

(1)当仅给定单一变形允许值时，应按所估算的观测点精度选择相应的精度等级。

(2)当给定多个同类型变形允许值时，应分别估算观测点精度，并应根据其中最高精度选择相应的精度等级。

(3)对于未规定或难以规定变形允许值的观测项目，可根据设计、施工的要求，选取适宜的精度等级。

8.1.6 变形观测的观测周期应符合下列要求：

(1)控制网复测周期应根据测量目的和点位的稳定情况而定。一般宜每年复测一次。当检测成果出现异常、桥区受到如地震、洪水等外界因素影响时，应及时复测。

(2)观测点的首期观测，应连续观测两次，以提高初始值的可靠性。

(3)观测点观测周期，应根据建筑物的特征、变形速率、观测精度要求和工程地质条件等因素综合考虑。观测过程中，根据变形量的变化情况，可适当调整测次。

(4)不同周期观测时，宜采用相同的观测网形和观测方法，并使用相同类型的测量仪器。

8.1.7 变形体是否进入稳定期，应根据变形量与时间关系曲线判定。若最后三个周期观测中，每周期变形量不大于 $2\sqrt{2}$倍测量中误差，可视为已进入稳定阶段。

8.2 选点与埋设

8.2.1 基准点的选择及埋设，应符合下列要求：

(1)基准点应尽量利用施工控制网中的控制点。不能满足要求时，可单独建立。

(2)基准点必须建立在变形影响以外便于长期保存的稳定位置。对于在土质或地质不稳定地区设置基准点时，应进行基础加固处理。

(3)基准点的位置选择应注意对工作基点或观测点构成有利的作业条件。

(4)平面位移的基准点应建造具有强制对中的混凝土观测墩，设置强制对中盘底座平面的平面度应小于 10′，强制对中装置的对中误差应不大于±0.1mm。每个工程至少应有 3 个基准点，以便检核。

(5)垂直位移的基准点，宜在大桥两岸各布设一组，每组不少于3个固定点。

8.2.2 工作基点的选择及埋设，应符合下列要求：

(1)工作基点应选在靠近观测目标的稳定位置或相对稳定的位置，且便于观测点测量。

(2)工作基点一般应建造具有强制归心的混凝土观测墩。

(3)对通视条件较好或观测项目较少的工作，亦可不设立工作基点，在基准点上直接测量观测点。

(4)工作基点使用前，应利用基准点对其进行稳定性检测。

8.2.3 观测点的选择与埋设，应符合下列要求：

(1)观测点应选设在变形体能反映变形特征的位置，并与变形体牢固结合，且能控制变形体的范围。

(2)观测点应便于从工作基点或邻近的基准点上对其进行测量。

(3)观测点埋设时，以不影响建筑物外形美观为原则，可埋设明标志或暗标志。

(4)垂直位移观测点宜与水平位移观测点布设在一处，一同使用。

(5)观测墩上的照准标志根据观测的仪器和测量方法确定，可采用各式垂直杆、平面觇牌、活动觇牌等精确的照准标志设备。照准标志的形式、尺寸、图案和颜色，应根据环境和观测距离等条件进行选择。

(6)观测墩上应严格设置强制对中装置。

8.3 水平位移观测

8.3.1 水平位移的测量中误差应按下列规定确定：

(1)相对位移(如基础的位移差、转动挠曲等)、局部地基位移(如受基础施工影响的位移、挡土设施位移等)的测量中误差，均不应超过其变形允许值分量的1/20。

(2)建筑物整体性变形(如建筑物的顶部水平位移、全高垂直度偏差、工程设施水平轴线偏差等)的测量中误差，不应超过其变形允许值分量的1/10。

(3)结构段变形(如高层层间相对位移、竖直构件的挠度、垂直偏差等)的测量中误差，不应超过其变形允许值分量的1/6。

(4)对于科研项目的变形量观测中误差，应根据需要提高测量精度，一般是将上列各项测量中误差乘以1/5～1/2系数后采用。

8.3.2 水平位移观测，宜采用交会法测量，亦可采用极坐标法等，其测量技术要求可参照《建筑物变形测量规程》(TG J/T8—97)执行。

8.3.3 水平位移观测的精度等级，应根据上一条款确定的观测中误差进行精度估算后确定。

8.4 垂直位移观测

8.4.1 垂直位移的测量中误差应按下列规定确定：

(1)垂直位移的测量中误差，不应超过其允许变形值的1/20。

(2)建筑物整体变形(如整体垂直挠曲等)的测量中误差，不应超过允许垂直偏差的1/10。

(3)结构段变形(如挠度等)的测量中误差，不应超过变形允许值的1/6。

(4)对于科研项目变形量的测量中误差,应根据需要提高测量精度,一般是将上列各项观测中误差乘以 1/5～1/2 系数后采用。

8.4.2　垂直位移观测的精度等级,应以上一条款确定的测量中误差进行精度估算后确定。

8.4.3　垂直位移观测宜采用几何水准测量方法。当不便使用几何水准测量或需要进行自动观测时,可采用液体静力水准测量方法。当测量点间的高差较大时,亦可采用满足精度要求的光电测距三角高程法。

8.4.4　对地基回弹宜采用水准仪与悬挂钢尺传高法相配合的方法进行观测。对于高塔柱混凝土徐变观测,亦可采用全站仪精密传高法。

8.4.5　水准测量和光电测距三角高程测量的相关要求应遵循本规范 4.4 节和 4.6 节的规定执行。

8.4.6　液体静力水准测量应符合表 8.4-1 的规定。

静力水准观测技术要求　　表 8.4-1

等　级	特　级	一　级	二　级	三　级
仪器类型	封闭式	封闭式、敞口式	敞口式	敞口式
读数方式	接触式	接触式	目视式	目视式
二次观测高差较差(mm)	±0.1	±0.3	±1.0	±3.0
环线及附合路线闭合差(mm)	$\pm0.1\sqrt{n}$	$\pm0.3\sqrt{n}$	$\pm1.0\sqrt{n}$	$\pm3.0\sqrt{n}$

8.5　数据处理

8.5.1　一般规定。

(1)测量成果计算、分析时,应根据最小二乘和统计检验原理对控制网和观测点进行平差计算,对观测点的变形进行几何分析与必要的物理解释。

(2)各类观测点观测成果的计算与分析,应符合下列要求:

①观测值中不应含有超限误差,观测值中的系统误差应减弱到最小限度。

②合理处理随机误差,正确区分测量误差与变形信息。

③多期观测成果的处理应建立在统一的基准之上。

④按控制点的不同要求,合理估计观测成果精度,正确评定成果质量。

(3)监测网平差计算前,应做好下列准备工作:

①核对和复查外业观测成果与起算数据。

②进行各项改正计算。

③验算各项限差,在确认全部符合规定要求后,方可进行平差计算。

8.5.2　外业成果的验算与平面控制网和水准测量外业成果验算相一致。

8.5.3　平差计算。

(1)观测值中的超限误差,除在观测过程中应严格作业、认真检核随时予以排除外,在变形分析中,还应通过检验将判定含有粗差的观测值予以剔除。对于多次重复观测值中的粗差检验,可采用格拉布斯准则或迭克逊准则;对于高精度观测网的粗差检验,可采用巴尔达数据探测法或稳健估计法。

(2)观测值中的系统误差,除在作业中应严格进行仪器检校、按规定观测程序操作予以减弱或对受大气及其他影响的数据作预处理外,对于高精度观测网还应进行系统误差的统计检验和补偿。

(3)观测网的基准应根据控制点的稳定情况,按下列要求进行选取:

①当网中具有固定点时,应采用固定基准。各期的平差计算取用统一的起算数据。

②当网中具有部分相对稳定的固定点时,应采用拟稳平差。在逐期平差中进行检验,当发现变动点时,即组成新的拟稳点集合,如此直至终期。再以终选的拟稳点集合对所有各期观测重新平差,提出最终的正式成果。

③当网内控制点的稳定与否尚未预知,或全部控制点位于非稳定地区时,应采用重心基准。在逐期平差中进行检验,当首次发现变动点时,即改用拟稳基准,按上款程序进行拟稳点选择,直至提出最终成果。

(4)平差方法的选取应符合下列要求:

①平差方法应与所采用的基准相适应。对于固定基准,应采用经典平差;对于拟稳基准,应采取拟稳平差;对于重心基准,应采用秩亏自由网平差。

②经典平差,宜采用条件平差法或间接平差法。

③拟稳平差和秩亏自由网平差,可视网形布设和计算方便选取解算方法;亦可先作经典平差,再通过坐标变换求得自由网平差结果。

(5)各类测量网均应进行精度评定。对于估计的单位权中误差、控制网最弱边(点)精度、最弱点的高程和点位中误差、待求观测点间的相对高差和点位中误差等,应与方案设计要求的精度指标进行对比分析。对于观测网,应对网中各点精度作全面评定,并视需要估计其可靠性指标和灵敏度指标。

8.5.4 变形分析。

(1)控制点的稳定性检验,可采用下列方法:

①稳定点的检验可采用统计检验方法。

②非稳定点的检验应在以稳定点或相对稳定点的参考条件下进行。

(2)观测点的变位检验,应在以稳定点或相对稳定点的参考系条件下进行。

(3)变形的物理解释应确定变形与变形因子之间的函数关系,并对引起变形的原因作出分析和解释,并预报变形发展趋势。

(4)确定性模型法。以大量变形信息和变形因素的观测资料为依据,利用荷载、变形体的集合性质和物理性质以及应力—应变之间的关系建立数学模型。

8.6 资料整理

8.6.1 变形测量成果的整理,应符合下列要求:

(1)原始观测记录应填写齐全,字迹清楚,不得涂改、擦改和转抄。凡划改的数字和超限划去的成果,均应注明原因和重测结果的所在页数。

(2)平差计算成果、图表及各种检验、分析资料,应完整、清晰、无误。

(3)使用的图式、符号,应统一规格,描绘工整,注记清楚。

8.6.2 每一单位工程的变形测量任务完成后,应提交下列综合成果资料:

(1)施测方案与技术设计书。

(2)控制点与观测点平面布置图。
(3)标石、标志规格及埋设图。
(4)仪器检验与校正资料。
(5)观测记录手簿。
(6)平差计算、成果质量评定资料及测量成果表。
(7)变形过程和变形分布图表。
(8)变形分析成果资料。
(9)技术报告。

9 资料管理

9.1 一般规定

9.1.1 特大跨径桥梁施工测量资料管理必须保证资料管理的完整性、正确性、科学性。

9.1.2 测量资料管理的工作包括资料的登记、移交、保存、检索等管理过程。

9.1.3 测量资料管理严格按照资料管理形式、管理内容、管理程序进行程序化分类管理。

9.1.4 测量资料的原始资料和文件以纸质文件形式保存为主、其他存储载体形式为辅助。

9.1.5 资料管理的对象是指测量管理手册、原始测量数据资料、技术设计与总结报告、相关检验资料等。

9.1.6 测量资料管理需设立专职的资料管理工作人员，并进行相关测量技术管理培训。

9.1.7 测量资料管理应具有专门的工作场所、办公设备及其他工作条件。

9.1.8 为了测量资料管理的安全性和保密性，应具有明确的管理质量保证措施和资料管理体系。

9.2 资料管理形式

9.2.1 施工测量资料的形式应符合测绘产品的标准与要求。

9.2.2 测量资料应以文件形式提交或保存。测量资料应适当地辅以表格、图片加以说明，失效的成果要做出说明。

9.2.3 原始测量资料要保证原始资料的真实性，具体应做到：

(1)资料内容填写要求全面。

(2)字迹清楚。

(3)储存保管方式应使其便于检索，并应明确可以查阅、使用人员的范围和取用手续。

(4)储存保管应环境适宜，防止损坏、变质和丢失，如防潮、防火、防蛀、防窃等。

(5)应明确规定资料保存期限，不同种类的资料，可以有不同保存期限，但应符合有关规定的要求。

(6)载体可以是硬拷贝或电子媒体等不同形式。

(7)应保证资料的安全与保密，不得随意复制、外借。

(8)电子方式储存的数据资料应有保护和备份程序，防止未经授权的接触或修改。

(9)超过保存期限的数据资料需要销毁时，应经过审查和批准，以免造成无可挽回的损失。

9.3 资料管理程序

9.3.1 应建立和维护识别、收集、检索、存档、借阅、维护和清理的质量记录和技术管理的程序。

9.3.2 资料管理程序的填写资料控制程序文件，大致内容包括：

(1)各种测量资料文件应具有统一格式及填写规定。

(2)资料的收集、归档、调用、检索、审批的规定。

(3)资料内容的书写、更改的规定。

(4)资料的保存方式、期限和维护方法的规定。

(5)资料填写人员、检查人员、保管人员的职责。

(6)资料保密的规定。

9.3.3 资料文件的编号规则

(1)资料文件采用统一的标准编号,即采用机构代码、分类代码、顺序号与年代号相结合的编号系统。

(2)编号系统的组成如下:

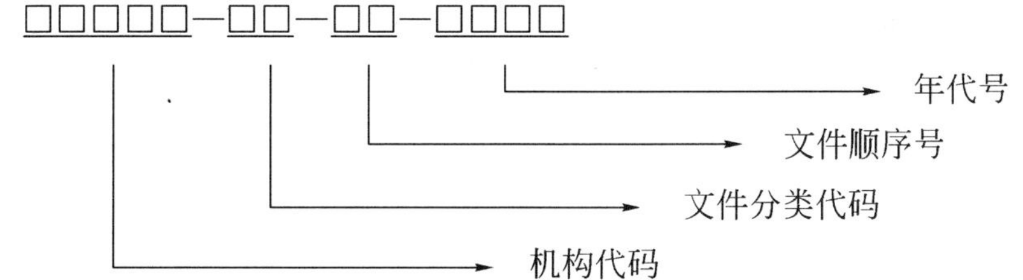

(3)文件分类代码根据文件种类一般分为:

①QM—质量手册,包括设计文件、验收标准等。

②CX—程序文件,包括管理办法、测量方案等。

③TD—技术文件,包括技术设计、技术总结报告等。

④TJ—原始数据文件,包括测量放样资料、检查资料等。

⑤OD—其他文件,以上四类以外的文件资料。

9.3.4 测量资料以文件形式移交时具有严格的控制方法,每份文件有唯一的编号,便于识别资料文件并对其进行控制。

9.3.5 受控印章及分发号码

(1)受控文件发放时应注明受控情况或加盖受控印章,防止复印件的流传造成文件失控。

(2)需转发的资料应由转发部门复制后,注明受控情况或加盖印章。

(3)分发号码标记在文件上,发放文件时应进行登记签名。

9.3.6 资料文件清单及状态

(1)制定资料文件清单,随时发布最新文件修改状况。

(2)采用活页装订文件,便于文件修改。

(3)每页的修改状况采用修改码或修改状态进行标识。

(4)作废处理的资料文件需根据发文登记撤回。

(5)文件破损、遗失均应办理相应申请手续才能补发。

(6)严禁自行翻印复制,复制应由资料管理人员统一进行。

附录 A　测量桩点的基础处理

A.1　岩石基础处理

(1)岩石基础水准点

对于岩石较浅或地面裸露地区,适合建立岩石基础水准点。开挖到岩石表面,凿入岩石50～60cm 后,清除表面风化层或裂纹后,按图 A-1 建立岩石水准点。

(2)岩石基础平面控制点

对于岩石较浅或地面裸露地区,适合建立岩石基础观测墩。开挖到岩石表面,凿入岩石50～60cm 后,清除表面风化层或裂纹后,按图 A-2 建立观测墩。

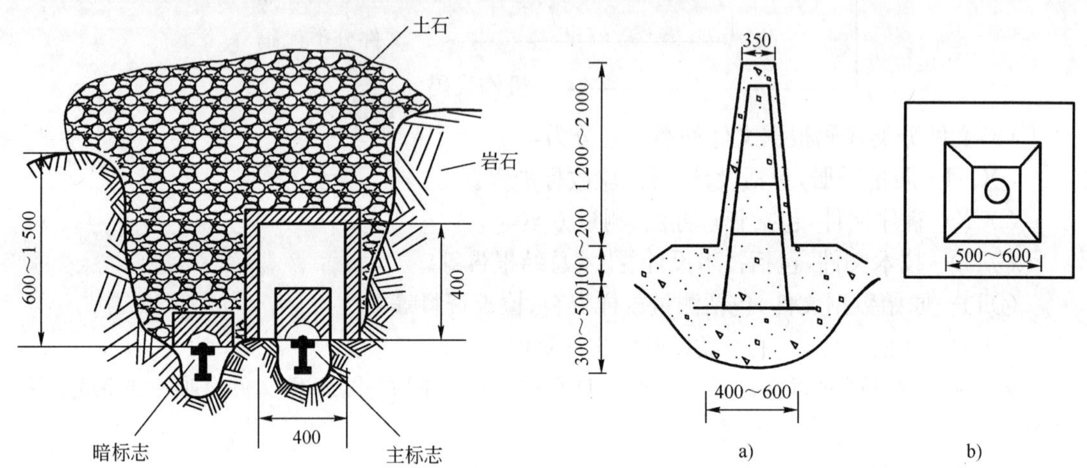

图 A-1　岩石基础水准点的构造图(尺寸单位:mm)

图 A-2　岩石基础观测墩的构造图(尺寸单位:mm)
a)剖面图;b)平面图

A.2　土层埋设的基础处理

(1)深埋水准点

深埋水准点在大桥两岸各设立 1 个主点和 2 个副点,桩型见图 A-3。对于深埋水准主点的基础采用钻孔灌注桩处理,使用 200mm 的钻孔桩钻到中粗砂和砾砂层,钻孔深度约 60～70m。放下直径为 168mm 钢管(钢管之间采用电焊方式连接),内外压浆灌注建立基础。对于深埋水准副点的基础也采用钻孔灌注桩处理,使用 200mm 的钻孔桩钻到粉细砂层,钻孔深度约 30m。放下直径为 168mm 钢管(钢管之间采用电焊方式连接),内外压浆灌注建立基础。

(2)深埋平面控制点

在平面控制网中深埋平面控制点,其桩型见图 A-4。深埋平面控制点基础处理主要采用钻孔灌浆处理方法,使用 100mm 的钻孔桩,钻孔深度约 30m。放下钢管,内外压浆灌注建立基础。每个深埋平面控制点基础建立四个钻孔桩。

(3)浅埋平面控制点

浅埋平面控制点基础处理采用打钢管桩处理,使用重锤锤击ϕ70mm钢管到砂卵石层或压缩变形小的硬土层。当100kg重锤连续锤击10次钢管,钢管顶部沉降不超过2cm时就停止锤击,打桩深度10～15m。每个控制点基础建立四个钢管桩,其桩型见图A-5。

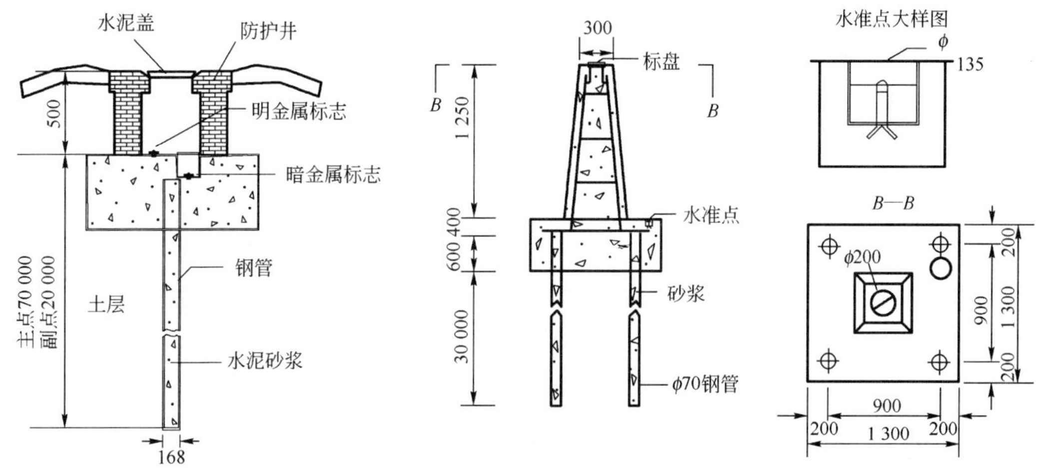

图A-3 深埋水准点的构造图(尺寸单位:mm)

图A-4 深埋平面控制点的构造图(尺寸单位:mm)

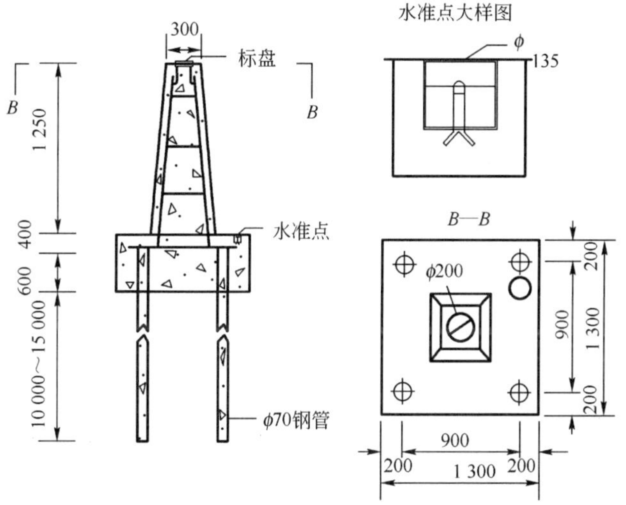

图A-5 浅埋平面控制点的构造图(尺寸单位:mm)

附录B　测量标墩

B.1　高程控制点标志、标石埋设规格

(1)金属水准标志,如图B-1所示。

(2)水准标志埋设,如图B-2所示。

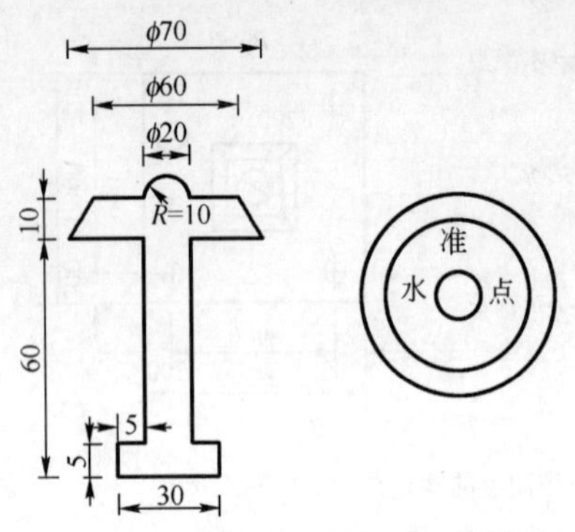

图B-1　金属水准标志(尺寸单位:mm)

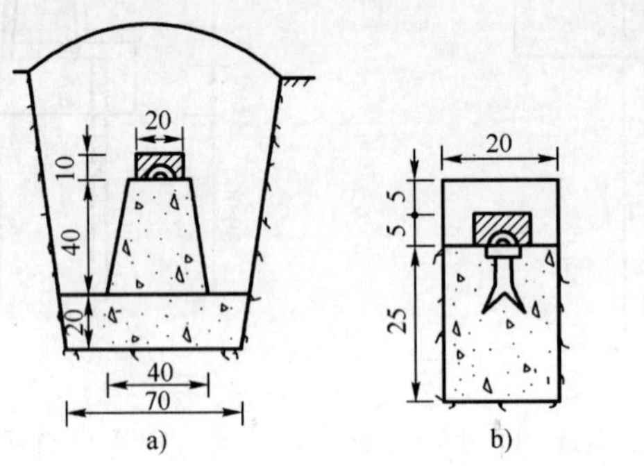

图B-2　水准标志埋设图(尺寸单位:mm)

a)二、三等水准标石埋设图;b)岩石标石埋设图;c)四等水准标石埋设图

B.2　平面控制的标墩

(1)一般混凝土标墩,如图B-3所示。

(2)可调整标心位置的混凝土标墩的上部结构,如图B-4所示。

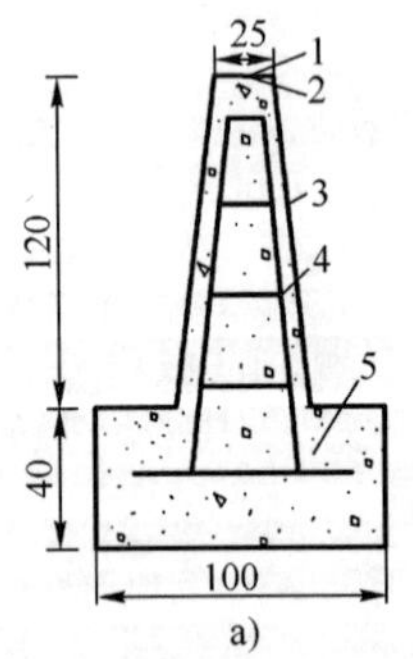

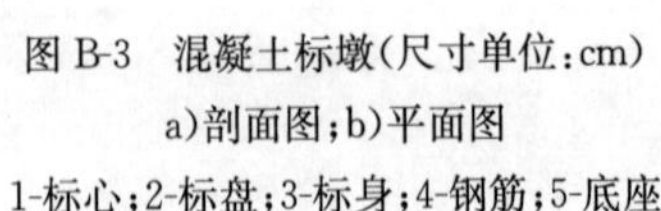

图B-3　混凝土标墩(尺寸单位:cm)

a)剖面图;b)平面图

1-标心;2-标盘;3-标身;4-钢筋;5-底座

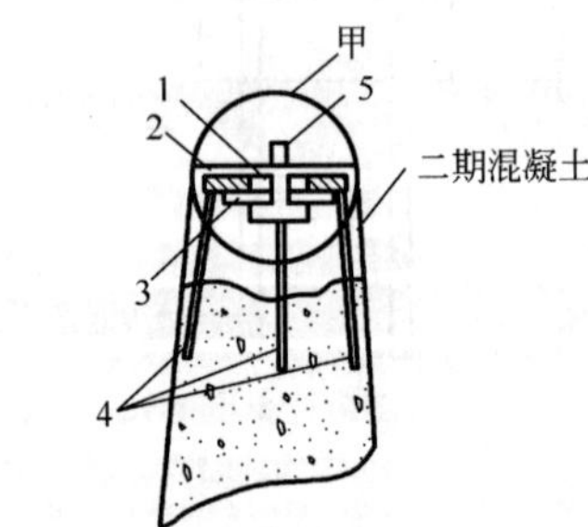

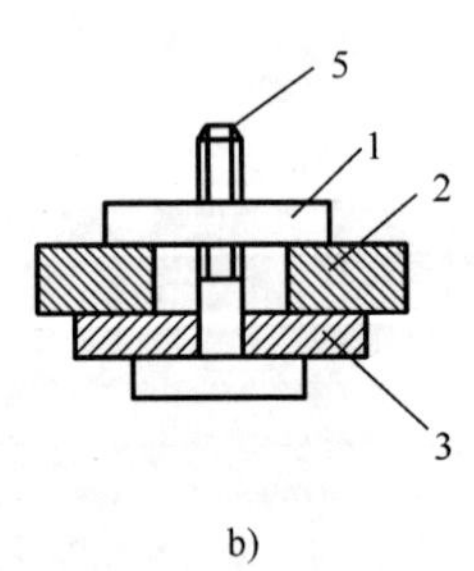

图B-4　混凝土标墩上部结构

a)剖面图;b)甲大样图

1-标盘;2-供调大孔环;3-卡环;4-钢筋;5-螺栓

附录 C　全站仪测角功能的检验

C.1　概述

全站仪测角读数系统主要部分是电子系统。光电角度通常采用光栅度盘或编码度盘，角度测量按增量法或绝对法进行。通过光电接收器、检测光栏、电子计数及电子细分装置，实现了仪器上运动部分的定向，并把采集到的定向数据输入微处理机按指定的程序进行处理；计算的结果在显示屏幕上，按要求输入数据记录器存储起来。数据记录器通过接口与打印机或微机相连，把记录结果按规定格式打印或存入微机内作进一步的运算。这类仪器可通过正倒镜两位置测定望远镜的视准轴误差，并将结果存储起来，在以后的测角中可直接输出经过改正的观测数据。仪器能自动改正因竖轴倾斜在角度测量中引入的误差。

全站仪测角功能的常规检验和校正要求与光学经纬仪基本相同。其检验的项目主要有：

(1)仪器或三角基座上的圆水准器的检验和校正。

(2)视准差的检验和校正。

(3)指标差的检查。

(4)光学对点器的检验和校正。

其中第(1)、(4)项的检验和校正方法与光学经纬仪的检验和校正方法相同；第(2)、(3)项由于各型号的全站仪或电子经纬仪的结构和功能不同，检验方法、数据处理各异。本节以瑞士徕卡公司生产的 TC2003 全站仪的检验和校正方法为例加以说明，其他仪器可作参考。

C.2　TC2003 全站仪测角功能的检验和校正

C.2.1　视准差的检验和校正

(1)视准差的测定和存储

①在仪器使用之前必须测定并存储视准差，显示的水平度盘读数利用存储的视准差自动改正。

②视准差的测定。测定前，在距离仪器设站 100m 以外的水平面上设立一个精确的瞄准目标。按下列步骤测定视准差。

a. 全站仪整平后开机，按[ESC]键进入主菜单，屏幕显示 Main MENU：programs 的菜单项。

b. 按[F2]键进入 CAL 菜单，屏幕显示 CAL 菜单项，命令行显示(l，t)、i、c/a、$i/c/a$ 测定项目。

c. 按[F3]键进入视准差的测定状态，屏幕显示水平度盘读数值和竖盘读数值，命令行显示 MEAS 测量命令。

d. 精确瞄准设置的水平方向后，按[F3]键开始测定水平度盘读数值，屏幕显示新测定水平度盘读数值和竖盘读数值，提示倒镜信息。命令行显示 ABOR 取消命令。

e. 全站仪倒镜后，当望远镜视准轴方向接近目标方向时，全站仪不断地发出“嘟、嘟、嘟…”的鸣声。命令行显示 OK 确认命令。

f. 制动望远镜精确瞄准同一水平方向，按 F5 键确认后，屏幕命令行显示 MEAS 测量命令。

g. 按 F3 键开始测定水平度盘读数值，屏幕显示仪器原有的视准差 c/a 值和新测定的视准差 c/a 值，提示是否存储新测定的视准差信息。命令行显示三条命令：RETRY 重测命令，NO 取消命令，YES 存储新测值命令。

h. 按 F5 键确认存储视准差。仪器存储完新测视准差后，自动退出视准差的测定菜单。

(2)视准差的校正

TC2003 观测的水平度盘读数，可以利用微处理机对视准差进行改正，但仪器仍要求保证视准差小于 15″。若视准差过大，可按以下步骤调整：

①在距离仪器设站 100m 以外的水平面上设立一个精确的瞄准目标。

②测定视准差后，利用望远镜十字丝调整机构进行校正。

③将 TC2003 置于正镜位置，精确地瞄准目标，屏幕显示某一水平度盘读数后，用水平微动螺旋使望远镜读数减少一个视准差的读数。用校正针拨动十字丝调整螺钉对准目标。

④按视准差的测定步骤重新测定视准差并存储测量值。

C.2.2 指标差的检验和校正

(1)指标差的测定和存储

①在仪器使用之前必须测定并存储标准差，显示的竖盘读数利用存储的指标差自动改正。

②指标差的测定。测定前，在距离仪器设站 100m 以外的水平面上设立一个精确的瞄准目标。按下列步骤测定指标差。

a. 全站仪整平后开机，按 ESC 键进入主菜单，屏幕显示 Main MENU：programs 的菜单项。

b. 按 F2 键进入 CAL 菜单，屏幕显示 CAL 菜单项，命令行显示(l，t)、i、c/a、$i/c/a$ 测定项目。

c. 按 F2 键进入指标差的测定状态，屏幕显示水平度盘读数值和竖盘读数值，命令行显示 MEAS 测量命令。

d. 精确瞄准设置的竖直方向后，按 F3 键开始测定竖盘读数值，屏幕显示新测定水平度盘读数值和竖盘读数值，提示倒镜信息。命令行显示 ABOR 取消命令。

e. 全站仪倒镜后，当望远镜视准轴方向接近目标方向时，全站仪不断地发出“嘟、嘟、嘟…”的鸣声。命令行显示 OK 确认命令。

f. 制动望远镜精确瞄准同一竖直方向，按 F5 键确认后，屏幕命令行显示 MEAS 测量命令。

g. 按 F3 键开始测定竖盘读数值，屏幕显示仪器原有的指标差 i 值和新测定的指标差 i 值，提示是否存储新测定的指标差信息。命令行显示三条命令：RETRY 重测命令、NO 取消命令、YES 存储新测值命令。

h. 按 F5 键确认存储指标差。仪器存储完新测指标差后，自动退出指标差的测定菜单。

(2)指标差的校正

TC2003 观测的竖盘读数，可以利用微处理机对指标差进行改正，但仪器仍要求保证指标差小于 15″。若指标差过大，可按以下步骤调整：

①在距离仪器设站 100m 以外的水平面上设立一个精确的瞄准目标。

②测定指标差后，利用全站仪指标差的调整机构进行校正。

③将 TC2003 置于正镜位置，精确的瞄准目标，屏幕某一显示竖盘读数后，用竖直微动螺旋使竖盘读数减少一个指标差的读数。调整指标差的校正机构使十字丝对准目标。

④按指标差的测定步骤重新测定指标差并存储测量值。

附录 D　悬挂钢尺传高法和全站仪精密传高法

D.1　悬挂钢尺传高法

(1)悬挂钢尺传高法

在高处支架悬挂一根鉴定过的钢尺(钢尺零点位置在下方),利用水准仪测定水准标尺和悬挂钢尺上的读数,确定地面点和高处的高差,从而将地面点高程传递到高处(图 D-1)。

(2)用钢带尺精密传递高程计算公式(由钢尺读数由下往上增加)

$$H_B = H_A + (a - b) + (a_1 - b_1) + \Delta l_t + \Delta l_0 + \Delta l_1 + \Delta l_2 + \Delta l_3$$

$$\Delta l_t = (t - t_0) \cdot \alpha \cdot L$$

$$\Delta l_1 = \frac{\gamma L^2}{2E}$$

$$\Delta l_2 = \frac{L(Q - Q_0)}{FE}$$

$$\Delta l_3 = \frac{W^2 L^3}{24 Q_0^2}$$

$$L = a_1 - b_1$$

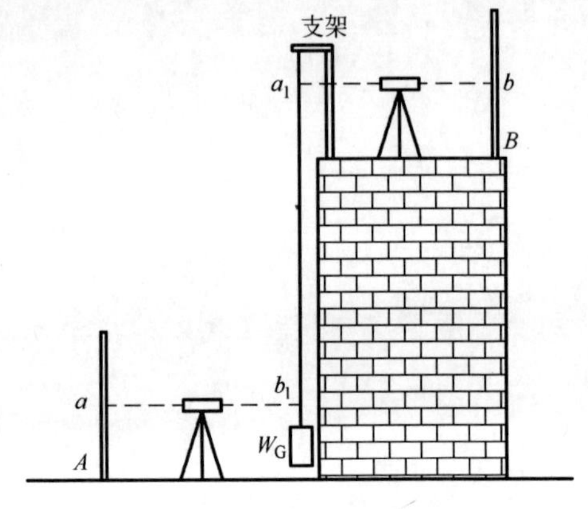

图 D-1　悬挂钢尺传高法

式中:H_A——已知点高程;

H_B——待求点高程;

b——高处水准仪对 B 标尺的读数;

a——低处水准仪对 A 标尺的读数;

a_1——高处水准仪对钢尺的读数;

b_1——低处水准仪对钢尺的读数;

Δl_t——温度改正数;

Δl_0——尺长改正数;

Δl_1——钢带尺自重伸长改正数;

Δl_2——钢带尺加重伸长改正数;

Δl_3——垂曲改正数(钢带尺检验为悬链状态);

t_0——检定钢尺时的温度;

t——传递高程时的平均温度;

γ——钢的重度(7.8g/cm^3);

E——钢的弹性模量(2×10^7N/cm^2);

F——钢带尺的横截面积;

Q——传递高程时钢尺下端挂锤重量;

Q_0——钢带尺检验时的拉力;

W——钢带尺每米重量。

D.2　全站仪精密传高法

(1)全站仪精密传高法

通过将全站仪和棱镜安置于同一条铅垂线上，棱镜的镜面朝下。全站仪通过测定水准尺上读数将高程传递到仪器中心，然后用全站仪对准天顶测出仪器中心到棱镜的距离，从而将地面点高程传递到高处(图D-2)。在全站仪铅垂方向测距时，同时精确测定各气象元素进行改正，可以实现精密的高程传递。

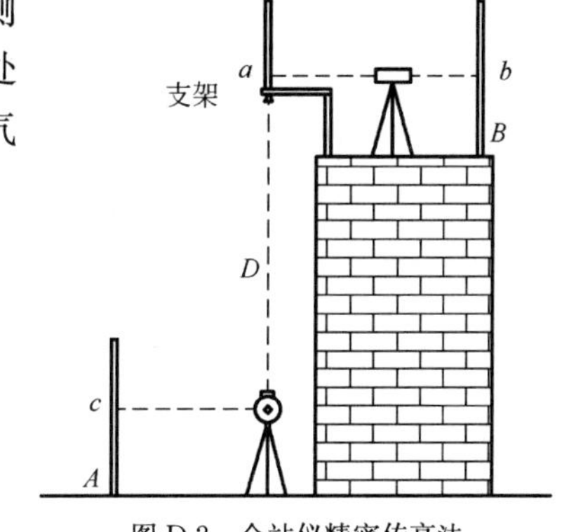

图D-2　全站仪精密传高法

(2)全站仪精密传高计算公式

$$H_B = H_A + c + D + (a - b)$$

式中：H_A——已知点高程；

H_B——待求点高程；

b——高处水准仪对B标尺的读数；

a——高处水准仪对棱镜杆标尺的读数；

c——低处水准仪对A标尺的读数；

D——全站仪垂直距离。

附录 E　几种放样方法的精度估算公式

E.1　平面放样方法

E.1.1　量距极坐标法(图 E-1)

$$M_{P}^{2}=m_{x}^{2}+m_{y}^{2} \tag{E.1-1}$$

$$m_{x}=\pm\sqrt{m_{c}^{2}+m_{b}^{2}\cos^{2}\beta+\left(\frac{m_{\beta}}{\rho}\cdot b\right)^{2}\sin^{2}\beta} \tag{E.1-2}$$

$$m_{y}=\pm\sqrt{m_{b}^{2}\sin^{2}\beta+\left(\frac{m_{\beta}}{\rho}\cdot b\right)^{2}\cos^{2}\beta} \tag{E.1-3}$$

当 $\beta=90°$时,代入式(E.1-2)、式(E.1-3)即为直角坐标的精度估算公式:

$$M_{P}=\pm\sqrt{m_{b}^{2}+m_{c}^{2}+\left(\frac{m_{\beta}}{\rho}\cdot b\right)^{2}} \tag{E.1-4}$$

式中:m_c、m_b——量边中误差;

b——量边长度;

m_β——测角中误差。

E.1.2　光电测距极坐标法(图 E-2)

$$M_{P}=\pm\sqrt{m_{S}^{2}\cos^{2}\alpha+\left(\frac{S\cdot m_{\beta}}{\rho}\right)^{2}} \tag{E.1-5}$$

式中:S——斜边长;

α——垂直角;

m_S——测距中误差。

E.1.3　轴线交会法(图 E-3)

$$M_{yP}=\pm\frac{1}{\sqrt{2}}S_{MP}\cdot\csc\beta\cdot\frac{m_{\beta}}{\rho} \tag{E.1-6}$$

式中:M_{yP}——交会点 P 沿 y 轴方向的误差;

S_{MP}——M、N 点至 P 点的平均距离;

β——为夹角 β_1、β_2 的平均值。

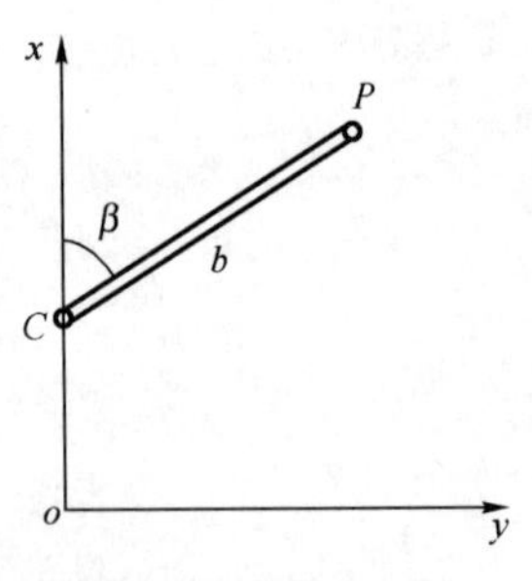

图 E-1　量距极坐标法

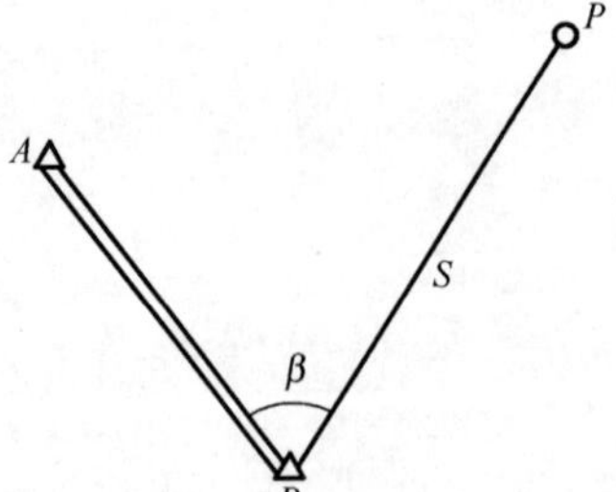

图 E-2　光电测距极坐标法

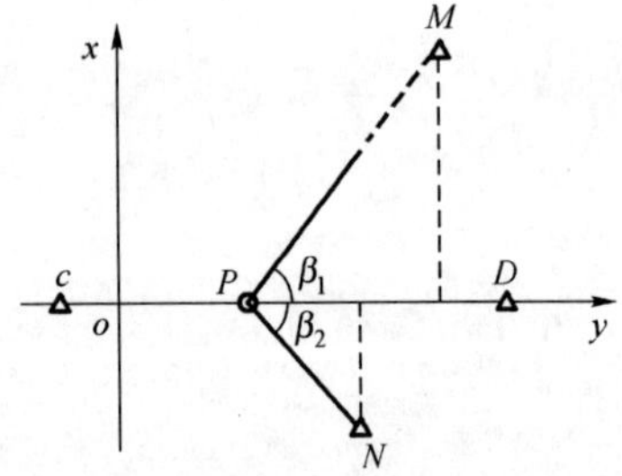

图 E-3　轴线交会法

E.1.4　两点角度前方交会(图 E-4)

$$M_P=\pm\frac{m_\beta}{\rho}S\sqrt{\frac{\sin^2\beta_1+\sin^2\beta_2}{\sin^2\gamma}}=\pm\frac{m_\beta}{\rho}\frac{\sqrt{a^2+b^2}}{\sin\gamma}\tag{E.1-7}$$

式中：S——基线长度；

a、b——交会边边长。

E.1.5　测角侧方交会法(图 E-5)

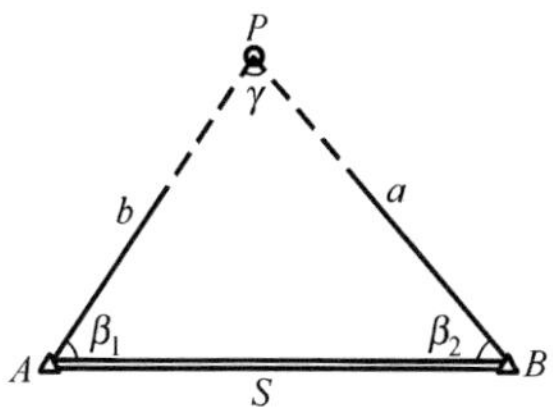

图 E-4　两点角度前方交会

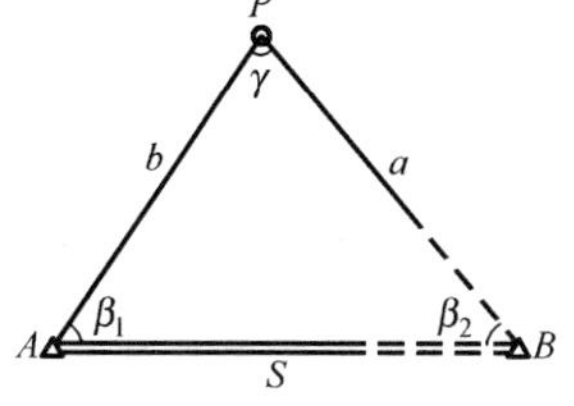

图 E-5　测角侧方交会法

$$M_P=\pm\frac{m_\beta}{\rho}S\sqrt{\frac{\sin^2\beta_1+\sin^2\gamma}{\sin^2\beta_2}}=\pm\frac{m_\beta}{\rho}\frac{\sqrt{a^2+S^2}}{\sin\gamma}\tag{E.1-8}$$

E.1.6　单三角形法(图 E-6)

$$M_P=\pm\frac{m_\beta}{\rho}S\sqrt{\frac{\sin^2\beta_1+\sin^2\beta_2+\sin^2\gamma}{3\sin^4\gamma}}=\pm\frac{m_\beta}{\rho\sin\gamma}\sqrt{\frac{1}{3}(a^2+b^2+S^2)}\tag{E.1-9}$$

E.1.7　测角后方交会法(图 E-7)

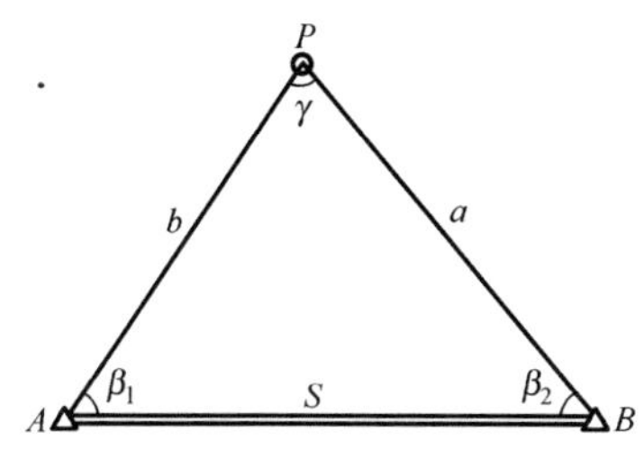

图 E-6　单三角形法

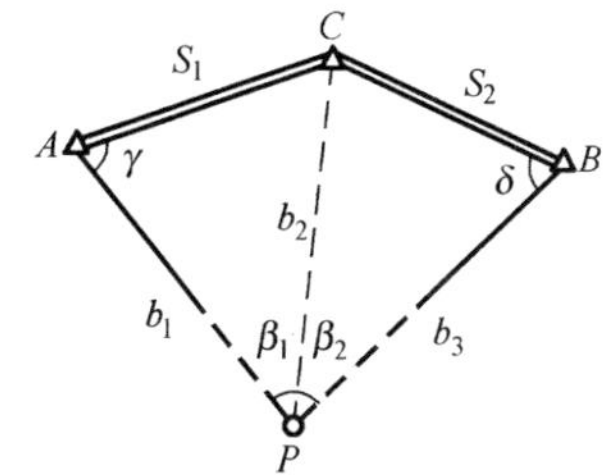

图 E-7　测角后方交会法

$$M_P=\pm\frac{m_\beta b_2}{\rho\sin(\gamma+\beta)}\sqrt{\frac{b_1^2}{S_1^2}+\frac{b_3^2}{S_2^2}}\tag{E.1-10}$$

E.1.8　测边交会法(图 E-8)

$$M_P=\pm\frac{\sqrt{2}m_S}{\sin\gamma}\tag{E.1-11}$$

式中：m_S——边长丈量中误差。

E.1.9　边角交会法

(1)边角交会法之一(图 E-9)

$$M_P=\pm m_S\sqrt{\frac{S_2^2+2K-2K\cos\gamma}{K(1-\cos\gamma)^2}}\tag{E.1-12}$$

(2)边角交会法之二(图 E-10)

$$M_P=\pm m_S\sqrt{\frac{2S^2+2K-2K\cos\gamma}{S^2\sin^2\gamma+2K(1-\cos\gamma)^2}}\tag{E.1-13}$$

图 E-8　测边交会法

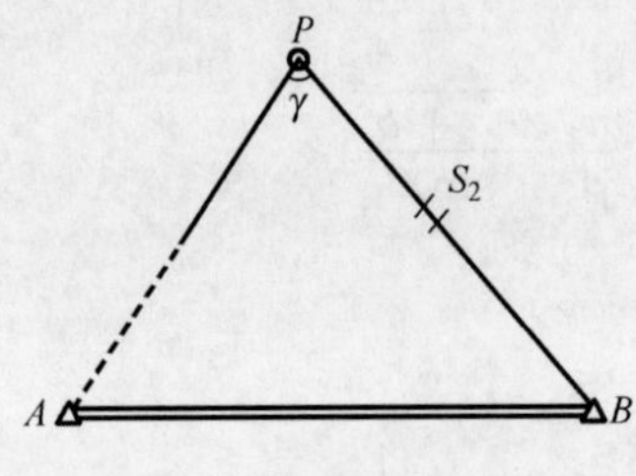

图 E-9 边角交会法之一

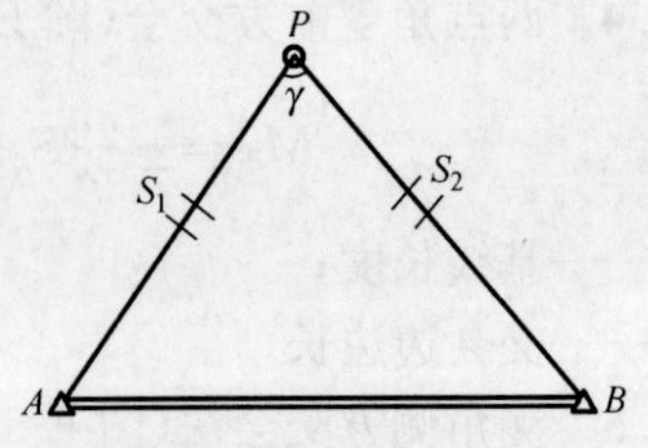

图 E-10 边角交会法之二

(3)边角交会法之三(图 E-11)

$$M_{\mathrm{P}} = \pm m_{\mathrm{S}} \sqrt{\frac{S^2 + 2KS^2}{KS^2\cos\gamma^2 + KS^2 + K^2\sin^2\gamma}} \tag{E.1-14}$$

(4)边角交会法之四(图 E-12)

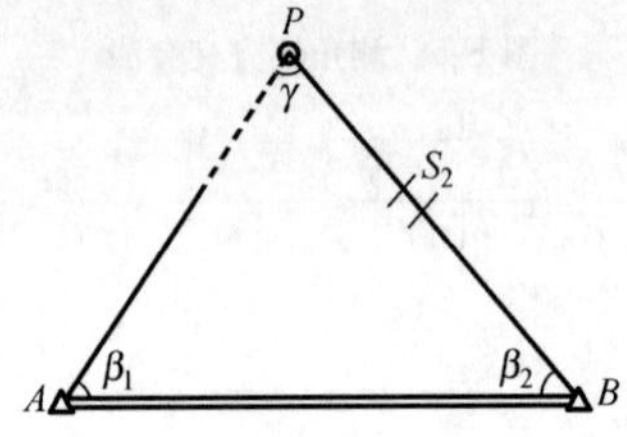

图 E-11 边角交会法之三

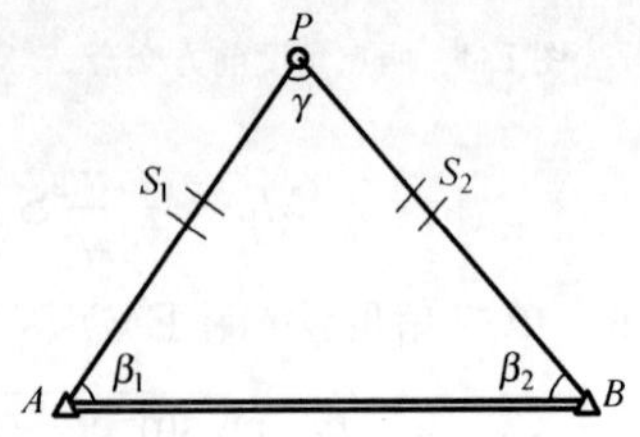

图 E-12 边角交会法之四

$$M_{\mathrm{P}} = \pm m_{\mathrm{S}} \sqrt{\frac{S^2 + 2KS^2}{S^2\sin^2\gamma + 2KS^2(1+\cos\gamma)^2 + K^2\sin^2\gamma}} \tag{E.1-15}$$

在上列图形中,均设 $S_1 = S_2$ 。

$$K = \frac{m_{\mathrm{S}}^2 \cdot \rho^2}{m_\beta^2} \tag{E.1-16}$$

式中:m_{S} ——测边中误差;

m_β ——测角中误差。

E.1.10 三维坐标法(图 E-13)

$$M_{\mathrm{X}}^2 = M_{\mathrm{D}}^2 \cdot \sin^2 Z \cdot \cos^2\alpha + D^2 \cdot \cos^2 Z \cdot \cos^2\alpha \cdot \frac{M_{\mathrm{Z}}^2}{\rho^2} + D^2 \cdot \sin^2 Z \cdot \sin^2\alpha \cdot \frac{M_\alpha^2}{\rho^2}$$

$$M_{\mathrm{Y}}^2 = M_{\mathrm{D}}^2 \cdot \sin^2 Z \cdot \sin^2\alpha + D^2 \cdot \cos^2 Z \cdot \sin^2\alpha \cdot \frac{M_{\mathrm{Z}}^2}{\rho^2} + D^2 \cdot \sin^2 Z \cdot \cos^2\alpha \cdot \frac{M_\alpha^2}{\rho^2}$$

$$M_{\mathrm{H}}^2 = M_{\mathrm{D}}^2 \cdot \cos^2 Z + D^2 \cdot \sin^2 Z \cdot \frac{M_{\mathrm{Z}}^2}{\rho^2} \tag{E.1-17}$$

式中:D 、Z 、α ——斜距、天顶距、方位角;

M_{D} 、M_{Z} 、M_α ——斜距、天顶距、方位角的中误差。

E.2 高程放样方法

E.2.1 光电测距单向观测三角高程(图 E-14)

(1)光电测距单向观测三角高程计算公式:

$$h_{\mathrm{AB}} = S_{\mathrm{AB}}\sin\alpha_{\mathrm{AB}} - S_{\mathrm{AB}}\cos\alpha_{\mathrm{AB}} \cdot K_{\mathrm{A}} \cdot \frac{D}{2R_{\mathrm{A}}} + i_{\mathrm{A}} - v_{\mathrm{B}} + \frac{D^2}{2R_{\mathrm{A}}} \tag{E.2-1}$$

式中:S_{AB} ——A、B 两点之间的斜距;

D——A、B两点之间的平距；
α_{AB}——有垂直折光影响的竖直角；
K_A——A点处在观测方向上的垂直折光角；
i_A、v_B——分别为仪器高和目标高；
R_A——A点处地球曲率半径。

(2)光电测距单向观测三角高程精度估算公式：

$$m_h = \pm\left[m_S^2\sin^2\alpha + \left(\frac{S^2\cos^2\alpha m_\alpha^2}{\rho^2}\right) + \left(\frac{D^2}{2R}\right)^2 m_k^2 + m_i^2 + m_v^2\right]^{\frac{1}{2}} \tag{E. 2-2}$$

式中：m_S——解析边边长、光电测距边边长中误差；
S——解析边边长、光电测距边边长(斜距)；
α——垂直角；
m_k——大气折光系数测量误差；
m_i、m_v——仪器高和觇标高测定误差。

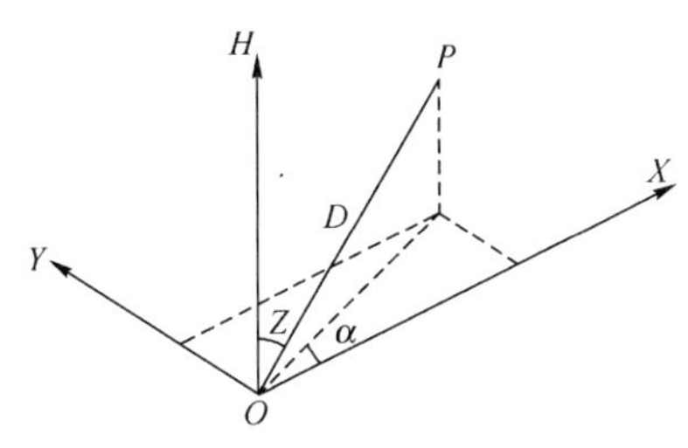

图 E-13　三维坐标法

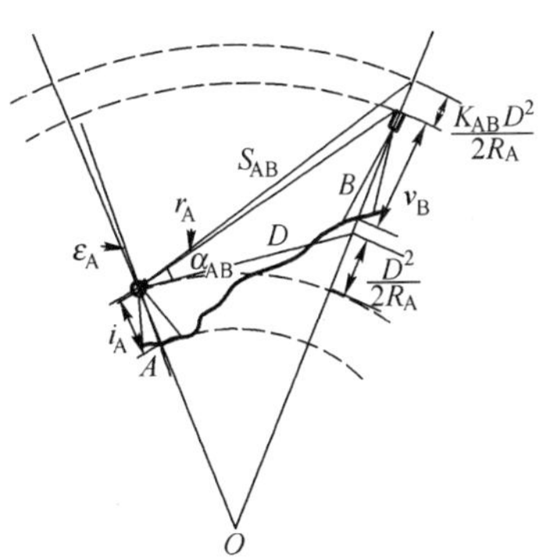

图 E-14　光电测距单向观测三角高程

E. 2. 2　光电测距对向观测三角高程

(1)光电测距对向观测三角高程计算公式

$$\bar{h}_{AB} = \frac{1}{2}\left[(S_{AB}\sin\alpha_{AB} - S_{BA}\sin\alpha_{BA}) + (i_A - v_B - i'_B + v'_A) - \frac{\Delta K \cdot S_{AB}^2\cos^2\alpha_{AB}}{2R}\right] \tag{E. 2-3}$$

式中：ΔK——大气折光系数之差。

(2)光电测距对向观测三角高程的精度估算公式

$$m_{\bar{h}_{AB}} = \pm\sqrt{m_1^2 + m_2^2 + m_3^2 + m_4^2} \tag{E. 2-4}$$

$$m_1 = \frac{D_{AB} \cdot m_\alpha}{\sqrt{2}\rho''}$$

$$m_2 = \frac{m_S}{2}\sqrt{\left(\sin\alpha_{AB} - \frac{K_{AB}D_{AB}\cos\alpha_{AB}}{R}\right)^2 + \left(\sin\alpha_{BA} - \frac{K_{BA}D_{BA}\cos\alpha_{BA}}{R}\right)^2}$$

$$m_3 = \frac{1}{2}\sqrt{m_{i_A}^2 + m_{v_B}^2 + m_{i_B'}^2 + m_{v_A'}^2}$$

$$m_4 = \frac{D_{AB}^2}{4R}m_{\Delta K}$$

式中：$m_{\Delta k}$——大气折光系数之差中误差。

附录 F　悬索桥/斜拉桥线形测量记录表

F.1　塔顶偏位记录表

___塔顶偏位记录表

总包单位：________　分包单位：________　监理单位：________
分部工程：________　标　　段：________　工　　况：________　表 F-1

<table>
<tr><td>测量单位名称</td><td></td><td>观测温度</td><td></td></tr>
<tr><td>复核单位名称</td><td></td><td>复核温度</td><td></td></tr>
<tr><td>观测日期</td><td></td><td>观测时间</td><td></td></tr>
<tr><td>复核日期</td><td></td><td>复核时间</td><td></td></tr>
<tr><td>检测项目</td><td colspan="3">塔柱顶面位移</td></tr>
<tr><td>检测部位</td><td colspan="2">上游塔柱</td><td>下游塔柱</td></tr>
<tr><td>偏移值(mm)</td><td colspan="2"></td><td></td></tr>
<tr><td>复核值(mm)</td><td colspan="2"></td><td></td></tr>
<tr><td>平均值(mm)</td><td colspan="2"></td><td></td></tr>
<tr><td>观测者</td><td colspan="2"></td><td></td></tr>
<tr><td>计算者</td><td colspan="2"></td><td></td></tr>
<tr><td>监理工程师意见</td><td colspan="3">

监理工程师签字：</td></tr>
<tr><td>备　注</td><td colspan="3"></td></tr>
</table>

F.2　梁段主梁施工高程记录表

____塔____梁段主梁施工高程记录表

总包单位:____________　分包单位:____________　监理单位:____________

分部工程:____________　标　　段:____________　工　　况:____________　表 F-2

<table>
<tr><td colspan="3">测量单位名称</td><td colspan="2"></td><td colspan="2">观测温度</td><td colspan="2"></td></tr>
<tr><td colspan="3">复核单位名称</td><td colspan="2"></td><td colspan="2">复核温度</td><td colspan="2"></td></tr>
<tr><td colspan="3">观测日期</td><td colspan="2"></td><td colspan="2">观测时间</td><td colspan="2"></td></tr>
<tr><td colspan="3">复核日期</td><td colspan="2"></td><td colspan="2">复核时间</td><td colspan="2"></td></tr>
<tr><td colspan="3">观测者</td><td colspan="2"></td><td colspan="2"></td><td colspan="2"></td></tr>
<tr><td colspan="3">复核者</td><td colspan="2"></td><td colspan="2"></td><td colspan="2"></td></tr>
<tr><td colspan="3">检测项目</td><td colspan="6">主梁梁段高程</td></tr>
<tr><td>点号</td><td>检测部位</td><td>测量值(m)</td><td>复测值(m)</td><td>差值(mm)</td><td>均值(mm)</td><td>理论高程(mm)</td><td>与理论值之差(mm)</td><td>允许偏差(mm)</td></tr>
<tr><td rowspan="2"></td><td>上游</td><td></td><td></td><td></td><td></td><td></td><td></td><td></td></tr>
<tr><td>下游</td><td></td><td></td><td></td><td></td><td></td><td></td><td></td></tr>
<tr><td rowspan="2"></td><td>上游</td><td></td><td></td><td></td><td></td><td></td><td></td><td></td></tr>
<tr><td>下游</td><td></td><td></td><td></td><td></td><td></td><td></td><td></td></tr>
<tr><td rowspan="2"></td><td>上游</td><td></td><td></td><td></td><td></td><td></td><td></td><td></td></tr>
<tr><td>下游</td><td></td><td></td><td></td><td></td><td></td><td></td><td></td></tr>
<tr><td rowspan="2"></td><td>上游</td><td></td><td></td><td></td><td></td><td></td><td></td><td></td></tr>
<tr><td>下游</td><td></td><td></td><td></td><td></td><td></td><td></td><td></td></tr>
<tr><td rowspan="2"></td><td>上游</td><td></td><td></td><td></td><td></td><td></td><td></td><td></td></tr>
<tr><td>下游</td><td></td><td></td><td></td><td></td><td></td><td></td><td></td></tr>
<tr><td rowspan="2"></td><td>上游</td><td></td><td></td><td></td><td></td><td></td><td></td><td></td></tr>
<tr><td>下游</td><td></td><td></td><td></td><td></td><td></td><td></td><td></td></tr>
<tr><td colspan="3">监理工程师意见</td><td colspan="6">监理工程师签字:</td></tr>
<tr><td colspan="3">备　　注</td><td colspan="6"></td></tr>
</table>

附录 G　自由设站测量

G.1　自由设站法

自由设站法是在需要的位置上设站后，通过观测测站点到两个或两个以上控制点的水平距离和水平方向，运用严密平差计算设站点的坐标，实质上是一种边角联合后方交会的测量方法。自由设站法能够确定设站点的平面坐标，同时也能够确定测站的高程。在仪器高和各照准点棱镜高测定后，通过在设站点测量到各照准点的距离和竖直方向，根据各照准点的高程计算该设站点的高程。

G.2　自由设站法的基本原理

自由设站法测定设站点点位的基本原理如图 G-1 所示，xoy 为施工坐标系，P 为自由设站时的测站点，I 为已知控制点，$x'Py'$ 是以 P 点为原点，以仪器测量时度盘零方向为 x' 轴的临时坐标系，α_0 为 x 与 x' 方向间的夹角，当在 P 点观测到 I 点的水平距离和水平方向后，可得到 I 点在 $x'Py'$ 临时坐标系中的坐标：

$$
\begin{aligned}
x_i' &= S_i \cdot \cos\alpha_i \\
y_i' &= S_i \cdot \sin\alpha_i
\end{aligned} \qquad (G.2\text{-}1)
$$

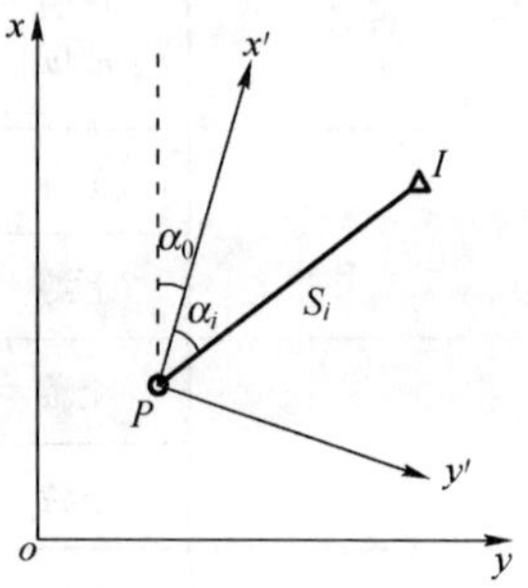

式中：S_i —— P 点到 I 点的水平距离；

α_i ——水平方向读数。

图 G-1　自由设站法示意图

根据坐标转换公式可得：

$$
\begin{aligned}
x_i &= x_P + k \cdot \cos\alpha_0 \cdot x_i' - k \cdot \sin\alpha_0 \cdot y' \\
y_i &= y_P + k \cdot \sin\alpha_0 \cdot x_i' + k \cdot \cos\alpha_0 \cdot y'
\end{aligned} \qquad (G.2\text{-}2)
$$

式中：k ——临时坐标系的边长缩放系数，令 $c = k \cdot \cos\alpha_0$，$d = k \cdot \sin\alpha_0$，代入上式可得：

$$
\begin{aligned}
x_i &= x_P + c \cdot x_i' - d \cdot y' \\
y_i &= y_P + c \cdot x_i' + d \cdot y'
\end{aligned} \qquad (G.2\text{-}3)
$$

式中，x_i、y_i、x_i'、y_i' 均为已知数，x_P、y_P、c、d 均为未知数。在求解四个未知数时，需要用式(G.2-3)建立四个方程式，因此至少观测两个已知控制点的水平距离和水平方向。当观测两个以上的控制点时，应按间接平差原理，在 $V^T PV = \min$ 的条件下，解出 x_P、y_P、c、d 四个未知数，公式为：

$$
c = \frac{[yy'] + [xx'] - \frac{1}{n}([x][x'] + [y][y'])}{[x'x'] + [y'y'] - \frac{1}{n}([x'][x'] + [y'][y'])}
$$

$$
d = \frac{[x'y] - [xy'] - \frac{1}{n}([x'][y] - [x][y'])}{[x'x'] + [y'y'] - \frac{1}{n}([x'][x'] - [y'][y'])}
$$

$$x_P = \frac{[x]}{n} - c \cdot \frac{[x']}{n} + d \cdot \frac{[y']}{n}$$

$$y_P = \frac{[y]}{n} - c \cdot \frac{[y']}{n} - d \cdot \frac{[x']}{n} \tag{G. 2-4}$$

为了评定 P 点的精度，自由设站法可通过 c 、d 计算 α_0 、k 。通过计算的参数计算控制点的坐标，P 点的中误差计算公式为：

$$M_P = \sqrt{2} \cdot \sqrt{\frac{(x_T - x)^2 + (y_T - y)^2}{2n - 4}} \tag{G. 2-5}$$

式中：x_T 、y_T ——坐标变换后的坐标；

x 、y ——原始坐标；

n ——控制点数。

G.3　自由设站法的工作步骤

目前，许多全站仪具有测角、测距、计算等功能，仪器本身提供了自由设站法的功能模块。以徕卡 TC2003 全站仪为例，说明自由设站法的工作步骤。

(1)自由选定测站位置，架设全站仪对中整平后，确定多个后视照准方向及数据。测量仪器高和目标高。

(2)输入测站已知数据和仪器高，如测站的点名及坐标和高程。

(3)输入照准点已知数据和棱镜高，如照准点的点名及坐标和高程。

(4)逐点瞄准后视方向，观测水平方向、竖直方向和距离。

(5)计算并查看测站位置的三维坐标、定向值及坐标的标准偏差。

(6)调用放样数据，进行三维极坐标放样。

附录 H　跨河水准测量标志

H.1　觇牌式跨河水准标志

觇牌式跨河水准标志一般将觇牌固定在水准标尺上(图 H-1),觇牌由金属等材料制作成表面光滑的方形标志,根据视线长度剪贴或绘制一个具有合适宽度和长度的瞄准标志线(图 H-2)。

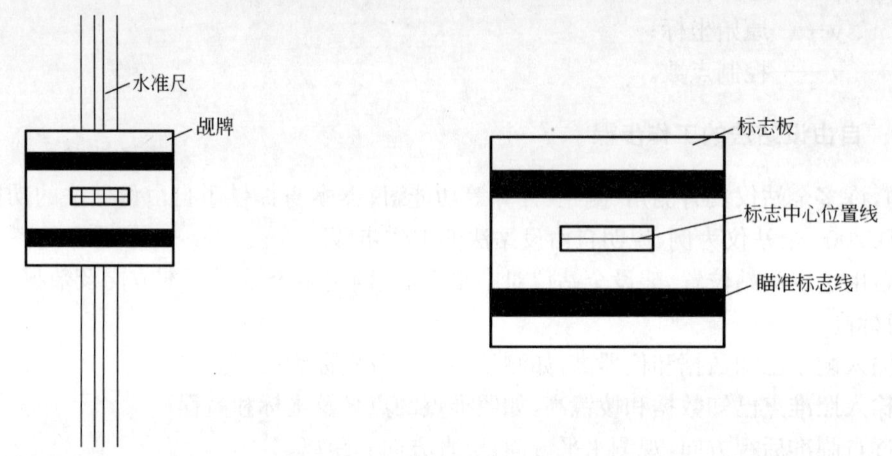

图 H-1　觇牌式跨河水准标志　　图 H-2　觇牌式跨河瞄准标志组成

H.2　灯体式跨河水准测量标志

武汉大学测绘学院与河海大学土木工程学院共同研制的灯体式跨河水准测量标志,主要由灯体、灯体支架、刻划指标、灯体固定螺旋、标志固定螺旋、灯盖、毛玻璃光阑和控制箱组成(图 H-3、图 H-4)。该标志可根据需要调节光强形成一个不发散的光斑,利于精确瞄准。灯体式跨河水准测量标志的优点是适合于实现昼夜观测,能够提高照准精度,是一种理想的跨河水准测量标志。

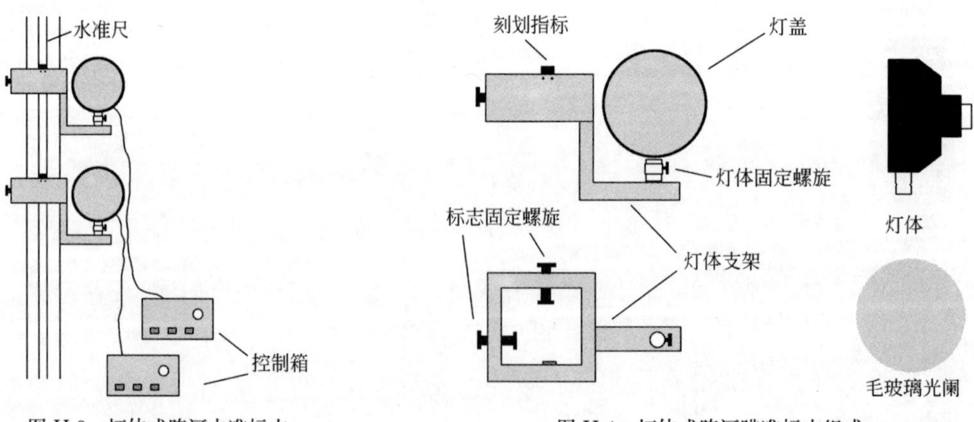

图 H-3　灯体式跨河水准标志　　图 H-4　灯体式跨河瞄准标志组成

附录I　GPS RTK 方法放样(参考件)

GPS RTK 测量技术是一种全天候、全方位的实时测定待测点位置的方法,可用于工程建设的细部放样。其测量系统一般由基准站接收机、流动站接收机、数据传输电台三部分组成。GPS RTK 放样时,是将基准站接收的相位观测数据及坐标信息通过数据链方式及时传送给流动站,流动站将接收到的数据同自采集的相位观测数据进行实时差分处理,从而获得流动站的实时坐标值。流动站通过将实时测量坐标值与设计值相比较,实施放样工作。

I.1　RTK 放样的作业流程

(1)正确连接基准站和流动站线路,并打开电子手簿,输入已知控制点上的工程使用的坐标和 WGS-84 的大地坐标。

(2)基准站设置。将仪器的工作模式设为 RTK 基准站模式,并设置基准站的坐标及天线信息等数据。

(3)流动站设置。将仪器的工作模式设为 RTK 流动站模式,输入天线信息。接收到基准站发射的信息后,建立动态差分关系。

(4)求解转换参数。利用控制点的 WGS-84 坐标和工程坐标计算转换参数,工程所使用的坐标系一般为国家坐标系统或桥轴坐标系。

(5)将流动站放置到待测点上,进行坐标数据采集。经差分计算,得到测量点的坐标偏差达到放样精度要求时,实现该点的放样工作。

I.2　RTK 放样测量应符合以下规定

(1)宜先用 RTK 快速静态定位模式进行位置的初步放样,初步放样的点位误差可参考式(I.2-1)进行估算。

(2)RTK 测量的平面点位精度的估算公式:

$$m = \pm\sqrt{m_{站}^2 + a^2 + (b \cdot D)^2} \tag{I.2-1}$$

式中:m——预估的 RTK 测量点位置中误差;

$m_{站}$——基准站大桥 GPS 平面控制测量点位中误差;

a——仪器标称精度水平固定误差;

b——仪器标称精度水平比例误差;

D——基准站至流动站之间的距离。

(3)RTK 放样结果修正的步骤。

采用相当于 3 级 GPS 测量精度,快速静态定位模式进行校核,或用全站仪三维坐标法检核。检测的放样点坐标与设计坐标的不符值应小于±10mm;若大于±10mm,应根据检测的放样点坐标值,调整放样点位置到精确位置。

例如,用仪器标称精度 2mm±2ppm 的全站仪测量 RTK 初步放样点的位置,所得放样点的坐标值与设计值之差应小于±10mm;若大于±10mm,应根据检测的放样点坐标值,调整放样点位置到精确位置。

(4)应选用离 RTK 测量放样点最近的大桥 GPS 平面控制点,进行放样和检测。检测至少应联测二个大桥 GPS 平面控制点。

(5)对 RTK 的外业测量宜采用的检查方法:

①与已知点成果的比对检验。

②重测同一点的检验。

③已知基线长度测量检验。

④不同参考站对同一测点的检验。

I.3 RTK 测量基准站的设置应符合下列技术规定

(1)基准站宜设置在桥位测区内视野开阔、地势较高的已知控制点上。

(2)基准站上空 5°～15°高度角以上不能有成片的遮挡物。

(3)基准站周围 200m 的范围内不能有强电磁波干扰源。

(4)基准站应远离电磁波信号反射强烈的地形、地物和大面积水面。

I.4 RTK 放样测量的技术要求

(1)RTK 测量的卫星状况应满足表 I-1 的要求。

RTK 测量的卫星状况要求 表 I-1

观测窗口状态	卫 星 数	卫星高度角	PDOP 值
良好窗口	≥5	20°以上	≤5
可用的窗口	4	15°以上	≤8
避免观测的窗口	4	15°以上	≥8
不能观测的窗口	≤3	—	—

(2)测量前应进行卫星预报,以便选取良好观测窗口。

(3)测量应在天气良好的状况下进行,应避免雷雨天气。

(4)测量前,应检查一点以上的已知点,当较差在限差要求范围内时,方可开始 RTK 测量。

(5)测量时宜保持坐标收敛值小于 20mm,且均方根 RMS 值小于 35。

(6)在要求较高的施测中,对每个放样点必须进行 5 次以上观测,互差应小于 20mm,并取用 5 次以上观测的平均值。

(7)所有 RTK 外业观测,均必须作好外业观测记录。

I.5 测区转换参数的确定

(1)转换参数的确定模型

GPS RTK 测量是在 WGS-84 坐标系中进行的,而各种工程测量放样一般是在当地坐标或 1954 年北京坐标系上进行的,这就需要进行坐标转换。实现坐标转换的必要条件是:至少 3 个以上的大地点分别有 WGS-84 地心坐标、1954 年北京坐标或工程使用坐标。利用布尔莎(Bursa)模型解求 7 个转换参数。Bursa 模型为:

$$\begin{bmatrix} X_i \\ Y_i \\ Z_i \end{bmatrix}_{地方} = \begin{bmatrix} X_0 \\ Y_0 \\ Z_0 \end{bmatrix} + (1+\delta_\mu) \begin{bmatrix} X_i \\ Y_i \\ Z_i \end{bmatrix}_{WGS\text{-}84} + \begin{pmatrix} 0 & \varepsilon_Z & -\varepsilon_Y \\ -\varepsilon_Z & 0 & \varepsilon_X \\ \varepsilon_Y & -\varepsilon_X & 0 \end{pmatrix} \begin{bmatrix} X_i \\ Y_i \\ Z_i \end{bmatrix}_{WGS\text{-}84} \quad (\text{I}.5\text{-}1)$$

式中：X_0、Y_0、Z_0——两个坐标系的平面参数；

ε_X、ε_Y，ε_Z——两个坐标系的旋转系数；

δ_μ——两个坐标系的尺度参数。

(2)求解转换参数的方法

①联测 3 个或 3 个以上控制点获得联测点的 WGS-84 坐标。利用联测得到的 WGS-84 坐标值和已知坐标值计算转换参数。

②使用 3 个或 3 个以上具有 WGS-84 坐标和已知工程使用坐标的控制点，直接解算的转换参数。

(3)选择联测已知控制点应注意的问题

①已知点最好选在测区四周及中心，均匀分布，能有效地控制测区。避免选在测区的一端，使得转换点的精度降低。

②为了提高精度，可利用最小二乘法选 3 个以上的点求解转换参数。为了检验转换参数的精度和正确性，可选用几个未参加计算的已知点进行检验。

附录J　测量技术报告参考提纲

J.1　概述

J.1.1　任务来源、目的，测量单位，生产起止时间，测量安排情况。

J.1.2　工程名称、测设项目、测区范围、自然地理特征、交通情况，有关工程地质与水文地质情况，建设项目的复杂程度和发展情况等。

J.1.3　作业技术依据。

J.1.4　计划与实际完成工作量的比较，作业率的统计。

J.2　利用已有资料情况

J.2.1　资料的来源和利用情况。

J.2.2　资料中存在的主要问题和处理方法。

J.3　作业方法、质量和有关技术数据

J.3.1　控制点系统的建立，埋石情况，使用的仪器和施测方法及其精度。

J.3.2　施工测量放样方法和精度。

J.3.3　各项误差的统计，实地检测的项目、数量和方法，检测结果与实测结果的比较等。

J.3.4　新技术、新方法、新材料的采用及其效率。

J.3.5　作业中出现的主要问题和处理方法。

J.4　技术结论

J.4.1　对本测区成果质量、设计方案和作业方法等的评价。

J.4.2　对重大遗留问题的处理意见。

J.5　经验、教训和建议

J.6　附图、附表

J.6.1　施工测量成果种类及其说明。

J.6.2　采用已有资料清单。

J.6.3　精度统计表。

J.6.4　上交测绘成果清单等。

附录 K　特大跨径桥梁施工监控流程图

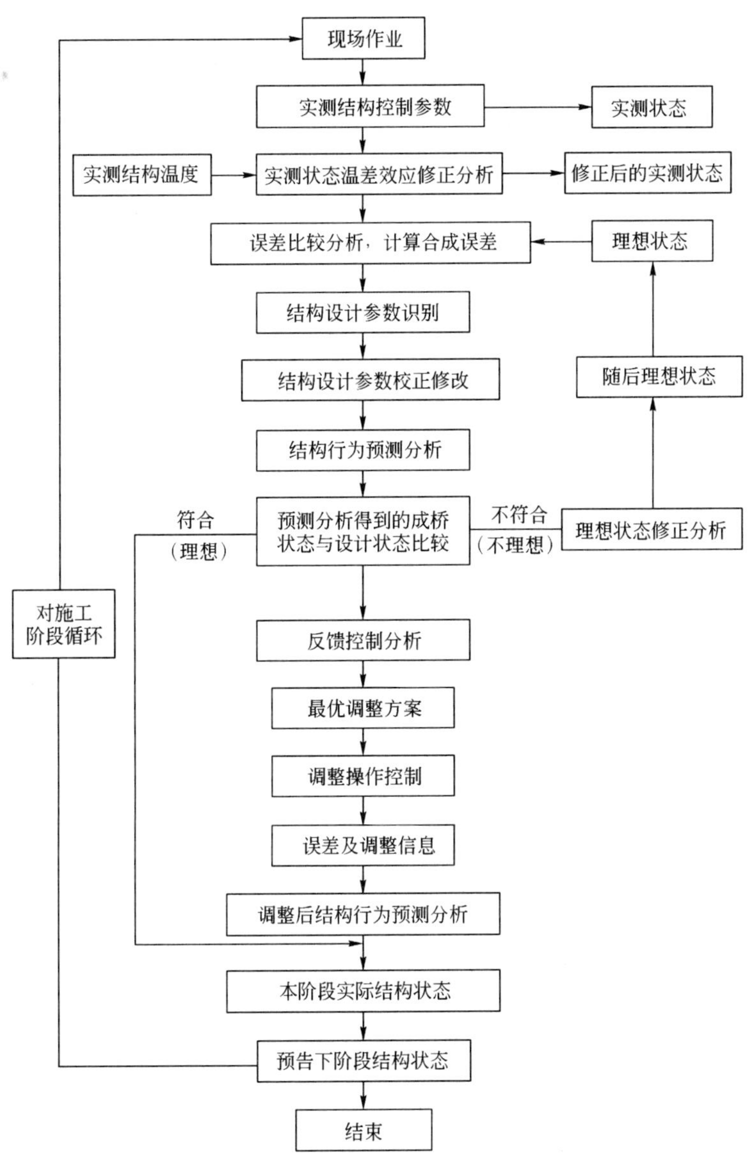

附录L　关于坐标系统和高程基准的定义及转换

L.1　坐标系统定义

(1)1954 年北京坐标系

1954 年我国决定采用的国家大地坐标系。它是将我国的大地网与原苏联以普尔科沃为原点的 1942 年大地坐标系相联测，以 1956 年黄海高程系统作为高程基准，通过天文大地网局部平差而建立的我国过渡性大地坐标系。

1954 年北京坐标系参考椭球的基本几何参数：

长半径 a=6 378 245m，短半径 b=6 356 863.018 8m

扁率 α=1/298.3

第一偏心率平方 e^2=0.006 693 421 622 966

第二偏心率平方 e'^2=0.006 738 525 414 683

(2)1980 国家大地坐标系

1980 国家大地坐标系也称 1980 西安坐标系。采用 1975 年国际椭球、以 JYD1968.0 系统为椭球定向基准，选用陕西泾阳县永乐镇为大地原点所在地，采用多点定位方法而建立的大地坐标系。

1980 西安坐标系的参考椭球基本参数及主要几何和物理常数如下。

①参考椭球基本参数

长半径 a=6 378 140m

地球引力常数 GM=3 986 005×$10^8$$\mathrm{m}^3\cdot\mathrm{s}^{-2}$

二阶带谐系数 J_2=1 082.63×10^{-6}

地球自转角速度 ω=7 292 115×$10^{-11}$$\mathrm{rad}\cdot\mathrm{s}^{-1}$

②主要几何和物理常数

短半径 b=6 356 755.314 228 82m，扁率 a=1/298.257

第一偏心率平方 e^2=0.006 694 384 999 59

第二偏心率平方 e'^2=0.006 739 501 819 47

椭球正常重力位 U_0=6 263 683×10$\mathrm{m}^2\cdot\mathrm{s}^{-2}$

赤道正常重力 γ_0=9.780 318$\mathrm{m}\cdot\mathrm{s}^{-2}$

(3)WGS-84 世界大地坐标系

美国国防部在与 WGS-72 相应的精密星历 NSWC-9Z-2 基础上，采用 1980 大地参考数据和 BIH1984.0 系统定向所建立的一种地球参考系和地心坐标系。

WGS-84 大地坐标系的地球椭球基本参数及主要几何和物理常数如下。

①地球椭球基本参数

长半径 a=6 378 137m

地球引力常数(含大气层)GM=3 986 005×$10^8$$\mathrm{m}^3\cdot\mathrm{s}^{-2}$

正常化二阶带谐系数 $C_{2.0}=-484.16685\times10^{6}$

地球自转角速度 $\omega=7\,292\,115\times10^{-11}\text{rad}\cdot\text{s}^{-1}$

②主要几何和物理常数

短半径 $b=6\,356\,752.314\,2\text{m}$ 扁率 $\alpha=1/298.257\,223\,563$

第一偏心率平方 $e^2=0.006\,694\,379\,990\,13$

第二偏心率平方 $e'^2=0.006\,739\,496\,742\,227$

椭球正常重力位 $U_0=62\,636\,860.849\,7\text{m}^2\cdot\text{s}^{-2}$

赤道正常重力 $\gamma_0=9.970\,326\,771\,4\text{m}\cdot\text{s}^{-2}$

③WGS-84(G730)大地坐标系 $GM=3\,986\,004.418\times10^8\text{m}^3\cdot\text{s}^{-2}$,其他地球椭球基本参数及主要几何和物理常数与 WGS—84 大地坐标系的常数相同。

(4)独立坐标系

任意选定原点和坐标轴的平面直角坐标系。

(5)桥轴坐标系

坐标轴与桥轴线形成某种几何关系的平面直角坐标系。

L.2　高程基准定义

(1)1956 年黄海高程系统

采用青岛水准原点、根据青岛验潮站 1950～1956 年的验潮资料计算确定的黄海平均海水面作为基准面所定义的国家高程基准。在此高程基准下,青岛水准原点的高程为 72.289m。

(2)1985 年国家高程基准

采用青岛水准原点、根据青岛验潮站 1952～1979 年的验潮资料计算确定的黄海平均海水面作为基准面所定义的国家高程基准。在此高程基准下,青岛水准原点的高程为 72.260m。

L.3　坐标转换

设 xoy 为桥轴坐标系,XOY 为国家坐标系。x_P 、y_P 分别为 P 点在桥轴坐标系中坐标;X_P 、Y_P 分别为 P 点在国家坐标系中坐标;a 、b 为 xoy 桥轴坐标系原 o 点在 XOY 国家坐标系统中的坐标;α 为两坐标系统的坐标方位角之差。

(1)由桥轴坐标换算到国家坐标

$$\begin{cases}X_P=a+x_P\cos\alpha-y_P\sin\alpha\\Y_P=b+x_P\sin\alpha+y_P\cos\alpha\end{cases}$$

(2)由国家坐标换算到桥轴坐标

$$\begin{cases}x_P=(X_P-a)\cos\alpha+(Y_P-b)\sin\alpha\\y_P=(Y_P-b)\cos\alpha-(X_P-a)\sin\alpha\end{cases}$$

式中:a 、b —— xoy 桥轴坐标系原 o 点在 XOY 国家坐标系统中的坐标,可按下式计算:

$$\begin{cases}a=X_P-x_P\cos\alpha+y_P\sin\alpha\\b=Y_P-x_P\sin\alpha-y_P\cos\alpha\end{cases}$$

式中:α ——两坐标系统的坐标方位角之差,可用同一条边的国家系统和桥轴坐标系的坐标方位角的差求得,即:

$$\begin{cases} \alpha = \alpha_{1、2} - \alpha'_{1、2} \\ \alpha_{1、2} = \arctan \dfrac{Y_2 - Y_1}{X_2 - X_1} \\ \alpha'_{1、2} = \arctan \dfrac{y_2 - y_1}{x_2 - x_1} \end{cases}$$

也可按下式计算：

$$\sin\alpha = \frac{(Y_2 - Y_1)(x_2 - x_1) - (X_2 - X_1)(y_2 - y_1)}{(x_2 - x_1)^2 + (y_2 - y_1)^2}$$

$$\cos\alpha = \frac{(Y_2 - Y_1)(y_2 - y_1) + (X_2 - X_1)(x_2 - x_1)}{(x_2 - x_1)^2 + (y_2 - y_1)^2}$$

当两系统中长度标准有差异时(相对误差大于1∶10 000)，在坐标换算公式中应加入长度比 K 。加入 K 值后的换算公式如下。

(3)由桥轴坐标换算到国家坐标：

$$\begin{cases} X_P = a + K \cdot x_P \cdot \cos\alpha - K \cdot y_P \cdot \sin\alpha \\ Y_P = b + K \cdot x_P \cdot \sin\alpha + K \cdot y_P \cdot \cos\alpha \end{cases}$$

(4)由国家坐标换算到桥轴坐标：

$$\begin{cases} x_P = \dfrac{1}{K}(X_P - a)\cos\alpha - \dfrac{1}{K}(Y_P - b)\sin\alpha \\ y_P = \dfrac{1}{K}(Y_P - b)\cos\alpha - \dfrac{1}{K}(X_P - a)\sin\alpha \end{cases}$$

式中：

$$a = X_P - K \cdot x_P \cdot \cos\alpha + K \cdot y_P \cdot \sin\alpha$$

$$b = Y_P - K \cdot x_P \cdot \sin\alpha - K \cdot y_P \cdot \cos\alpha$$

$$K = \frac{S_{国}}{S_{桥}}$$

$$S_{桥} = \sqrt{\Delta x^2 + \Delta y^2}$$

$$S_{国} = \sqrt{\Delta X^2 + \Delta Y^2}$$

附录 M　测量仪器高、觇标高的精密方法

M.1　直接测定法

事先将仪器的水平轴(或棱镜和觇牌中心)至调平螺钉上部基座的固定长度,用机械方法(如游标卡尺等)或用精密水准仪配以铟瓦水准尺或钢板尺,予以精确测定。在现场观测中,只需要测标石面(或高程标志顶高)至上部基座面之间的距离就可以了。这种作业方法,特别是在观测仪器墩上是非常方便的,精度可保证在±1mm 内。

M.2　间接测定法

如图 M-1 所示,将经纬仪置中于 A 点,水准尺立于 B 点(A 、B 两点高差采用相应等级的水准仪测得),读出在仪器接近水平视线时的水准尺整数分划读数,并用中丝两测回测定该分划线的垂直角,用钢尺量取水平距离 S ,则仪器水平轴至 B 点标志间的高差 Δh 为:

$$\Delta h = l - S \cdot \tan\beta$$

设 A 点的仪器高(即水平轴之高程)为 I_A ,则:

$$I_A = h_{AB} + \Delta h$$

当 $S = 10\ \mathrm{m}$, $\beta = 1^\circ$, $m_\beta = \pm 2''$, $m_S = \pm 0.002\ \mathrm{m}$ 时, $m_{\Delta h} \leqslant 0.1\mathrm{mm}$,因此,用这种方法可获得高精度的仪器高或觇牌高。

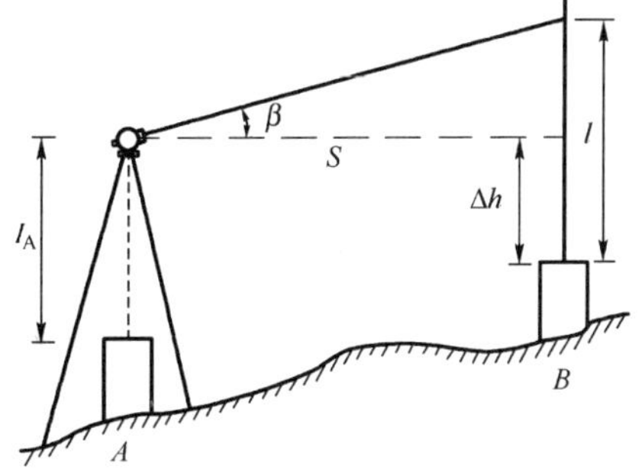

图 M-1　间接测定仪器高的示意图

附录N　本规范用词说明

N.1　对执行条文严格程度的用词采用以下写法。

(1)表示很严格,非这样不可的用词:

正面词采用"必须";

反面词采用严禁。

(2)表示严格,在正常情况下均应这样做的用词:

正面用词采用"应";

反面用词采用"不应"或"不得"。

(3)表示允许稍有选择,在条件许可时首先这样做的用词:

正面词采用"宜";

反面词采用"不宜"。

N.2　条文中应按指定的其他有关标准、规范的规定执行,其写法为"应按……执行"或"应符合……要求(或规定)"。

N.3　如非必须按指定的其他有关标准、规范的规定执行,其写法为"可参照……"。

特大跨径桥梁施工测量规范

条 文 说 明

目　　录

1 总则

1.0.1 本规范的目的。为了满足特大跨径桥梁施工测量的需要，使施工测量工作达到技术先进、经济合理、安全适用、质量保证的要求，特制定本规范。

1.0.2 本规范的适用范围。适用于特大跨径的悬索桥、斜拉桥、混凝土箱梁悬浇施工测量、竣工测量和施工期结构安全监控中的外部变形观测。

1.0.3 本条根据桥梁结构施工的特点，提出施工测量的主要工作。这是根据多年来桥梁施工单位在作业实践中总结出来的经验而制定的必须进行的工作。

1.0.4 测量精度评定标准通常有三种，即中误差、平均误差和或然误差。当观测次数相当大时，用三种标准来评定精度都是可靠的；但当测量次数不大时，用中误差评定精度比较可靠，因为它能明显反映出测量中较大误差的影响。因此本规范规定"以中误差作为衡量精度标准"。

根据误差理论和统计表明，大于2倍中误差的概率约为4.6%，大于3倍中误差的概率约为0.3%，在实际工作中，由于观测次数较少，因此取2倍中误差作为极限误差。

1.0.5 桥梁规划设计阶段，依据已有的控制成果和测绘资料进行勘察设计，所以施工测量工作必须与设计阶段用的平面坐标及高程系统一致。建立桥轴坐标系统主要是为了方便施工放样及施工检查。高程控制网与国家水准点联测是为了提供桥梁施工所需要的高程基准，只有当联测精度不低于本工程首级高程控制网的等级时，才能满足桥梁施工对高程基准的要求。

需要说明的是，《国家一、二等水准测量规范》(GB/T 12897—2006)中，对高程系统和高程基准的含义进行了区分。高程系统是指高程系中的正常高系统、正高系统等；高程基准是指高程的起算数据。如1985国家高程基准含义是：水准点的高程采用正常高系统，按照1985年国家高程基准起算。青岛原点高程为72.260m。目前，在许多勘测、设计施工单位的测量报告中，有的称为高程系统，有的称为高程基准，但高程的意义是一致的。为了统一这一名词，本规范采用"高程基准"一词。

1.0.6 特大跨径桥梁施工中，一些工程部位或局部建筑物的相对精度要求较高，例如，斜拉桥的索导管安装、悬索桥的索鞍安装、索塔的钢锚箱拼接等，均需要建立专用的、高精度的局部控制网。

1.0.7 根据作业实践，对测量仪器和设备，只有做到及时检定，才能保证仪器和设备的完好率，不致妨害作业，延误工期，保证测量质量。

1.0.8 本条中的各阶段是指根据建设项目划分的单位工程、分部工程、分项工程完成后应提交的成果。针对桥梁施工测量成果缺乏标准化、科学化、规范化的现状，提出施工测量成果管理的要求。根据特大型桥梁施工管理的发展趋势，提出宜建立施工测量信息库系统。

《公路工程质量评定标准》(第一册 土建工程、JTG F80/1—2004)对单位工程、分部工程、分项工程的定义如下。

单位工程:是指在建设项目中,根据签订的合同,具有独立施工条件的工程。

分部工程:是指在单位工程中,应按结构部位、路段长度及施工特点或施工任务划分为若干个分部工程。

分项工程:是指在分部工程中,应按不同的施工方法、材料、工序及路段长度划分为若干个分项工程。

1.0.9 特大跨径桥梁施工测量情况复杂,在满足提出测量精度的前提下,建议大胆推广、应用新技术和新方法。

2 术语、符号

2.1 术语

本节给出了本规范有关章节中引用的主要术语。在编写术语时，参照了《工程测量基本术语标准》(GB/T 500228—96)、《公路工程名词术语》(JTJ 002—87)、《公路全球定位系统(GPS)测量规范》(JTJ 066—98)和《公路桥涵施工技术规范》(JTJ 041—2000)的术语。其他有关术语，可参阅有关国家标准、行业标准的规定。

同时，还给出了相应的推荐性英文术语，该英文术语不一定是国际上通用的标准术语，仅供参考。

2.2 符号

测量符号，基本上采用了测绘行业已颁布规范中所使用的符号，亦属工程测量工作的常用符号。使用时，也可根据其他要求和习惯，任意采用一种字母，但在同一分项工程中，宜采用同一种字母符号。

3 平面控制测量

3.1 一般规定

3.1.1 根据已建的特大跨径桥梁的实践经验，本条说明确定特大跨径桥梁平面控制网的精度指标和控制点的布设密度，应从桥梁的形式、跨径及设计要求的施工精度等方面来考虑。

之所以提出从桥梁的形式、跨径及设计要求的施工精度等方面来考虑平面控制网的精度指标和控制点的布设密度，是因为对于悬索桥和斜拉桥的控制网的网点布设要求不完全一致。

3.1.2 已有的测绘规范中，将通常意义上的测角网、测边网和边角网统称为三角测量，这是沿用了《国家三角测量规范》的概念。但是，随着精密全站仪和测距仪的迅速发展和普遍使用，传统意义上的纯测角网在工程测量中应用很少，经典测量手段中主要采用的是测边网和边角网，因此，工程测量界近年来多次提议更换名称，倾向性意见是将其称为任意边角网测量。目前，在特大跨径桥梁中，采用经典测量手段实施平面控制网时都是使用测边网或边角网形式，相比较而言，"任意边角网测量"名称更准确，也有别于国家三角测量的概念。因此本规范确定采纳这一名称。

本条规定可采用任意边角网测量和 GPS 建立平面控制网，目的是各种测量方法，可视工程需要及测量设备条件选择采用，力争做到可靠、经济和高效。

在已完成的一些特大跨径桥梁的首级控制网测量或复测均为二等控制网，如江阴大桥、润扬大桥、南京二桥、南京三桥等。经过实践验证，二等首级平面控制网能够满足特大跨径桥梁的需要。所以，本规定仍以二等作为特大跨径桥梁首级平面控制网的最高等级。

3.1.3 本条规定了平面控制网的布设梯级的最低要求。在实际工程作业中在首级平面控制网基础上进行加密，以三等网加密不得大于 2 级，当超过 2 级时，加密点的精度可能不满足施工精度的要求。当加密点不能满足要求时，可纳入全网的复测中，以提高控制点的精度。

3.1.4 本条明确特大跨径桥梁首级平面控制网的基准选择问题，指出需要联测控制点的等级和联测精度。这样规定的原因是：桥梁设计图中注明的坐标，使用的是勘测设计阶段地形图的坐标系统。与国家控制点联测的目的是为了使大桥控制网与国家坐标系统相一致，或建立与国家坐标系统具有换算关系的坐标系统。

3.1.5 建立施工控制网的目的是为了放样建筑物。设计提供的建筑物的位置是没有作高斯投影改正的，所以控制网一般不需要作高斯投影改正。观测边长应投影到工程所指定的高程面上，是为了统一不同高程面上的边长。由于桥梁控制网的边长不大，因此可直接在投影面上进行平差计算。

3.1.6 特大跨径桥梁施工规模大，周期长，施工影响较大。因此，平面控制网建立后，需要定期进行复测。"尤其在建网一年后或大规模基坑开挖、排水结束后，必须进行一次复测"的规定主要依据是：

(1)对于特大跨径桥梁控制网一般每年进行一次复测，例如江阴大桥、南京二桥、南京三桥、润扬大桥、苏通大桥等。

(2)由于某些原因，施工期间可能会对控制网造成较大影响时，应进行复测。悬索桥的基坑开挖或排水后会造成控制点明显的位移，例如润扬大桥锚体施工时造成世业洲上所有控制点有明显位移时，待排水完成后进行一次控制网的复测工作。

3.2　技术设计

3.2.1　本条提出平面控制网的技术设计应具备的条件和需收集的资料。

3.2.2　特大跨径桥梁对平面控制网的精度要求很高，应充分利用计算机技术，进行优化设计，确定既满足施工精度要求，又经济合理的控制网实施方案。

对于特大跨径桥梁控制网，优化设计有如下特点：

(1)零类设计，即参考系设计。其含义非常明确，就是要求平面施工控制网的坐标系与勘测设计阶段的坐标系一致，起算数据采用勘测设计阶段一个点的坐标、一条边的方位，构成自由网平差，这样既保证了坐标系统的一致性，亦保证了施工控制网的相对精度。不选择两个以上的起算点构成附合网的原因是：一般而言，勘测设计阶段布设的控制网内附合精度较低，旨在满足测绘相应比例尺地形图的需要，一般不能达到施工控制网的精度要求。

(2)一类设计，即网形设计。在桥梁控制网布设时，由于受工程条件的约束和桥梁跨越宽度的限制，点位又要利于施工放样，因而点位自由选择的余地较小，只有在满足点位放样要求的前提下，适当予以考虑。

(3)二类设计，即观测权的设计。二类设计包括各类观测值的精度和权的最佳组合方案，如测边与测角精度的匹配、测边观测值数目与测角观测值数目的选择，各边长、角度测回数的分配方案等。与国家或城市控制网相比，由于桥梁控制网的规模不大(一般在 20 个点左右)，其工作量较小，为了便于组织作业，一般按同等要求安排，不必过多考虑该类设计工作。

由此，特大跨径桥梁控制网优化设计的关键是：在方便施工放样的前提下，尽量构成较有利的网形，提高观测元素的精度，使控制网的点位误差达到控制网设计要求。因此，本规范只提出了应有优化设计的考虑，并不强调按精度准则、可靠性准则和费用准则严格进行设计工作。

3.2.3　平面控制网观测方案的设计一般与国家或城市控制网的观测方案设计不同，设计方案以满足特大跨径桥梁施工控制网的设计精度为主要目的，兼顾利于实施与质量可靠的要求。

3.2.4　本条提出编写平面控制网测量技术设计书的依据和内容，技术设计书的内容应全面、翔实。

3.2.5　布设测角网的技术要求。

(1)关于最小角度的限制。在本规范(讨论稿)条文第一次讨论时，曾有专家提出，由于桥梁控制网受地形条件的限制，规定“三角形内角不宜小于 30°。如地形限制，个别角也不应小于 25°”太严，建议适当放宽。但当内角较小时，其对应边的传递误差增大较多，因而不宜放宽。对于此问题的处理方法是，若三角形内角无法满足上述要求时，则不宜按测角网测量方案设计和实施，可以采用边角网、测边网测量方案设计和实施，以弥补不足。

(2)关于表 3.2-1 中的几点说明：

①平均边长。本规范对平均边长给出一个范围是因为：在特大跨径桥梁平面控制网中，根据实际地形和跨河宽度所布设的控制网的平均边长不完全一致，同等级控制网的平均边长只能给定一个范围。

②测角中误差。对二、三等任意边角网的测角中误差采用了与《国家三角测量规范》(GB/T 17942—2 000)相同的精度。

③测回数。各等级三角网的测回数，是根据工程测量部门大量的试验统计资料、参照有关规定确定的。统计资料表明，适当减少测回数，并不会明显地降低测角误差。这主要是因为：

a. 桥梁控制网的平均边长较国家规范相应等级控制网的平均边长要短得多，照准误差小。

b. 桥梁控制点一般建立成带有强制对中盘的观测墩，对中精度也得到了较大的提高。

c. 实际工程中 0.5"级的电子测角仪器的广泛使用，对提高测角的精度是有保证的。

3.2.6 本条中对测边的技术要求依据《中、短程光电测距规范》的要求制订。

3.2.7 布设测边网、边角网的技术要求。

(1)边角网中，边长观测精度与测角精度要基本适应，使控制点的点位误差椭圆接近于圆形。关于精度匹配公式有以下两种：

$$\frac{m_i}{\rho''}=\frac{m_S}{S\times 10^3} \tag{3.2.7-1}$$

$$\frac{m_\beta}{\sqrt{2}\rho''}=\frac{m_S}{S\times 10^3} \tag{3.2.7-2}$$

本规范规定采用方向中误差计算公式，即式(3.2.7-1)，主要原因：①测角中误差与方向中误差公式可相互转换；②边角网按方向进行平差是严密的。若需要按角度平差，也可由式(3.2.7-1)转换为式(3.2.7-2)。

(2)测边网检核条件较少，需要及时检查观测质量。一般采用中心多边形的圆周条件或大地四边形的组合条件进行校核。本规范还规定，每一个待定点上必须有三条交会边，即至少有一个多余观测条件。

(3)测边网中，选择一些较大的角度，以相应等级的三角测量精度进行观测，以检核观测边长的精度。测边网中各条边是独立测定的，平差后的边长精度基本是均匀的，方向精度受传算路线中误差的影响。而且角度误差与图形有关，因此测边网必须重视图形结构，以等边三角形最为理想，设 γ 角为等腰三角形的顶角，则存在 γ 角中误差与边长相对误差的关系为：

$$m''_\gamma=\frac{m_S}{S}\cdot\cot\beta\cdot\sqrt{6}\cdot\rho'' \tag{3.2.7-3}$$

以不同的测边相对中误差和不同的 γ 角代入上式，可得角度中误差，见表 3.2.7-1。

角 度 中 误 差 表 3.2.7-1

$\frac{m_s}{S}$ \ m''_γ \ γ(°)	30	40	50	60	70	80	90	100	110	120
1∶25万	0.54	0.73	0.94	1.17	1.41	1.69	2.02	2.41	2.89	3.50
1∶15万	0.90	1.22	1.57	1.9	2.36	2.82	3.37	4.01	4.81	5.84

由表 3.2.7-1 可见，$\gamma=60°$时，其测角中误差略大于各等级三角网的测角中误差。以 60°角度计算中误差的 2 倍为极限，可确定测边网内角不应大于 100°。此外，三角形内角越小，其所对的边长就越短。过短的边长会导致测距相对误差增加，形成不利图形。

本规范规定，对于测边网中要在一些较大的角度处，以相应等级的测角精度去观测其角值进行校核。其目的也是因为较大的角度，由边长所计算角度误差较大，用实测的角度进行比较，有利于发现和控制误差的传播。

(4)表 3.2-2 中的边角网、测边网技术要求与《国家三角测量与精密导线测量规范》的规定相同。平均边长相对中误差通过式(3.2-1)计算得到，见表 3.2.7-2。

表 3.2.7-2

等 级	相对中误差计算值	相对中误差取值
二等	1∶29 万	1∶25 万
三等	1∶16 万	1∶15 万

3.3 选点与埋设

3.3.1 本条提出了对于平面控制选点的基本要求，其宗旨是减少环境因素对测量结果的影响，利于点位长期保存，便于施工放样。

3.3.2 本条是对平面控制点埋设的规定。该规定的显著特点是，对于软土基础，要求按桥型考虑基础处理的深度。理由是：斜拉桥的索塔一般建在水中，在施工过程中，对岸上控制点的影响较小，则基础处理的深度可以浅一些。悬索桥的重力式锚碇一般设在岸上，在基础施工过程中，常伴有大量的排水工作，而排水对附近的控制点的影响较大，因此控制点基础处理应有足够的深度，以减少锚碇施工的影响。

点位埋设后，均需等待一段时间才能认为“稳定”。时间长短与点的等级、点位埋设的位置等情况有关，难以统一规定，所以规范中并未给出要求。需说明的是：一般而言，软土地区至少要经过一个雨季后，方可观测。

3.3.3 本条对观测墩的强制对中装置及安装作了规定。

3.4 水平角观测

3.4.1～3.4.8 这几条是参照《国家三角测量规范》(GB/T 17942—2000)对水平角观测做出的规定。要指出的是：

(1)关于观测时间段，没有做严格的规定，只要达到一定的条件即可。

(2)对于使用电子测角仪器如电子经纬仪或全站仪，做出可不配置度盘的规定，因为此类仪器不存在度盘刻划误差。

(3)当观测方向的垂直角大于 3°时，该方向的 $2c$ 较差，按相邻测回同方向进行比较的理论依据是：

测角仪器视准轴误差 c 和横轴倾斜误差 i，对同一方向盘左观测值减盘右观测值的影响为：

$$L-R=\frac{2c}{\cos\alpha}+2i\cdot\tan\alpha \tag{3.4.1-1}$$

$2c$ 的较差受垂直角的影响为：

$$\begin{aligned}\Delta 2c&=\left(\frac{2c}{\cos\alpha_1}+2i\cdot\tan\alpha_1\right)-\left(\frac{2c}{\cos\alpha_2}+2i\cdot\tan\alpha_2\right)\\&\approx c\frac{\alpha_1^2-\alpha_2^2}{\rho^2}+2i\cdot\tan(\alpha_1-\alpha_2)\end{aligned} \tag{3.4.1-2}$$

当 α 超过±3°时，影响 $\Delta 2c$ 的主要是上式中的第二项 $2i\cdot\tan(\alpha_1-\alpha_2)$。设 i 为 15″和 20″，

则 i 角对 $2c$ 较差的影响如表 3.4.1-1 所示。

i 角对 $2c$ 较差的影响 表 3.4.1-1

$\Delta 2c$ \ $\alpha_1-\alpha_2$ / i	5°	10°	15°
15″	2.6″	5.3″	8.0″
20″	3.5″	7.1″	10.7″

由表可知，当 a 超过 ±3°时，由于 i 角对 $2c$ 较差较大的数值经常出现超限的现象，因此用相邻测回同方向比较是合理的。

3.5 光电测距

3.5.1 2008 年实施的《中、短程光电测距规范》(GB/T 16818—2008)，根据测距仪器标称精度的绝对值，按 1km 的测距中误差，将测距仪的精度分为三级，其技术规格见表 3.5.1-1。

测距仪的精度分级 表 3.5.1-1

测距中误差(mm)	测距仪精度等级	测距中误差(mm)	测距仪精度等级
小于 5	I	11～20	Ⅲ
5～10	II		

近年来工程测量使用的光电测距仪越来越多，且精度越来越高，如 ME5000(标称精度为 m_S＝0.2mm＋0.1ppm)、DI2002(标称精度为 m_S＝1mm＋1ppm)，尤其是在特大跨径桥梁测量中，绝大多数单位使用 TCA2003 全站仪(其测距的标称精度与 DI2002 相同)，因此有必要将精度等级分得细一些，以利于实际作业时参考。故本规范在参照《水利水电工程施工测量规范》(SL52—93)的基础上，将测距仪器的精度划分为四级。

3.5.2 光电测距仪的检校，既是测绘标准化的需要，也是工程建设的需要，因此做出此规定。

3.5.3 光电测距的作业要求，是参照《中、短程光电测距规范》(GB/T 16818—2008)的要求，结合工程实践的经验规定的。

关于表 3.5-3 中限差的规定，其理论依据如下。

(1)一测回读数间较差限值：一测回各次读数间较差的含义，就是照准一次，读几次数的差数，所以读数较差主要取决于仪器的内部附合精度 $m_{内}$。因此，一测回各次读数间较差限值为 $2\sqrt{2}\times m_{内}$。$m_{内}$ 的测定一般是在任意一距离或多段距离上，仪器对准反光棱镜，进行一次照准多次读数，按 $m_{内}=\sqrt{\frac{[VV]}{n-1}}$ 来计算，式中 V 为观测值与平差值的差数；n 为观测个数。

根据文献资料，仪器内部附合精度和外部附合精度的近似式为：

$$m_{内}=\frac{m_D}{2\sqrt{2}} \tag{3.5.3-1}$$

以仪器外部附合精度计算仪器内部附合精度 $m_{内}$。因而一测回各次读数间较差限值 $2\sqrt{2}m_{内}=m_D$，即一测回内读数较差等于仪器的标称精度。

(2)测回间较差限值：一测回规定读数为 4 次，以取较少的次数来考虑，则一测回读数中误

差为 $\frac{m_{内}}{\sqrt{2}}$，考虑到测回间较差中还应包括照准误差、大气瞬间变化影响以各类型测距仪 $m_{内}$ 的差别影响等因素，其综合影响取为一测回读数中误差的 2 倍，即为 $2\sqrt{2}m_{内}$，则同一时间段单程测回间较差限值为：

$$\sqrt{2}\times 2\sqrt{2}m_{内}=\sqrt{2}m_{D} \tag{3.5.3-2}$$

即同一时间段，单程测回间较差等于仪器标称精度的$\sqrt{2}$倍。

（3）往返测较差：本规范规定二、三等平面控制网的测距边应采用往返测量，其测回数不少于 4 测回，这是为了更好地削弱系统误差的影响。往返测较差不仅受 $m_{内}$ 的影响，而且更主要的是受大气条件变化的影响以及仪器对中、倾斜改正等误差的影响。因此，对于等级控制网中边长较大的边，测距比例误差的影响将更为显著，采用一测回测距中误差 m_D 为 $\pm(a+b\times D)$。往返测段各两测回，则得到往返测较差限值为：

$$2\sqrt{2}\times\frac{m_{D}}{\sqrt{2}}=\pm 2m_{D}=\pm 2(a+b\times D) \tag{3.5.3-3}$$

3.5.4　归算测距边的规定需要注意以下几点：

（1）测距边的气象改正，应按仪器说明书上的改正公式计算，不同型号的测距仪所使用的气象元素参考点以及红外波波长不同，所使用公式也不同。

（2）测距边的加常数和乘常数必须经过权威检验机构进行检测，以鉴定证书给出的常数计算，未经过鉴定、鉴定结果不可靠或检验时期过长都不能使用。

（3）测距边长改正公式是参考《控制测量》教科书上的公式。

3.5.5　测距边的精度评定中，单位权中误差的计算公式来源于《测量学》教课书上的通用公式，它是通过差数中误差推导得到的。

3.6　平差计算

3.6.1　本条提出对原始观测数据的检查，避免数据不合格。不合格的外业测量成果不能用于控制网计算。

3.6.2　由于计算机的广泛应用，外业成果的验算一般由程序实现。因此，本条不再给具体的验算公式，而是明确外业成果验算中应进行的检查内容。实际工作中，对于控制网各项外业观测成果，进行几何条件自由项限差的验算公式如下。

（1）测角网

①极条件自由项的限值

对数：
$$W_{f}=\pm 2m_{\beta}\sqrt{[\delta\delta]} \tag{3.6.2-1}$$

②边（基线）条件自由项的限值

对数：
$$W_{D}=\pm 2\sqrt{m_{\beta}^{2}[\delta\delta]+m_{\lg S_1}^{2}+m_{\lg S_2}^{2}} \tag{3.6.2-2}$$

③方位角条件自由项的限值

$$W_{方}=\pm 2\sqrt{m_{\alpha_1}^{2}+m_{\alpha_2}^{2}+nm_{\beta}^{2}} \tag{3.6.2-3}$$

④固定角条件自由项的限值

$$W_{g}=\pm 2\sqrt{m_{g}^{2}+m_{\beta}^{2}} \tag{3.6.2-4}$$

式中：　δ——求距角正弦对数的秒差（以对数第 6 位为单位）；

$m_{\lg S_1}$、$m_{\lg S_2}$——为起始边 S_1、S_2 的边长对数中误差，其中 $m_{\lg S_1}=\frac{m_{S_1}}{S_1}\times 434\,294$，$m_{\lg S_2}=\frac{m_{S_2}}{S_2}\times 434\,294$；

m_{α_1}、m_{α_2}——起始边方位角中误差；

m_g——固定角的角度中误差；

n——推算路线所经过的测站数；

β——求距角；

(2)边角网和测边网

①边角网边条件自由项限值

按角度平差：

$$W_S=\pm 2\sqrt{m_\beta^2[\delta\delta]+m_S^2[\delta_S\delta_S]} \tag{3.6.2-5}$$

按方向平差：

$$W_S=\pm 2\sqrt{m_i^2[\delta\delta]+m_S^2[\delta_S\delta_S]} \tag{3.6.2-6}$$

②观测角与边长计算所得角值的限差

$$W_T=\pm 2\sqrt{2(\frac{m_S}{S}\rho'')^2(\cot^2\alpha+\cot^2\beta+\cot\alpha\cdot\cot\beta)+m_\beta^2} \tag{3.6.2-7}$$

式中：δ、δ_S——求距角正弦对数的秒差和条件方程式中边长改正数系数；

$\frac{m_S}{S}$——各边平均长度的相对中误差；

α、β——除观测角外的另外两个角。

③测边网角条件(包括圆周条件与组合条件)自由项的限值计算如下

$$W_J=\pm 2m_S\sqrt{[a_ia_i]} \tag{3.6.2-8}$$

式中：m_S——测距边的平均测距中误差；

a_i——条件方程式的系数。

确定以上成果验算的各自由项限值的依据为：

(1)测角网各种自由项的验算限值公式，取自专业测量规范。

(2)边角网、测边网各种自由项验算限值主要从余弦定理和误差传播定律推导得到。

(3)测边网角条件自由项限值计算公式根据圆周角条件方程式和中心角与边长改正数，得到方程系数式，按误差传播定律推导中误差，并以2倍中误差为限差。

圆周角条件方程式的形式为：

$$V_{r1}+V_{r2}+\cdots+V_{rn}+W=0 \tag{3.6.2-9}$$

根据边角关系式，列出中心角与边长改正数的关系式：

$$V_{ri}=\frac{\rho''}{n_i}(-\cos\alpha_i V_{S_{2i-1}}+V_{S_{2i}}-\cos\beta_i V_{S_{2i+1}}) \tag{3.6.2-10}$$

将(3.6.2-10)式代入(3.6.2-9)式，进行合并整理后可得到各系数 a_i 的计算公式，然后按误差传播定律导出闭合差的中误差，取2倍中误差作为限差，即得：

$$W_i=\pm 2m_s\sqrt{[aa]}$$

对于四边形和扇形，按同样的原理推导而得。

3.6.3 平面控制网定权根据最小二乘原理和概率统计理论确定。各规范使用的定权方法基本统一。提出多种定权方法的选择是为了防止先验方差与实际情况不符。对于测角网按方向平差给出了定权公式，对于按角度平差可采用下式定权。

$$令：P_{\beta}=1$$

$$则：P_{S}=m_{\beta}^{2}/m_{S}^{2} \tag{3.6.3-1}$$

规范中只给出方向定权公式，主要是因为边角网宜采用方向平差方法，若采用角度平差时，也可由上式方向中误差计算测角中误差。

3.6.4　本条规定了平面控制网的处理应使用严密的平差方法和电算化程序。对平差使用的计算程序一定要是正确的程序，避免计算中出现不明显的错误，而影响工程施工。

3.6.5　本条规定了任意边角网经平差计算后，应具有主要精度的评定参数。

3.7　资料提交

3.7.1　为了保证测绘资料的完整性和可查阅性，本条提出了平面控制测量成果应提交的主要资料。

3.7.2　为了规范测量成果的使用，本条提出了平面控制测量成果的内审管理制度。

3.8　GPS 测量

3.8.1　在特大跨径桥梁首级施工控制网中，苏通大桥、东海大桥、杭州湾大桥、芜湖大桥、南京三桥的首级平面控制网均采用了 GPS 测量，因而，GPS 测量可以作为建立特大跨径桥梁首级平面控制网的手段是经过实践验证的。本条根据桥梁建筑物的特点和施工的不同需要将 GPS 网平面控制网分为 3 级。其技术指标主要参考《公路全球定位系统(GPS)测量规范》(GB/T 18314—2001)。式(3.8-1)给出了 GPS 平面控制网相邻点间弦长的精度公式，可用于设计控制网等级时对级别的选择。

关于 GPS 控制网精度的分级问题：在《公路全球定位系统(GPS)测量规范》中划分为一、二、三、四共 4 个等级；在《全球定位系统城市测量技术规程》中划分为二、三、四等及一、二级共 5 个层次；国家《全球定位系统(GPS)测量规范》中划分为：AA、A、B、C、D、E 级共 6 个层次。由于特大跨径桥梁属于公路交通设施的一个组成部分，本规范仍采用《公路全球定位系统(GPS)测量规范》中的控制网分级方式。将 GPS 控制网按级分类，而不采用按等分类的原因是：GPS 网具有布网灵活性的优点，在桥梁工程控制网中，GPS 网可以越级布设，即可在一级 GPS 网的基础上直接布设三级 GPS 网，也可以将两级合并布设成全面网。而不用像常规网那样从高等网向低等网发展。因此，本规范中 GPS 网分类称为"级"，而不称为"等"。

3.8.2　GPS 平面控制网的技术设计需要充分考虑测区的地质、地形、气象条件、桥梁等级、桥型结构、施工特点、精度要求等因素。在数据处理中明确桥梁施工坐标系的选择条件和确定参考椭球的参数。从桥梁施工的角度提出设计中施工的通视和网形可靠的要求。

3.8.3　本条对选点与埋设的准备工作和注意事项进行了阐述。

3.8.4　根据设计要求，选择合适精度的 GPS 接收机进行作业要求。为了保证数据采集的可靠性，提出使用仪器的保证措施。

3.8.5　GPS 的主要技术指标参照了《公路全球定位系统(GPS)测量规范》，并提出了观测作业的要求。

3.8.6　数据处理。

基线解算时,必须有一个已知点作为起算点。该起算点在 WGS-84 坐标系中的坐标精度,将会影响基线解算结果的精度。其中,起算点坐标的精度为±2.5m 时,基线精度可达到 1ppm;起算点坐标的精度为±25m 时,基线精度为达到 10ppm。

(1)电离层、对流层折射误差是影响 GPS 定位精度的两个主要因素。当基线长度较长时,电离层折射、对流层折射的影响更为明显,因此规定当控制网点间距离大于 15km 时,应加入对流层和电离层的改正。一般而言,桥梁 GPS 控制网的边长不会超过 15km,但当 GPS 控制网与国家控制点联测或为加强 GPS 控制网的图形结构而进行图形间联测时,边长可能会达到 15km,此时应加入对流层和电离层改正。

(2)实际作业中,因为某台仪器未准时观测,或观测过程中仪器出现故障等。同步时间多余 40%就可以作同步环处理,在数据处理中,一般视具体情况确定。

3.8.7 本条规定了 GPS 测量观测资料的提交内容。

4　高程控制测量

4.1　一般规定

4.1.1　本条指出了确定高程控制网的精度及水准点布设密度的依据。

4.1.2　本条提出高程控制网的等级根据工程规模、范围大小和放样精度确定，并给出了高程控制网等级与桥梁跨径的对应关系。根据一部分特大跨径桥梁的高程控制网的施测等级，如武汉二桥、南京二桥、南京三桥、江阴大桥、润扬大桥、苏通大桥首级高程控制网均采用二等水准网级别建立，因此本规范将高程网最高等级确定为二等。

4.1.3　本条规定了高程控制网的布设级数的最低要求。在实际工作中，以等级水准精度加密高程控制点不超过二级。

4.1.4　首级高程控制网与附近的国家水准点联测的精度要求主要根据首级高程控制网的等级确定。目前，南京二桥、南京三桥、江阴大桥、润扬大桥、苏通大桥都是按此要求实施的。

4.1.5　本条关于高程控制网复测的规定与平面控制网复测的规定是一致的。

4.2　技术设计

4.2.1　本条指明高程控制网的测量精度应根据《国家一、二等水准测量规范》(GB/T 12897—2006)和《国家三、四等水准测量规范》(GB/T 12898—2006)中的技术要求设计。

4.2.2　本条指明了高程控制网的布设应有一定的路线校核条件，不能布设成支水准路线。因此，要求高程网必须布设成环形水准网、附合路线或结点网形式。当布设成以上形式使得高程控制网具有一定的校核条件。

4.2.3　高程网设计时，应进行优化设计和精度估算工作。目前主要是采用高程控制网优化设计程序估算设计网点的高程中误差和高程相对中误差，以确定设计高程网是否满足工程施工要求。

4.2.4　本条提出了编写技术设计书应包括的内容，所确定的内容主要反映了工程概况和作业依据、实施方案及工作计划等方面的情况。

4.3　选点与埋设

4.3.1　通过野外实地踏勘进行水准点的选择，点位的选择条件是从水准点的作用、稳定性、埋设位置、工程要求等方面作出的规定。

4.3.2　水准点的埋设根据水准点类别不同规定相应的水准点埋设方式和埋设规格。根据国家水准点埋设、工程测量水准点埋设以及特大跨径桥梁水准点埋设的经验，在附录 A 中 A.2 和附录 B 中 B.2 给出了埋设水准点参照规格。

4.4　水准测量

4.4.1　等级水准测量的主要技术要求引自《国家一、二等水准测量规范》(GB/T 12897—

2006)和《国家三、四等水准测量规范》(GB/T 12898—2006)。由于在特大跨径桥梁高程控制时,主要采用二、三、四等水准测量,其测量技术要求与国家等级水准测量相同。对于国家一等或五等水准测量方法一般不采用,所以表 4.4-1 中只列出了二、三、四等水准测量的技术要求。

在山地进行水准测量,因受地形条件的限制,视距较短,路线的测站数增加,往、返测较差或附合路线、环线闭合差相应增大,其限差可适当放宽,三等水准测量为 $\pm 12\sqrt{L}$ mm,四等水准测量为 $\pm 20\sqrt{L}$ mm;将距离计算的限差转化为以测站数计算的限差,设每公里测站数为 16 个,得到山地往、返测较差或附合路线、环线闭合差的限差。

三等水准: $\pm 12\sqrt{L} = \pm 12\times\sqrt{\frac{n}{16}} = \pm 3\sqrt{n} \leqslant \pm 4\sqrt{n}$ (mm)

四等水准: $\pm 20\sqrt{L} = \pm 20\times\sqrt{\frac{n}{16}} = \pm 5\sqrt{n} \leqslant \pm 6\sqrt{n}$ (mm)

式中:L——路线长度,km;

n——测站数,$n = 16L$。

4.4.2 等级水准测量测站的主要技术要求引自《国家一、二等水准测量规范》(GB/T 12897—2006)和《国家三、四等水准测量规范》(GB/T 12898—2006)。同样在特大跨径桥梁高程控制时,主要采用二、三、四等水准测量方法,所以表 4.4-2 中也只给出二、三、四等水准测量的测站要求。

4.4.3 为了保证水准测量数据的准确可靠和避免仪器误差对水准测量产生显著的影响,必须对水准测量仪器及水准尺进行校检,本条规定了水准测量所使用的仪器及水准尺的检验和校正的项目和要求。

4.4.4 规定了水准测量工作中应遵守的注意事项和注意的主要问题。提出的注意事项主要是为了削弱外界环境和测量仪器对水准测量误差的影响。

4.4.5 本条规定了水准观测成果的重测与取舍原则。

4.5 跨河水准测量

4.5.1 本条提出了特大跨径桥梁的跨河水准测量的一般规定。指出了跨河水准测量可采用的作业方法和跨河水准测量应遵循的精度原则。本条的规定主要根据表 4.5.1-1 中统计资料。

统计资料 表 4.5.1-1

特大跨径桥梁	跨河距离(m)	跨河水准测量	等级
南京三桥	1 894	经纬仪倾角法	二等
润扬大桥	1 750	经纬仪倾角法	二等
苏通大桥	5 900	光电测距三角高程法	专项设计
武汉二桥	1 800	倾斜螺旋法	二等

4.5.2 本条规定了选择跨河水准测量场地的要求。其选择的要求主要参考了《国家一、二等水准测量规范》(GB/T 12897—2006)。由于特大跨径桥梁的跨河水准测量对场地的位置选择余地和作业时间相对较小,以提高视线高度来提高观测质量,一般可通过建立具有一定高度的稳固观测台来改善测量条件。

4.5.3　本条规定了跨河水准测量的主要技术要求。需要说明的是:“双测回”是指两台仪器同时对向按照规范规定的观测程序完成一测回的测量工作。当只用一台仪器或两台仪器不能组成双测回时,按照规范规定的观测程序完成一测回的测量工作,称为“单测回”。因此表4.5-1 所列单测回数应是双测回数的 2 倍。

4.5.4　本条提出了二等和三等跨河水准测量的注意事项。在特大跨径桥梁的跨河水准测量中主要采用二等水准测量作业要求,对于有困难地区可适当降低跨河水准测量要求,也可采用三等跨河水准测量的作业要求。实践已证明,跨河水准测量受观测天气和观测时段影响很大,选择合适观测时间和气象条件是十分必要的。对于有条件的测量单位,也尽量考虑增加夜间观测时段。

4.6　光电测距三角高程测量

4.6.1　本条说明了光电测距三角高程测量在桥梁施工高程控制测量中的应用范围和可替代水准测量的等级。在工程测量中,光电测距三角高程测量可代替三、四等水准测量是一个普遍认可的观点,不需多说。在跨越江、河、湖、泊及障碍物传递高程时,可替代二、三、四等水准测量。在国测一大队实施苏通大桥跨河水准测量中,5.9km 的跨距达到 8mm 精度,说明了光电测距三角高程测量在一定条件下可以代替二等跨河水准测量。

4.6.2　本条规定了光电测距三角高程代替三、四等水准的测距、测角的技术要求。技术要求主要参考《水利水电工程施工测量规范》(SL52—93)。这方面规定主要根据如下的精度估算公式。

单向:$m_{\mathrm{h}}^2 = m_{\mathrm{S}}^2\cos^2 Z + S^2\sin^2 Z\left(\frac{m}{\rho}\right)^2 + m_i^2 + m_{\mathrm{V}}^2 + \left(\frac{S^2}{2R}\right)^2 m_k^2$

对向:$m_{\mathrm{h}}^2 = \frac{1}{2}\left\{\left[m_{\mathrm{S}}^2\cos^2 Z + S^2\sin^2 Z\left(\frac{m}{\rho}\right)^2\right] + m_i^2 + m_{\mathrm{V}}^2 + \left(\frac{S^2}{2R}\right)^2 m_k^2\right\}$

隔点设站:$m_{\mathrm{h}}^2 = 2\cos^2 Z \cdot m_{\mathrm{S}}^2 + 2\sin^2 Z \cdot S^2 \cdot \left(\frac{m_{\mathrm{Z}}}{\rho}\right)^2 + 2m_{\mathrm{V}}^2$

在特大跨径桥梁施工中,存在较大竖直角的放样工作,如高索塔施工放样。估算是以 $Z = 45^{\circ}$,$m_i = m_{\mathrm{V}} = \pm 1.0\mathrm{mm}$(仪器,觇高),并以 $m_{\mathrm{Z}} = \pm 1.0''$,$\pm 1.5''$。三种高差测量方法的估算精度列于表 4.6.2-1 中。

光电测距三角高程测量高差精度估算表　　表 4.6.2-1

距离(m)	对向		单向		隔点设站		三等水准	四等水准
	±1.0″	±1.5″	±1.0″	±1.5″	±1.0″	±1.5″	限差 $\pm 12\sqrt{L}$	限差 $\pm 20\sqrt{L}$
300	3.44	3.80	3.95	4.57	3.92	4.25	6.57	10.95
500	4.02	4.84	4.92	6.24	4.49	5.24	8.48	14.14
700	4.73	6.07	6.07	8.10	5.18	6.42	10.04	16.73
900	5.54	7.38	7.30	10.04	5.95	7.70	11.38	18.97
1 100	6.39	8.74	8.58	12.03	6.79	9.03	12.58	20.98

表 4.6.2-1 中,测距精度为 1mm+1ppm,隔点设站法的距离是测线长度的一半。此外,也没有考虑大气折光的影响。

通过对苏通大桥主桥区大气折光的研究和其他大气折光的研究,得出了在桥梁施工区要

想取得一个固定的 k 值去参与高差计算是不恰当的。取一个测区的平均 k 值也难以满足整个施工测量的需要。在双向光电测距三角高程中,用水准测量限差是不合理的,因为在往返测不符值中包含了 2 倍大气折光差影响,在实际工作中,一般可采用对向观测高差平均值的中误差的 2 倍作为限差。

4.6.3 本条规定了光电测距三角高程的测角、测定仪器和棱镜高、对向观测高差等技术要求。

4.6.4 本条规定了单向、对向光电测距三角高程测量的测站操作程序。

4.6.5 本条规定了隔点设站法测量三等高程路线的操作程序。

4.6.6 本条规定了三丝法观测天顶距的操作步骤。

4.6.7 本条规定了天顶距测量限差的比较方法和确定重测的原则。

4.7 平差计算

4.7.1 为了保证高程测量手簿记录的严肃性,规定了记录手簿填写和整理的基本要求。

4.7.2 本条规定了水准测量外业检算的内容。并给出了高差中数的偶然中误差 M_Δ 和全中误差 M_W 的计算公式。

4.7.3 规定了光电测距三角高程测量、跨河高程测量的外业检算项目和限差要求。

4.7.4 规定了各等级高程网平差计算的方法和主要平差成果内容。

4.7.5 规定了高程网平差计算时,水准测量与光电测距三角高程测量的定权方式。对于光电测距三角高程测量的定权目前普遍采用条文中式(4.7-10)或下式:

$$P=\frac{1}{L} \tag{4.7.5-1}$$

在误差理论推导公式中,光电测距三角高程的中误差存在与距离平方成反比。因此,只建议使用式(4.7-10)。

4.8 资料提交

4.8.1 本条规定了高程控制测量提交资料的内容。主要从原始资料、数据处理和技术报告三方面进行要求,以确保高程资料的完整性。

4.8.2 为了规范资料使用程序,提倡资料使用的内审制度,本条强调了高程控制测量资料在提交使用前应经过上级主管部门认可,保证测量资料的规范化管理。

5 施工测量的基本工作

5.1 一般规定

5.1.1 本条规定了施工测量的主要内容，明确了施工测量人员的职责，有利于加强测量人员的责任心。

5.1.2 为了做好放样工作，条文所列内容是不可缺少的资料；否则，无法开展工作。

5.1.3 由于收集的图纸、资料与施工放样有关的数据、尺寸可能存在错误，如不进行校核，一旦用错，轻者造成施工放样的返工，重者造成工程质量事故，因此作出本规定。

5.1.4 本条规定了测量工作的传统做法，为避免较大质量问题的发生，特加以强调。

5.1.5 填写放样成果单是施工放样工作的基本程序，施工测量人员应该及时地完成，不可通过回忆来填写。

5.2 放样数据的准备

5.2.1 事先准备好放样数据和草图是对施工测量人员的常规要求。在当前计算机广泛应用的情况下，特别应强调原始数据的正确性，因此，对计算数据的准备和输入工作是十分重要的。

5.2.2 由于后序施工会对前序施工的结构产生一定的影响，如预应力张拉、混凝土徐变、钢箱梁架设等。为使后序施工完成后，结构获得满意的设计线形，须在施工时设置一定数值的预拱量和预偏量，因而放样前应根据工况要求，要计算好预拱量和预偏量以备查阅。

5.2.3 放样数据编制成册，对于施工测量人员在现场查找有关数据，对及时发现问题和以后的资料进行整理，都是十分必要的。

5.2.4 本条强调放样手簿记录中的注意事项，是保证测量资料完整性的重要环节。

5.3 坐标放样方法的选择

5.3.1 放样方法不但与放样精度有关，也与现场施工条件和仪器设备有关，还与放样程序有关，本条提出两种放样程序是为了便于作业人员综合考虑。

5.3.2 放样方法与精度估算是放样工作保证质量的基础，在附录E中E.1给出了几种常用坐标放样点位精度的估算公式，目的是供测量人员根据施工精度和现场条件来选择适宜的放样方法。给出的精度估算公式均未考虑起始数据的误差。

5.3.3 近年来，GPS RTK法放样已在特大型桥梁施工放样中得到应用，如东海大桥、杭州湾大桥以及苏通大桥均应用了GPS RTK法进行桥桩基础放样，并达到了设计要求，因此本条规定，在精度要求较低，且常规测量技术难以实施的远水区，可采用GPS RTK法放样。作出这样的规定是因为：考虑到该方法测量精度的可控性不佳和未广泛地应用于特大跨径桥梁施工放样的现状。这也是本规范附录中将GPS RTK法列为参考件的主要原因。

5.4 高程放样方法的选择

5.4.1 本条根据高程放样的要求，提出了可以采用的放样方法，并在附录E中E.2给出精度估算公式，以便灵活选择。

5.4.2～5.4.5 针对不同条件，在条文中提出了不同方法和注意事项。对于钢尺高程传递法以及全站仪精密传高法的计算，一些测量人员仍比较陌生，因此在附录C中列出是必要的。

5.5 立模放样

5.5.1 一般规定

(1)立模放样的主要内容是根据已建特大跨径桥梁的实际工作内容规定的。

(2)关于模板安装的允许偏差，是根据《公路桥涵施工技术规范》(JTJ 041—2000)的规定制定的。

需要说明的是，表5.5-1在允许偏差一栏中，数值前出现"±"号的偏差是指极限误差，数值前没有符号的是指同向偏差，数值前为"＋"号的是指最大正偏差，数值前为"－"号的是指最大负偏差。

(3)为了保证拼装面水平，同一层四个角的高差之差，不应超过一定的限值。由于拼装面一般范围不大，水准测量一站可全部测完，限差±3mm是根据四等水准测量一测站的读数精度要求规定的。

5.5.2 细部放样

(1)规定放样点的密度是实际经验的总结，要求放样位置距立模位置有一定距离是为了便于模板调整时使用。

(2)和(3)叙述了适用于立模放样的方法。因为各种方法都有相应的适用条件，这样规定亦是为了强调其适用条件。

(4)滑升模板的立模放样要求与一般分块浇筑的情况不同，要求上下保持严格的相对关系，因此其精度标准与表5.5-1的规定不同，是将允许偏差的1/2作为测量的点位中误差。

(5)叙述了高程放样的几种方法及其不同的适用情况。由于高程与平面位置在某些部位有很强的相关性，因此在不同的部位进行高程放样时，其精度要求不同，应加以注意。

(6)在施工过程中，当临时水准点不能保存时，允许另行建立，但引测精度要求不低于原有水准等级，是为了强调高程精度的一致性。

5.5.3 立模放样点不同于开挖放样点，一旦有错，将可能造成严重后果。规范在这里强调了检查工作，显然是十分必要的。

5.5.4 规定及时整理资料是必要的，这有利于及时发现错误，也有利于以后的竣工验收和资料保存。

5.6 金属结构安装测量

5.6.1 金属结构安装测量时，相对精度要求较高，为保证安装工作，需强调的是安装轴线点和高程工作基点的相对稳定性，因此要求埋设金属标志。

5.6.2 本条规定了安装轴线点及高程工作基点的测设要求，并考虑到由于施工现场干扰大,已建立的轴线点或高程工作基点遭到破坏后,结合破坏的不同情况,应采用不同的恢复方法。

5.6.3　安装点的细部放样

(1)强调了金属结构安装测量相对精度要求较高,应予以重视。

(2)表5.6-1是根据《公路桥涵施工技术规范》(JTJ 041—2000)提出的。

(3)这是金属结构安装测量的基本方法。在距离测量提出的光电测距"差分法"进行距离放样,其应用是适宜的。"差分法"是指将光电测距仪或全站仪假设在需要测量距离的延长线上,测定测站点至两端的两段距离,两段距离差即为所需距离。这样可消除光电测距仪或全站仪加常数的误差,从而提高了距离测量的精度。

5.6.4　安装点检查的要求,是根据已建特大跨径桥梁的实践经验而概括的基本做法和要求。

5.6.5　资料提交要求是根据大桥竣工验收的要求而提出的。

6 桥梁施工测量

6.1 一般规定

6.1.1 桥梁施工测量的各项允许偏差，主要依据《公路工程质量检验评定标准》(JTG F80/1—2004)和《公路桥涵施工技术规范》(JTJ 041—2000)的规定，同时参考了国内同类型桥梁的设计要求提出的。若上述标准或规范的允许偏差进行了修改，或设计部门提出了新的要求，施工测量的允许偏差应作相应调整。另外，需要说明的是，本章各表中"允许偏差"一栏中，数值前出现"±"号的偏差是指正、负最大偏差，数值前没有符号的是指同向偏差，数值前为"＋"号的是指最大正偏差，数值前为"－"号的是指最大负偏差。以表 6.1.1-1 为例说明如下。

表 6.1.1-1

项　目	允许偏差(mm)	含　义
大桥轴线偏差	10	两点同向的最大允许偏差
支座平整度	2	两点同向的最大允许偏差
主索鞍安装高程	＋20，0	最大正偏差为 20mm，最大负偏差为 0mm
悬索桥一般索股相对基准索股	＋10，－5	最大正偏差为 10mm，最大负偏差为 5mm
承台外形尺寸	±30	允许偏差在＋30mm 和－30mm 之间

6.1.2～6.1.3 桥梁施工测量情况复杂，在满足测量精度的前提下，建议大胆创新，应用新技术和新方法。

6.2 桩基础及承台

6.2.1 桩基础

(1)表 6.2-1 的规定，与《公路桥涵施工技术规范》(JTJ 041—2000)的规定一致。

(2)对于已定位的钢护筒，提出在振打过程中进行监控是非常必要的，是保证钢护筒最终精确就位的必要工作。

(3)本条提出在钢护筒外设置指示桩，是工程实践经验的总结。

(4)钻孔时，同样要进行钻孔定位和检查。特别要说明的是，钻机底盘四角抄平，应采用水准仪，这是保证钻孔倾斜度的重要环节，需加以重视。

(5)提出了孔底高程测量的一般方法。有条件的施工单位，亦可采用专用仪器检测。

(6)"远水区"是指离陆地较远的(一般大于 2km)施工水域。在"远水区"桩基础施工时，常规的测量定位方法难以实现，近年来已在杭州湾大桥、东海大桥、渤海湾大桥以及苏通大桥成功应用了 GPS RTK 法打桩定位技术。

GPS RTK 法打桩定位技术是将定位和打桩工作进行组合，该系统能够实时地测定出打桩船的位置和姿态，同时也要通过测距系统测量出桩体相对于打桩船的位置，通过坐标系统转换计算出桩体的位置偏差和倾斜度，并以图形和数字形式显示，为打桩人员提供参考数据。由于该项定位技术的难度较大，操作复杂，因而本规范提出在采用此方法打桩时，应先做好专向设计和试验工作。

6.2.2 承台的放样技术要求的依据是《公路桥涵施工技术规范》(JTJ 041—2000),需要说明的是:

(1)无水或浅水区的承台放样要求比深水区承台的放样要求高,这是比较合理的。

(2)用钢套箱法围堰施工水中承台时,在条文中提出了相应的观测要求,这是从润扬大桥、苏通大桥、南京二桥的工程实践中总结出的基本要求,实际工作应遵照执行。当水深较大或流速较大时,亦应根据实际情况加强观测工作。

6.3 沉井基础

6.3.1 对于沉井的纵、横向偏差,在表6.3-1中规定为“1/50井高或符合设计要求”。这是因为:若按1/50井高的要求,对于特大型沉井将显得太低(如80m深的沉井,计算的允许偏差为1.6m);但相应规范中无此项规定,因此,本规范才提出了“符合设计要求”的标准。其他方面的要求也是按同样的情况考虑的。

6.3.2 本条要求检查沉井处河床的平整度,若高差较大,沉井下沉后必然产生倾斜,必须进行此项工作。

6.3.3 沉井沉放过程的监控要求,是依据《公路桥涵施工技术规范》(JTJ 041—2000)和上海市《市政工程施工及验收技术规程》以及《江阴大桥北锚沉井沉放监控工作总结》,综合其他工程经验提出的。条文中提出要对大堤、房屋等建筑物布点观测,是为了随时掌握由于降水引起的环境影响问题。

6.3.4 为了掌握沉井下沉过程中的变形规律,及时汇总相关的测量成果是非常重要的。

6.4 地下连续墙

6.4.2 地下连续墙施工放样时,建立坐标方格网是一种有效的方法。润扬大桥等桥梁地下连续墙施工中均采用了该方法。

6.4.3 导墙的放样要求与《公路桥涵施工技术规范》(JTJ 041—2000)的规定一致。

6.4.4 对于导墙施工,应及时检查,这是保证地下连续墙的允许偏差符合技术要求的前提。

6.4.5 特大跨径桥梁的基坑均较大,在基坑开挖阶段,为保证施工安全,必须开展观测工作。观测工作是多专业协同完成的,要准确地进行安全评价是很复杂的,因此提出专门设计的要求。至于建立基坑开挖信息化监控系统是对有条件的施工单位而言的,不做统一要求。润扬大桥北锚碇地下连续墙基坑开挖时,建立了信息化施工监控系统,并取得了良好的效果。

6.5 索塔

6.5.1 混凝土索塔

(3)日照会引起索塔周期变形,因而测量时应选择有利的观测时段。

(4)劲性骨架有利于支架和模板的架设和定位,是提高索塔施工质量的保证,尤其是对于斜拉桥、劲性骨架安装精确,亦有利于斜拉桥索导管的安装和定位,所以节段间的定位很重要。放样方法可采用三维坐标法和天顶法。由于全站仪的发展,三维坐标法的应用亦十分普遍,而天顶法的应用将越来越少,因此在条文中指出的是三维坐标法放样。

三维坐标法放样是一种利用全站仪三维坐标的控制功能，同时测出每个测点的三维坐标、而不另外单独进行水准测量的方法。具体作业方法是将全站仪架设在已有三维坐标的某一测站点上，并将测站点三维坐标和仪器高、觇高程输入仪器，后视另一控制点，使后视方向值与该方向的方位角相同，同时将棱镜置于测点上，用全站仪测量出测点的三维坐标。

(5)提出当索塔高度大于 100m 时，高程传递应采用全站仪精密传高法，主要是因为当索塔较高时，悬挂钢尺传递的精度较低，测量人员劳动强度大，受外界影响的因素多。全站仪精密传高法已成功应用于润扬大桥、南京三桥和苏通大桥，其高程传递的精度优于±5mm。

(6)提到的预偏量是指索塔横梁处在预应力张拉前，塔身向两侧预留偏移的量，待张拉后达到设计位置，其值由设计单位给出，放样时应加以考虑。预拱量是指索塔徐变和索塔受后续箱梁架设压缩的量，在索塔浇筑时预先抬高的量，其值由设计单位给出，放样时应加以考虑。

(7)强调了塔顶钢框架安装定位的重要性。

(8)用于索塔下工作基点的变化对索塔施工质量有很大关系，为了避免工作基点变化造成较大影响，所以应定期与控制网联测，以便工作基点变化能得到及时修正。

(9)根据线形监控的需要提出的工作。

(10)指出索塔施工期间，其变形趋势主要是沉降，所以应进行沉降观测。

6.5.2 钢索塔

(1)、(2)表 6.5-3 和表 6.5-4 的规定，是引自南京三桥钢索塔施工的要求。南京三桥钢索塔技术，是我国首次使用并获得成功的施工技术。其技术要求是否完善，还有待今后实践检验。

(3)南京三桥斜拉索锚固箱是直接安装在钢索塔上，索塔的变位必然引起锚固箱变位，因此须开展观测工作。

(4)鉴于底座安装和钢索塔架设的相对精度要求高，在规范中提出需建立专用的控制网是非常有必要的。

(5)鉴于我国在钢索塔架设中的经验较少，对专用控制网和测量方法必须进行专门设计和论证，以确保工程质量。

(6)钢索塔的安装在国内经验相对不足，测量放样时应采用两种以上的测量方法，以便相互校核。

(7)钢索塔的安装较为复杂，施工时受环境因素影响较大，为了消减测量误差，提出了在夜间进行测量的要求。

6.6 锚碇及锚固系统

6.6.1 悬索桥锚碇属于大体积混凝土施工，施工时按结构形式、大小采用分层分块浇筑，因此，本条规定应参照立模放样的要求执行。

6.6.2 本条规定了悬索桥锚固系统安装测量的内容和要求。由于锚固系统安装的相对精度要求较高，因此要求在安装测量时工作基点要埋设金属测量标志，且在放样工作中不宜变动。

6.7 斜拉桥索道管安装

6.7.2 索道管安装是随索塔上升分层进行的，其放样周期较长，且安装精度要求高，为保证分层安装的索道管起算数据的一致性。条文中专门提出，在这一阶段，对使用的控制点进行复测是很有必要的。

6.7.3 关于索道管安装放样在条文中给出了具体的施工测量程序，这是因为索道管的放样工作比其他大型钢结构的安装工作相对复杂，如悬索桥锚固系统安装时设计了微调支架，索鞍安装时设计了格栅，使得位置调整相对容易。

索道管安装放样程序首先在南京二桥建设中使用，润扬大桥建设中对其做了完善，均取得了良好的效果。《土木工程施工测量手册》一书亦将此放样程序编入。今后在其他特大型桥梁建设中可继续参考该项作业程序，并可根据需要加以改进。

6.7.4 在夜间进行放样工作是已建特大跨径桥梁建设在大桥设计时提出的要求，且在工程实践中证明行之有效的办法。

6.7.5 索道管安装在 100m 以上高空作业，从测量精度和安全的角度考虑，宜在风力不大时进行。

6.8 悬索桥索鞍定位

6.8.2 主索塔安装时的预偏量是为调整主缆拉力而设置的。悬索桥主缆在空缆状态下索塔两侧的水平拉力是平衡的，但在钢箱梁架设和桥面铺装过程中，中跨主缆拉力明显加大，这将导致索塔受弯，弯曲量过大时将会危及索塔结构安全。通过设置预偏量，逐渐调整主索鞍位置，可以不断调整主缆拉力，以确保结构的安全。所以要求测量时按设计提供的预偏量定位。

6.8.3～6.8.5 关于格栅定位的精度要求，主要是参照特大跨径悬索桥如江阴大桥、润扬大桥的规定制定的。格栅定位的精度应引起足够的重视。

6.8.6 桥梁放样的一个显著特点是，相互关联的混凝土建筑物和金属构筑物之间具有较高的相对精度，需尽可能采用相同的控制点或建筑轴线进行放样，因此本条提出要在塔顶建立加密控制点。

6.8.7 本条规定了格栅放样的方法。

6.9 悬索桥空缆线形测量

6.9.1 本条说明了主缆线形测量实测项目的精度，其规定与《公路桥涵施工技术规范》(JTJ 041—2000)的规定一致。其中关于“一般索股高程相对基准索股偏差”，在《公路桥涵施工技术规范》中规定为－5mm，＋10mm，在《公路工程质量检验评定标准》中规定为 0mm，＋5mm。本规范采用了《公路工程质量检验评定标准》中的规定值。

6.9.2 本条说明了基准索股稳定的观测条件，其规定与《公路桥涵施工技术规范》(JTJ 041—2000)的规定一致。

6.9.3 基准索股垂度调整时，应测定基准索股下缘的高程及跨长、塔顶高程及变位，主散索鞍的预偏量和索股温度等值后经计算决定其调整量，调整量可参考下式计算：

当对主跨调整时，$\Delta S = k \cdot \Delta f$

当对边跨调整时，$\Delta S_1 = k_1 \cdot \Delta f_1$

式中：ΔS 、ΔS_1 ——中、边跨索股调整所需要的放松量；

k 、k_1 ——按跨长和矢跨比计算得到的系数；

Δf 、Δf_1 ——中、边跨基准索股垂度的偏差。

为了获得可靠的基准索股的高程，本条还规定了测定基准索股的稳定观测条件、观测时间和必要测回数。

6.9.4 本条说明了基准索股调整中温度测量的频次和温度计布设的具体位置。

6.10 悬索桥索夹定位

6.10.2 实际架设的主缆空缆线形受多种因素的影响，难以保证与设计线形完全一致。其索夹的位置亦应随之调整，因而规定要在放样前测定主缆的空缆线形。

6.10.3 由于主缆受温度变化的影响会发生扭转，其天顶线亦会发生变化，这就要求天顶线标定时要在气温稳定时进行。一般采用专用的钢板尺分中标定主缆的天顶线。

6.10.4 索夹里程随主缆温度的变化而变化，放样时应按实测温度进行改化，使其符合设计理论温度下的里程值，本条强调了应根据计算结果进行改正。

6.10.5 利用测距法放样索夹位置时，要注意根据跨径变化将实际与理论值的偏差在各吊索间距上分配。

6.10.6 本条提出了一种检核索夹位置放样正确性的方法，该方法在江阴大桥和润扬大桥南汊桥的索夹定位检查中普遍采用。

6.11 线形测量

6.11.1 本条规定了线形监控的基本要求。

6.11.2 本条规定了悬索桥线形测量的工作要求。悬索桥是一种柔性较大的结构，施工过程各部位受力情况变化较快，因此要求对施工过程进行监控，以确保安全和质量。监控中的主要测量工作称为悬索桥线形测量。

6.11.3 由于斜拉桥的施工方法程序对成桥后主梁线形和结构恒载内力具有决定性的作用，所以对斜拉桥每一施工阶段内力和变形结果必须进行详细的检测和分析。从而确定下一施工阶段斜拉桥拉索张拉量和主梁高程及索塔位移，以便进行下一阶段的施工，如此循环直至合龙、成桥。这一过程控制就是斜拉桥的施工监控，其中的测量工作称为线形测量。

由于钢箱梁的传热性好，当温度变化大时，钢箱梁的外形发生变化。为了消减温度对梁体的影响，本条规定了线形测量时间宜在夜间气温稳定的时段进行。南京二桥、南京三桥、润扬大桥北汊桥等斜拉桥线形测量时，均按此要求进行。

6.11.4 本条主要参考《公路桥涵施工技术规范》第 15.3.1 条第 2 款对挂篮加工试拼及加载试验做了规定。需要说明的是，加载试验可以实测挂篮变形值，为悬臂现浇时施工高程控制提供可靠依据，因此在加载试验时，必须根据需要进行相关的线形测量工作。

预拱量设置应根据挠度的数据确定，影响挠度的因素有混凝土自重、挂篮自重、挂篮变形、预应力张拉，混凝土的收缩、徐变、日照和温度变化等。混凝土浇筑前、后，预应力张拉前后，移动挂篮后，均应进行前一梁段的测量，作为下一梁段调整预拱值的参考。在实际施工过程中，应通过试验了解日照和温度变化对挠度的影响，进行模板高程调整时应避开温度的影响，这正是本条规定测量工作一般应在清晨日出前完成的原因。

立模高程的计算方法见下式：

$$H_{模} = H_{设} + \Delta h_{拱} + \Delta h_{调}$$

式中：$H_{模}$——模板高程；

$H_{设}$——设计高程；

$\Delta h_{拱}$——预拱度值；

$\Delta h_{调}$——施工调整值。

6.12　桥面及附属工程

6.12.1～6.12.7　这几条规定了桥面及附属工程测量的基本要求。表 6.12-1～表6.12-5 的规定，主要参考了《公路桥涵施工技术规范》(JTJ 041—2000)中的规定。其中，表 6.12-5 中相邻栏杆扶手高差与护栏接缝两侧高差，《公路工程质量检验评定标准》中规定为 2mm。本规范采用了《公路工程质量检验评定标准》所提出的规定值。

7 竣工测量

7.1 一般规定

7.1.1 本条说明了竣工测量工作的作用，以及竣工测量资料主要的价值。

7.1.2 本条指出了竣工测量应在分项工程、分部工程及全桥施工结束后，及时实施的各项验收工作。对竣工测量工作项目的确定提出了处理方法。

7.1.3 本条规定了施工区竣工总平面图的坐标系，对于资料的管理、使用具有很大帮助。

7.1.4 根据工程实际进程，提出了进行竣工测量的时间。对于桥梁的深基础施工部位、水下施工部位以及上部结构施工部位，明确指出应在桥梁施工过程中及时完成竣工测量和竣工资料的准备，避免工程结束时，难以再进行竣工测量工作或收集到竣工资料。

7.1.5 竣工测量工作中的精度指标与各项具体的施工测量项目有关，竣工测量精度不低于放样的精度，可以保证竣工测量成果的可靠性，减少因测量精度引起测量成果的差异。

7.2 工作内容

7.2.1 本条说明了竣工测量工作主要包括的内容。

7.2.2 说明了特大型桥梁的下部结构竣工测量项目，指出了基础开挖、锚碇施工、索塔承台施工、索道管安装后的竣工测量工作。

7.2.3 说明了特大跨径桥梁的上部结构竣工测量项目，指出了散索鞍、主鞍、索股、箱梁、索夹安装后的竣工测量工作。

7.2.4 说明了特大跨径桥梁的总体质量竣工测量项目，一般在成桥后进行桥面中线偏位、桥宽、桥长和纵横坡以及成桥线形方面的测量。

7.3 资料整编

7.3.1 本条说明竣工图的编绘方法。

7.3.2 本条说明提交的成果成图资料的基本要求。

7.3.3 本条说明归档的竣工资料应包括的主要项目。

7.4 静动载试验的测量工作

7.4.1 一般规定提出了静动载试验的实施要求。动载试验测量是动态情况下的测量工作。在进行静动载试验中测量工作的同时，也应同步进行相关量的测量。

7.4.2 根据江阴大桥、南京三桥、润扬大桥的静动载试验测量工作，确定了静动载试验测量工作的内容和要求。结合实际工程实践情况，对试验中的观测部位、测量精度以及注意的问题作了说明。

7.4.3 静动载试验的测量方法。提出了可供试验采用的测量方法，并对试验中选用的全站仪和 GPS 接收机的标称精度作了规定。

8 施工期外部变形观测

8.1 一般规定

8.1.1 施工期外部变形观测是保证特大跨径桥梁结构安全和施工安全的重要措施，对索塔承台、大型悬索桥的锚碇等结构施工中的安全进行监控，因此外部变形观测必须在施工前进行设计和组织安排，以确保在各项工程施工时，能够及时地实施外部变形观测工作。

8.1.2 外部变形观测工作的内容。进行观测的对象是特大跨径桥梁各部位的主要结构和场地，不同部位的观测量不完全相同，对于基础部位一般包括应力、应变、倾斜、地下水、垂直位移和水平位移等项目，其中涉及外部变形测量工作的主要是垂直位移观测和水平位移观测。垂直位移观测包括建筑物结构沉降、基坑回弹、施工场地沉降等项目，水平位移观测包括建筑物水平位移、建筑物主体倾斜、挠度、日照变形等项目。

8.1.3 外部变形观测主要在反映建筑物及其场地布设一定量的观测点，通过观测点观测量的变化分析观测对象的安全与稳定。为了能够客观地反映观测对象的实际变形程度或变形趋势，需要选择合理的作业方法和观测要求，以保证外部变形观测的质量。

8.1.4 外部变形观测点的布设，变形观测点的类别。基准点要求建立在变形区以外的稳定区域，具有很高的稳定性，位移基准点应采用强制对中设备。工作基点是高程和坐标的传递点，要求在观测期间稳定不变，位移工作基点也应采用强制对中设备。

8.1.5 变形测量的精度等级随着建筑物不同，其允许变形值也不同，通过变形观测应能够反映观测对象的实际变形程度或变形趋势。实际施工中，变形允许值可能存在多种来源，因此要求根据提供的变形允许值进行观测点的精度估算。

8.1.6 变形测量观测周期的要求。变形测量的观测周期包括控制网的复测周期和观测点观测周期。对于控制网的复测主要是为变形测量提供可靠的基准点，在施工影响、人为破坏、自然条件变化的情况下，不可避免地会引起个别点位的变化，因此，提出变形控制网的复测周期。对于观测点的观测周期是根据变形特性、变形速率和变形观测的精度要求来确定的，所确定的观测周期应能系统地反映观测点的变化过程且不遗漏其变化时刻为原则。实际工作中亦可根据单位时间内变形量的大小适当调整测次。为了保证各观测周期的测量精度相一致，要求采用相同的观测措施。

8.1.7 变形体稳定期的判定。在具有一定频次的观测周期后，绘制出观测点各期的变形量和时间关系曲线，当采用合理的观测精度时，通过最后三期的变形量判断变形体是否进入稳定期。

8.2 选点与埋设

8.2.1 基准点的选择和埋设。施工控制网中的部分控制点满足变形观测基准点的位置和稳定性要求，因此可加以利用。

8.2.2 工作基点的选择和埋设。当施工控制网中的控制点也可以满足变形观测工作点的位置和稳定性要求时,可加以利用。对工作基点应及时地进行稳定性检测。

8.2.3 观测点的选择和埋设。观测点直接埋设在变形体上,点位应设在反映观测对象的特征部分,同时要求设置牢固、便于观测,有时还应考虑形式美观、作业安全等因素。

8.3 水平位移观测

8.3.1 水平位移观测中误差的确定。从实用和经济的观点来看,水平位移的测量精度应根据变形允许值确定,无论采用何种标准,变形测量精度均以反映变形测量规律、体现变形特征作为基本要求。对于要求较高的变形测量,一般不超过允许值的 1/20～1/6 倍。提出这样的确定方法,主要是根据 1981 年第 16 届国际测量工作者协会(FIG)上提出的"为实用目的,观测值中误差不应超过变形允许值的 1/20～1/10,或者 1～2mm;为科研目的,应分别为 1/100～1/20,或者 0.2mm。"

8.3.2 水平位移观测的精度等级根据主要技术要求确定。

8.3.3 平面位移观测在实际工作中普遍采用交会法和极坐标法实施,主要是因为作业简单,精度估算方便。

8.4 垂直位移观测

8.4.1 垂直位移观测中误差的确定。从实用和经济的观点来看,垂直位移的测量精度应根据变形允许值确定,无论采用何种标准,变形测量精度均以反映变形测量规律、体现变形特征作为基本要求。对于要求较高的变形测量,一般不超过允许值的 1/20～1/6 倍。

8.4.2 垂直位移观测的精度等级根据主要技术要求确定。

8.4.3 垂直位移观测在实际工作中普遍采用水准测量法和光电测距三角高程法实施,主要是因为作业简单、精度估算方便。

8.4.4 对于特大跨径桥梁的地基回弹,目前主要采用水准仪与悬挂钢尺相配合的观测方法。对于高塔柱混凝土徐变观测,一些特大跨径桥梁采用了全站仪精密传高法,如江阴大桥、润扬大桥、苏通大桥。

8.4.5 本条说明了垂直位移观测采用水准测量或光电测距三角高程测量的方法,执行的相关要求应等同于 4.4 节和 4.6 节所规定的要求。

8.4.6 本条规定了液体静力水准测量的要求。

8.5 数据处理

8.5.1 一般规定:

(1)对观测数据处理为了反映变形状况获得变形信息,因此通过计算可以获得观测点的变形特点或规律,并应通过分析给出相应的几何特征和必要的物理解释。

(2)各类观测值应主要体现随机误差的特性。为了客观地将随机误差和变形信息区分,对多期观测成果处理应使用统一的基准和相同的数据方法。

(3)为了保证正确合理的平差计算,在测量网平差前,需要对测量数据进行改正、验算等工作。

8.5.2 变形观测的外业成果验算等同于平面控制网和水准测量外业成果验算。

8.5.3 平差计算:

(1)观测值中的超限误差处理。规定了确定粗差观测值的不同方法和适用条件。

(2)观测值中的系统误差处理,规定了确定系统误差的不同方法和适用条件。

(3)测量网基准的选取情况。根据控制点的稳定性情况进行区分,采用不同数据处理方法。

(4)根据测量网的选择基准,选取相应的平差方法。对于固定基准,应采用经典平差;对于拟稳基准,应采取拟稳平差;对于重心基准,应采用秩亏自由网平差。

(5)规定了各类观测网进行精度评定的基本内容。

8.5.4 变形分析包括了控制点的稳定性检验、观测点的变位检验、变形的物理解释、确定性模型法。控制点和观测点的稳定性一般通过统计检验方法分析。变形分析中一般结合变形的物理成因建立变形与变形因子之间的函数关系,并以此作为变形原因的解释和变形趋势的预报。采用确定性模型法建立结构体的应力与应变的数学模型,来反映和解释物体变形的特点。

8.6 资料整理

8.6.1 本条提出了变形观测成果整理的要求:

(1)对原始观测记录的严肃性,提出了记录、书写、划改等方面的要求。

(2)对平差计算成果及其他成果提出了基本的要求。

8.6.2 本条规定了变形测量成果资料的主要内容。资料内容涵盖了设计、施工、数据处理与分析、技术总结全过程。

9 资料管理

9.1 一般规定

9.1.1 对于特大跨径桥梁施工测量资料管理,应在统一的指导思想下,按统一的步骤进行。既反映特大跨径桥梁资料管理体系的特征,又满足质量管理体系的要求。

9.1.2 本条提出的管理工作主要应反映资料文件的控制管理过程。

9.1.3 本条强调了规范化管理的要求,明确规定了对各环节采取分类管理的办法。

9.1.4 原始测量资料和文件的保存,是为了反映测量工作的全貌,应能识别不确定性的影响因素和复现测量过程。因此,在资料的管理方面,以完整性、严肃性、原始性、规范性、安全性和实用性为要求;对于资料的保存,应体现完整性、安全性和实用性的特点。

9.1.5 本条明确了测量资料管理的对象,同时也使测量人员了解了测量数据资料整理的基本内容。

9.1.6 管理测量资料的工作人员应责任明确、科学合理,保证资料管理的完好性和有效性。上岗前应组织学习资料管理的原理、程序和相关知识,并经过理论和实践考核合格后方能上岗工作。

9.1.7 测量资料管理的工作场所、办公设备及其他工作条件是保证资料管理工作正常进行的重要条件。

9.1.8 本条对资料管理工作规定了应建立管理质量保证措施和资料管理体系。

9.2 资料管理形式

9.2.1 施工测量资料的形式不仅要符合本规范的要求,也应符合测绘产品的标准和要求。

9.2.2 本条规定测量资料提交或保存的形式。为了保证测量资料的适用性,要求在资料中适当辅以表格、图片加以说明,失效的成果要做出说明。

9.2.3 本条规定了原始测量资料管理的要求。由于原始测量资料是施工测量工作的重要资料,要求对记录表格现场按规定填写,不允许事后整理,不得以回忆方式填写,以保证记录的原始性和真实性。所有的观测记录、计算和数据在归档时需明确保存的期限。

9.3 资料管理程序

9.3.1 本条针对测量资料应建立识别、收集、检索、存档、借阅、维护和清理的要求,提出资料使用前后的状况,记载的程序。资料借阅记录本,应登记借阅者、日期、数量、用途等信息。

9.3.2 本条规定了填写资料控制程序文件的一般内容。

9.3.3 规定了特大跨径桥梁测量资料文件的编号规则。

9.3.4 强调测量资料移交时的严肃性,要求以文件形式进行移交,并具有唯一的编号,以便于识别资料文件,并对其进行控制。

9.3.5　本条规定资料文件在发放使用中应根据受控情况,加盖受控印章及分发号码,可以有效地防止文件复印件的流传。

9.3.6　资料文件清单及状态。资料使用过程中,及时地更新和替换最新文件。对每页的修改状况进行标识。同时也规定了资料作废、文件破损、遗失和复制的要求。

参考文献

[1] 张正禄,等.工程测量学.北京:高等教育出版社,2004.
[2] 李青岳,陈永奇.工程测量学.北京:测绘出版社,1995.
[3] 贺国宏.桥隧控制测量.北京:人民交通出版社,1999.
[4] 王兆祥.铁道工程测量.北京:铁道出版社,1998.
[5] 周忠谟,易杰军.GPS 卫星测量原理与应用.北京:测绘出版社,1992.
[6] 陈永奇,等.变形监测分析与预报.北京:测绘出版社,1998.
[7] 侯国富,等.建筑工程测量.北京:测绘出版社,1987.
[8] 卓健成.GPS 工程控制网的若干特殊问题.测绘工程,1996,1.
[9] 施一民,史可超.江阴长江公路大桥 GPS 施工监测网的布设.工程勘察,1994,4.
[10] 国家技监局,国家建设部.工程测量规范.北京:中国计划出版社,1993.
[11] 武汉测绘学院、同济大学.控制测量学(上、下册).北京:测绘出版社,1986.
[12] 过静珺.土木工程测量.武汉:武汉工业大学出版社,2000.
[13] 卓健成.工程控制测量建网理论.成都:西南交通大学出版社,1996.
[14] 吴栋才,等.江阴长江大桥高塔柱变形观测.测绘通报,1998,6.
[15] 瞿国万,刘成龙.虎门大桥主体工程测量放样方法与精度分析.中国公路学会桥梁和结构工程学会学术讨论会论文集.北京:人民交通出版社,1995.
[16] 瞿国万.虎门悬索桥索塔施工测量控制方法与精度分析.中国土木工程学会第十二届年会论文集,1996.
[17] 吴翼麟,孔祥元.特种精密工程测量.北京:测绘出版社,1993.
[18] 柳响林,等.GPS RTK 技术及其在电力线路定线测量中的应用.测绘信息与工程,2000,2.
[19] 华锡生,田林亚.测量学.南京:河海大学出版社,2002.
[20] 中国大百科全书编委会.中国大百科全书.北京:大百科全书出版社,2009.
[21] 蒋波,岳建平.润扬长江公路大桥施工测量质量控制.江苏测绘,2002,2.
[22] 张文基,刘喜元,岳建平.新建桥梁的静载试验方法研究.测绘通报,2002,7.
[23] 张文基,刘喜元,岳建平.大跨径桥梁挠度观测方法评述.测绘通报,2002,8.
[24] 岳建平,岳东杰.润扬长江公路大桥施工控制网设计与实践.测绘通报,2001,6.
[25] 岳建平,黄欧.润扬大桥悬索桥索夹定位与检测.测绘工程,2004,3.
[26] 苏通长江公路大桥施工控制网建立可行性研究报告.河海大学,2002.
[27] 苏通长江公路大桥施工控制网观测技术报告.国测一大队,2003.
[28] 苏通长江公路大桥 C2 标施工测量方案.路桥集团第二公路工程局,2003.
[29] 润扬长江公路大桥施工控制网观测技术报告.河海大学,2000.
[30] 润扬长江公路大桥施工控制网观测技术报告.长江水利委员会第十一勘测队,2002.
[31] 刘成龙,等.现代桥梁施工平面控制网建网方法研究.桥梁建设,2002,6.
[32] 郑德华.测边网检测施工控制网的稳定性.测绘通报,2002,10.
[33] 刘成龙.番禺大桥索塔施工极坐标法放样精度分析.西南交通大学学报,1997,3.

[34] 曹诗荣.桥梁GPS平面控制测量.铁路航测,2002,4.
[35] 华锡生,黄腾.精密工程测量技术及应用.南京:河海大学出版社,2001.
[36] 郑德华,岳建平.润扬大桥北汊桥施工控制网测量及分析.测绘工程,2003,6.
[37] 叶培伦,俞亚南.应用层次分析法评判混凝土桥梁综合性能.华东公路,2000,10.
[38] 张永清,冯忠居.用层次分析法评价桥梁的安全性.西安公路交通大学学报,2001,7.
[39] 许湘华.层次分析法在铁路既有混凝土桥梁综合性能评价中的应用.常州工业大学学报,2003,6.
[40] 吴中如,顾冲时.大坝安全综合评价专家系统.北京:科学技术出版社,1997.
[41] 交通部重庆公路科学研究所.公路斜拉桥设计规范(试行)(JTJ 027—96).北京:人民交通出版社,2001.
[42] 江苏省长江公路大桥建设指挥部.江阴长江公路大桥工程建设论文集.北京:人民交通出版社,2000.
[43] 交通部第一公路工程总公司.《公路施工手册 桥涵》(上、下册).北京:人民交通出版社,2000.
[44] 黄绳武.桥梁施工及组织管理(上册).北京:人民交通出版社,2000.
[45] 苏寅申.桥梁施工及组织管理(下册).北京:人民交通出版社,2000.